V&R unipress

DIAGONAL
Zeitschrift der Universität Siegen

Jahrgang 2022

Herausgegeben vom Rektor der Universität Siegen

Gero Hoch / Hildegard Schröteler-von Brandt /
Angela Schwarz / Volker Stein (Hg.)

Erinnerung

Mit 47 Abbildungen

V&R unipress

Inhalt

Gero Hoch / Hildegard Schröteler-von Brandt / Angela Schwarz /
Volker Stein[*]

Erinnern, um in der Welt zu bestehen: Editorial »Erinnerung«

»Die Erinnerung trügt,« sagt der Volksmund, und dennoch gehört das Erinnern
zu den täglichen Handlungen von Individuen, Gruppen und ganzen Gesellschaften. Erinnerung basiert auf der Speicherung von Wissen der Vergangenheit,
sei es im leistungsmäßig begrenzten Gehirn, sei es in potenziell unbegrenzt
füllbaren Computern oder schriftlichen Zeugnissen. Wie essenziell der Blick
zurück ist, lässt sich erahnen, wenn man die Folgen sieht, die Erinnerungstäu-
schungen von Aufmerksamkeitsdefiziten bis hin zum vollständigen Wegfall
jeglicher Erinnerung etwa bei Krankheiten wie Amnesie oder Alzheimer Demenz
auslösen – *Erinnerung als Vorgang und Defizit.*

In Erinnerung gerufen werden alltägliche Dinge ebenso wie vergangene Ereignisse, deren Aktivierung im Gedächtnis zur Selbstvergewisserung, Identi-
tätsstabilisierung und Verortung in der Zeit dient: Habe ich den Herd ausge-
schaltet? Wie war das, als wir als Kinder auf Vaters geheiligtem Rasen in der
Zinkbadewanne in heißen Sommern baden durften? Was dachte ich, als ich
Bilder von fröhlichen Menschen auf einer Mauer tanzen und jubeln sah? Wo war
ich, als mich am 11. September 2001 eine unglaubliche Nachricht ereilte? Erinnern ist ein psychologisches Phänomen, das sich über die Lebensentwicklung
eines Menschen hinweg verändert und dabei eng in den sozialen Rahmen eingebettet ist. Geräusche, Gerüche und vor allem Bilder bringen in uns Erinnerungen an so viele Dinge zurück, an erlebte ebenso wie nur kollektiv erinnerte,
wobei Erinnern nicht zwingend die Realität widerspiegelt, sondern teils durch

* Univ.-Prof. Dr. Gero Hoch, Universität Siegen, Fakultät III (Wirtschaftswissenschaften –
  Wirtschaftsinformatik – Wirtschaftsrecht), vormals Lehrstuhl für Unternehmensrechnung.
  Univ.-Prof 'in Dr.-Ing. Hildegard Schröteler-von Brandt, Universität Siegen, Fakultät II (Bil-
  dung – Architektur – Künste), vormals Department Architektur, Stadtplanung und Pla-
  nungsgeschichte.
  Univ.-Prof 'in Dr. Angela Schwarz, Universität Siegen, Fakultät I (Philosophische Fakultät),
  Geschichte – Neuere und Neueste Geschichte.
  Univ.-Prof. Dr. Volker Stein, Universität Siegen, Fakultät III (Wirtschaftswissenschaften –
  Wirtschaftsinformatik – Wirtschaftsrecht), Lehrstuhl für Betriebswirtschaftslehre, insb. Per-
  sonalmanagement und Organisation.

plausible Erzählungen angereichert, teils vollkommen neu konstruiert ist – *Erinnerung als Selbstvergewisserung und Selbstverbesserung.*

Was erinnert wird oder nicht erinnert werden soll, was womöglich gefeiert wird, steht in Gruppen nie ein für allemal fest, sondern wird stets aufs Neue verhandelt. Familien, Unternehmen, Institutionen, Staaten, supranationale Staatenverbünde gedenken, erinnern an oder verdrängen Erfahrungen, handeln Erinnerung immer wieder neu aus, entwickeln teilweise eine Erinnerungskultur oder feiern Erinnerungen in Jubiläen. (Wie übrigens die Universität Siegen selbst, die 2022 ihren 50. Geburtstag feierte und sich an den langen Weg von ihrer Gründung als Gesamthochschule im Jahr 1972 – zeitgleich mit denen in Duisburg, Essen, Paderborn, Wuppertal sowie der Fernuniversität-Gesamthochschule Hagen – bis hin zu einer selbstbewussten, modernen »Schloss-Universität« erinnerte.) Es wird auch nicht allein Schönes und Gutes erinnert, sondern auch Beschämendes und Schändliches, wobei hier Opfer vs. Täter, Verlierer vs. Gewinner, Missgünstige vs. Gutmeinende um Deutungshoheit ringen – *Erinnerung als Streitfall und Aushandlungsprozess.*

Erinnerungen »gerinnen«, sie werden in vielfältige Strukturen wie zum Beispiel Bildungs-, Gesundheits- oder Rechtssysteme überführt und dort zu alltäglichen Praktiken. Sie werden medial umgesetzt von der Memoirenliteratur bis hin zur Denkmalgestaltung und Musealisierung und lassen sich auf diese Weise teils über Generationen hinweg konservieren und reaktivieren. Die kulturelle Wirkung von Erinnerungen reicht sehr weit, beispielsweise wenn politische Traditionen erzeugt werden wie etwa eine neue Zeitrechnung, welche die Erinnerung an einen historischen Einschnitt wachhalten soll. Beispiele sind die Geburt Christi, die Auswanderung des Propheten Muhammad von Mekka nach Medina, die Französische Revolution, die Geburt von Kim Il-sung – *Erinnerung als Ursprungsreferenz und Machtdemonstration.*

Damit sind nur einige der zahlreichen Phänomene von der individuellen bis zur gesamtgesellschaftlichen Ebene benannt, die das Thema Erinnerung umfasst. Als kleiner Hinweis auf die Reichweite der vielfältigen Verwendung des Begriffes Erinnerung sei der Erinnerungsposten angeführt, der für bereits abgeschriebene aber noch vorhandene Wirtschaftsgüter im Rahmen der Bilanzierung Verwendung findet; verglichen mit anderen hier behandelten Themen kann ein zum Erinnerungswert von 1 € erfasstes Wirtschaftsgut als Kuriosität am Rande betrachtet werden. Im diesjährigen DIAGONAL-Band gelingt den Autorinnen und Autoren, die der Universität Siegen angehören, eine Auswahl weitaus spannenderer Aspekte von Erinnerung:

Simon Forstmeier erläutert vor dem Hintergrund der psychologischen Reminiszenzforschung, welche Stile des Abrufens von selbst erlebten Erinnerungen aus der Vergangenheit Menschen verwenden, wie diese Stile sich über die Lebensspanne hinweg verändern, wie sie sich auf das psychische Wohlbefinden auswirken und wie gesundheitsförderliche Reminiszenzprozesse gestärkt werden können.

Stefanie Roos und *Barbara Strumann* gehen der Frage nach, wie Erinnerungen von existenziell bedrohlich erlebten traumatisierenden Erfahrungen abgespeichert werden und über welche Techniken Emotionales und Kognitives wieder vereint und damit Traumata verarbeitet werden können.

Basierend auf dem Postulat der UN-Behindertenrechtskonvention, die Menschen mit Behinderungen ausreichende Unterstützung zusagt, um ihre Rechts- und Handlungsfähigkeit auszuüben, erörtert *Julia Haberstroh*, in wie weit Erinnerung für Menschen mit Alzheimer Demenz Risiko und Chance für ihre Selbstbestimmung darstellen kann. Eine Chance hierfür besteht darin, dass das Umfeld »Zuhause« für Menschen mit Alzheimer Demenz komplexitätsreduzierend wirkt und besonders dort die autobiografischen Erinnerungen auch eine Chance für die Herstellung von Einwilligungsfähigkeit und insbesondere Urteilsvermögen sein könnten.

Wie das Erinnern von Wissen funktioniert, wenn es funktioniert, zeigen *Felicitas Pielsticker, Christoph Pielsticker* und *Ingo Witzke*. Sie verbinden kongnitionswissenschaftliche und neurowissenschaftliche Erkenntnisse und geben im Hinblick auf das Lernen und Erinnern mathematischen Wissens Lehrkräften Hinweise für ihren (Mathematik-)Unterricht.

Den Blick auf die deutsche Erinnerungskultur wirft *Tanja Kilzer*, wenn sie das Erinnern an die Verbrechen des Nationalsozialismus im Allgemeinen und die NS-»Euthanasie«, »Kindereuthanasie«, NS-Psychiatrie sowie Zwangssterilisation im Speziellen betrachtet. Hierzu stellt sie exemplarisch Gedenkstätten, Mahnmale und Gedenkorte vor und veranschaulicht auf diese Weise die heutige Vielfalt der Gedenkkultur.

Heutzutage unterstützen digitale Kommunikationstechniken die Erinnerung, beispielsweise an den Nationalsozialismus und an den Holocaust. *Alexandra Flügel* lotet die Chancen, Herausforderungen und neuen Perspektiven aus, die sich durch den Einsatz digitaler Medien für die Erinnerungskulturarbeit insbesondere von Gedenkstätten ergeben.

Die Perspektive der Reisenden, die sich an die Orte der Shoah begeben, nehmen *Sandra Nuy* und *Mathias Scheicher* ein. Sie zeigen, wie an einer Schnittstelle zwischen privater und öffentlicher Erinnerung insbesondere Reiseblogs auf Instagram als Erinnerungsmedien genutzt werden.

Wenn Erinnerung neue Entwicklung ermöglichen soll, so führt *Gustav Bergmann* in seinem Essay aus, dann sollten die Erinnerungen möglichst »wahr« sein, zumindest aber weder komplett fehlend noch verfälscht. Er diskutiert zudem die These, dass Demokratie, Dialog und die Mitwirkung aller an der Ermittlung der Wahrheit eine (wahre) Erinnerung gewährleisten, dass hingegen autoritäre Systeme und insbesondere ihre Machthaber die Erinnerung verfälschen und verhindern und dadurch eine substanzielle Weiterentwicklung hemmen.

Als Beispiel für die Entwicklung von Erinnerungskultur dient der Bismarckturm in Fröndenberg, den *Andreas Zeising* vorstellt. Anhand dieses Turms und weiterer solcher Denkmäler veranschaulicht der Autor die Diskurse von gestern und heute sowohl um die Erinnerungsorte als auch um die historische Erinnerung selbst.

Wie erinnern wir uns eigentlich an etwas, das wir gar nicht selbst erlebt haben können? *Tom Pinsker* und *Milan Weber* untersuchen anhand eines beispielhaft ausgewählten digitalen Spiels zum Thema »Mittelalter«, wie hier eine mittelalterliche Welt inszeniert wird, wie die Spielenden diese Inszenierung aufnehmen und verarbeiten und wie dies zu einem populärkulturellen Motor der Erinnerung an das Mittelalter im 21. Jahrhundert wird.

Claus Grupen und *Hans-Jürgen Meyer* widmen sich der Erinnerung an technologische Innovationen der Grundlagenforschung und daraus entstehenden Anwendungen am Beispiel der PLUTO-Magnets in den 1970er Jahren und den medizinischen Entwicklungen in der Computer-Tomographie oder der MRT-Methode.

Verschlüsselten Erinnerungen gehen *Nils Kopal* und *Bernd Esslinger* auf den Grund: Sie unterstützen die historische Forschung, die auf verschlüsselte Dokumente stößt, mittels Kryptoanalyse dabei, die verloren gegangenen Erinnerungen wieder zurückzuholen.

Marius Albers bezieht Erinnerung auf das Sprechen im Dialekt über Generationen hinweg: Woran können Dialekte erinnern und wie wird die Erinnerung an die Sprache der Vorfahren effektiv weitergegeben? Sprachatlanten helfen dabei, die Dialektrepräsentation nachzuvollziehen.

Arnd Wiedemann und *Yanik Bröhl* erinnern daran, wie sich in den vergangenen 50 Jahren – seit dem legendären Bericht zu den Grenzen des Wachstums des Club of Rome – der Erfolgsbegriff in der Wirtschaft gewandelt hat: Der früher eindimensionale und nur auf die ökonomische Leistung abstellende Erfolgsbegriff hat sich zu einem dreidimensionalen Erfolgsbegriff gewandelt, der zusätzlich den ökologischen und sozialen Erfolg abbildet. Von der Etablierung der Nachhaltigkeit als ein zentrales Kriterium des Wirtschaftens über die Einführung der Nachhaltigkeitsberichterstattung bis hin zu einer ganzheitlichen Unternehmenssteuerung verbinden viele innovative Ideen den nachhaltigen Unternehmenserfolg mit der nachhaltigen Gestaltung der Zukunft.

Gerade in unserer medialisierten Konsumwelt, in der Verhalten technisch nahezu lückenlos aufgezeichnet werden kann, scheint das Erinnern zu Lasten des Vergessens zur Ausnahme zu werden, was allerdings aus datenschutzzentrierter Perspektive heraus problematisch ist. *Minou Seitz* und *Michael Schuhen* erläutern die Konsequenzen für die informationelle Selbstbestimmung von Verbraucherinnen und Verbrauchern und diskutieren die Möglichkeiten und Grenzen des in der Datenschutzgrundverordnung verankerten Rechts auf Vergessenwerden.

Tobias Jost erinnert schließlich an die Idee der Humboldt'schen Universität und kontrastiert diese mit der Idee der unternehmerischen Universität. Er vergleicht dann, wie sich beide Ideen zu einer zeitgemäßen Internationalisierung von Hochschulen verhalten.

Und jetzt? Vielleicht gibt es sie ja wirklich, die »Erinnerung an die Zukunft«, die uns den Weg weist in das Nutzen von bereits Erfahrenem für die menschliche Gestaltung des Kommenden.

Simon Forstmeier[*]

Psychologische Reminiszenzforschung: Grundlagen und Anwendungen

1. Reminiszenz

Reminiszenz, also das Abrufen von selbst erlebten Erinnerungen aus der Vergangenheit, ist ein allgegenwärtiger, natürlich vorkommender psychischer Prozess. Eine Definition von Reminiszenz, die verschiedene wichtige Aspekte beinhaltet, lautet:

> »Reminiscence is the volitional or non-volitional act or process of recollecting memories of one's self in the past. It may involve the recall of particular or generic episodes that may or may not have been previously forgotten, and that are accompanied by the sense that the remembered episodes are veridical accounts of the original experiences. This recollection from autobiographical memory may be private or shared with others.« (Bluck/ Levine 1998, S. 188)

Die wissenschaftliche Beschäftigung mit Reminiszenz findet sich in diversen Grundlagen- und Anwendungswissenschaften wie der Psychologie, den Neurowissenschaften, der Sozialen Arbeit, der Palliativmedizin, der darstellenden Kunst und vielen mehr (Webster et al. 2010). Dieser Artikel wird sich mit der psychologischen Reminiszenzforschung beschäftigen und dabei vier Fragen im Bereich individueller Reminiszenzprozessen und ihrem Zusammenhang mit Wohlbefinden versuchen zu beantworten:
- Welche Stile der Reminiszenz verwenden Menschen?
- Wie verändern sich Reminiszenzprozesse über die Lebensspanne?
- Welche Auswirkungen haben Reminiszenzprozesse auf das psychische Wohlbefinden?
- Wie können gesundheitsförderliche Reminiszenzprozesse gestärkt werden?

[*] Univ.-Prof. Dr. Simon Forstmeier, Universität Siegen, Fakultät V (Lebenswissenschaftliche Fakultät), Department Psychologie – Entwicklungspsychologie und Klinische Psychologie der Lebensspanne.

2.   Reminiszenzstile

Die Forschung zu Reminiszenzstilen setzt an der Beobachtung an, dass sich
Menschen auf unterschiedliche Arten und Weisen, die mehr oder weniger ad-
aptiv sind, an Episoden aus der eigenen Vergangenheit erinnern können. Diese
Stile betonen verschiedene Funktionen von Reminiszenz. Die am weitesten
verbreitete und empirisch gut untersuchte Taxonomie von Reminiszenzstilen
beziehungsweise -funktionen stammt von Webster (1993; 1997) und differenziert
acht Funktionen:

- Integratives Erinnern (zur Identitätsförderung): Eine besonders reife Form
  des Erinnerns beinhaltet das Reflektieren über vergangene Erlebnisse, die eine
  positive Wahrnehmung der eigenen Person und Identität stärken. Das können
  prägende positive oder negative Erfahrungen sein, die dazu beigetragen haben,
  die Person zu werden, die man heute ist. Dabei schafft man es, auf negative
  Erlebnisse versöhnt zurückzublicken.
- Instrumentelles Erinnern (zur Problemlösung): Auf vergangene herausfor-
  dernde Zeiten oder Probleme wird zurückgeblickt, um damalige Bewältigungsstrategien und Lösungserfolge in Erinnerung zu rufen. Dies hilft häufig
  bei der Bewältigung aktueller Probleme.
- Todes-Vorbereitung: Wenn der Betroffene das nahende Ende seines Lebens
  wahrnimmt, dient der Rückblick auf das eigene Leben einer Vorbereitung auf
  den Tod. Das ermöglicht häufig, Sinn für das Erlebte und einen guten Abschluss zu finden.
- Obsessives Erinnern (zur »Verbitterungs-Belebung«): Über negative, emotional schmerzhafte Erinnerungen wird gegrübelt, wobei es dem Betroffenen
  schwerfällt, sich von diesen Erinnerungen zu lösen. Wer häufig obsessiv erinnert, hält unangenehme Erfahrungen frisch, was für unbewältigte Ereignisse
  spricht.
- Eskapistisches Erinnern (zur Vermeidung oder »Langeweile-Reduktion«):
  Hierbei schwelgt der Betroffene typischerweise in positiven Erinnerungen, um
  aktuellen unangenehmen Situationen zu entfliehen, zum Beispiel wenn man
  sich von aktuellen Problemen ablenken oder Langeweile mit stimulierenden
  vergangenen Erlebnissen reduzieren möchte.
- Intimitäts-Aufrechterhaltung: Diese Erinnerungsfunktion dient dazu, wichtige Personen im Bewusstsein zu halten, die durch Trennung oder Tod nicht
  mehr oder derzeit nicht Teil des Lebens sein können.
- Narratives Erinnern (zur Konversation): Um neue Bekanntschaften zu machen oder alte Beziehungen zu vertiefen, teilen wir Erlebnisse aus der Vergangenheit. Dies ist die häufigste Form des Erinnerns und geschieht oft in
  kleineren Episoden.

– Transmissives Erinnern (zum Lehren): Dies ist eine spezielle Form des narrativen Erinnerns, es geht darum, anderen einzelne Lektionen des eigenen Lebens zu vermitteln. Das kann häufig bei Eltern und Großeltern beobachtet werden und ist auch die Motivation vieler Autobiografien.

Empirisch lassen sich diese acht Reminiszenzfunktionen in drei Gruppen zusammenfassen (Cappeliez/O'Rourke 2006): Integratives und instrumentelles Erinnern sowie Todesvorbereitung bilden die Gruppe der selbst-positiven Funktionen; obsessives und eskapistisches Erinnern sowie Intimitäts-Aufrechterhaltung bilden die selbst-negativen Funktionen; narratives und transmissives Erinnern bilden die sozialen Reminiszenzfunktionen. In Abschnitt 4 wird gezeigt werden, dass diese drei Gruppen von Erinnerungsstilen unterschiedlich mit psychischem Wohlbefinden zusammenhängen.

3.   Reminiszenz über die Lebensspanne

Reminiszieren ist ein Schlüsselprozess von der Kindheit bis ins hohe Alter (Thorne 2000; Pasupathi et al. 2006). Bisherige Forschung konnte keine Altersunterschiede hinsichtlich der Gesamthäufigkeit des Reminiszierens finden (Webster/Gould 2007). Allerdings gibt es Voraussetzungen für Reminiszenzprozesse, die sich erst in der Kindheit ausbilden und bis zur späten Kindheit weitgehend ausgebildet sind (Staudinger 2001). Dazu gehören die neuronalen Substrate des autobiografischen Gedächtnisses, eine kohärente Wahrnehmung des Selbst sowie Wissen über Lebensprobleme. Wenn diese Fähigkeiten ausgebildet sind, also circa ab der späten Kindheit, erreicht die Häufigkeit des Reminiszierens die eines Erwachsenen. Erst kurz vor dem Tod gibt es eine leichte Zunahme der Erinnerungsaktivität.

Zwar ändert sich die allgemeine Erinnerungshäufigkeit kaum über die Lebensspanne, aber es treten Entwicklungsunterschiede in den oben dargestellten Erinnerungsfunktionen auf (Webster/Gould 2007). Jugendliche und junge Erwachsene haben in diesen Studien typischerweise etwas höhere Werte bei den intrapersonalen (selbst-bezogenen) Funktionen, wie identitätsbezogenes (integratives) und obsessives (bitteres) Erinnern, ältere Erwachsene dagegen höhere Werte bei den interpersonalen (sozialen) Funktionen, ähnlich dem narrativen und transmissiven Erinnern.

Die inhaltliche Komplexität der Erinnerungen nimmt in der Kindheit auch langsam zu. Jüngere Kinder erzählen in der Situation des Zubettgehens bereits Erlebnisse vom Tag, diese werden aber detailreicher im Verlauf der Kindheit (Nelson 1989). Die Komplexität von Erinnerungen im Kontext des gemeinsamen Erinnerns hängt nicht nur mit dem Alter zusammen, sondern auch dem Erinnerungsstil der Mutter. Detailreiche Erinnerungen beschreibt des Kind dann besonders, wenn die Mutter häufig W-Fragen stellt, wie »Wie hat Karl reagiert, als …? Was hat Sofie danach gemacht? Warum ist sie so wütend über Peter geworden?« Eine solche Situation des gemeinsamen narrativen Erinnerns wird zu einem Ort, in dem das Kind kognitiv-evaluative Fähigkeiten, empathische Perspektivenübernahme und Emotionsregulation lernt.

4.   Reminiszenz und Wohlbefinden

Bei der Analyse der Reminiszenzstile hat sich bereits die Frage angedeutet, wie diese Stile mit psychischem Wohlbefinden, also zum Beispiel der Anwesenheit von positiver Stimmung und Lebenszufriedenheit und der Abwesenheit von Depression und Angst, zusammenhängen. Westerhof et al. (2010) fassen die Studienlage zusammen. Relativ klar ist die Befundlage für integratives und instrumentelles Erinnern, das positiv mit Wohlbefinden assoziiert ist. Ebenso klar kann man sagen, dass obsessives und eskapistisches Erinnern negativ mit Wohlbefinden assoziiert ist. Aus diesem Grund wurde in Abschnitt 2 von selbst-positiven und selbst-negativen Erinnerungsfunktionen geredet (Cappeliez/O'Rourke 2006). Die sozialen Erinnerungsstile des narrativen und transmissiven Erinnerns sind nur dann positiv mit Wohlbefinden assoziiert, wenn sie inhaltlich hauptsächlich integrativ und instrumentell geprägt sind. Besonders überzeugend ist die Längsschnittstudie von O'Rourke et al. (2011); hier können die Reminiszenzstile über einen Zeitraum von 16 Monaten das spätere Wohlbefinden vorhersagen.

Depression ist eine der häufigsten psychischen Störungen und tatsächlich die am meisten einschränkende und kostenintensivste psychische Störung überhaupt (Wittchen et al. 2011). Mit ihr geht ein hoher ökonomischer und gesellschaftlicher Schaden einher (Donohue/Pincus 2007). Deshalb ist es nicht verwunderlich, dass sich die Forschung besonders den Reminiszenzstilen gewidmet hat, die mit einer depressiven Störung einhergehen. Wie erwartet, finden sich bei depressiven Personen besonders häufig die obsessiven und eskapistischen Formen der Reminiszenz, das heißt sie nutzen Reminiszenz als einen Weg, um bittere Erinnerungen wieder wachzurufen oder eine unangenehme Langeweile zu vertreiben (Cully et al. 2001). Neben dieser Tendenz, negative Erinnerungen abzurufen, ist Depression durch eine Tendenz, allgemeine Erinnerungen abzurufen, gekennzeichnet. Dieses als »overgeneral autobiographic memory« benannte Phänomen erschwert depressiven Personen den Zugang zu spezifischen autobiografischen Erinnerungen (Williams et al. 2007; Sumner et al. 2010). Die pauschale Abwertung »Meine Kindheit war bescheuert« verhindert die Erinnerung an die kleinen positiven Erfahrungen, wenn beispielsweise ein Bekannter in einer schwierigen Zeit Hilfe angeboten hat. Als Schlussfolgerung für die Behandlung von Depression liegt nahe, sowohl eine ausgewogene Balance zwischen positiven und negativen Erinnerungen anzustreben, als auch das Erinnern von spezifischen Details zu üben.

5. Reminiszenzinterventionen

Von der Erkenntnis, dass der Reminiszenzstil direkte und indirekte Auswirkungen auf das psychische Wohlbefinden hat, kann leicht die Schlussfolgerung abgeleitet werden, dass eine Veränderung des Reminiszenzstils zielgerichtet in der Behandlung psychischer Störungen eingesetzt werden könnten (Westerhof/ Bohlmeijer/Webster 2010). »Reminiszenzinterventionen« ist der Überbegriff für eine Reihe von Ansätzen, die durch die Rekonstruktion des Lebenslaufs und/ oder die detaillierte Erinnerung an bedeutsame Erlebnisse positive Affekte verstärkt, negative Affekte reduziert und bisweilen auch Gedächtnisfunktionen stabilisiert werden sollen (Maercker/Forstmeier 2012). Im Folgenden werden Reminiszenzinterventionen bei Demenz, Depression und bei Posttraumatischen Belastungsstörungen älterer Menschen beschrieben.

5.1 Reminiszenzinterventionen bei Demenz

Eine Demenz kann verschiedene Ursachen haben. Am häufigsten ist die Demenz vom Alzheimer-Typ (ca. 60 % aller Fälle, inkl. Mischformen) und die Vaskuläre Demenz (ca. 15 %), die nach Schlaganfällen oder anderen vaskulären Erkrankungen auftritt (Bickel 2012). Die Alzheimer-Demenz (AD) beginnt typischerweise nach dem 65. Lebensjahr, hat einen langsamen Beginn und eine allmähliche Progredienz. Frühzeichen einer AD sind Vergesslichkeit, sozialer Rückzug, Interessenverlust, Schwierigkeiten bei beruflichen oder anderen komplexen Tätigkeiten, Depressivität, häufigeres Verlegen und Suchen von Dingen, Verfahren oder Verlaufen in fremder Umgebung (Forstmeier 2015). Im leichten Demenz-Stadium ist eine Störung des Arbeitsgedächtnisses (Kurzzeitgedächtnisses), das auch für das Lernen neuer Informationen wichtig ist, das prominenteste Symptom. Dagegen ist das Langzeitgedächtnis im leichten Stadium noch gut erhalten, außerdem das prozedurale Gedächtnis, in dem Bewegungsabläufe häufiger Prozeduren wie Rasieren oder Händewaschen abgespeichert sind. Die kognitiven Einschränkungen sind begleitet durch emotionale und Verhaltensprobleme. Die häufigsten emotionalen Symptome sind Depressivität, Apathie (Interessenverlust), Angst und Reizbarkeit (Chen et al. 2000).

Reminiszenzinterventionen haben bei Menschen mit einer Demenz eine lange Tradition. Sie haben zum einen das Ziel, die emotionalen Symptome wie Depression und Angst zu reduzieren, zum anderen die kognitiven Symptome zu stabilisieren (Forstmeier 2015). Da der Zugriff auf das Langzeitgedächtnis im leichten Stadium noch gut erhalten ist, stellen Reminiszenzinterventionen eine befriedigende und erfüllende Aktivität dar, die positive Emotionen stimuliert (depressive und ängstliche Emotionen reduziert) und eine Art Gedächtnistraining darstellt.

Es gibt zwei inhaltlich verschiedene Reminiszenzansätze bei Menschen mit Demenz, die sich darin unterscheiden, ob die Struktur der Reminiszenzintervention chronologisch entlang der Biografie des Patienten oder entlang einiger typischer biografiebezogener Themen geschieht.

5.1.1 Erinnern chronologisch entlang der Biografie

In einer Serie von sechs oder – wenn genügend Zeit vorhanden – auch mehr einstündigen Sitzungen werden nacheinander die aufeinanderfolgenden Lebensphasen mit den für den Patienten bedeutsamsten Erinnerungen durchgesprochen (Haight/Burnside 1993; Haight et al. 2003). Beispielsweise könnte man in zwei Sitzungen die wichtigsten positiven und negativen Erinnerungen der Kindheit, dann in zwei Sitzungen der Jugend, dann in je einer Sitzung des jungen, mittleren und späteren Erwachsenenalters detailliert besprechen. Der Therapeut kann dabei Material wie hilfreiche Fragen und Arbeitsblätter einsetzen (Haight/Haight 2007; 2012). Es werden, wenn vorhanden, Fotos aus dem Besitz des Patienten oder auch andere Erinnerungsgegenstände wie Tagebücher und Urkunden verwendet, um möglichst lebhafte und detaillierte Erinnerungen zu generieren. Denn es geht nicht darum, möglichst viele Erinnerungen zu besprechen, sondern die bedeutsamsten möglichst genau zu erinnern.

Dieser Ansatz hat sich besonders bei Menschen mit leichter bis mittelschwerer AD bewährt. Er kann nicht nur von Psychotherapeutinnen und Psycholtherapeuten, sondern auch leicht in einer Facharztpraxis erfolgreich durchgeführt werden (Bohlken et al. 2017). Forstmeier und Roth (2018) beschreiben ein Mehrkomponenten-Psychotherapieprogramm, in dem ein strukturierter Lebensrückblick eine zentrale Komponente darstellt. Daneben werden noch weitere Therapiestrategien eingesetzt, vor allem Strategien der Verhaltensaktivierung des Patienten mit Demenz (d. h. regelmäßige angenehme Aktivitäten) sowie der Förderung der Bewältigungsfähigkeiten und Kommunikationskompetenzen des pflegenden Angehörigen. Dieses Psychotherapieprogramm hat sich als erfolgreich erwiesen, Depression bei Menschen mit Demenz zu behandeln (Forstmeier/Roth 2018).

5.1.2 Erinnern entlang biografiebezogener Themen

Der zweite Ansatz strukturiert die Sitzungen nach inhaltlichen Themen, zu denen die Kernerinnerungen der Patienten geschildert werden. Dies wird typischerweise in Gruppen durchgeführt, daher ist diese Reminiszenzintervention auch bekannt als »Reminiszenzgruppen« (Schweitzer/Bruce 2010). Mögliche Themen für zwölf Sitzungen sind folgende:

- Einführung – Namen und Orte
- Kindheit und Familienleben
- Schulzeit
- Beginn einer Arbeitstätigkeit
- Ausgehen und Spaß haben
- Partnerschaft und Ehe
- Wohnen, Gärten und Tiere
- Essen und Kochen
- Die nächste Generation – Babys und Kinder
- Urlaub und Reisen
- Feste und besondere Tage
- Zusammenfassung und Ausblick

Neben Gesprächen zu diesen Themen in Kleingruppen werden auch passende Aktivitäten in der Gruppe durchgeführt, zum Beispiel gemeinsames Kochen beim Thema »Essen und Kochen« oder körperliches Nachspielen von Erinnerungen. Häufig sind auch die Angehörigen bei den Reminiszenzgruppen dabei.

Die Wirksamkeit von Reminiszenzgruppen ist unterschiedlich und scheint vom Kontext abzuhängen. Eine große britische randomisierte, kontrollierte Studie, in der die Menschen mit Demenz mit ihren Angehörigen zusammen Gruppen besuchten, fand leider keinen durchschnittlichen Effekt auf die Lebensqualität der Menschen mit Demenz (Woods et al. 2016). Wenn solche Gruppen in Altenheimen durchgeführt werden, zeigen sich aber kleine positive Effekte bezüglich Depression und Apathie (Wang 2007; Hsieh et al. 2010).

Insgesamt scheint es für Menschen mit Demenz erfolgversprechender zu sein, wenn die Reminiszenzintervention im Einzelsetting und entlang der chronologischen Struktur der Biografie durchgeführt wird.

5.2 Reminiszenzinterventionen bei Depression älterer Menschen

Die Prävalenz einer klinischen Depression ist im höheren Lebensalter gar nicht mal so hoch und ist mit 3,3 % niedriger als im mittleren Erwachsenenalter (Volkert et al. 2013). Jedoch liegen bei 19,5 % der älteren Menschen erhöhte

Depressionswerte vor (Volkert et al. 2013), die die Frage nach Präventions- und Behandlungsmöglichkeiten aufwerfen. Verschiedene Psychotherapieansätze sind wirksam bei Depression in dieser Altersgruppe, und die Lebensrückblicktherapie (LRT) als eine psychotherapeutische Reminiszenzintervention ist eine davon (Cuijpers et al. 2014). In einer aktuellen Meta-Analyse zeigte sich ein großer Effekt der LRT in der Behandlung von Depression im Alter (Westerhof/ Slatman 2019).

Wie bei der Demenz kann sich die LRT chronologisch entlang der Biografie des Patienten oder entlang einiger typischer biografiebezogener Themen orientieren.

5.2.1 Lebensrückblicktherapie chronologisch entlang der Biografie

Bei Depression im Alter ist die Form der LRT am meisten etabliert, die im Einzelsetting einem Patienten hilft, in 8 bis 15 Sitzungen die wichtigsten positiven und negativen Erinnerungen der aufeinanderfolgenden Lebensphasen chronologisch strukturiert zu rekonstruieren. Das Prinzip ist dasselbe wir bei einer Person mit Demenz: Der Therapeut verwendet Fotos und andere Erinnerungstücke, um möglichst lebhafte und detaillierte Erinnerungen zu generieren, und stellt Fragen zu den typischen Themen in jeder Lebensphase (Haight/Haight 2007). Im Unterschied zu Demenz ist allerdings eine tiefere Reflexion möglich. Dies zeigt sich vor allem im Elaborieren der Emotionen und Interpretationen sowie im Verändern des Erinnerungsstils:

- Elaborieren der Emotionen und Interpretationen: Ziel der LRT ist nicht, möglichst viele Erinnerungen des Lebens aneinanderzureihen, sondern die bedeutsamsten Erinnerungen möglichst tief zu elaborieren. Dies erreicht der Therapeut mit Fragen zu kleinen Details der damaligen Erfahrung, die die Erinnerung lebendig machen, sowie den damaligen und heutigen Gefühlen und Interpretationen, die mit diesen Erinnerungen verbunden sind. Dass allein ein Training spezifischer vs. genereller Erinnerungen die Wirksamkeit einer LRT mitbestimmt, konnten Serrano et al. (2004) zeigen.
- Veränderung des Erinnerungsstils: Auf dasselbe negative Ereignis kann ruminativ-verbittert oder versöhnt-integrativ zurückgeblickt werden, auf dasselbe positive Erlebnis ressourcenorientiert-integrativ oder bagatellisierend-abwertend (siehe die oben dargestellten Erinnerungsstile). Eine wichtige Technik zur Veränderung des Erinnerungsstils ist das »Reframen«: Um der Patientin beziehungsweise dem Patienten zu zeigen, dass ein Ereignis auch anders interpretiert werden kann, wird es neu formuliert oder in einen neuen Kontext gestellt. Generell werden schwierige Lebensereignisse immer auch mit der Frage besprochen, wie sie denn bewältigt wurden und welche Ressourcen und Stärken in diesen Bewältigungserlebnissen zu finden seien.

Während das klassische Vorgehen der LRT darin besteht, eine ausgewogene Mischung an positiven und negativen Erinnerungen anzustreben, gibt es auch fokussierte Lebensrückblickinterventionen, die ein positives Thema herausgreifen und dies entlang der chronologischen Biografie rekonstruieren. Als positive Themen eignen sich dazu besonders gut Dankbarkeit, Freude und Bewältigungserfahrungen.

- Bei einem Dankbarkeits-Lebensrückblick werden die Lebensphasen nacheinander durchlaufen mit der Frage, wofür man dankbar sein kann. Dadurch werden positive Aspekte des Lebens aktiviert und diesen eine dankbare, wertschätzende Haltung entgegengebracht (Wood et al. 2010).
- Beim Freuden-Lebensrückblick (oder Freudenbiografie) geht es um das Erinnern an Erlebnisse, in denen Freude empfunden wurde (Kast 2017): »Die Rekonstruktion der Freudenbiografie hat die Funktion, uns an unserer Lebensfreude, die schon einmal erlebbar war, zu erinnern, uns erneut an ihr zu erfreuen. Es geht um eine ›Selbstansteckung‹ mit Freude« (Kast 2017, S. 160). Auch hier wird vorgeschlagen, chronologisch vorzugehen und Freuden-Episoden aus allen Lebensphasen nacheinander zu rekapitulieren. In der Kindheit anzufangen hat auch den Vorteil, dass man hier vielfach Aktivitäten mit Bewegung, die Freude ausgelöst haben, findet, die besonders leicht (quasi als Film) imaginiert werden können.
- Beim Bewältigungs-Lebensrückblick (oder Lebensherausforderungsinterview, Rybarczyk et al. 2013) werden Probleme und Herausforderungen des Lebens besprochen, aber mit dem Schwerpunkt auf der Bewältigung dieser. Rybarczyk et al. (2013) listen circa fünfzig Fragen auf, beginnend mit der Kindheit, zu kleinen und größeren potenziellen Herausforderungen, beispielsweise »Sind Sie in einer großen Familie aufgewachsen? Das kann eine Herausforderung sein. Wie haben Sie das Beste daraus gemacht?« oder »Welche Schwierigkeiten gab es zu Beginn Ihrer Ehe? Wie haben Sie gelernt, mit den Unterschieden zu leben?« Bei jeder Herausforderung wird möglichst im Detail besprochen, wie sie gemeistert wurde und welche Lektion daraus gelernt werden konnte. Dann werden die persönlichen Stärken und Ressourcen elaboriert, die gebraucht wurden, um diesen Herausforderungen entgegenzutreten. Und schließlich können mehrfach aufgetretene, also eher überdauernde Schlüsselstärken und -ressourcen zusammengefasst werden.

5.2.1 Lebensrückblicktherapie entlang biografiebezogener Themen

Gerade im stationären Kontext sind gruppenpsychotherapeutische Verfahren sehr verbreitet, weil sie ökonomisch attraktiv sind und außerdem die soziale Vernetzung von Patientinnen und Patienten, die sich häufig sozial zurückgezogen haben, unterstützen. Der Gruppenkontext hat zur Folge, dass nicht das individuelle Leben jedes einzelnen Patienten chronologisch rekonstruiert werden kann. Stattdessen wird LRT-Gruppentherapie entlang biografiebezogener Themen strukturiert, in denen sich alle Patienten gut einbringen können. Weil bekannt ist, dass LRT im Einzelsetting etwas wirksamer als im Gruppensetting ist (Pinquart/Forstmeier 2012), stellt sich die Frage, wie die Wirksamkeit einer LRT-Gruppe erhöht werden kann.

Dies scheint in dem niederländischen Programm »Auf der Suche nach Sinn« gut gelungen zu sein (van Asch et al. 2011; Pot/van Asch 2013), denn die Wirksamkeitsnachweise sind sehr vielversprechend (Pot et al. 2010). Acht Patientinnen und Patienten werden von zwei Therapeutinnen beziehungsweise Therapeuten (jeweils aus der Psycho- und der Kunsttherapie) in einer Gruppe behandelt. Jede Sitzung besteht aus drei Elementen:

- Erinnerung: Es werden sensorische Übungen durchgeführt, um spezifische und detaillierte Erinnerungen zu stimulieren, zum Beispiel mit Fotos, Geschmacksproben, Geruchsproben oder Musik.
- Dialog: Es findet ein verbaler Erfahrungsaustausch zu den Kernerinnerungen statt. Dabei werden die Patientinnen und Patienten oft zu zweit oder dritt in Kleingruppen aufgeteilt, damit sie sich intensiver austauschen können. Die Therapeutinnen und Therapeuten geben bei problematischen Interpretationen wertschätzende Alternativinterpretationen.
- Kreativer Ausdruck: Kunsttherapeutische Ansätze werden ergänzt. So erstellen die Patientinnen und Patienten thematisch passende Collagen, Bilder oder Zeichnungen, die in der Gruppe wiederum besprochen werden.

Die Themen der Sitzungen sind:
1. Mein Name: Bedeutung des Vornamens, Kennenlernen
2. Gerüche aus der Vergangenheit: früheste Kindheitserinnerungen, Geruchsübung (inkl. Schreibübung)
3. Häuser, in denen ich gelebt habe: Wohnorte (inkl. Imaginationsübung)
4. Meine Ressourcen erkennen: Problemlösestrategien, Grübel-Stopp-Übung, Positives fokussieren
5. Hände: Beruf/Tätigkeiten (inkl. Schreibübung)
6. Fotos: Bedeutsame Personen, Bildbeschreibungen schreiben
7. Freundschaft: Freunde
8. Ausgleichen positiver und negativer Gedanken und Gefühle
9. Wendepunkte: Entscheidungen und Veränderungen (inkl. Zeitleiste und Imaginationsübung)
10. Wünsche und Sehnsüchte: Zukunftsorientierung, Pläne und soziale Unterstützung, Wiederbegegnungstreffen in fünf Jahren

11. Die Zukunft in mir: Weiterführung von Thema 10, Problemlösestrategien planen
12. Identität: Abschlussreflektion

Eine deutsche Version dieser erfolgreichen LRT-Gruppentherapie zu entwickeln, steht noch aus.

5.3   Reminiszenzinterventionen bei Posttraumatischen Belastungsstörungen älterer Menschen

Wenn es um die Anwendung von Reminiszenzinterventionen bei Posttraumatischen Belastungsstörungen (PTBS) älterer Menschen geht, werden diese ergänzt mit einem traumafokussierten Verfahren, »Exposition« genannt. Aus der Traumatherapie-Forschung ist bekannt, dass alle erfolgreichen Traumatherapien ein Expositionsverfahren beinhalten. Nun gibt es eine Reihe von verschiedenen Expositionsverfahren. Die »narrative Exposition« ist eins davon, das sehr gut in ein narratives Verfahren wie die LRT eingebunden werden kann (Lenz et al. 2020). In einer Doppelsitzung wird die Patientin beziehungsweise der Patient gebeten, die Erlebnisse langsam und nacheinander, mit möglichst vielen sensorischen, affektiven, kognitiven und behavioralen Details zu beschreiben (Forstmeier/Ochel 2022). Die Therapeutin beziehungsweise der Therapeut sucht nach Lücken im Narrativ und der Vermeidung der affektiven Komponente.

Maercker (2002) führte eine Serie von Fallstudien mit älteren traumatisierten Menschen durch, indem er die oben dargestellte Lebensrückblicktherapie (Haight/Haight 2007) mit narrativer Exposition mit dem traumatischen Ereignis kombinierte. Die Ziele dieser erweiterten Lebensrückblicktherapie sind (a) eine ausgeglichene Evaluation des Lebens zu ermöglichen, welche sowohl negative als auch positive Erfahrungen berücksichtigt; (b) den Prozess der Sinnfindung für kritische Lebensereignisse und den Lebenslauf im Allgemeinen zu unterstützen; und (c) Erinnerungen an traumatische Ereignisse zu rekonstruieren und sie in ein kohärentes Narrativ zu transformieren, um sie in die Biografie zu integrieren.

Auf diesen Fallstudien aufbauend haben Knaevelsrud et al. (2017) die Integrative Testimonial Therapie (ITT) entwickelt, eine Internet-basierte Schreibtherapie, die einen strukturierten, ressourcenorientierten Lebensrückblick mit narrativer Exposition und kognitiver Umstrukturierung kombiniert. Die Ergebnisse einer randomisierten kontrollierten Studie mit einer Stichprobe älterer PTBS-Patienten, die als Kinder während des Zweiten Weltkrieges traumatisisiert wurden, zeigen, dass diese Therapie PTBS- und Angstsymptome signifikant reduzieren kann.

Zuletzt haben die Kombination aus LRT und narrativer Exposition Forstmeier et al. (2020) in der Behandlung von Holocaust-Überlebenden angewendet. Bei dieser Zielgruppe sind das zum Teil hohe Alter (bis Anfang 90) sowie die mehrfache Traumatisierung die besonderen Herausforderungen. Daher wurden neben den beiden Hauptmodulen – strukturierter Lebensrückblick und narrativer Exposition – noch einige wenige weitere Sitzungen hinzugefügt, die der Bearbeitung von »stuck points« wie Schuldgefühlen oder Wut dienen sollen, an denen der Patient »hängengeblieben« ist, sowie der Rückeroberung des Lebens, indem sozialen Beziehungen und angenehme Aktivitäten mehr in den Alltag integriert werden. Erste Daten weisen auf eine gute Wirksamkeit hin; die Befunde werden derzeit publiziert.

5.4   Veränderungsmechanismen von Reminiszenzinterventionen

Die Frage, warum Reminiszenzinterventionen das Wohlbefinden positiv beeinflussen, also die Frage nach den Veränderungsmechanismen, ist noch nicht so gut untersucht. Es wird vielfach angenommen, dass die verschiedenen Reminiszenzfunktionen über unterschiedliche psychische und soziale Ressourcen das Wohlbefinden beeinflussen (Westerhof/Bohlmeijer 2014). Befunde liegen bisher für die Steigerung von Selbstwirksamkeit (mastery), Bewältigungsstrategien (coping), Selbstwert und Sinnfindung als Veränderungsmechanismen vor.

Adaptive Bewältigungsstrategien mediieren die Beziehung zwischen integrativer und instrumenteller Reminiszenz und Wohlbefinden in einer Querschnittstudie (Cappeliez/Robitaille 2010). Beide selbst-positiven Erinnerungsstile beeinflussen Wohlbefinden positiv, weil sie adaptive Bewältigungsstrategien unterstützen.

Wenn speziell integratives (Identitäts-bezogenes) Erinnern gefördert wird, steigert dies das Empfinden von Sinnfindung (Bohlmeijer et al. 2008) und Selbstwirksamkeit und reduziert depressive Symptome (Bohlmeijer et al. 2009). Das lässt annehmen, dass Sinnfindung und Selbstwirksamkeit Mediatoren des Zusammenhangs sind. In einer Längsschnittstudie wurde dies untersucht und vor allem Selbstwirksamkeit und positive Gedanken als Mediatoren gefunden (Korte et al. 2012). In einer weiteren Längsschnitt- beziehungsweise Therapiestudie konnte gezeigt werden, dass Sinnfindung die Wirkung einer Reminiszenzintervention auf Wohlbefinden mediiert (Westerhof, Bohlmeijer, van Beljouw et al. 2010).

In einer Querschnittsstudie konnte gezeigt werden, dass integratives Erinnern hauptsächlich über Selbstwirksamkeit und Kontrollüberzeugungen, dagegen instrumentelles Erinnern über Sinnfindung und Selbstwert positiv mit Wohlbefinden zusammenhängen (Hallford et al. 2013).

6. Schlussfolgerungen

In diesem Artikel wurden empirische Befunde zusammengetragen, die die Vielseitigkeit des Erinnerns (des Reminiszierens) als Schlüsselprozess von der Kindheit bis ins hohe Alter beschreiben. Integratives und instrumentelles Erinnern sind die wichtigsten Erinnerungsstile, die positiv mit Wohlbefinden assoziiert sind, während obsessives und eskapistisches Erinnern negativ mit Wohlbefinden assoziiert sind. Diese Erinnerungsstile sind die Ansatzpunkte für eine Reihe von Reminiszenzinterventionen, die das Ziel haben, über die Förderung des integrativen und instrumentellen Erinnerns und die Reduktion des obsessiven und eskapistischen Erinnerns das Wohlbefinden von Menschen zu steigern. Besonders lang ist die Tradition bei Patienten mit einer Demenz oder einer Depression im Alter, spezifische Reminiszenzinterventionen anzubieten. Depression im Alter kann mit großen Effektstärken mit einer Lebensrückblicktherapie behandelt werden, in der Demenzversorgung sind kleine, aber nicht weniger beeindruckende Effektstärken üblich.

Die Anwendung der Lebensrückblicktherapie, kombiniert mit narrativer Exposition, in der Behandlung von älteren Traumapatienten, erfordert noch weiterführende Psychotherapieforschung. Eine aktuelle Therapiestudie mit Holocaust-Überlebenden ist verheißungsvoll, jedoch sind weiterführende Studien nötig, um beispielsweise die Bedeutung der verschiedenen Therapiebestandteile zu entziffern. Sind Sitzungen zu »stuck points« wie Schuldgefühlen nötig für den Therapieerfolg oder nicht? Reichen Lebensrückblick und narrative Exposition oder braucht es am Ende noch eine spezifische Aktivierung im Alltag, also einen abschließenden Fokus auf das Hier und Jetzt? Gibt es Unterschiede in der Wirksamkeit bei 65-Jährigen im Vergleich zu 85-Jährigen, zum Beispiel wegen körperlicher Komorbidität? Und welche Veränderungsmechanismen sind für die positiven Veränderungen verantwortlich? Ist dies bei Traumapatienten stärker Sinnfindung und soziale Beziehungen als Selbstwirksamkeit und Bewältigungsstrategien?

Schließlich gibt es erste Ansätze für die Prävention von psychischen Störungen wie Depression im mittleren Erwachsenenalter, also bevor die Herausforderungen des Alterns beginnen. Hier ist die Herausforderung, wie Menschen zu einer Intervention bewegt werden, bevor sie eine klinische Depression entwickelt haben. Ein erster Ansatz ist, Menschen mit erhöhten depressiven Symptomen, aber ohne klinische Depression, mit dem Medium Tier anzusprechen. Dies ermöglicht einen niedrigschwelligen Zugang zu wirksamen Interventionen. Beispielsweise hat bereits eine pferdegestützte Biografiearbeit für Menschen in der zweiten Lebenshälfte erstaunlich große Wirkung gezeigt und ist eine Grundlage für die weitere Forschung (Schmidt et al. 2020).

Literatur

Bickel, Horst (2012): Epidemiologie und Gesundheitsökonomie. In: Wallesch, Claus-W./ Förstl, Hans (Hrsg.), Demenzen. Stuttgart, S. 18–35.

Bluck, Susan/Levine, Linda J. (1998): Reminiscence as autobiographical memory: A catalyst for reminiscence theory development. Ageing and Society 18 (2), S. 185–208.

Bohlken, Jens/Weber, Simon A./Siebert, Anke/Forstmeier, Simon/Kohlmann, Thomas/ Rapp, Michael A. (2017): Reminiscence therapy for depression in dementia: An observational study with matched pairs. The Journal of Gerontopsychology and Geriatric Psychiatry 30 (4), S. 145–151.

Bohlmeijer, Ernst/Kramer, Jeannet/Smit, Filip/Onrust, Simone/Marwijk, Harm van (2009): The effects of integrative reminiscence on depressive symptomatology and mastery of older adults. Community Mental Health Journal 45 (6), S. 476–484.

Bohlmeijer, Ernst/Westerhof, Gerben J./Emmerik-de Jong, M. (2008): The effects of integrative reminiscence on meaning in life: Results of a quasi- experimental study. Aging & Mental Health 12 (5), S. 639–646.

Cappeliez, Philippe/O'Rourke, Norm (2006): Empirical validation of a comprehensive model of reminiscence and health in later life. Journals of Gerontology Series B: Psychological Sciences and Social Sciences 61, S. 237–244.

Cappeliez, Philippe/Robitaille, Annie (2010): Coping mediates the relationships between reminiscence and psychological well-being among older adults. Aging and Mental Health 14 (7), S. 807–818.

Chen, Jim C./Borson, Soo/Scanlan, James Matthew (2000): Stage-specific prevalence of behavioral symptoms in Alzheimer's disease in a multi-ethnic community sample. The American Journal of Geriatric Psychiatry: Official Journal of the American Association for Geriatric Psychiatry 8 (2), S. 123–133.

Cuijpers, Pim/Karyotaki, Eirini/Pot, Anne Margriet/Park, Mijung/Reynolds 3rd, Charles F. (2014): Managing depression in older age: Psychological interventions. Maturitas 79 (2), S. 160–169.

Cully, Jeffrey A./LaVoie, Donna/Gfeller, Jeffrey D. (2001): Reminiscence, personality, and psychological functioning in older adults. The Gerontologist 41 (1), S. 89–95.

Donohue, Julie M./Pincus, Harold Alan (2007): Reducing the societal burden of depression: A review of economic costs, quality of care and effects of treatment. PharmacoEconomics 25 (1), S. 7–24.

Forstmeier, Simon (2015): Beginnende Alzheimer-Demenz. In: Maercker, Andreas (Hrsg.), Alterspsychotherapie und klinische Gerontopsychologie. Berlin, S. 231–256.

Forstmeier, Simon/Ochel, Jan (2022): Applying exposure therapy in older adults. Clinical Guide to Exposure Therapy – Beyond Phobias. Berlin.

Forstmeier, Simon/Roth, Tanja (2018): Kognitive Verhaltenstherapie für Patienten mit leichter Alzheimer-Demenz und ihre Angehörigen. Berlin.

Forstmeier, Simon/van der Hal, Elisheva /Auerbach, Martin/Maercker, Andreas/Brom, Danny (2020): Life review therapy for holocaust survivors (LRT-HS): Study protocol for a randomised controlled trial. BMC Psychiatry 20 (1), S. 186.

Haight, Barbara K./Bachman, David L./Hendrix, Shirley/Wagner, Mark T./Meeks, Alison/ Johnson, Jolene (2003): Life review: Treating the dyadic family unit with dementia. Clinical Psychology and Psychotherapy 10 (3), S. 165–174.

Haight, Barbara K./Burnside, Irene (1993): Reminiscence and life review: explaining the differences. Archives of Psychiatric Nursing 7 (2), S. 91–98.

Haight, Barbara K./Haight, Barrett S. (2007): The handbook of structured life review. Baltimore, MD.

Haight, Barbara K./Haight, Barrett S. (2012): Strukturierter Lebensrückblick für Menschen mit Demenz. In: A. Maercker, Andreas/Forstmeier, Simon (Hrsg.), Der Lebensrückblick in Therapie und Beratung. Berlin, S. 139–158.

Hallford, David J./Mellor, David/Cummins, Robert A. (2013): Adaptive autobiographical memory in younger and older adults: The indirect association of integrative and instrumental reminiscence with depressive symptoms. Memory 21 (4), S. 444–457.

Hsieh, Chia-Jung/Chang, Chueh/Su, Shu-Fang/Hsiao, Yu-Ling/Shih, Ya-Wen/Hang, Wen-Hui/Lin, Chia-Chin (2010): Reminiscence group therapy on depression and apathy in nursing home residents with mild-to-moderate dementia. Journal of Experimental & Clinical Medicine 2 (2), S. 72–78.

Kast, Verena (2017): Freudenbiografie: Die Freuden der Kindheit wieder erleben. In: Frank, Renate (Hrsg.), Therapieziel Wohlbefinden: Ressourcen aktivieren in der Psychotherapie. Psychotherapie: Praxis. Berlin, Heidelberg, S. 157–167.

Knaevelsrud, Christine/Böttche, Maria/Pietrzak, Robert H/Freyberger, Harald Jürgen/ Kuwert, Philipp (2017): Efficacy and feasibility of a therapist-guided internet-based intervention for older persons with childhood traumatization: A randomized controlled trial. American Journal of Geriatric Psychiatry 25 (8), S. 878–888.

Korte, Jojanneke/Westerhof, Gerben J./Bohlmeijer, Ernst T. (2012): Mediating processes in an effective life-review intervention. Psychology and Aging 27 (4), S. 1172–1181.

Lenz, Hans-Joachim/Zimmermann, Sarah/Forstmeier, Simon (2020): Der Lebensrückblick und Traumafolgestörungen aus der Perspektive der Lebensspanne. Trauma & Gewalt 14 (4), S. 288–302.

Maercker, Andreas (2002): Life-review technique in the treatment of PTSD in elderly patients: Rationale and report on three single cases. Journal of Clinical Geropsychology 8, S. 239–249.

Maercker, Andreas/Forstmeier, Simon (2012): Der Lebensrückblick in Therapie und Beratung. Berlin.

Nelson, Katherine (1989): Narratives from the crib. Cambridge, MA.

O'Rourke, Norm/Cappeliez, Philippe/Claxton, Amy (2011): Functions of reminiscence and the psychological well-being of young-old and older adults over time. Aging and Mental Health 15 (2), S. 272–281.

Pasupathi, Monisha/Weeks, Trisha/Rice, Cora (2006): Reflecting on life: Remembering as a major process in adult development. Journal of Language and Social Psychology 25 (3), S. 244–263.

Pinquart, Martin/Forstmeier, Simon (2012): Effects of reminiscence interventions on psychosocial outcomes: A meta-analysis. Aging and Mental Health 16 (5), S. 541–558.

Pot, Anne M./van Asch, Iris (2013): Lebensrückblick für ältere Erwachsene: Ein gruppentherapeutischer Ansatz. In: Maercker, Andreas/Forstmeier, Simon (Hrsg.), Der Lebensrückblick in Therapie und Beratung. Berlin, Heidelberg, S. 171–186.

Pot, Anne Margriet/Bohlmeijer, Ernst T./Onrust, Simone/Melenhorst, Anne-Sophie/ Veerbeek, Marjolein/De Vries, Wilma (2010): The impact of life review on depression in older adults: A randomized controlled trial. International Psychogeriatrics 22 (4), S. 572–581.

Rybarczyk, Bruce/Shamaskin, Andrea/Bellg, Albert (2013): Lebensrückblick zur Wohlbefindenssteigerung. In: Maercker, Andreas/Forstmeier, Simon (Hrsg.), Der Lebensrückblick in Therapie und Beratung. Berlin, Heidelberg, S. 67–84.

Schmidt, Julia/Wartenberg-Demand, Andrea/Forstmeier, Simon (2020): Equine-assisted biographical work (EABW) with individuals in the second half of life: Study protocol of a multicentre randomised controlled trial. Trials 21 (1), S. 857.

Schweitzer, Pam/Bruce, Errollyn (2010): Das Reminiszenzbuch. Praxisleitfaden zur Biografie- und Erinnerungsarbeit mit alten Menschen. Bern.

Serrano, Juan Pedro/Latorre, Jose Miguel/Gatz, Margaret/Montanes, Juan (2004): Life review therapy using autobiographical retrieval practice for older adults with depressive symptomatology. Psychology and Aging 19 (2), S. 270–277.

Staudinger, Ursula M. (2001): Life reflection: A social-cognitive analysis of life review. Review of General Psychology 5 (2), S. 148–160.

Sumner, Jennifer A./Griffith, James W./Mineka, Susan (2010): Overgeneral autobiographical memory as a predictor of the course of depression: a meta-analysis. Behaviour Research and Therapy 48 (7), S. 614–625.

Thorne, Avril (2000): Personal memory telling and personality development. Personality and Social Psychology Review 4 (1), S. 46–56.

van Asch, Iris/de Lange, Jacomine/Pot, Anne Margriet (2011): Op zoek naar zin, een cursus rond het eigen levensverhaal voor bewoners van verpleeg- en verzorgingshuizen [Looking for meaning: a course on the own life-story for long-term care residents]. Utrecht.

Volkert, Jana/Schulz, Holger/Härter, Martin/Wlodarczyk, Olga/Andreas, Sylke (2013): The prevalence of mental disorders in older people in Western countries – a meta-analysis. Ageing Research Reviews 12 (1), S. 339–353.

Wang, Jing-Jy (2007): Group reminiscence therapy for cognitive and affective function of demented elderly in Taiwan. International Journal of Geriatric Psychiatry 22 (12), S. 1235–1240.

Webster, Jeffrey Dean (1993): Construction and validation of the reminiscence runctions scale. Journal of Gerontology 48 (5), S. 256–262.

Webster, Jeffrey Dean (1997): The reminiscence function scale: A replication. International Journal of Aging and Human Development 44 (2), S. 137–148.

Webster, Jeffrey Dean /Bohlmeijer, Ernst T./Westerhof, Gerben J. (2010): Mapping the future of reminiscence: A conceptual guide for research and practice. Research on Aging 32 (4), S. 527–564.

Webster, Jeffrey Dean /Gould, Odette (2007): Reminiscence and vivid personal memories across adulthood. International Journal of Aging and Human Development 64 (2), S. 149–170.

Westerhof, Gerben J./Bohlmeijer, Ernst (2014): Celebrating fifty years of research and applications in reminiscence and life review: State of the art and new directions. Journal of Aging Studies 29 (1), S. 107–114.

Westerhof, Gerben J./Bohlmeijer, Ernst T./van Beljouw, Ilse M./ Pot, Anne Margriet (2010): Improvement in personal meaning mediates the effects of a life review intervention on depressive symptoms in a randomized controlled trial. The Gerontologist 50 (4), S. 541–549.

Westerhof, Gerben J./Bohlmeijer, Ernst T./Webster, Jeffrey Dean (2010): Reminiscence and mental health: A review of recent progress in theory, research and interventions. Aging and Society 30 (4), S. 697–721.

Westerhof, Gerben J./Slatman, Syl (2019): In search of the best evidence for life review therapy to reduce depressive symptoms in older adults: A meta-analysis of randomized controlled trials. Clinical Psychology: Science and Practice 26 (4), e12301.

Williams, J. Mark G./Barnhofer, Thorsten/Crane, Catherine/Hermans, Dirk/Raes, Filip/ Watkins, Ed/Dalgleish, Tim (2007): Autobiographical memory specificity and emotional disorder. Psychological Bulletin 133 (1), S. 122–148.

Wittchen, Hans Ulrich/Jacobi, Frank/Rehm, Jürgen/Gustavsson, Anders/Svensson, Marianne/Jönsson, Björn/Olesen, J./Allgulander, C./Alonso, J./Faravelli, C./Fratiglioni, L./ Jennum, P./Lieb, R./Maercker, Andreas/van Os, J./Preisig, M./Salvador-Carulla, L./Simon, R./Steinhausen, H.-C. (2011): The size and burden of mental disorders and other disorders of the brain in Europe 2010. European Neuropsychopharmacology 21 (9), S. 655–679.

Wood, Alex M./Froh, Jeffrey J./Geraghty, Adam W. A. (2010): Gratitude and well-being: A review and theoretical integration. Clinical Psychology Review 30 (7), S. 890–905.

Woods, Robert T./Orrell, Martin/Bruce, Errollyn/Edwards, Rhiannon T./Hoare, Zoe/ Hounsome, Barry/Keady, John/Moniz-Cook, Esme/Orgeta, Vasiliki/Rees, Janice/Russell, Ian (2016): REMCARE: Pragmatic multi-centre randomised trial of reminiscence groups for people with dementia and their family carers: Effectiveness and economic analysis. PloS One 11 (4), e0152843.

Stefanie Roos / Barbara Strumann[*]

Fragmentierte Erinnerungen – »The past affects the present even without being aware of it«

1.   Einleitung

Emotionale Erfahrungen hinterlassen Spuren in unserem Gehirn und werden dort gespeichert; allerdings getrennt vom kognitiven Speicher, da es bei hochgradiger emotionaler Erregung zu einer funktionellen Trennung von Amygdala und Hippocampus kommt (van der Kolk/Fisler 1995). Laut klinischer und neurobiologischer Forschungsergebnisse stellt ein traumaspezifisches Gedächtnis ein eigenständiges Gedächtnissystem dar und es ist von traumaspezifischen Gedächtnisleistungen auszugehen (von Hinckeldey/Fischer 2002, S. 108–123; van der Kolk/Fisler 1995). »Seit gut einem Jahrhundert verstehen wir, dass die Spuren von Traumata nicht in Form von Erzählungen über schlimme Vorfälle in der Vergangenheit gespeichert werden, sondern als körperliche Empfindungen, die wir wie eine unmittelbare Bedrohung für unser gegenwärtiges Leben erfahren« (Levine 2016, S. 10). Über verschiedenste Techniken können Emotionales und Kognitives wieder vereint und damit das Trauma verarbeitet werden.

Im Rahmen dieses Beitrags wird erläutert, wie Erinnerungen von existenziell bedrohlich erlebten traumatisierenden Erfahrungen abgespeichert werden und sich unter anderem durch Defragmentierung – in der Regel mit professioneller Unterstützung – wieder in das Gedächtnissystem integrieren lassen.

---

[*] Univ.-Prof'in Dr. Stefanie Roos, Universität Siegen, Fakultät II (Bildung – Architektur – Künste), Department Erziehungswissenschaft – Psychologie, Erziehungswissenschaft mit Schwerpunkt Förderpädagogik (»Lernen«).
Dr. Barbara Strumann, Sonderpädagogische Lehrkraft, Fachleiterin für den Förderschwerpunkt Emotionale und soziale Entwicklung und das Kernseminar am Zentrum für schulpraktische Lehrerausbildung Münster sowie Fachberaterin an der Bezirksregierung Münster für den Förderschwerpunkt Emotionale und soziale Entwicklung.

2.   Erinnerungsphänomene im Kontext von Traumatisierungen

2.1   Zwei gegenläufige Erinnerungsphänomene

Erinnerungen spielen eine zentrale Rolle im Kontext von Traumatisierungen, dies allerdings in einer vollkommen gegenläufigen Art und Weise (Sopp et al. 2019): Einerseits erleben Traumatisierte sie in Form wiederkehrender, belastender Erinnerungen (Intrusionen) von traumatischen Ereignissen. Diese, sich aufdrängenden fragmentarischen Intrusionen umfassen zumeist Bruchstücke starker sensorischer und perzeptueller Eindrücke (APA 2014; Sopp et al. 2019). Die sogenannten Flashbacks gleichen einer realen Bedrohung und lösen starke Stressreaktionen und ein intensives Angsterleben aus. Andererseits sind Traumatisierte nicht in der Lage, das traumatisierende Ereignis in seiner Gänze zu erinnern sowie es detailliert und in zeitlicher Reihenfolge wiederzugeben (Ehlers 2010).

2.2   Bedeutung der zwei gegenläufigen Erinnerungsphänomene in Klassifikation und Diagnostik

Aufgrund dieser zwei gegenläufigen Erinnerungsphänomene wird die Posttraumatische Belastungsstörung (PTBS) häufig als Störung des Gedächtnisses bezeichnet (Sopp et al. 2019). In der International Classification of Diseases in Version 10 (ICD-10; WHO 2019) ist die PTBS unter F43.1 gefasst. Dort wird sie folgendermaßen beschrieben:

> »Diese entsteht als eine verzögerte oder protrahierte Reaktion auf ein belastendes Ereignis oder eine Situation kürzerer oder längerer Dauer, mit außergewöhnlicher Bedrohung oder katastrophenartigem Ausmaß, die bei fast jedem eine tiefe Verzweiflung hervorrufen würde. Prädisponierende Faktoren wie bestimmte, z. B. zwanghafte oder asthenische Persönlichkeitszüge oder neurotische Krankheiten in der Vorgeschichte können die Schwelle für die Entwicklung dieses Syndroms senken und seinen Verlauf erschweren, aber die letztgenannten Faktoren sind weder notwendig noch ausreichend, um das Auftreten der Störung zu erklären.« (WHO 2019, o. S.)

Zu den typischen Merkmalen einer PTBS gehören:

- *»wiederholtes Erleben des Traumas in sich aufdrängenden Erinnerungen (Nachhallerinnerungen, Flashbacks), Träumen oder Albträumen, die vor dem Hintergrund eines andauernden Gefühls von Betäubtsein und emotionaler Stumpfheit auftreten.*
- *Gleichgültigkeit gegenüber anderen Menschen, Teilnahmslosigkeit der Umgebung gegenüber, Freudlosigkeit sowie Vermeidung von Aktivitäten und Situationen, die Erinnerungen an das Trauma wachrufen könnten.*

- *Zustand von vegetativer Übererregtheit mit Vigilanzsteigerung, einer übermäßigen Schreckhaftigkeit und Schlafstörung.*
- *Angst und Depression und Suizidgedanken.*« (WHO 2019, o. S.)

2.3 Erklärungsansätze für die zwei gegenläufigen Erinnerungsphänomene

Zur Erklärung dieser zwei gegenläufigen Erinnerungsphänomene werden nachfolgend zentrale Elemente des kognitiven Modells der PTBS (Ehlers/Clark 2000) und der dualen Repräsentationstheorie (Brewin et al. 2010) herangezogen.

Das kognitive Modell der PTBS stellt den Unterschied zwischen unserem regulären, konzeptionellen Verarbeitungsmodus, der neue Informationen in bestehende Wissenskonzepte des autobiografischen Gedächtnisses integriert, und einem datengetriebenen Verarbeitungsmodus, in dem nur gefühlsintensive Teilepisoden zusammenhangslos gespeichert werden, dar. Die duale Repräsentationstheorie geht von einer doppelten Speicherung, einer dualen Gedächtnisrepräsentation von Ereignissen aus. Neben der kontextuellen Gedächtnisrepräsentation entsteht immer auch eine sensorische, raum-zeitlich desintegrierte Repräsentation des Geschehens.

2.3.1 Das kognitive Modell der PTBS von Ehlers und Clark (2000)

Den Ausgangspunkt des kognitiven Modells der PTBS von Ehlers und Clark (2000) stellen die Berichte von Gefühlen einer gegenwärtigen exzessiven Bedrohung dar. Das Modell gründet auf dem Prinzip der transfer-angemessenen Verarbeitung (Roediger 1990). Vereinfacht zusammengefasst unterscheidet dieses zwischen einem konzeptionellen und einem datengetriebenen Verarbeitungsmodus.

Die konzeptuelle Verarbeitung der Lernepisode führt zu einem expliziten Gedächtnisabruf. Dieser explizite Abruf setzt die konzeptuelle Integration neuer Informationen in bestehende Wissenskonzepte des autobiografischen Gedächtnisses voraus und erleichtert die gezielte Reaktivierung von Erinnerungen. Der datengetriebene Verarbeitungsmodus, der auf perzeptuelle Merkmale einer Lernepisode gerichtet ist, begünstigt einen stimulusgetriebenen Abruf der Erinnerungen. Aufgrund ihres unerwarteten Auftretens und den geringen Bezügen zum autobiografischen Gedächtnis führen traumatische Ereignisse zu einem stimulusgetriebenen Abruf (Sopp et al. 2019). Die datengetriebene Verarbeitung verhindert die anschließende Einbettung des traumatisierenden Ereignisses in das autobiografische Gedächtnis. Stattdessen werden gefühlsintensive Teilepisoden des Traumas zusammenhangslos abgespeichert. Dies sorgt für Defizite beim Erinnern kontextueller Informationen und erklärt das intrusive Wiedererleben von Teilepisoden des traumatischen Ereignisses (Ehlers et al. 2004; Ehlers 2010). In seiner »Warnsignal-Hypothese« (Ehlers et al. 2002) führt Ehlers die existenziell bedrohliche Wahrnehmung der Intrusionen auf den hohen Informationswert der Reize zurück. Trotz mangelnden inhaltlichen Bezugs zur traumatisierenden Situation und einer geringen Reizintensität werden Intrusionen durch ein breites Spektrum perzeptuell ähnlicher Reize reaktiviert (Ehlers et al. 2002). Dies hängt mit der Verstärkung des perzeptuellen Primings im datengetriebenen Verarbeitungsmodus zusammen.

> *»Priming bezeichnet dabei eine Form des impliziten Lernens, die sich in einer verstärkten Bahnung in der Reizverarbeitung zuvor präsentierter Stimuli äußert. Im Zuge dessen werden »geprimte« Stimuli mit einer graduellen Ähnlichkeit zum ursprünglichen Stimulus unmittelbar im Umfeld detektiert und erkannt. Durch verstärktes Priming könnten trauma-assoziierte Stimuli somit zu hochpotenten Hinweisreizen werden, die bei geringer Übereinstimmung mit situativen Umgebungsreizen zu einer Reaktivierung der zugrunde liegenden Assoziationen führen.«* (Sopp et al. 2019, S. 22)

Die Intrusionen und der nicht nachvollziehbare Bezug zum traumatischen Erlebnis (Michael et al. 2005) bedingen ein andauerndes Empfinden existenzieller Bedrohung. Hinzukommende ungünstige kognitive Bewertungen der intrusiven Erinnerungen und Vermeidungsstrategien können gemäß dem kognitiven Modell der PTBS schließlich zu einer PTBS führen (Ehlers/Clark 2000; Sopp et al. 2019).

2.3.1 Die duale Repräsentationstheorie von Brewin, Gregory, Lipton und Burgess (2010)

Brewin, Gregory, Lipton und Burgess (2010) erklären die Entstehung der eingangs beschriebenen Gedächtnisveränderungen ebenfalls anhand von grundlegenden, das Erinnern unterstützenden Gedächtnisprozessen. Zur Betrachtung der Lernprozesse innerhalb des traumatischen Kontextes greifen sie auf die neurokognitive Grundlagenforschung zum Einfluss von Emotion auf die episodische Gedächtnisbildung zurück. Dabei gehen Brewin, Gregory, Lipton und Burgess (2010) von der Annahme einer dualen Gedächtnisrepräsentation von Ereignissen aus:

> *»Die Enkodierung einer überdauernden, flexiblen und semantisch vernetzten Gedächtnisrepräsentation wird durch Interaktionen von subkortikalen (Hippokampusformation) und kortikalen (ventromedialer präfrontaler Kortex, parahippokampaler Kortex, Temporallappen und sensorische Assoziationskortices) Strukturen ermöglicht.«* (Sopp et al. 2019, S. 23)

Diese kontextuelle Gedächtnisrepräsentation (C-rep) ermöglicht den willentlich gesteuerten Abruf eines vergangenen Geschehens sowie dessen räumliche und zeitliche Einordnung. Sie umfasst eine abstrakte, allozentrische Darstellung des visuellen Feldes (Brewin et al. 2010). Die verbal zugänglichen Erinnerungen (VAMs, verbal accessible memories) werden ins autobiographische Gedächtnis integriert.

>*»Zeitgleich wird in einem Netzwerk aus frühen sensorischen Arealen, der Insula und der Amygdala, eine sogenannte sensorische Repräsentation (S-rep) gebildet.«* (Sopp et al. 2019, S. 23)

Im Gegensatz zur kontextuellen Gedächtnisrepräsentation (C-rep) ermöglicht die sensorische Repräsentation (S-rep) eine kaum abstrahierte, raum-zeitlich desintegrierte und erlebnisnahe Repräsentation des Geschehens. Die situational abrufbaren Erinnerungen (SAMs, situational accessible memories) werden im Unterbewusstsein gespeichert. Durch ähnliche sensorische Umgebungsreize wird diese unwillkürlich reaktiviert. Ferner umfasst die sensorische Gedächtnisrepräsentation ein sehr genaues, allerdings unflexibles Abbild des visuellen Feldes. Auch außerhalb des Aufmerksamkeitsfokus liegende Merkmale sind darin eingeschlossen (Brewin et al. 2010; Sopp et al. 2019).

Bei gewöhnlichen Ereignissen bilden sich im Zuge ihrer Enkodierung zunächst beide Repräsentationen. Vorerst sind diese co-existent und miteinander verknüpft. Die sensorische Repräsentation wird im Verlaufe der Zeit schwächer und zerfällt. Die kontextuelle Gedächtnisrepräsentation bleibt bestehen und unterstützt den willentlich gesteuerten Abruf eines vergangenen Geschehens mitsamt dessen räumliche und zeitliche Einordnung.

Anders verhält es sich bei emotional aufgeladenen Ereignissen. Bei ihrer Enkodierung bildet sich eine überdauernde sensorische Repräsentation. Das hängt damit zusammen, dass es bei traumatischen Ereignissen zu einer starken Aktivierung der Amygdala kommt. Dadurch wird die sensorische Enkodierung um ein Vielfaches potenziert. Hemmungen im hippokampalen Enkodierungsprozess schränken die Bildung der kontextuellen Repräsentation ein. So bilden sich eine ausgeprägte sensorische und eine reduzierte kontextuelle Repräsentation des traumatischen Ereignisses, die unzureichend miteinander verknüpft sind. Die starke Ausprägung der sensorischen Repräsentation und unzureichende Verknüpfung beider Repräsentationen führen zu Intrusionen, in denen das Trauma fortwährend abgerufen und erlebnisnah wiedererlebt wird. Für die Betroffenen bleibt die Intensität des traumatischen Erlebnisses damit ununterbrochen bestehen. Diese Intensität und vielfach angewandte kognitive Vermeidungsstrategien verhindern eine nachträgliche Verknüpfung zwischen den beiden Repräsentationen. Ohne Verknüpfung bleibt die ausgeprägte, unwillentlich aktivierbare sensorische Repräsentation neben der gesteuert abrufbaren kontextuellen Repräsentation dauerhaft erhalten.

Die duale Repräsentationstheorie versteht die PTBS als hybride Störung, die zwei separate pathologische Prozesse umfasst. Die Entstehung einer PTBS hängt zum einen von den individuellen Bewältigungsstrategien im Umgang mit den Intrusionen und den dazugehörigen Emotionen sowie dem Gelingen oder Misslingen der Bewältigung traumatischer Erlebnisse, inklusive deren nachträglicher Kontextualisierung zusammen (Brewin et al. 2010; Sopp et al. 2019).

3. Techniken zur Wiedervereinigung von Emotionalem und Kognitivem

3.1 Allgemeines zu den Techniken

Zunächst einmal lassen sich Traumatherapie, Traumapädagogik und Traumaberatung voneinander abgrenzen. Eine Gegenüberstellung der zentralen Charakteristika des jeweiligen Fachbereichs, aber auch verbindende Elemente im Sinne einer gemeinsamen Basis von allen drei Ansätzen finden sich bei Gahleitner und Rothdeutsch-Granzer (2016, S. 145). Wenn es um Techniken zur Wiedervereinigung von Emotionalem und Kognitivem geht, befinden wir uns im traumatherapeutischen Bereich, in dem neben Einzel- und Gruppentherapie, Familien- und Systemtherapie pharmakotherapeutische Verfahren zum Einsatz kommen (Landolt 2012). Grundsätzlich lassen sich vier Interventionsfelder unterscheiden; nämlich solche, die (1) intrapersonelle psychologische und biologische Faktoren von Traumafolgen, (2) das soziale Umfeld als systemischen Kontext, (3) traumabezogene Bewertungen und Attributionen oder (4) dysfunktionale Bewältigungsstrategien fokussieren (Landolt 2012). Vom Ablauf her ist es wichtig, dass zunächst eine Stabilisierung auf körperlicher, affektiver und sozialer Ebene zur Herstellung der Sicherheit erfolgt, bevor die Trauma- und Problembearbeitung sowie die Traumaintegration in den Lebensalltag angegangen werden können (Landolt 2012). Die einzelnen Phasen sind natürlich nicht als streng voneinander getrennt zu betrachten; so spielen stabilisierende Aspekte auch in den anderen Phasen eine nicht zu unterschätzende Rolle:

> »Beispielsweise kann von einem sicheren Grundgefühl im Hier und Jetzt für eine kurze Zeit in die Traumaerinnerung gewechselt werden, um dann sofort wieder zurück in die sichere Situation zu kommen. Diese Pendeltechnik hilft, Sicherheit zu gewinnen und ein Gefühl von Kontrolle zu erfahren.« (Gahleitner 2016, S. 116)

3.2   Ausgewählte Techniken zur Defragmentierung von Erinnerungen

Trotz der Vielfalt möglicher therapeutischer Zugänge werden in diesem Beitrag ausschließlich einige Techniken exemplarisch herausgegriffen, die sich primär mit der Defragmentierung von Erinnerungen befassen. Diese Zusammenstellung erhebt keinerlei Anspruch auf Vollständigkeit.

Bei der Auseinandersetzung mit dem traumatischen Erleben im Sinne eines Zulassens der traumatischen Erinnerung und einer Rekonstruktion des Traumas und seiner Folgen gilt Sensibilität und Behutsamkeit als zentrales Prinzip, da eine Überwältigung durch die dabei entstehenden Begleitemotionen verhindert werden sollte (Gahleitner/Rothdeutsch-Granzer 2016). Die Traumakonfrontation und -aufarbeitung mittels verschiedener Verfahren scheint durchaus erfolgversprechend (Landolt 2012) und wird auch in der S3-Leitlinie für Posttraumatische Belastungsstörungen (Schäfer et al. 2019) als essenziell herausgestellt, kann aber – insbesondere bei komplexen Traumata – auch eine Überforderung für die betreffende Person darstellen, sodass es hier zunächst einer Ausweitung der Stabilisierungsphase bedarf.

Bei jungen Kindern bis zu drei bis vier Jahren werden in der Therapie die Eltern beziehungsweise die Erziehungsberechtigten des Kindes, das unter einer Traumafolgestörung leidet, adressiert; im Vorschulalter kommt beispielsweise die traumabezogene Spieltherapie zum Einsatz (Landolt 2012).

Metaanalysen (z.B. Harvey/Taylor 2010; Kowalik et al. 2011) weisen einer multimodalen traumafokussierten Psychotherapie, in die eine unterstützende Bezugsperson einbezogen ist, für Kinder und Jugendliche die besten Behandlungseffekte zu (eine Übersicht zur randomisierten Kontrollstudien zur kognitiv-behavioralen Traumatherapie findet sich auch bei Landolt 2012, S. 132–133). In der multimodalen trauma-fokussierten Psychotherapie ist eine graduierte Exposition mit den traumatischen Erinnerungen Bestandteil (Dorsey et al. 2011). Daneben kommen aber auch Elemente wie Psychoedukation, Elternarbeit, Entspannung, Emotionsregulation, kognitive Bewältigung und Verarbeitung, gemeinsame Eltern-Kind-Sitzungen und Aufklärung und Vermittlung zukünftiger Sicherheitsfertigkeiten zum Einsatz.

Die Therapiemethode EMDR (Eye Movement Desensitization and Reprocessing; übersetzt Augenbewegungs-Desensibilisierung) kann ab dem Kleinkindalter eingesetzt werden und basiert auf dem Einsatz sakkadischer Augenbewegungen auf belastende Erinnerung, erweitert um kognitive Elemente einer kognitiven Restrukturierung der Erinnerung und persönlichen Bewertung. Auch wenn der Verarbeitungsprozess hirnpsychologisch noch nicht endgültig geklärt ist, gehört EMDR mittlerweile zu den sehr gut erforschten Traumtherapie-Methoden, die auch bei Kindern und Jugendlichen Einsatz finden können (Landolt 2012; Shapiro 2018).

Bei der Hypnotherapie, die bezogen auf ihre empirische Wirksamkeit als bislang ungenügend untersucht gilt (Landolt 2010), wird ein hypnotischer Zustand hergestellt, in dem eine imaginative Traumaexposition erfolgt. Im Trancezustand werden einzelne traumatische Szenen oder auch das gesamten Traumageschehen mit der Metapher eines Fernsehbildschirms oder einer Kinoleinwand erinnert und aufgearbeitet (Landolt 2012). Auch die Imagination eines sicheren Ortes, die auch in anderen traumtherapeutischen Verfahren Anwendung findet, gehört zur hypnotherapeutischen Behandlung. Darüber hinaus empfehlen Mrochen und Bierbaum (1993) den Einsatz spezifischer therapeutischer auf die individuellen Erfahrungen des Kindes ausgerichteter Geschichten und Metaphern wie auch die sogenannte Teilearbeit, die davon ausgeht, dass das Individuum als Einheit sich aus bewussten und unbewussten unterschiedlichen Persönlichkeits- und Erfahrungsanteilen zusammensetzt und dass in der Teilearbeit dissoziierte Anteile wieder in die Persönlichkeit integriert werden können.

3.3   Ein Beispiel zum Einsatz der Hypnotherapie

Die Hypnotherapie wird unter anderem in der Traumabehandlung bei Fluchterfahrungen eingesetzt und ist gegenwärtig von besonderer Relevanz. Das folgende, fiktive Beispiel ermöglicht einen kurzen Einblick in den Einsatz der Hypnotherapie:

> »*Nach Schulschluss stürmte ich aus der Klasse. Plötzlich hörte ich einen Hubschrauber. Von da an kann ich mich an nichts mehr erinnern. Irgendwann stellte ich fest, dass ich in einem Gebüsch saß. Frau Meier versuchte mich herauszuholen. Sie erzählte, dass ich fast angefahren worden wäre. Ich bin völlig panisch über die Straße gerannt. Oh Mann! Davon habe ich nichts mitbekommen. (Tarik, 15 Jahre mit Fluchterfahrungen)*« (Roos/ Strumann 2022, S. 147)

Inmitten des Kriegsgeschehens hat Tarik gefühlsintensive Teilepisoden zusammenhangslos abgespeichert. Da das Erlebte nur unzureichend in sein autobiografisches Gedächtnis integriert werden konnte, ist er nicht in der Lage, das Geschehene räumlich und zeitlich einzuordnen, geschweige denn die Erinnerungen willentlich zu steuern (Kognitives Modell der PTBS). Neben der reduzierten kontextuellen Repräsentation entstand eine ausgeprägte sensorische Erinnerung des traumatischen Ereignisses. Beide Repräsentationen sind nur unzureichend miteinander verknüpft (Duale Repräsentationstheorie). Durch ähnliche sensorische Umgebungsreize, wie dem Hubschrauber, wird die sensorische, raum-zeitliche desintegrierte Repräsentation des Geschehens unwillkürlich reaktiviert. Die starke Ausprägung der sensorischen Erinnerung und die unzureichende Verknüpfung beider Repräsentationen führen zu Intrusionen.

Das Trauma wird fortwährend abgerufen und erlebnisnah wiedererlebt. Für Tarik bleibt die Intensität des traumatischen Erlebnisses damit ununterbrochen bestehen. Er leidet zudem unter starken Schuldgefühlen, da er als großer Bruder während der Flucht auf seinen kleinen Bruder aufpassen sollte, dieser aber durch eine Landmine schwer verletzt wurde und er ihn aufgrund der akuten Bedrohungssituation mit einem Fremden zurücklassen musste. Dem Bruder geht es mittlerweile gesundheitlich wieder weitgehend gut. Er hat starke Vernarbungen an Armen und Beinen zurückbehalten, wegen denen aufgrund des Wachstums immer wieder Hauttransplantationen durchgeführt werden müssen. Er lebt mit Tarik und seinen Eltern gemeinsam in Berlin.

Im Rahmen der Hypnotherapie projeziert Tarik nach absolvierter mehrwöchiger Stabilisierungsphase das traumatische Erlebnis mit Hilfe der sogenannten Bildschirmtechnik Schritt für Schritt in kleinen Portionen auf einen imaginären Bildschirm; er selbst nimmt dabei die Rolle eines distanzierten Zuschauers ein. Die imaginäre Fernbedienung erlaubt es ihm, Lautstärke, Deutlichkeit, Bildausschnitt, Dauer etc. des Betrachtens selbst zu steuern. Das Traumageschehen wird so in mehreren Sitzungen nach und nach rekonstruiert und Tarik kann das Erlebte nach Abschluss der Hypnotherpaie in einer gesamten Geschichte mit Anfang, Mitte und Ende ohne sprachliche Blockaden erzählen. Die fragmentierten Erinnerungen konnten erfolgreich defragmentiert werden. Er erinnert das Traumageschehen biografisch und weiß somit, dass es ihm selbst passiert ist. Die Bearbeitung der überwältigenden Gefühle von Ohnmacht, Schuld etc. konnten Gefühlen von anfänglicher Wut darüber, dass die Eltern ihm diese ihn überfordernde Aufgabe des Aufpassens auf seinen Bruder aufbürdeten, und sich anschließender Trauer weichen. Diese Emotionen haben ihm eine Verarbeitung des Traumageschehens ermöglicht. Bei lauten Geräuschen – wie dem eines Hubschraubers – zeigt Tarik nun kein Fluchtverhalten mehr.

4.   Fazit und Ausblick

Es ist deutlich geworden, dass existenziell bedrohlich erlebte traumatisierende Erfahrungen im Gehirn unabhängig vom kognitiven Speicher abgelegt werden. Dadurch erleben Personen mit Traumatisierungen oftmals Erinnerungen an die traumatisierenden Erlebnisse in belastender Art und Weise immer wieder, können sich durch die Fragmentierung der Erinnerungen aber nicht vollständig an die Erlebnisse zurückerinnern. Um das Trauma zu verarbeiten, stellen Expositionsverfahren, in denen die Betroffenen gezielt begleitet mit den traumaauslösenden Erinnerungen konfrontiert werden, meist das Mittel der Wahl dar. Hierbei kann unterschiedlich vorgegangen werden, zentral ist jedoch allen Vorgehensweisen, dass ihnen zum einen eine Phase der Stabilisierung vorangestellt wird und auch während der Konfrontation stabilisierende Elemente eine Rolle spielen und sich zum anderen eine Phase der Integration des Traumas in den Alltag anschließt.

Lehrkräfte und pädagogische Fachkräfte führen zwar selbst nicht aktiv Traumatherapien durch, sollten aber dennoch um die Symptomatiken einer Posttraumatischen Belastungsstörung wissen, um diesbezüglich sensibilisiert zu sein und beispielsweise Situationen, die individuell Triggercharakter haben, im Alltag – sofern möglich – zu umgehen. Im Umgang mit Heranwachsenden und Erwachsenen, die mit Intrusionen und eingeschränkten Erinnerungen zu kämpfen haben, können sie zur Stabilisierung dieser beitragen, indem sie positive Beziehungserfahrungen ermöglichen und das pädagogische Setting im Sinne eines »sicheren Ortes« – der äußere Sicherheit herstellt und die Sicherheitsbedürfnisse der Betroffenen befriedigen kann (z. B. Baierl 2014) – arrangieren.

Gerade auch im Zuge der aktuellen Aufnahme einer Vielzahl an (jungen) geflüchteten Menschen aus der Ukraine und anderen Ländern in schulische und außerschulische Institutionen rückt die Thematik von Traumatisierungen und der Umgang hiermit verstärkt in den Fokus. Hierbei müssen nicht zuletzt auch Aspekte der Selbstfürsorge bezogen auf Lehrkräfte und sonstiges Fachpersonal mitgedacht werden, um mögliche Sekundärtraumatisierungen zu vermeiden (Gahleitner/Rothdeutsch-Granzer 2016). Bei solchen Sekundärtraumatisierungen entwickeln therapeutische, pädagogische Fachkräfte oder Angehörige posttraumatische Symptome, wie Hilflosikeit, Angst oder Wut bis hin zur Fragmentierung von Sinneseindrücken und der Entwicklung dissoziativer Zustände, wenngleich sie selbst nie mit dem Ausgangstrauma direkt konfroniert waren, sondern dieses nur aus den Erzählungen der Betroffenen und der gemeinsamen Aufarbeitung kennen, Zudem kann es sein, dass eigene noch nicht verarbeitete Erinnerungen präsent werden:

> »Es ist normal, dass der Kontakt mit traumatisierten Menschen an eigene Verletzungen rührt, und es ist ›professionell‹ und sinnvoll, sich darum zu kümmern, dass diese heilen können.« (Zito/Martin 2016, S. 95)

Es bedarf eines möglichst gut abgestimmten interdisziplinären und interprofessionellen Handelns, um Traumabetroffenen angemessen zu helfen, ohne sie weiteren sequenziellen Traumatisierungen auszusetzen (Gahleitner/Rothdeutsch-Granzer 2016). Hierauf sollte in zukünftigen Praxis- und Forschungszusammenhänge ein Augenmerk gelegt werden.

Literatur

Baierl, Martin (2014): Traumaspezifische Bedarfe von Kindern und Jugendlichen. In: Gahleitner, Silke Birgitta/Hensel, Thomas/Baierl, Martin/Kühn, Martin/Schmid, Marc (Hrsg.), Traumapädagogik in psychosozialen Handlungsfeldern. Ein Handbuch für Jugendhilfe, Schule und Klinik. Göttingen, S. 72–87.

Brewin, Chris R./Gregory, James D./Lipton, Michelle/Burgess, Neil (2010): Intrusive images in psychological disorders: Characteristics, neural mechanisms, and treatment implications. Psychological Review 117 (1), S. 210–232.

Dorsey, Shannon/Briggs, Ernestine C./Woods, Briana A. (2011): Cognitive-behavioral treatment for posttraumatic stress disorder in children and adolescents. Child and Adolescent Psychiatric Clinics in North America 20 (2), S. 255–269.

Ehlers, Anke (2010): Understanding and treating unwanted trauma memories in posttraumatic stress disorder. Zeitschrift für Psychologie 218 (2), S. 141–145.

Ehlers, Anke/Clark, David M. (2000): A cognitive model of posttraumtic stress disorder. Behavior Research and Therapy 38 (4), S. 319–345.

Ehlers, Anke/Hackmann, Ann/Steil, Regina/Clohessy, Sue/Wenninger, Kerstin/Winter, Heike (2002): The nature of intrusive memories after trauma: The warning signal hypothesis. Behaviour Research and Therapy 40 (9), S. 995–1002.

Ehlers, Anke/Hackmann, Ann/Michael, Tanja (2004): Intrusive re-experiencing in posttraumatic stress disorder: Phenomenology, theory, and therapy. Memory 12 (4), S. 403–415.

Gahleitner, Silke Birgitta (2016): Stabilisieren oder Konfrontieren? – Aktuelles aus der Diskussion rund um Traumatherapie. Psychotherapie Forum 21 (4), S. 115–117.

Gahleitner, Silke Birgitta/Rothdeutsch-Granzer, Christina (2016): Traumatherapie, Traumaberatung und Traumapädagogik. Ein Überblick über aktuelle Unterstützungsformen zur Bewältigung traumatischer Erfahrungen. Psychotherapie Forum 21 (4), S. 142–148.

Harvey, Shane T./Taylor, Joanne E. (2010): A meta-analysis of the effects of psychotherapy with sexually abused children and adolescents. Clinical Psychology Review 30 (5), S. 517–535.

Kowalik, Joanna/Weller, Jennifer/Venter, Jacob/Drachman, David (2011): Cognitive behavioral therapy for the treatment of pediatric posttraumatic stress disorder: A review and meta-analysis. Journal of Behavior Therapy and Experimental Psychiatry 42 (3), S. 405–413.

Landolt, Markus A. (2010): Effektivität der Traumatherapie bei Kindern und Jugendlichen: zum aktuellen Stand der Evidenz. In: Fegert, Jörg M./Ziegenhain, Ute/Goldbeck, Lutz (Hrsg.), Traumatisierte Kinder und Jugendliche in Deutschland. Analysen und Empfehlungen zu Versorgung und Betreuung. Weinheim, S. 77–81.

Landolt, Markus A. (2012): Psychotraumatologie des Kindesalters. Grundlagen, Diagnostik und Interventionen. 2. Aufl. Göttingen.

Levine, Peter A. (2016): Trauma und Gedächtnis. Die Spuren unserer Erinnerung in Körper und Gehirn. Wie wir traumatische Erfahrungen verstehen und verarbeiten. München.

Michael, Tanja/Ehlers, Anke/Halligan, Sarah L. (2005): Enhanced priming for trauma-related material in posttraumatic stress disorder. Emotion 5 (1), S. 103–112.

Roos, Stefanie/Strumann, Barbara (2022): Bleib auf grün! – Praxisbericht zum Einsatz eines Spiels zur Psycho- und Sozialedukation im Sozialen Lernen in Anlehnung an die Polyvagal-Theorie. Emotionale und soziale Entwicklung 4 (4), S. 144–152.

Schäfer, Ingo/Gast, Ursula/Hofmann, Arne/Knaevelsrud, Christine/Lampe, Astrid/Liebermann, Peter/Lotzin, Annett/Maercker, Andreas/Rosner, Rita/Wöller, Wolfgang (2019): S3-Leitlinie Posttraumatische Belastungsstörung. Berlin.

Shappiro, Francine (2018): Eye movement desensitization and reprocessing (EMDR) therapy. Basic principles, protocols and procedures. 3. Aufl. New York, NY.

Sopp, Marie Roxanne/Kirsch, Anke/Michael, Tanja (2019): Trauma und Gedächtnis. In: Seidler, Günther H./Freyberger, Harald J./Glaesmer, Heide/Gahleitner, Silke Birgitta (Hrsg.), Handbuch der Psychotraumatologie. 3. Aufl. Stuttgart, S. 17–28.

van der Kolk, Bessel A./Fisler, Rita (1995): Dissociation and the fragmentary nature of traumatic memories: Overview and exploratory study. Journal of Traumatic Stress 8 (4), S. 505–525.

von Hinckeldey, Sabine/Fischer, Gottfried (2002): Psychotraumatologie der Gedächtnisleistung: Diagnostik, Begutachtung und Therapie traumatischer Erinnerungen. Stuttgart.

WHO (2019): ICD-10-Version 2019. Kapitel V Psychische und Verhaltensstörungen (F00-F99). https://www.dimdi.de/static/de/klassifikationen/icd/icd-10-who/kode-suche/ht mlamtl2019/block-f40-f48.htm, zuletzt abgerufen am 19.06.2022.

Zito, Dima/Martin, Ernest (2016): Umgang mit traumatisierten Flüchtlingen. Weinheim.

Julia Haberstroh[*]

Erinnerungen als Risiko und Chance für die Selbstbestimmung von Menschen mit Alzheimer Demenz

Erinnerung wird in der Psychologie als Abruf gespeicherter Inhalte definiert. Inwiefern der Abruf gespeicherter Inhalte für Menschen mit Alzheimer Demenz Risiko und Chance für die Selbstbestimmung darstellen kann, soll im Folgenden Beitrag hergleitet werden. Hierbei geht es zum einen um die Bedeutung von Erinnerung im Sinne des Abrufs gespeicherter Informationen im Rahmen der Beurteilung der Einwilligungsfähigkeit (auch Selbstbestimmungsfähigkeit genannt) als Risiko für die Selbstbestimmung von Menschen mit Alzheimer Demenz. Zum anderen geht es um die Chancen zur Förderung oder Herstellung von Einwilligungsfähigkeit von Menschen mit Alzheimer Demenz durch ein *erinnerungsvolles Zuhause* als Maßnahme der Entscheidungsassistenz.

1.   Das Recht auf Selbstbestimmung

Im Mittelpunkt des Beitrags steht das Recht auf Selbstbestimmung, das Menschen mit Alzheimer Demenz genau wie jedem anderen zusteht. Dieses Recht ist für Menschen mit Alzheimer Demenz in Gefahr, missachtet zu werden – unter anderem bedingt durch fortschreitende Beeinträchtigungen des verbalen Abrufs beziehungsweise der Fähigkeit, sich an verbale Informationen zu erinnern.

Das Recht auf Selbstbestimmung ist sowohl als zentraler Kerngedanke der Allgemeinen Erklärung der Menschenrechte als auch in Artikel 2 des Grundgesetzes verankert. Auch wenn Artikel 2 der Allgemeinen Erklärung der Menschenrechte bereits unzweifelhaft festhält, dass jeder Anspruch hat »auf alle in dieser Erklärung verkündeten Rechte und Freiheiten, ohne irgendeinen Unterschied, etwa nach Rasse, Hautfarbe, Geschlecht, Sprache, Religion, politischer oder sonstiger Anschauung, nationaler oder sozialer Herkunft, Vermögen, Geburt oder sonstigem Stand« (UN-Generalversammlung 1948, Artikel 2), sah die

---

* Univ.-Prof 'in Dr. Julia Haberstroh, Universität Siegen, Fakultät V (Lebenswissenschaftliche Fakultät), Department Psychologie – Psychologische Alternsforschung.

UN-Generalversammlung es als notwendig an, die Gültigkeit und besondere
Schützenswürdigkeit der Menschenrechte für die Gruppe der Menschen mit
Behinderung mit der Verabschiedung der UN-Behindertenrechtskonvention
(BRK) 2006 zu unterstreichen. Diese hebt nicht die Gültigkeit der Menschenrechte auf oder ersetzt gar die bereits anerkannten allgemeinen Menschenrechte
für die Population der Menschen mit Behinderung, sondern unterstreicht, dass
bestimmte Menschenrechte für Menschen mit Behinderung besonders geschützt
werden müssen, und konkretisiert diese Rechte für die Situation von Menschen
mit Behinderung, um ihre Einhaltung zu garantieren. Ein für das Recht auf
Selbstbestimmung besonders relevanter Artikel ist hierbei der Artikel 12 (Abb. 1)
der BRK.

(1) Die Vertragsstaaten bekräftigen, dass Menschen mit Behinderungen das Recht haben, überall als Rechtssubjekt anerkannt zu werden.
(2) Die Vertragsstaaten anerkennen, dass Menschen mit Behinderungen in allen Lebensbereichen gleichberechtigt mit anderen Rechts- und Handlungsfähigkeit ge-
nießen.
(3) Die Vertragsstaaten treffen geeignete Maßnahmen, um Menschen mit Behinderungen Zugang zu der Unterstützung zu verschaffen, die sie bei der Ausübung ihrer
Rechts- und Handlungsfähigkeit gegebenenfalls benötigen.
(4) Die Vertragsstaaten stellen sicher, dass zu allen die Ausübung der Rechts- und
Handlungsfähigkeit betreffenden Maßnahmen im Einklang mit den internationalen
Menschenrechtsnormen geeignete und wirksame Sicherungen vorgesehen werden,
um Missbräuche zu verhindern. Diese Sicherungen müssen gewährleisten, dass bei
den Maßnahmen betreffend die Ausübung der Rechts- und Handlungsfähigkeit die
Rechte, der Wille und die Präferenzen der betreffenden Person geachtet werden, es
nicht zu Interessenkonflikten und missbräuchlicher Einflussnahme kommt, dass
die Maßnahmen verhältnismäßig und auf die Umstände der Person zugeschnitten
sind, dass sie von möglichst kurzer Dauer sind und dass sie einer regelmäßigen
Überprüfung durch eine zuständige, unabhängige und unparteiische Behörde oder
gerichtliche Stelle unterliegen. Die Sicherungen müssen im Hinblick auf das Ausmaß, in dem diese Maßnahmen die Rechte und Interessen der Person berühren,
verhältnismäßig sein.
(5) Vorbehaltlich dieses Artikels treffen die Vertragsstaaten alle geeigneten und wirksamen Maßnahmen, um zu gewährleisten, dass Menschen mit Behinderungen das
gleiche Recht wie andere haben, Eigentum zu besitzen oder zu erben, ihre finanziellen Angelegenheiten selbst zu regeln und gleichen Zugang zu Bankdarlehen, Hy-
potheken und anderen Finanzkrediten zu haben, und gewährleisten, dass Menschen
mit Behinderungen nicht willkürlich ihr Eigentum entzogen wird.

Abb. 1: UN-Behindertenrechtskonvention, Artikel 12 – Gleiche Anerkennung vor dem Recht

Insbesondere Artikel 12 (3) markiert hierbei einen bemerkenswerten Paradig-
menwechsel, der Menschen mit Behinderung sozusagen ein Recht auf Em-
powerment zuspricht: Die Vertragsstaaten sind hiermit verpflichtet, »Menschen
mit Behinderungen Zugang zu der Unterstützung zu verschaffen, die sie bei der
Ausübung ihrer Rechts- und Handlungsfähigkeit gegebenenfalls benötigen«
(UN-Generalversammlung 2006, Art. 12 (3)). Eben hier markiert sich auch der

entscheidende Unterschied zum bereits sehr modernen deutschen Betreuungsrecht: Nicht der Mensch mit Behinderung muss als selbstbestimmungsfähig geprüft werden, sondern geprüft werden muss, ob ausreichend Unterstützung zugänglich war, um die Ausübung der Rechts- und Handlungsfähigkeit zu ermöglichen. Seit 2009 gilt die BRK in Deutschland. Sie gilt auch für Menschen mit Alzheimer Demenz. Im Folgenden soll den Fragen nachgegangen werden, wie (im Sinne der BRK) Menschen mit Alzheimer Demenz dazu befähigt werden können, selbstbestimmte Entscheidungen zu treffen, und welche Bedeutung Erinnerungen dabei spielen könnten.

2.   Erinnerung als Risiko: Beurteilung der Einwilligungsfähigkeit von Menschen mit Alzheimer Demenz

Trotz der Vorgaben der BRK ist bislang noch gängige Praxis, dass nicht die Assistenz, sondern nur die Einwilligungsfähigkeit einer Person beurteilt wird. Die zur Verfügung stehenden Methoden zur Beurteilung der Einwilligungsfähigkeit sind jedoch in ihrer Güte verschiedenartig eingeschränkt und erscheinen für die Beurteilung der Einwilligungsfähigkeit von Menschen mit Alzheimer Demenz aus unterschiedlichen Gründen ungeeignet zu sein (Müller et al. 2015, S. 27).

Alle verfügbaren Methoden zur Beurteilung der Einwilligungsfähigkeit beurteilen die folgenden Kriterien (Tab. 1), auf die sich die verschiedenen, mit dem Konzept der Einwilligungsfähigkeit beschäftigten Disziplinen (Medizin, Ethik, Recht, Psychologie) international weitestgehend geeinigt haben (Klie et al. 2014, S. 6).

Verständnis	Fähigkeit, Informationen über Diagnose und Behandlung zu verstehen.
Krankheits- und Behandlungseinsicht	Fähigkeit, Informationen über die Diagnose und medizinische Maßnahme auf die eigene Situation zu übertragen.
Urteilsvermögen	Fähigkeit, rational die Behandlungsalternativen zu beurteilen, indem deren Risiken und Vorteile im Hinblick auf mögliche Konsequenzen und deren voraussichtliche Auswirkungen auf das alltägliche Leben miteinander verglichen werden.
Kommunizieren einer Entscheidung	Fähigkeit, eine Entscheidung über eine Maßnahme zu treffen sowie klar und eindeutig eine präferierte Behandlungsmöglichkeit zu kommunizieren.

Tab. 1: Kriterien der Einwilligungsfähigkeit (Moye et al. 2006, S. 1056)

2.1   Wessen Fähigkeit beurteilen wir eigentlich?

Markson et al. (1994, S. 1074) konnten zeigen, dass das Ergebnis der Einwilligungsfähigkeitsbeurteilung von der Erfahrung und dem Wissen der beurteilenden ärztlichen Fachperson abhängt. In einer Studie von Marson et al. (1997, S. 453) war die Beurteilerübereinstimmung zwischen verschiedenen ärztlichen Fachpersonen bei Menschen mit leichter Alzheimer Demenz nicht größer als zufällig. Adäquates Training in der Anwendung der korrekten Kriterien und rechtlichen Standards konnten in einer Studie von Braun et al. (2009, S. 78) die Beurteilerübereinstimmung signifikant erhöhen.

Jedoch konnten Haberstroh/Müller (2017, S. 301) zeigen, dass auch Expertinnen und Experten der Einwilligungsfähigkeit zu sehr unterschiedlichen Ergebnissen in Bezug auf die Einwilligungsfähigkeit einer Patientin mit leichter Alzheimer Demenz kamen – auch hier entsprach die Interrater-Reliabilität (Beurteiler-Übereinstimmung) einer zufälligen Übereinstimmung. Allerdings wurden von Haberstroh/Müller (2017, S. 301) im interdisziplinären Vergleich sehr unterschiedliche Befunde berichtet: Die Urteile des juristischen und ethischen Fachpersonals waren disziplinär einheitlich, im interdisziplinären Vergleich jedoch gegenteilig; während die juristischen Fachpersonen die Patientin als einwilligungsunfähig beurteilten (6 von 7 Urteilen), beurteilten die ethischen Fachpersonen die Patientin als einwilligungsfähig (6 von 7 Urteilen). Lediglich die teilnehmenden medizinischen Fachpersonen beurteilten disziplinintern nicht einheitlich (6 vs. 8 Urteile).

»Die Beurteilung der Einwilligungsfähigkeit ist folglich hochgradig abhängig von der Disziplin bzw. im Fall der medizinischen Fachpersonen auch von der Person des Beurteilers.« (Haberstroh/Müller 2017, S. 302)

2.2   Welche Fähigkeit beurteilen wir eigentlich?

Verschiedene psychometrische Instrumente (d. h. Erhebungsinstrumente, die mit Fragen oder Aufgaben die Messung psychischer Merkmale einer Person ermöglichen) wurden entwickelt, um die Reliabilität (d. h. Maß der Zuverlässigkeit oder Genauigkeit des Erhebungsinstruments) der Einwilligungsfähigkeitsbeurteilung zu verbessern und vor allem die Abhängigkeit des Urteils vom Beurteilenden zu reduzieren. Lamont et al. (2013, S. 2387) beschrieben 19 psychometrische Instrumente zur Beurteilung der Einwilligungsfähigkeit. Bislang sind diese Instrumente nicht Teil der Routineversorgung.

Das MacArthur Competence Assessment Tool for Treatment (MacCAT-T), entwickelt von Grisso/Appelbaum (1998), ist das bislang weltweit verbreitetste dieser Instrumente (Appelbaum 2010, S. 368). Das MacCAT-T ist ein semi-strukturiertes Interview, das an die spezifische Entscheidungssituation ange-passt werden muss (Grisso/Appelbaum 1998).

Auch wenn psychometrische Instrumente die Beurteilerübereinstimmung deutlich verbessern, wurden in Studien, die derartige Instrumente nutzen, sehr unterschiedliche Ergebnisse in Bezug auf die Zusammenhänge von Einwilli-gungsfähigkeit und kognitiver Beeinträchtigung gefunden. Während Moye et al. (2004, S. 171) berichteten, dass 85,4 % ihrer Teilnehmenden mit leichter Alz-heimer Demenz und 48,7 % ihrer Teilnehmenden mit moderater Alzheimer Demenz einwilligungsfähig waren, berichteten andere Studien, dass schon bei leichten kognitiven Beeinträchtigungen (ohne Alzheimer Demenzdiagnose) die Einwilligungsfähigkeit nicht mehr als gegeben angenommen werden kann (Pruchno et al. 1995, S. 627; Etchells et al. 1999, S. 32; Karlawish 2005, S. 1518). Im Gegensatz zu den anderen berichteten Studien beschrieben Moye et al. (2004, S. 168), dass die Informationen in einer für Menschen mit Alzheimer Demenz angepassten Weise präsentiert wurden (unter anderem Zusammenfassung und Wiederholung des Gesagten).

Müller et al. (2015, S. 25) konnten zudem zeigen, dass bei Nutzung psycho-metrischer Instrumente Menschen mit Alzheimer Demenz sehr viel häufiger die Einwilligungsfähigkeit abgesprochen wird, als wenn die ärztliche Fachperson das Urteil ohne psychometrisches Instrument allein aufgrund des klinischen Urteils fällt (MacCAT-T: 81,1 % einwilligungsunfähig, Klinisches Urteil der ärztlichen Fachperson: 52,8 %). Eine mögliche Interpretation dieses Befunds wäre, dass die ärztliche Fachperson im klinischen Urteil stärker auch Kontextfaktoren und Relationen (z. B. zu unterstützenden Angehörigen im Sinne einer relationalen Autonomie; Osuji 2018, S. 101) in ihr Urteil einschließen kann als das allein auf die Fähigkeiten der zu beurteilenden Person ausgerichtete psychometrische In-strument.

Gurrera et al. (2006, S. 1371) berichteten, dass verbaler Abruf der stärkste singuläre Prädiktor der Einwilligungsfähigkeit gemessen mit psychometrischen Instrumenten war. Sie interpretierten dieses Ergebnis wie folgt:

>*This may reflect the fact that all of these instruments present information in an ex-clusively verbal format, and so draw heavily upon verbal information processing mechanisms, including retrieval; or it may be that decision-making is an intrinsically verbal process.*« (Gurrera et al. 2006, S. 1371)

In einer Studie von Haberstroh et al. (2014, S. 156) konnte die erste Interpretation gestützt werden: Zwei latente Faktoren Einwilligungsfähigkeit und Verbaler Abruf wurden gebildet und es zeigte sich, dass 86 % der Varianz des Faktors Einwilligungsfähigkeit durch den Faktor Verbaler Abruf aufgeklärt wurden. Nur 14 % des MacCAT-T Wertes variiert demnach unabhängig von verbalem Abruf.

Statt die Einwilligungsfähigkeit zu erfassen, scheint der MacCAT-T demnach vorwiegend die Fähigkeit zum verbalen Abruf zu beurteilen, die kein Kriterium der Einwilligungsfähigkeit darstellt, aber bei Menschen mit Alzheimer Demenz bereits in frühen Stadien beeinträchtigt ist.

Die oben skizzierten Ergebnisse führen zu der Schlussfolgerung, dass Menschen mit Alzheimer Demenz bei der Beurteilung der Einwilligungsfähigkeit mithilfe von psychometrischen Instrumenten benachteiligt werden, da die Fähigkeit zum verbalen Abruf bei den meisten Alzheimer Demenzformen schon früh beeinträchtigt ist und psychometrische Instrumente zur Beurteilung der Einwilligungsfähigkeit konfundiert sind mit verbalem Abruf (Haberstroh et al. 2014, S. 151). Gemäß deutschem Recht ist verbaler Abruf kein Kriterium der Einwilligungsfähigkeit. Im Rahmen der Beurteilung der Einwilligungsfähigkeit stellen die (fehlenden) Erinnerungen demnach ein Risiko für das Recht auf Selbstbestimmung von Menschen mit Alzheimer Demenz dar.

3.   Erinnerung als Chance: Entscheidungsassistenz

Um Menschen mit Alzheimer Demenz gemäß BRK zu befähigen, ihr Recht auf Selbstbestimmung auszuüben, müssen demnach Maßnahmen bereitgestellt werden, die die Konfundierung von verbalem Abruf mit der Einwilligungsfähigkeitsbeurteilung lösen. Entscheidungsassistenz für Menschen mit Alzheimer Demenz sollte demnach den verbalen Abruf stützen.

Basierend auf den ethischen Überlegungen von Scholten/Gather (2018, S. 231) kann die eben hergeleitete Schwäche der psychometrischen Instrumente zur Beurteilung der Einwilligungsfähigkeit auch als Chance genutzt werden. Das standardisierte Assessment legt strukturiert die fähigkeitsbasierten Defizite in der Willensbildung eines Menschen offen. Statt diesen Menschen nun die Einwilligungsfähigkeit abzusprechen, bietet sich anhand der Assessmentergebnisse die Möglichkeit passgenau zu intervenieren und in der Entscheidung zu assistieren. Die Arbeiten von Müller et al. (2015, S. 21; 2017, S. 333) weisen darauf hin, dass Menschen mit Alzheimer Demenz insbesondere Schwierigkeiten mit dem Informationsverständnis und dem Urteilsvermögen haben, wobei diese Schwierigkeiten gemäß Haberstroh et al. (2014, S. 151) insbesondere auf die massive Konfundierung dieser beiden Kriterien mit dem verbalen Abruf zurückzuführen sind. Um Menschen mit Alzheimer Demenz zu ermöglichen, ihr Recht auf Selbstbestimmung wahrzunehmen, gilt es demnach, Maßnahmen bereit zu stellen, die die Anforderungen an den verbalen Abruf in der Entscheidungssituation reduzieren – denn das Gedächtnis ist, zumindest gemäß deutschem Recht – kein Kriterium der Einwilligungsfähigkeit (Haberstroh et al. 2014, S. 156–157).

3.1   Verbesserung des Informationsverständnisses durch Entlastung des verbalen Abrufs

Dieser Schlussfolgerung wurde in der Studie von Poth et al. (2022, S. 1–9) nachgegangen. Es wurden verschiedene Maßnahmen zur Entlastung des verbalen Abrufs im Rahmen einer kontrolliert-randomisierten Studie mit Menschen mit leichter bis mittelschwerer Alzheimer Demenz eingesetzt, unter anderem eine elaborierende, klare Sprache (Elaborated Plain Language, siehe auch Schatz et al. 2017, S. 98), Stichwortlisten, Visualisierungen, Zeigegesten, Wiederholungen, Zusammenfassungen der wichtigsten Punkte und Reduktion der Informationsmenge durch Fokussierung auf die für die Patienten und Patientinnen wesentlichen Aspekte (Poth et al. 2022, S. 3). Es konnte gezeigt werden, dass das Informationsverständnis signifikant verbessert werden konnte, nicht aber die anderen Subskalen der Einwilligungsfähigkeit (Poth et al. 2022, S. 5). Während Menschen mit MCI, leichter und mittelschwerer Alzheimer Demenz in den Subskalen »Kommunizieren einer Entscheidung« und »Krankheits- und Behandlungseinsicht« meist Werte oberhalb des Cutoff-Scores erzielen, also als unbeeinträchtigt gelten, ist es das Urteilsvermögen, dass die Möglichkeit zur selbstbestimmten Entscheidung oft verhindert (Müller et al. 2017, S. 339). Die reine Entlastung des verbalen Abrufs, die den allermeisten Ansätzen zur Entscheidungsassistenz für Menschen mit Alzheimer Demenz zugrunde liegt (Wied et al. 2019, S. 146–158), scheint zur Herstellung von Urteilsvermögen nicht auszureichen.

3.2   Die etwas andere Gedächtnisstütze: Verbesserung des Urteilsvermögens im erinnerungsvollen Zuhause?

Wer schon einmal einen Menschen mit Alzheimer Demenz zuhause besuchen durfte, der weiß, dass sich in der Häuslichkeit ungeahnte Stärken entfalten. Menschen, die in fremder Umgebung (z. B. im Akutkrankenhaus) verwirrt sind, orientierungslos und unselbständig wirken, können oft zuhause noch weitestgehend selbstständig und selbstbestimmt agieren. Die Orientierung in fremden Umgebungen wird durch eine Alzheimer Demenz bereits in frühen Stadien beeinträchtigt, während die Orientierung in vertrauter Umgebung noch lange erhalten bleibt. Oft fällt eine demenzielle Symptomatik erst auf, wenn ein Mensch plötzlich die vertraute Umgebung verlassen muss, beispielsweise nach einem Sturz, der einen Krankenhausaufenthalt notwendig macht. Im Leuchtturmprojekt QUADEM (Haberstroh et al. 2008, S. 191–197) wurde eher zufällig beobachtet, dass zwischen den Demenzscreening-Werten, die in unvertrauter Umgebung (Krankenhaus, Arztpraxis oder Gedächtnisambulanz) gemessen wurden, und solchen, die in vertrauter Umgebung (zuhause) erfasst wurden, zum Teil gravierende Unterschiede bestanden. Im extremsten Fall lagen zwischen den in der vertrauten Umgebung ermittelten Werten (26 von 30 Punkte im MMST: leichte kognitive Beeinträchtigung) und den in unvertrauter Umgebung ermittelten Werten (1 von 30 Punkten im MMST: schwere kognitive Beeinträchtigung) 25 Punkte.

Woran das liegt, wurde bislang noch nicht erforscht. Ein aktuelles Projekt, das Projekt DECIDE (Decision-making places in Alzheimer's dementia – supporting advance decision-making by improving person-environment fit; Universität Siegen 2021), beschäftigt sich jedoch mit genau diesen Fragestellungen: Sind Menschen mit Alzheimer Demenz in vertrauter Umgebung zu selbstbestimmten Entscheidungen zu befähigen? Und welche Rolle spielt hierbei die Vertrautheit mit dem Entscheidungsort beziehungsweise mit dem eigenen Zuhause?

Aber wie soll Vertrautheit das Urteilsvermögen verbessern und was hat das mit Erinnerungen zu tun? Leitsymptom der Alzheimer Demenz sind die Beeinträchtigungen des Kurzzeitgedächtnisses, während alte, vor allem autobiographische Gedächtnisinhalte noch lange erhalten bleiben (Schröder/Brecht 2009; Haberstroh et al. 2011, S. 407; Haberstroh/Pantel 2011). Das Zuhause und die vielen autobiographischen Erinnerungsstücke in den *eigenen vier Wänden* können als Hinweisreize verstanden werden, die den Abruf erleichtern für das, was das eigene Leben bedeutsam macht, für die eigenen Werte, Einstellungen und Lebensthemen. Urteilsvermögen beschreibt im Rahmen des Konzepts der Einwilligungsfähigkeit die Fähigkeit, rational die Behandlungsalternativen zu beurteilen, indem deren Risiken und Vorteile im Hinblick auf mögliche Konsequenzen und deren voraussichtliche *Auswirkungen auf das alltägliche Leben* miteinander verglichen werden (Moye et al. 2006, S. 1056). Zuhause – der Ort, an dem der Alltag stattfindet, wo ich weiß, wer ich bin und was mir wichtig ist – könnte die Abstraktionsanforderungen und damit die Komplexität in Entscheidungssituationen für Menschen mit Alzheimer Demenz reduzieren. Erinnerungen an die eigene Person und die eigene Zugehörigkeit zu Orten und Menschen, an den eigenen Alltag und die bedeutsamen Lebensthemen könnten – so vermutet es das Projekt DECIDE – eine Chance sein, Menschen mit Alzheimer Demenz zu selbstbestimmten Entscheidungen zu befähigen.

4.   Diskussion und Fazit: Erinnerungen als Risiko und Chance für die Selbstbestimmung von Menschen mit Alzheimer Demenz

Die Erkenntnis, dass das Zuhause komplexitätsreduzierend wirkt, hatten viele Menschen mit Alzheimer Demenz schon lange. Das, was viele als sozialen Rückzug beschreiben, könnte vor dem Hintergrund des oben Reflektierten genauso gut auch als funktionale Kompensationsstrategie interpretiert werden. Inwiefern diese individuell hilfreiche Kompensationsstrategie gegebenenfalls auch in der Versorgung von Menschen mit Alzheimer Demenz nutzbar gemacht werden kann, müsste zukünftige Forschung adressieren.

Leider gibt es bislang noch sehr wenig Forschung zu Entscheidungsassistenz im Allgemeinen und zur Förderung von Selbstbestimmung von Menschen mit Alzheimer Demenz im Speziellen. Bisherige Forschung fokussiert Erinnerungen im Sinne von Beeinträchtigungen des verbalen Abrufs insbesondere als Risiko für die Selbstbestimmung von Menschen mit Alzheimer Demenz. Neu ist die Idee, dass (autobiografische) Erinnerungen auch eine Chance für die Herstellung von Einwilligungsfähigkeit (und insbesondere Urteilsvermögen) sein können. Sollte sich dies auch empirisch nachweisen lassen, könnte ein großer Beitrag zur Förderung der Autonomie von Menschen mit Alzheimer Demenz geleistet werden.

Literatur

Braun, Michelle/Gurrera, Ronald/Karel, Michele/Armesto, Jorge/Moye, Jennifer (2009): Are clinicians ever biased in their judgments of the capacity of older adults to make medical decisions? Generations – Journal of the American Society on Aging 33 (1), S. 78–81.

Etchells, Edward,/Darzins, Peteris/Silberfeld, Micel/Singer, Peter A./McKenny, Julia/Naglie, Gary/Katz, Mark/Guyatt, Gordon H./Molloy, William/Strang, David (1999): Assessment of patient capacity to consent to treatment. Journal of General Internal Medicine 14 (1), S. 27–34.

Grisso, Thomas/Appelbaum, Paul Stuart (1998): MacArthur Competence Assessment Tool for Treatment (MacCAT-T). Sarasota, FL.

Gurrera, Ronald/Moye, Jennifer/Karel, Michele/Azar, Alireza Rahimi/Armesto, Jorge (2006): Cognitive performance predicts treatment decisional abilities in mild to moderate dementia. Neurology 66 (9), S. 1367–1372.

Haberstroh, Julia/Ehret, Sonja/Kruse, Andreas/Schröder, Johannes/Pantel, Johannes (2008): Qualifizierungsmaßnahmen zur Steigerung der Lebensqualität demenzkranker Menschen über eine Förderung der Kommunikation und Kooperation in der ambulanten Altenpflege (Quadem). Zeitschrift für Gerontopsychologie & -psychiatrie 21 (3), S. 191–197.

Haberstroh, Julia/Müller, Tanja (2017): Einwilligungsfähigkeit bei Demenz: Interdisziplinäre Perspektiven. Zeitschrift für Gerontologie und Geriatrie 50 (4), S. 298–303.

Haberstroh, Julia/Müller, Tanja/Knebel, Maren/Kaspar, Roman/Oswald, Frank/Pantel, Johannes (2014): Can the mini-mental state examination predict capacity to consent to treatment? The Journal of Gerontopsychology and Geriatric Psychiatry 27 (4), S. 151–159.

Haberstroh, Julia/Neumeyer, Katharina/Franzmann, Judith/Krause, Katharina/Pantel, Johannes (2011): TANDEM: Communication training for informal caregivers of people with dementia. Aging and Mental Health 15 (3), S. 405–413.

Haberstroh, Julia/Pantel, Johannes (2011): Kommunikation bei Demenz: TANDEM Trainingsmanual. Heidelberg.

Karlawish, Jason/Casarett, David/James, Benjamin/Xie, S. X./Kim, Shin Y. (2005): The ability of persons with Alzheimer disease (AD) to make a decision about taking an AD treatment. Neurology 64 (9), S. 1514–1519.

Klie, Thomas/Vollmann, Jochen/Pantel, Johannes (2014): Autonomie und Einwilligungsfähigkeit bei Demenz als interdisziplinäre Herausforderung für Forschung, Politik und klinische Praxis. Informationsdienst Altersfragen 41 (4), S. 5–15.

Lamont, Scott/Jeon, Yun-Hee/Chiarella, Mary (2013): Assessing patient capacity to consent to treatment: An integrative review of instruments and tools. Journal of Clinical Nursing 22 (17–18), S. 2387–2403.

Markson, Lawrence/Kern, Donald/Annas, George/Glantz, Leonard (1994): Physician assessment of patient competence. Journal of the American Geriatrics Society 42 (10), S. 1074–1080.

Marson, Daniel/McInturff, Bronwyn/Hawkins, Lauren/Bartolucci, Alfred,/Harrell, Lindy (1997): Consistency of physician judgments of capacity to consent in mild Alzheimer's disease. Journal of the American Geriatrics Society 45 (4), S. 453–457.

Moye, Jennifer/Gurrera, Ronald/Karel, Michele/Edelstein, Barry/O'Connell, Christopher (2006): Empirical advances in the assessment of the capacity to consent to medical treatment: Clinical implications and research needs. Clinical Psychological Review 26 (8), S. 1054–1077.

Moye, Jennifer/Karel, Michele/Azar, Annin/Gurrera, Ronald (2004): Capacity to consent to treatment: Empirical comparison of three instruments in older adults with and without dementia. The Gerontologist 44 (2), 166–175.

Müller, Tanja/Haberstroh, Julia/Knebel, Maren/Oswald, Frank/Kaspar, Roman/Halder-Sinn, Petra/Pantel, Johannes (2017): Standardized assessment of capacity to consent to treatment with acetylcholinesterase inhibitors in people with dementia. International Psychogeriatrics 29 (2), S. 333–343.

Müller, Tanja/Haberstroh, Julia/Knebel, Maren/Oswald, Frank/Weygandt, Martin/Schröder, Johan/Markwort, Susanne/Pantel, Johannes (2015): Comparison of three different assessments of capacity to consent in dementia patients. The Journal of Gerontopsychology and Geriatric Psychiatry 28 (1), S. 21–29.

Osuji, Peter/Ikechukwu (2018): Relational autonomy in informed consent (RAIC) as an ethics of care approach to the concept of informed consent. Medicine, Health Care and Philosophy 21, S. 101–111.

Poth, Aoife/Penger, Susanne/Knebel, Maren/Müller, Tanja/Pantel, Johannes/Oswald, Frank/Haberstroh, Julia (2022): Empowering patients with dementia to make legally effective decisions: A randomized controlled trial on enhancing capacity to consent to treatment. Aging & Mental Health, epub ahead of print, S. 1–9. doi: 10.1080/ 13607863.2021.2024797.

Pruchno, Rachel A./Smyer, Michael A./Rose, Miriam S./Hartman-Stein, Paula E./Henderson-Laribee, Donna L. (1995): Competence of long-term care residents to participate in decisions about their medical care: A brief objective assessment. The Gerontologist 35 (5), S. 622–629.

Schatz, Tanja R./Haberstroh, Julia/Bindel, Kerstin/Oswald, Frank/Pantel, Johannes/Konopik, Nadine/Knopf, Monika (2017): Improving comprehension in written medical informed consent procedures. The Journal of Gerontopsychology and Geriatric Psychiatry 30 (3), S. 97–108.

Scholten, Matthé/Gather, Jakov (2018): Adverse consequences of article 12 of the UN Convention on the Rights of Persons with Disabilities for persons with mental disabilities and an alternative way forward. Journal of Medical Ethics 44 (4), S. 226–233.

Schröder, Johannes/Brecht, Frank A. (2009): Das Autobiographische Gedächtnis. Grundlagen und Klinik. Heidelberg.

Universität Siegen (2021): Projekt DECIDE. https://www.uni-siegen.de/lwf/departments/p sychologie/professuren/haberstroh/forschung/projekt_decide.html, 31.05.2021, zuletzt abgerufen am 01.08.2022.

UN-Vollversammlung (1948): Allgemeine Erklärung der Menschenrechte. https://www. un.org/en/about-us/universal-declaration-of-human-rights, zuletzt abgerufen am 01.08.2022.

Wied, Theresa S./Knebel, Maren/Tesky, Valentina A./Haberstroh, Julia (2019): The human right to make one's own choices – Implications for supported decision-making in persons with dementia. European Psychologist 24 (2), S. 146–158.

Felicitas Pielsticker / Christoph Pielsticker / Ingo Witzke[*]

Mathematisches Wissen erinnern – verschiedene Perspektiven auf nachhaltige Lernprozesse

1.   Einleitung

Der Prozess des Erinnerns spielt in unserer Gesellschaft eine entscheidende Rolle. Beispielsweise trafen Gedächtnistechniken zur Erinnerung und sogar Handbücher zur sogenannten *Mnemotechnik* (Gedächtnistechnik) parallel zu technischen Erfindungen im 19. Jahrhundert auf eine enorme Begeisterung (Lieury 2013). Umso interessanter, dass bei uns Menschen ein aktives bewusstes Erinnern erst im Alter von drei bis vier Jahren auftritt (Markowitsch/Welzer 2005). Zentral für eine Weiterentwicklung von Vorstellungen vom Gedächtnis und auch vom Vergessensprozess waren Studien von Tulving und Pearlstone (1966). Geprägt wurde dadurch der Begriff *Abrufhilfen* (z.B. Assoziationen, Reime, Bilder), wodurch sich eine große Anzahl an Verfahren und Methoden der Mnemotechnik erklären lassen. Verfügen wir über eine Organisation von Abrufhilfen, lässt sich dies als Erinnerungs- oder Abrufschema bezeichnen (Lieury 2013).

Heutzutage werden gerne die als gegensätzlich geltenden Begriffe Erinnern und Vergessen betrachtet. Jeder kennt eine Situation aus dem Alltag, in der *sich gerade nicht erinnert* werden kann: Ein Name einer Person, der im Augenblick entfallen ist oder ein Wort, dass in der derzeitigen Situation absolut nicht erinnert wird. In einer aktuellen Ausstellung »Das Gehirn. In Kunst & Wissenschaft« (28. Januar – 26. Juni 2022) der Bundeskunsthalle Bonn wird Vergessen als »das Misslingen der Erinnerung an eine bestimmte Information« (Kunst- und Aus-

---

[*] Dr. Felicitas Pielsticker, Studienrätin im Hochschuldienst, Universität Siegen, Fakultät IV (Naturwissenschaftlich-Technische Fakultät), Department Mathematik – Lehrstuhl für Didaktik der Mathematik.
Dr. med. Christoph Pielsticker, Facharzt für diagnostische, funktionelle und interventionelle Radiologie.
Univ.-Prof. Dr. Ingo Witzke, Universität Siegen, Fakultät IV (Naturwissenschaftlich-Technische Fakultät), Department Mathematik – Lehrstuhl für Didaktik der Mathematik.

stellungshalle der Bundesrepublik Deutschland GmbH 2022, S. 267) beschrieben. Angesprochen werden dafür viele verschiedene Gründe:

> »Zum einen kann bereits der Vorgang der Einspeicherung gescheitert sein, z. B. aufgrund einer Überlastung des Kurzzeitgedächtnisses. Zweitens kann der Zugang zur Information unmöglich sein, obwohl dieses prinzipiell im Gedächtnis gespeichert ist. Drittens kann aber auch die Information selbst verloren sein. Traumatische Störungen, bei denen eine Person die Erinnerung an ein dramatisches Ereignis nicht überwinden kann, zeigen jedoch, dass Vergessen ein prinzipiell sinnvoller oder gar heilsamer Prozess sein kann.« (Kunst- und Ausstellungshalle der Bundesrepublik Deutschland GmbH 2022, S. 267)

Mit Blick in die Bildungsforschung und Konzepte von Lernen würde es durchaus als praktisch erscheinen, wenn wir bewusst entscheiden und steuern könnten, *ich möchte mich jetzt erinnern* oder *das oder jenes möchte ich jetzt vergessen*. Beschäftigen wir uns mit dem Lernen von Fertigkeiten und Fähigkeiten spielen Erfahrungen und das Erinnern von Erfahrungen eine entscheidende Rolle. Vester (2004) beschreibt dazu in seinem bekannten Buch *Denken, Lernen, Vergessen* folgende Situation:

> »Wir sitzen gerade an einer Beschäftigung, die uns ganz gefangen nimmt. Plötzlich schrillt das Telefon. Widerstrebend stehen wir auf, gehen hin, heben ab. Wir sind von unserer Arbeit noch zu sehr gefangen, als dass wir voll bei dem sein können, was uns durch die Ohrmuschel an Informationen zukommt. Unter anderem wird ein Name genannt. Wir sollen dringend Herrn Berthold schreiben. Wir glauben, uns alles merken zu können. Wir legen auf, gehen zu unserem Schreibtisch zurück. Wir wissen noch, irgendetwas sollen wir erledigen, wollen uns eine Notiz machen – und haben es vergessen. Es ist wie weggeblasen. Wir wissen nur noch, dass es dringend war. Also bleibt nichts anderes übrig, als unseren Bekannten noch mal anzurufen. Wir gehen zurück in die Telefonecke. Heben den Hörer ab – und plötzlich fällt es uns wieder ein: Richtig. Herrn Berthold sollten wir schreiben.« (Vester 2004, S. 143)

Was sich in dieser Situation zeigt, ist, dass die Erinnerung an den Name Berthold aus dem beschriebenen Alltag an den gesamten Kontext, das »ganze Drumherum« (Vester 2004, S. 143) gebunden ist. Das ist »eine ganz natürliche Hilfe beim Verankern und Abrufen eines Lernstoffs. Während der vergessene Name ja nur über einen Eingangskanal gespeichert wurde – über das Ohr –, war die Gesamtinformation über mehrere Eingangskanäle in unser Gehirn gelangt« (Vester 2004, S. 143). Begemann (1997) knüpft Situationen, die erlebt und erinnert werden, in seiner sonderpädagogischen Arbeit an den Ansatz des Subjektiven Erfahrungsbereichs nach Bauersfeld (1983). Danach wird eine Erinnerung an Einzelheiten häufig erst bewusst durch den Prozess des Erinnerns an die gesamte Situation (Begemann 1997). Wie in der oben beschriebenen Alltagssituation deutlich wird, werden Einzelheiten nicht isoliert gespeichert, sondern immer ganzheitlich in einen Kontext eingebettet:

»Mit der Erinnerung an eine Situation werden nicht nur die Einzelheiten bewusst, sondern auch die Gefühle wachgerufen, die man in der Situation hatte. Außerdem stehen die gesamten Handlungen wieder zur Verfügung, die man ausgeübt hat, so dass man in einer vergleichbaren Situation sofort wieder handlungsfähig ist.« (Begemann 1997, S. 106)

Erinnern ist entsprechend eines psychologischen Verständnisses wie Denken, Wissen und Kommunizieren, Teil der Gesamtheit von zusammenhängenden geistigen Aktivitäten (Myers 2008).

Auch in Bezug auf die Betrachtung mathematischen Lernens wird der Begriff des Erinnerns diskutiert. Nicht nur Bauersfeld (1998) geht in seiner interdisziplinären Betrachtung *Neurowissenschaft und Fachdidaktik – diskutiert am Beispiel der Mathematik* darauf ein, sondern zum Beispiel auch Brinkmann in ihrer Arbeit *Über Vernetzungen im Mathematikunterricht* (2013). Dabei sieht auch Brinkmann (2013) Informationen als nicht isoliert abgespeichert an, sondern als im Kontext, in ihrer Vernetztheit, in der die jeweilige Erfahrung gemacht wird, verfügbar und erinnerbar. In Bezug auf Vernetzung von Wissen diskutiert Brinkmann die Nutzung von sogenannten Merkstützen oder Merkhilfen. Dabei wird zum Beispiel auch auf die bereits oben erwähnte Mnemotechnik verwiesen. »Eine Anbindung von Merkhilfen an mathematische Inhalte erleichtert deren Erinnern« (Brinkmann 2013, S. 57). Dabei würden auch die für den Mathematikunterricht häufig diskutierten Visualisierungen als mögliche Merkhilfe dienen können. Ganz im Sinne des folgenden Zitates nach Konfuzius (551–479 v. Chr.): »Sage es mir, und ich vergesse es, zeige es mir, und ich erinnere mich, lass es mich tun, und ich behalte es« (Zitiert nach Puck 2010, S. 169).

Darauf aufbauend wollen wir in der nachfolgenden theoretischen Einbettung auf zwei Perspektiven eingehen, mit denen wir uns einer Betrachtung mathematischen Lernens als Erinnerungsprozess nähern möchten. Zunächst gehen wir mit dem Ansatz der Subjektiven Erfahrungsbereiche (SEB) nach Bauersfeld auf eine kognitionswissenschaftliche Perspektive ein. Anschließend werden wir diesen Ansatz um neurowissenschaftliche Erkenntnisse und damit eine zweite Perspektive erweitern. Im zweiten Abschnitt der theoretischen Einbettung werden wir die beiden Perspektiven zusammenführen. Abschließend wollen wir auf ein Fallbeispiel eingehen, mit welchem wir Erinnern von mathematischem Wissen zur Anwendung in unterschiedlichen Lebensbereichen beschreiben wollen.

2.   Theoretische Einbettung

In diesem Abschnitt wollen wir auf eine Beschreibung von erinnertem und aktiviertem mathematischen Wissen eingehen. Dabei wollen wir ein Erinnern im Sinne aktueller Gedächtnisforschung als rekonstruktiven Prozess verstehen. Wie bereits in der obigen Situation geschildert, sind wir bei dem Versuch, uns an einen bestimmten Informationsbestandteil zu erinnern häufig nicht in der Lage diesen direkt abzurufen, vielmehr rekonstruieren wir uns die Information auf »Grundlage einer allgemeineren Form gespeicherten Wissen[s]« (Gerrig/Zimbardo 2008, S. 263). Eine Möglichkeit der Rekonstruktion erinnerter und aktivierter Wissensstrukturen bietet unsere Idee einer *integrativen kognitions- und neurowissenschaftlichen Erkenntnisdimension* (knE). Diese wollen wir im Folgenden anhand der kognitiven Dimension Subjektiver Erfahrungsbereiche (SEB) nach Bauersfeld (1983; 1985) in Erweiterung durch neurowissenschaftliche Erkenntnisse detaillierter beschreiben.

2.1   Kognitionswissenschaften am Beispiel der SEB

Die Kognitionswissenschaft entwickelte sich Anfang der 1960er Jahre mit einem losen Zusammenschluss von Wissenschaftlern unterschiedlicher Disziplinen, um der Frage nachzugehen, wie das menschliche Gehirn und Gedächtnis arbeiten. Für unsere Arbeit verstehen wir unter Kognitionswissenschaft das »interdisziplinäre Gebiet, das sich mit der Untersuchung der Informationsverarbeitung, ihren Prozessen und Zugangssystemen befasst« (Gerrig/Zimbardo 2008, S. 736).

Zunächst gehen wir auf die SEB ein. Dazu werden wir den Ansatz der SEB nach Bauersfeld (1983; 1985) beschreiben. Der SEB-Ansatz bietet Möglichkeiten zur Darstellung insbesondere kognitiver Aspekte von individueller Wissensaktivierung und -entwicklung. Lernen im Sinne des Ausbildens, Vernetzens und Strukturierens von Theorien über die Empirie kann mithilfe dieses deskriptiven Ansatzes beschrieben werden. Vereinfacht handelt es sich bei den SEB um individuelle kognitive und affektive Wissensstrukturen von Individuen, die kontextspezifisch aufgebaut werden. Dazu ist »jede subjektive Erfahrung […] bereichsspezifisch, d. h. die Erfahrungen eines Subjekts gliedern sich in Subjektive Erfahrungsbereiche« (Bauersfeld 1985, S. 10). Mithilfe des Ansatzes der SEB kann eine kontextspezifische Ausprägung von Wissen, sowie auftretende Deutungskonflikte und verbundene Aushandlungsprozesse in Mikroanalyse abgebildet werden. Eine »entscheidende Grundlage für die Bildung eines SEB [sind] die Handlungen des Subjekts und der von ihm konstruierte Sinnzusammenhang« (Bauersfeld 1985, S. 14). Lernen kann im Sinne Bauersfelds »als Erwerb neuer

SEB« (1983, S. 2) beschrieben werden. Entweder durch eine Vermehrung von Erfahrungen, von SEB (quantitativ) oder durch eine Vernetzung und Verbindung von Erfahrungen (qualitativ) (Bauersfeld 1985). Nach Bauersfeld sind SEB kumulativ geordnet und bilden ein auf sich selbst bezogenes System – die »Society of mind« (Minsky 1985, S. 17). Minsky beschreibt die Society of Mind als ein

> *scheme in which each mind is made of many smaller processes. These we'll call agents. Each mental agent by itself can only do some simple thing that needs no mind or thought at all. Yet when we join these agents in societies – in certain very special ways – this leads to true intelligence.«* (Minsky 1985, S. 17)

In der von Minsky beschriebenen Society of Mind liegen die SEB nach Bauersfeld unverbunden, isoliert und bereichsspezifisch vor. Eine Vernetzung wird möglich, wenn ein neuer, eben ein »vermittelnder SEB« (Bauersfeld 1985, S. 16) ausgebildet wird. Bevor wir auf eine Verbindung des SEB-Konzepts und neurowissenschaftlicher Erkenntnisse zu sprechen kommen, werden wir den Prozess des Erinnerns zunächst vor dem Hintergrund höherer Hirnleistungen diskutieren. Auf eine Verbindung für das Lernen von Mathematik gehen wir ihm dritten Abschnitt mit der Diskussion der Idee einer integrativen kognitions- und neurowissenschaftlichen Erkenntnisdimension (knE) zur Rekonstruktion erinnerter und aktivierter Wissensstrukturen ein.

2.2   Höhere Hirnleistungen

In diesem Abschnitt beschreiben wir einige höhere Hirnleistungen, die für ein Verständnis unserer Arbeit bedeutsam sind.

Unter Neurowissenschaften verstehen wir mit Gerrig und Zimbardo (2008, S. 739), die »wissenschaftliche Erforschung des Gehirns und der Verbindungen zwischen Gehirnaktivität und Verhalten«. Es geht somit um »die Untersuchung der Wechselwirkung zwischen Denkprozessen und Hirnfunktionen« (Myers 2008, S. 7–8).

In unserem Gehirn sind Nervenzellen in verschiedenen Regionen miteinander vernetzt – das nennen wir »Zell-Ensembles« (Staffen/Kieslinger 2010, S. 21). Abgespeichert werden Informationen durch eine gemeinsame Aktivierung dieser Nervenzellen. Dies führt zu einer Verstärkung der synaptischen Verbindungen untereinander. Für ein Erinnern reicht dann die Aktivierung eines Teils des Zell-Ensembles, »um die ganze Einheit in Gang zu setzen« (Staffen/Kieslinger 2010, S. 21) – zum Beispiel wird ein Objekt auch erkannt, wenn nur ein bestimmter Teil des Objektes gesehen wird. Für einen Erinnerungsprozess spielen sowohl das Kurz-, als auch das Langzeitgedächtnis eine entscheidende Rolle. Zur Festigung einer Erinnerung im Kurzzeitgedächtnis, muss eine Erregungskon-

stellation im selben Zell-Ensemble kreisen, bis sich zwischen den Zellen strukturelle Anpassungen ereignen. Im Langzeitgedächtnis ist die oben beschriebene
gemeinsame Aktivierung entscheidend. Denn soll eine Erinnerung gefestigt
werden, muss »es zu Umbauprozessen im Bereich der Kontaktstellen zwischen
den Zellen« (Staffen/Kieslinger 2010, S. 21) kommen. Auch beim Abrufen der
Erinnerung handelt es sich wieder um eine gemeinsame Aktivierung des entsprechenden Zell-Ensembles. Dabei ist jedoch bis heute unklar, »wie [die]
elektrischen Aktivitäten in den verschiedenen Hirnarealen wieder zusammen-
kommen, um eine einheitliche Wahrnehmung zu ermöglichen« (Staffen/Kies-
linger 2010, S. 26). Für bildhafte Erinnerungen wird beispielsweise die Funktion
des Hirnareals des Präcuneus (als the mind's eye; Abb. 1 a)) diskutiert (Piefke/
Markowitsch 2010, S. 29). Interessant ist, bekannt aus pathologischen Fällen zu
retrograden Amnesien, dass durch eine Schädigung des Hirnareals Hippocampus (Abb. 1 a) und Abb. 2) gegenwärtige Informationen nicht erinnert werden
können, während jedoch Erinnerungen aus der Kindheit erhalten und das episodische Gedächtnis intakt bleiben.

Relevante Hirnstrukturen für das episodisch-autobiographische Gedächtnis
sind für den Einspeicherungsprozess das limbische System (Abb. 2) und der
präfrontale Cortex (Abb. 1 a)), für die Festigung und Ablagerung der cerebrale-
Cortex und limbische Regionen (Abb. 2) und für den Abruf der rechte fronto-
temporale Cortex (Abb. 1 b)) sowie limbische Regionen (Markowitsch 2009).

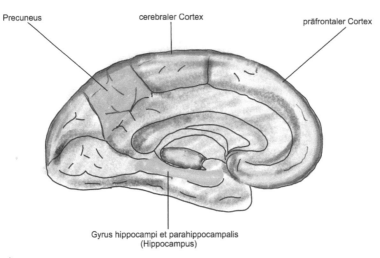

Precuneus   cerebraler Cortex   präfrontaler Cortex

Gyrus hippocampi et parahippocampalis
(Hippocampus)

a)

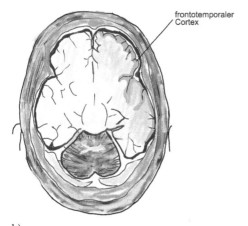

b)

Abb. 1: Schematische Zeichnungen a) Hirnstrukturen im sagittalen Anschnitt, b) Hirnstrukturen im transversalen Anschnitt (Quelle: eigene Darstellung)

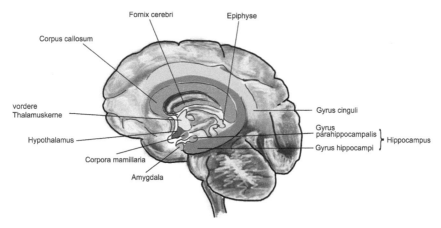

Abb. 2: Schematische Zeichnung *das limbische System* im sagittalen Anschnitt (Quelle: eigene Darstellung)

Soll eine Erinnerung vom Kurz- in das Langzeitgedächtnis überführt werden, setzt dies zunächst eine längere Beschäftigung mit der Information voraus, bevor sich dann ein durch Neurotransmitter aktiviertes Molekül in den Kern der Nervenzelle verlagert (Frick-Salzmann 2010). Dieses Molekül gibt dem Protein CREB dann die Anweisung, neue synaptische Verbindungen zu bilden und damit eine Spur im Langzeitgedächtnis zu entwickeln (Frick-Salzmann 2010). Dadurch kann sich der Bemerkung Powers (2006, S. 452) schnell angeschlossen werden: »Das Gehirn, das eine Erinnerung abrief, war nicht das Gleiche, das diese Erinnerung eingelagert hatte. Sogar das Abrufen einer Erinnerung veränderte das, was vorher da gewesen war. Jeder Gedanke veränderte und verfestigte neue

Bahnen«. Für kognitive Entwicklungsziele sind Hirnfunktionen wie ein Erinnern, ein Aktivieren von Wissen (Dekodierung) entscheidend (Puck 2010). Hofer (2010, S. 77) beschreibt den Prozess des Speicherns und späteren Erinnerns und Wiedererkennens von Erfahrungen in fünf Phasen:

(1) Informationsaufnahme
(2) Einspeichern (Enkodieren)
(3) Festigen (Konsolidieren)
(4) Ablagern
(5) Abrufen

Dabei geht er mit Bezug auf Kühnel und Markowitsch (2009) auf Stress als möglichen Faktor ein, der einen Erinnerungsprozess behindern kann. Demnach haben Stresshormone ungünstige Wirkung auf das Hirnareal des Hippocampus. Stresshormone hemmen. Im Gehirn tritt eine verminderte Glukoseaufnahme auf, wodurch weniger Energie zur Verfügung steht. Durch eine Dauererregtheit kommt es gleichzeitig zu einer Toxizität des Glutamats. Gelerntes kann unter Stress nicht erinnert werden (Kühnel/Markowitsch 2009). Dabei kann sich beispielsweise auch ein Schlafmangel negativ auf die Verarbeitung von Erfahrenem auswirken, denn im Schlaf werden Erinnerungen gefestigt (Hofer 2010).

Für eine Rekonstruktion erinnerter und aktivierter Wissensstrukturen wollen wir nachfolgend auf die von uns entwickelte integrative kognitions- und neurowissenschaftliche Erkenntnisdimension (knE) zu sprechen kommen.

2.3   Integrative kognitions- und neurowissenschaftliche Erkenntnisdimension – knE

Wir wollen für unsere Arbeitsdefinition bewusst die singuläre Form nutzen, denn damit gibt das knE-Konzept die Möglichkeit, unterschiedliche Ansätze aus Kognitions- und Neurowissenschaften miteinander zu verbinden. Mit dem integrativ gedachten knE-Konzept sollen »externe« Beschreibungen von Verhalten und Handlungen in mathematischen Lernsituationen mit einer Beschreibung »interner« Prozesse (beispielsweise gemessene Hirnaktivität) zusammengebracht und in einen mathematikdidaktischen Diskurs eingebracht werden. Dazu wollen wir folgende Arbeitsdefinition zugrunde legen: Zu knE (≙ kognitions- und neurowissenschaftliche Erkenntnisdimension) zählen Beschreibungen und Analysen, die mit Blick auf die Mathematikdidaktik gleichzeitig eine kognitions- und eine neurowissenschaftliche Perspektive auf den Forschungsgegenstand einnehmen. In der Kombination wird eine ganzheitlichere Perspektive auf Lehren und Lernen von Mathematik ermöglicht (Pielsticker 2022; Pielsticker/ Witzke 2022).

Es gibt bereits mehrere Arbeiten, die auf eine Bereitschaft zur Kombination und Integration hinweisen und den Versuch, »die Schnittstelle zwischen den kognitiven Neurowissenschaften und der Mathematikdidaktik zu überwinden« (Gössinger 2020, S. 3). Bauersfeld (1998) formuliert »Neurowissenschaft und Fachdidaktik – diskutiert am Beispiel der Mathematikdidaktik«, Ansari und Lyons (2016) gehen der Frage nach, »Cognitive neuroscience and mathematics learning: how far have we come?« und Gössinger (2020) diskutiert »Cognitive neuroscience meets mathematics education«. Es gibt bereits ein sehr bekanntes, rezipiertes und in der Forschung häufig aufgegriffenes Modell, welches sich interdisziplinär (z. B. auch zur Beschreibung anatomisch-funktionaler Vorgänge) mit dem Zahlenbegriff auseinandersetzt, das Triple-Code-Modell (Dehaene/ Cohen 1997; Arsalidou et al. 2018). Es gibt bereits einige kognitionspsychologische Studien, welche medizinische Bildgebungstechnik für die Beschreibung aktivierten Wissens einsetzen und sich dazu gerne mathematischer Items zur Datenerhebung bedienen. Dabei könnten mathematikdidaktische Perspektiven (z. B. hinsichtlich Stoffdidaktik) einen wesentlichen Beitrag leisten. Bisher werden aus den Ergebnissen aus mathematikdidaktischer Sicht teilweise zumindest fragwürdige Verallgemeinerungen gezogen. Für knE fokussieren wir auf Grundlage unseres Erkenntnisinteresses insbesondere auf das (mathematische) Problemlösen (welches bspw. Rasch 2006 in seiner Arbeit »Verstehen abstrakter Sachverhalte. Semantische Gestalten in der Konstruktion mentaler Modelle« nur anreißt) zwischen den Polen, »konkret-isoliertes Denken« und »übergeordnetes Denken« zur tiefgehenden Analyse von Lernprozessen.

Bevor wir das integrativ gedachte knE-Konzept in einem nächsten Abschnitt an einem gewählten Fallbeispiel erläutern, wollen wir an dieser Stelle mit Blick auf eine Rekonstruktion erinnerter und aktivierter Wissensstrukturen auf drei der vier Thesen von Bauersfelds SEB-Ansatz eingehen. Es geht uns dabei um eine Verbindung des kognitionswissenschaftlichen SEB-Ansatzes und höherer Hirnleistungen aus neurowissenschaftlicher Perspektive. Eine Betrachtung und Diskussion dieser Verbindung ist interessant vor dem Hintergrund der Rekonstruktion erinnerter und aktivierter Wissensstrukturen. Durch die Verbindung und die neue Erkenntnisdimension innerhalb des knE-Konzepts kann eine breitere Argumentationsbasis zur Beschreibung gewonnen werden. Mit seinen Thesen bezieht sich Bauersfeld darauf, wie Lernen – oder allgemeiner, Kognition – im Sinne von subjektiven Erfahrungsbereichen beschrieben werden kann. Im Grunde werden nach Bauersfeld unsere Wahrnehmungen über die Umwelt, die uns umgibt und die darüber stattfindende Interaktion in von den Individuen konstruierten *Schubladen* abgespeichert. Erinnerung bedeutet in diesem Modell, dass eine dieser *Schubladen* (zumeist) unbewusst auf Grundlage eines spezifischen Reizes geöffnet und genutzt wird, um sich in einer spezifischen Situation adäquat zu verhalten. Nun beschäftigen sich Mathematikdidaktiker systematisch damit Lehrerinnen und Lehrer Hinweise dafür zu geben, wie sie bestimmte Erinnerungen von Lernenden ansprechen können, damit diese neues mathematisches Wissen aufbauen können. So ist es zum Beispiel für die Algebra wichtig, über die Grundregeln der Arithmetik nicht nur theoretisch zu verfügen – also die geeignete Schublade, den geeigneten SEB bereits ausgeprägt zu haben –, sondern diese auch in der angemessenen Situation aktivieren und in neue Wissensentwicklungsprozesse einbringen zu können. Insbesondere wenn wir im Mathematikunterricht den Eindruck haben, die Schülerinnen und Schüler erfassen einen intendierten Inhalt nicht im gewünschten Verständnis, greifen Lehrkräfte häufig zu Veranschaulichungen von Sachverhalten. Geht es beispielsweise um Bruchzahlen wird auf Alltagssituationen (Zeit- und Inhaltsangaben wie eine viertel Stunde oder ein halbes Glas voll Apfelsaft) verwiesen oder es werden Anschauungsmittel (Modell von Tortenstücken) genutzt, um Kindern die Möglichkeit zu eröffnen, sich gezielt zu erinnern und diese Erinnerung bei der Konstruktion neuen Wissens einzusetzen. Sich erinnern und Erinnerung und vielmehr noch ein gezieltes Ansprechen davon sind also ein wesentliches Anliegen mathematischer Lehr- und Lernzusammenhänge.

Bauersfeld fasst die Denkprozesse im Konzept der sogenannten subjektiven Erfahrungsbereiche zusammen. Damit bezeichnet er Wissensschubladen, welche über gewisse Objekte und gewisse Handlungen, die dazu passen, definiert sind. Dies könnten in der Mathematik beispielsweise Objekte wie Würfel im Zusammenhang der Bestimmung von Wahrscheinlichkeiten sein (Pielsticker 2020). Diese können dann zum Beispiel in Spielkontexten gewürfelt werden (Handlungen), um zufällige Anzahlen von Schritten zu bestimmen. Wir – so die Idee der subjektiven Erfahrungsbereiche – merken uns Objekte und zugehörige Handlungen eingebettet in weitere Informationen (beispielsweise Melodien, Gerüche und Emotionen) und legen diese in Wissensschubladen ab, die dann potenziell zu erneuter Aktivierung bereitstehen – das heißt erinnert werden können. Wie genau diese Aktivierungsprozesse, also das Erinnern abläuft, ist leider weder in den Kognitionswissenschaften noch in den Neurowissenschaften bisher hinreichend geklärt. Auch wir selbst kennen das, oftmals haben wir keinen bewussten Zugriff darauf welches Wissen wir in einer Situation aktivieren. Dies passiert häufig unbewusst. Für Bauersfelds für die Mathematikdidaktik prägenden Ansatz schauen wir auf drei von vier Thesen die Bauersfeld über das Konzept der subjektiven Erfahrungsbereiche formuliert hat (Bauersfeld 1985). Wir schauen darauf, wie die SEB zu charakterisieren sind, wie diese Wissensschubladen organisiert sind und was uns das über das Erinnern sagt.

»1. These: Jede subjektive Erfahrung ist bereichsspezifisch, d. h. die Erfahrungen eines Subjektes gliedern sich in Subjektive Erfahrungsbereiche.« (Bauersfeld 1985, S. 11)

Laut Bauersfeld werden Erfahrungen eines Individuums im Geist/ im Gehirn als subjektive Erfahrungsbereiche abgelegt. Diese sind also individuell geprägt und beziehen sich jeweils auf einen bestimmten Bereich. Dies bedeutet natürlich auch, dass unsere Erinnerung bereichsspezifisch abläuft. Wir können uns also immer dann gut an Wissen erinnern, wenn wir (unser Gehirn) im Abgleich eine ähnliche Situation erkennen. Dies bedeutet, dass unser Erinnerungsvermögen – so die mathematikdidaktische Perspektive – nicht rein kognitiv, sondern beispielsweise auch emotional oder motorisch geprägt ist, was damit aus evolutionsbiologischer Perspektive unser Überleben als Menschen gesichert hat. Durch die oben beschriebene Art des Erinnerns sind wir auch in Gefahrensituationen sehr schnell handlungsfähig, jedoch steht uns diese in komplexen kognitiven Problemlösesituationen, wie sie der Mathematikunterricht häufig bietet, im Weg. Dort erscheint das Individuum am erfolgreichsten, dass abwägend aus einer Fülle von Handlungsoptionen die angemessenste bewusst aussucht.

> *»2. These: Die Gesamtheit der subjektiven Erfahrung präsentiert sich in einer Anhäufung von nicht-hierarchisch geordneten Subjektiven Erfahrungsbereichen – die ›society of mind‹ (Minsky 1982) –, die um eine Aktivierung konkurrieren, und zwar umso wirksamer, je häufiger sie wiederaktiviert bzw. je intensiver sie gebildet worden sind.«* (Bauersfeld 1985, S. 12).

In der zweiten These beschreibt Bauersfeld nun, wie ein System aus vielen subjektiven Erfahrungsbereichen – also einer Vielzahl von *Erinnerungsschubladen* – aufeinander abgestimmt funktioniert. Er hält sich dabei an Marvin Minskys Society of Mind, die auf Grundlage von Betrachtungen zu informatorischen neuronalen Netzen unter Berücksichtigung neurobiologischer Aspekte entwickelt wurde. Diese These bezieht sich relativ klar auf Erinnerungsprozesse und ist daher für das Anliegen dieses Artikels von großer Relevanz. Idee ist, dass insbesondere Aktivierungsprozesse als Erinnerung verstanden werden können. Dafür, welche Erinnerungen tatsächlich in einem Wahrnehmungs-, Denkprozess aktiviert werden, gibt der letzte Teil der These (»die um eine Aktivierung konkurrieren, und zwar umso wirksamer, je häufiger sie wiederaktiviert beziehungsweise je intensiver sie gebildet worden sind«) wichtige Hinweise. Dieser verweist zunächst darauf, dass zu wahrgenommenen Phänomenen und Denkprozessen, in denen wir uns an etwas erinnern, potenziell immer mehrere verschiedene SEB in Frage kommen. Diese konkurrieren tatsächlich um Aktivierung, das heißt bestimmen unsere Erinnerung, wenn sie entweder zuvor besonders häufig oder besonders intensiv aktiviert wurden. *Intensiver* ist dabei einerseits wohl auf eine emotionale Verknüpfung, andererseits beispielsweise auf eine Einbeziehung möglichst vieler Sinne (Eingangskanäle) beim tatsächlichen Machen der Erfahrung zu beziehen. Auch hier wird wiederum klar, dass uns unsere kognitive Struktur (zumindest manchmal) für komplexeres mathematisches Problemlösen im Wege steht. Denn nach der oben beschriebenen Theorie aktivieren wir nicht den angemessensten oder den in einer Situation hilfreichsten SEB, sondern oftmals den, der sich in der Vergangenheit als am effektivsten gezeigt hat.

Dies ist auch für das Mathematiklernen mittlerweile als eine wesentliche Herausforderung identifiziert. So fällt es beispielsweise insbesondere in Aufgaben mit Realitätsbezug Kindern und Erwachsenen gleichermaßen schwer mathematisches Wissen, über das sie eigentlich verfügen, zu aktivieren – sich gezielt daran zu erinnern. So erschließt sich auch die Wendung aus These 2, »Anhäufung von nicht-hierarchischen [SEB]«: So verweisen die meisten kognitionspsychologischen wie neurowissenschaftlichen Erkenntnisse darauf, dass es kein die Erinnerung ordnendes Element in der Society of Mind gibt – im Gegenteil, die verschiedenen Hirnareale scheinen um Aktivierung zu konkurrieren. Minsky erklärt dies mit der stammesgeschichtlichen Entwicklung des Gehirns: So setzt sich unser Gehirn aus einer Vielzahl verschiedener Hirnareale zusammen, die sich in unterschiedlichen Entwicklungsepochen entwickelt haben und bei unseren Vorläufern (insbesondere Reptilien) nicht nur im Kopf zentriert, sondern über den Körper verteilt lokalisiert werden können. Seine Interpretation ist, dass das menschliche Gehirn prinzipiell *verschiedene Gehirne* in sich vereint. Die Meisterleistung und notwendige Bedingung für unser Gehirn ist es nun beim Erinnern diese verschiedenen Gehirne (Hirnareale) koordiniert zusammenzubringen. Dafür ist die von Minsky beschriebene Society of Mind notwendig – ganz besonders dann, wenn zu einem mathematischen Problem beispielsweise verschiedene Lösungswege auf Grundlage von erinnertem Vorwissen genutzt werden sollen. Unsere klinischen Interviewstudien zeigen, dass es Probanden sehr schwer fällt ein mathematisches Problem – ist einmal ein Lösungsweg eingeschlagen – nochmals anders anzugehen und anders zu denken. Hier, so unsere empirischen Erkenntnisse, die sich mit Bauersfeld an anderer Stelle geäußerten theoretischen Annahmen decken, erscheint es notwendig von außen einen Impuls – ja einen Denkanstoß – zu erhalten, der aus dem Kontext herausführt, in dem man sich *festgedacht* hat. Genau hier muss die Unterstützung durch Lehrkräfte ansetzen, es braucht geeignete Gedankenimpulse, beispielsweise durch Arbeits- und Anschauungsmittel, die wir zum Beispiel mit dem 3D-Drucker für den Mathematikunterricht erzeugen, die aus dem Bereich, in den man sich *festgedacht* hat, herausführen. Nur diese neuen Kontexte, eingebettet in neue Denk- und Betrachtungsweisen mathematischer Probleme – so unsere in empirischen Erhebungen an der Universität Siegen erzielten Ergebnisse – ermöglichen dann eine Lösung herausfordernder Problemsettings.

»3. These: Die entscheidende Grundlage für die Bildung eines SEB sind die Handlungen des Subjekts und der von ihm konstruierte Sinnzusammenhang, genauer: deren Ausformungen in der sozialen Interaktion.« (Bauersfeld 1985, S. 14)

Auch wenn sich die dritte These eher auf die Bildung neuer SEB und nicht so sehr auf die Aktivierung bereits ausgearbeiteter SEB (also in der Interpretation dieses Artikels auf Erinnern) bezieht, gibt sie uns dennoch Einblicke, wie *erinnerungswürdiges Wissen* entsteht. Letztlich sind es Handlungen von Individuen in einem bestimmten (bereichsspezifischen) Sinnzusammenhang, so zum Beispiel die Durchführung von Wahrscheinlichkeitsexperimenten mit Würfeln zur Bestimmung von relativen Häufigkeiten. Ein solcher erfolgreich konstruierter SEB rahmt in der Folge das Verständnis des Kindes von Wahrscheinlichkeiten (Pielsticker 2020). Soziale Interaktion bestimmt dabei, so zeigen dies ebenfalls unsere empirischen Studien beispielsweise an Schulen des *Bildungsconnectors: Olpe (bc:Olpe)*, die Ausformung des Wahrscheinlichkeitsbegriffes in wesentlichem Maße. So diskutierten beispielsweise Schülerinnen und Schüler einer 8. Klasse der Sekundarschule Olpe auf unseren Impuls hin systematisch über das sogenannte *unmögliche Ereignis* und konnten diesen komplizierten theoretischen Begriff in ihr Verständnis von Wahrscheinlichkeit übernehmen. Letztlich legitimiert dies die Rolle der Lehrkräfte – (schulisches) Lernen im Fach Mathematik braucht Kommunikation, Interaktion, Erklären und Fragen. Nur so können die komplexen Inhalte tatsächlich mit Bedeutung gefüllt werden, das heißt mit Bauersfeld, in einen Sinnzusammenhang gebracht werden – das zu These 2 beschriebene *Festdenken* in einem spezifischen Bereich wird damit überwunden und das Wissen kann in geeigneten neuen Situationen erinnert werden. So zum Beispiel, wenn ein frequentistischer Wahrscheinlichkeitsbegriff, welcher in Würfelexperimenten wie den oben angesprochenen gebildet worden ist, im Zusammenhang des theoretischen Wahrscheinlichkeitsbegriff (sogenannte *Laplace Wahrscheinlichkeit*, das heißt die Wahrscheinlichkeit für ein Ereignis wie das Fallen der 6 bei einem gewöhnlichen sechsseitigen Spielwürfel) aktiviert und erinnert wird und somit Zusammenhänge konstruiert und Unterschiede deutlich werden.

Letzten Endes, so möchten wir unsere Ausführungen zu These 3 verstanden wissen, ist der geeignete soziale Impuls der Lehrkraft zur Aktivierung hilfreichen (in SEB angeordneten) Wissens ein wesentliches Element für einen erfolgreichen (Mathematik-)Unterricht. Diese Zusammenhänge auf einer Grundlagenebene in Kombination kognitions- und neurowissenschaftlicher Zugänge besser zu verstehen, ist aus unserer Sicht der Schlüssel für geeignete Interventionen, die geeignetes Erinnern von bereits gelerntem mathematischem Wissen begünstigen.

3.   Fallbeispiel – Wissen aktivieren und erinnern

Die empirische Fallstudie dieses Beitrags thematisiert die Wissensaktivierungsprozesse und Erinnerungsfähigkeiten von Teilnehmerinnen und Teilnehmern bei der Lösung mathematischer Probleme. In der Erhebung konzentrieren wir uns auf zwei verschiedene Denkstile, welche tatsächlich typisch für unterschiedliche Klassen von subjektiven Erfahrungsbereichen sind: Während *prädikatives Denken* in der Mathematik vorzugsweise Anwendung findet, wenn Probleme auf algorithmische Art und Weise nach spezifischen (statischen) Mustern angegangen werden, ist funktionales Denken immer dann notwendig, wenn dynamisch in Abhängigkeiten gedacht werden muss und (mathematische) Objekte mental bewegt werden müssen, um zu einer Lösung zu gelangen. Während also beispielsweise schriftliche Rechenverfahren oder Kurvendiskussionen prädikatives Denken (und damit prädikative Denker) bevorzugen, steht bei Aufgaben zum dynamischen funktionalen Denken (Vollrath 1989, zum Beispiel: Welcher Graph beschreibt einen Wasserfüllvorgang passend? Wie hängen Ausgangsfunktion und Ableitungsfunktion zusammen?) eher *funktionales Denken* im Vordergrund. Mit Blick auf den aktuellen Mathematikunterricht gibt es eine deutliche Tendenz dazu, dass prädikative Lernumgebungen deutlich häufiger im Unterricht auftreten als funktionale; mathematikdidaktische Studien legen hingegen nahe, dass die Möglichkeit funktionalen Denkens wesentlicher Indikator für die Fähigkeit darstellt, komplexe (unerwartete) mathematische Probleme zu lösen (Schwank 2000; 2003). Dabei ist mit These 3 nach Bauersfeld anzunehmen, da SEB über Handlungen definiert sind, die einen Sinnzusammenhang stiften, dass sich die beiden genannten Denkstile auf Klassen von spezifischen SEB beziehen (Schwank 2000; 2003). Welcher Denkstil letztendlich aktiviert wird hängt dabei mit These 2 wohl davon ab, ob dieser wiederholt, intensiv und vor allem (subjektiv empfunden) bereits erfolgreich auf Problemlöseprozesse angewendet werden konnte.

Im Original heißt es bei Schwank dazu wie folgt:

> »*Wir kennen einmal [a] die Empfänglichkeit eines Gehirns für Gleichheiten (etwas anspruchsvoller: für Ähnlichkeiten/Verwandtschaften), die in Gedanken genutzt werden können, um Elemente in einen systematischen, strukturellen Zusammenhang zu bringen, die Gleichartigkeit fungiert dabei als Ordnungskriterium; zum anderen [b] die Empfänglichkeit eines Gehirns für Unterschiedlichkeiten, die in Gedanken genutzt werden können, um Elemente durch einen diese Unterschiedlichkeiten bewirkenden Konstruktionsprozess (etwas anspruchsvoller: durch Verkettungen von mehreren unterschiedlichen Konstruktionsprozessen) auf die Reihe zu bringen, die Unterschiedlichkeit fungiert dabei als Herstellungskriterium. Um diese beiden verschiedenartigen kognitiven Herangehensweisen zu unterscheiden, führen wir die Begriffe ›prädikatives Denken‹ respektive ›funktionales Denken‹ ein. Hierbei erinnert ›prädikativ‹ daran, dass*

bei [a] das wiederholte Zutreffen von Prädikaten überprüft wird, und ›funktional‹ daran,
dass bei [b] das wiederholte Funktionieren der Konstruktionsschritte getestet wird.«
(Schwank 2003, S. 70)

Als gegebenes Problem in unserer empirischen Studie erhalten die Teilnehmerinnen und Teilnehmer unserer Fallstudie nacheinander fünf Figurenserien,
bestehend aus jeweils acht Figuren. Die Problemlösung besteht darin, durch eine
neunte (logisch) passende Figur die Figurenserien zu ergänzen. Wir halten uns
für unsere Figurenserien an die Untersuchungsmethode QuaDiPF (Qualitatives
Diagnoseinstrument für Prädikatives versus Funktionales Denken) (Schwank
1998). Zu bemerken ist, dass die Ergänzungsproblemstellungen von QuaDiPF
keine vorgegebenen möglichen und alternativen Lösungsfiguren anbieten, sondern eine Lösungsfigur eigenständig durch die Teilnehmerinnen und Teilnehmer
konstruiert und begründet werden soll (Armbrust 2006).

3.1   Erhebungskontext und Datenerhebung

Bei dem im Folgenden beschriebenen Teilnehmer unserer Fallstudie, Jannis
(Name geändert), handelt es sich um einen 23-jährigen Lehramtsstudenten mit
den Fächern Biologie und Chemie. Der Teilnehmer befand sich zum Zeitpunkt
der Erhebung im 3. Semester des Masters für das Lehramt für Gymnasien. Die
komplette Erhebung wurde videodokumentiert und anschließend transkribiert
(Meyer 2010). Mit einer qualitativen Auswertung der dargebotenen Lösungsfigur
und Begründung des Lösungsweges wurde dann der entsprechende Denkstil der
Teilnehmerinnen und Teilnehmer diagnostiziert.

Jannis wurde vor der klinische Erhebungssituation (Abb. 3) über soziale
Medien angesprochen, ob er an einer Erhebung mit VR-Brille teilnehmen
möchte, erhielt anschließend Ort und Raumnummer und den Zeitpunkt für die
Datenerhebung genannt. Jannis hatte keine weiteren inhaltlichen Informationen
zur Erhebungssituation. Es wurde auch peinlich genau darauf geachtet, dass alle
inhaltlichen Hinweise aus dem Raum entfernt wurden, damit nicht im Vorfeld
bereits eine inhaltliche Beeinflussung passierte oder bereits bestimmte Erfahrungsbereiche vom Teilnehmer aktiviert wurden. Zu Beginn der Datenerhebung
gab es eine kurze organisatorische Einführung. Jannis erhielt Informationen, wie
die VR-Brille zu tragen ist und eingestellt werden kann, welche Knöpfe des
Joysticks während der Erhebung zu betätigen sind und wie der Verlauf der Erhebung aufgebaut ist. Auch wurde dem Teilnehmer vor Beginn der Datenerhebung mit VR-Brille eine Figurenserie als Beispielproblem gezeigt, um die Auf-
gabenstellung zu verdeutlichen. Danach wurde die VR-Brille aufgesetzt und mit
der Datenerhebung begonnen. Die Datenerhebung mit der VR-Brille teilt sich in

drei Sessions. Dabei wurde die Brille über alle drei Sessions hinweg durchgängig getragen.

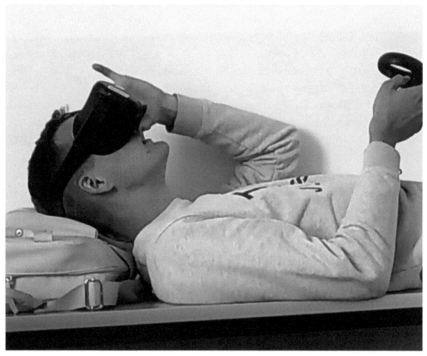

Abb. 3: Versuchsaufbau und Erhebungssituation mit VR (Quelle: eigene Fotografie)

Jannis hat für die gesamte Bearbeitung insgesamt circa 18 min gebraucht. Dabei umfasst die 3. Session die meiste Zeit.

Session 1: In dieser Session wurden den Teilnehmern einzeln fünf Serien von Figuren (stammen aus Schwank 1998) präsentiert. Die einzelnen Serien von Figuren standen in der VR-Brillen-Umgebung für jeweils 30 sec. zur Verfügung. Jannis sollte sich bereits in dieser ersten Session jeweils eine Lösungsfigur für die jeweilige Serie von Figuren überlegen. Dabei sollte nicht gesprochen werden.

Session 2: In einer zweiten Session hatte der Teilnehmer die Möglichkeit die einzelnen Serien von Figuren noch einmal einzeln durchzugehen und dabei seine Lösungsfigur und den Lösungsweg zu erläutern. Dabei gab es keine Zeitvorgabe. Nur Jannis sprach, durch die Interviewerin sollten keine Rückfragen gestellt werden. Die Interviewerin hat entlang der Erläuterungen von Jannis zu den einzelnen Serien von Figuren und der beschriebenen Lösungsfigur den Denkstil von Jannis analysiert. Das geschah parallel, damit in der 3. Session die Intervention mit speziellen Hinweisen gearbeitet werden konnte.

Session 3: In dieser dritten Session bekam Jannis noch einmal die gleichen fünf Serien von Figuren. Dieses Mal wurden die einzelnen Serien von Figuren mit speziellen Hinweisen gezeigt. Wurde für Jannis bei der ersten gezeigten Figurenserie ein prädikativer Denkstil diagnostiziert, so erhielt er für dieselbe Figurenserie in der 3. Session einen Hinweis zum funktionalen Denken. Zu zwei von fünf Figurenserien wurden die entsprechenden Hinweise zu den jeweiligen Denkstilen prädikativ und funktional aufgeführt (Tab. 1).

Serien von Figuren	Hinweis prädikativ Denken	Hinweis funktional Denken	Mögliche Lösungsfiguren
Figurenserie 3	*Argumentiere über die symmetrischen Eigenschaften der Serie von Figuren.*	*Stell dir vor, es handelt sich um eine Draufsicht auf ein Brett mit vier Nägeln und einem gespannten Gummiband. Dieses Gummiband wird spalten- und zeilenweise bewegt.*	
Figurenserie 4	*Achte auf die Linien, welche spalten- und zeilenweise gleichbleiben.*	*Stell Dir vor, Du kannst die Seiten der Serie von Figuren rein- und rausdrücken.*	

Tab. 1: Hinweise für die 3. Session für zwei verschiedene Figurenserien (Quelle der Figuren: Schwank 1998)

Diese beiden Figurenserien (Tab. 1) wurden für diesen Artikel ausgewählt, da ihre Lösung für Jannis tatsächlich eine Herausforderung darstellte. In dieser dritten Session sollte Jannis nun mit den entsprechenden Hinweisen und der jeweiligen Figurenserie noch einmal über seine Lösungsfigur und den Lösungsweg sprechen. Dabei wurde durch die Interviewerin notiert, ob Jannis zum einen bei seiner ersten Lösung geblieben ist und zum anderen, welchen Denkstil (prädikativ oder funktionales Denken) er in dieser dritten Session wählt.

3.2   Darstellung der Ergebnisse

Für den Teilnehmer Jannis konnte in der 2. Session durch die Interviewerin zunächst ein prädikativer Denkstil diagnostiziert werden. Dies kann mithilfe des Ansatzes der SEB dargestellt werden. Jannis verwendet für die Beschreibung seines Lösungsweges zur Lösungsfigur *prädikative Werkzeuge* (Schwank 1999). Er sucht nach Eigenschaften oder entdeckt eigene Gesetzmäßigkeiten in der gegebenen Problemstellung. Jannis versucht die Figurenserie zu strukturieren, indem er auf gegebene Objekte achtet, wie spezielle (geometrische) Formen innerhalb der Figurenserien (z. B. Punkte, Kreise, Sterne, Quadrate, etc.). Gleichzeitig beschreibt er im Sinne aktivierter und erinnerter SEB die an den Objekten ausgeführten Handlungen (z. B. dass in jeder Figur der gegebenen Figurenserie die mittlere Form gleich bleibt, die Form also auch für die Lösung erhalten bleiben muss, oder dass das Objekt in der Mitte überall ist). Jannis achtet darauf, dass sich eine (geometrische) Form in einer Zeile oder in einer Spalte immer an der gleichen Stelle befindet – statische Merkmale. Er achtet auf Muster und das, was entsprechend des Musters gleich *behandelt* wird. Jannis nimmt auf die Problemstellungen (Figurenserien) somit eine prädikative Perspektive ein und hat sich in diesem Sinne im prädikativen Denkstil *festgedacht*. Der Denkstil verweist wiederum auf eine Klasse von aktivierten und erinnerten SEB. Schwierigkeiten ergaben sich für Jannis bei den beiden Figurenserien (3. und 4.), welche in Tab. 1 abgebildet sind. Zunächst stellen wir die Ergebnisse aus der 2. Session dar.

Im Transkript (Tab. 2) stellt Jannis dar, dass er zu seinem Bedauern bei beiden Figurenserien keine Lösungsfigur angeben kann. Auch seinen Lösungsversuch verbalisiert er nicht. Da die Interviewerin in der 2. Session entsprechend des angelegten Forschungssettings nicht eingreifen sollte, wurde nicht weiter nach dem Lösungsweg gefragt.

J	17:40	Ich komm nicht drauf.	Figurenserie 3
I	17:55	Dann darfst Du weitermachen.	
J	18:01	Hmm, da muss ich auch erst noch einmal gucken.	Figurenserie 4
J	18:43	Ja, also auch da habe ich erst einmal keine Lösung.	
I	18:46	Dann kannst Du erst einmal weitermachen.	

Tab. 2: Transkript zu den beiden schwierigen Figurenserien aus der 2. Session (Quelle der Figuren: Schwank 1998)

Im folgenden Transkriptauszug (Tab. 3) der 3. Session erhält Jannis zusätzlich zu der jeweiligen Figurenserie auch einen Hinweis entsprechend des prädikativen oder funktionalen Denkstils.

Für die dritte Figurenserie, bei der Jannis keine Lösungsfigur entwickeln konnte, erhält er im Sinne seines diagnostizierten Denkstils einen Hinweis zum prädikativen Denken (Tab. 3, 23:11). Trotzdem bleibt es ihm unmöglich, eine Lösungsfigur und einen Lösungsweg zu entwickeln.

Für die vierte Figurenserie erhält Jannis dann einen Hinweis im Sinne des funktionalen Denkens (Tab. 3, 23:50). Damit ist es Jannis möglich, eine Lösungsfigur zu entwickeln, zu beschreiben und zusätzlich seinen Lösungsweg zu verbalisieren.

J	23:11	Hmm.	*Argumentiere über die symmetrischen Eigenschaften der Serie von Figuren.*
J	23:24	Also auch mit dem Hilfssatz komme ich irgendwie nicht auf die Lösung.	
I	23:27	Okay, dann machen wir weiter.	
J	23:50	Ehm. … Dann würde ich jetzt hier sagen, dass die fehlende Form ehm, praktisch, wenn man diese in der dritten Zeile und in der ersten Spalte die Form nimmt und jetzt mal nach rechts kopiert und dann noch rechts und links zwischen den beiden Punkten jeweils einen Halbkreis nach außen stülpt die Form. In der Mitte (spaltenweise) sind die Seiten rechts und links immer eingedrückt und ja in der dritten Spalte werden die nach außen rausgedrückt, d.h., jetzt würde man dann hier einfach, dass, was in der dritten Zeile, in der zweiten Spalte eingedrückt ist, nach außen rausdrücken.	*Stell Dir vor, Du kannst die Seiten der Serie von Figuren rein- und rausdrücken.* Zeichnung der Lösungsfigur entlang Jannis Beschreibung.
I	24:47	Okay und das letzte.	

Tab. 3: Transkript zu den beiden Figurenserien aus der 3. Session (Quelle der Figuren: Schwank 1998 und eigene Darstellung)

3.3   Diskussion der Ergebnisse

Der Lösungsprozess zu Figurenserie 4 (Tab. 1, 2 und 3) von Jannis lässt sich sehr prägnant im oben beschriebenen theoretischen Zusammenhang der verschiedenen Denkstile (*prädikativ* und *funktional*) mit Blick auf verschiedene Klassen von SEB beschrieben werden. Zur Lösung der jeweiligen Figurenserien erscheint es hilfreich, hinreichend ähnliche (insbesondere bezogen auf den Denkstil) SEB zu aktivieren, um eine passende Lösungsfigur zu finden. Jannis gelingt dies für 3 von 5 Figurenserien problemlos – die Figurenserien 3 und 4 (an 3. und 4. Position der Reihenfolge der Figurenserien bei der Datenerhebung in allen drei Sessions), welche oben thematisiert werden, waren für Jannis dagegen herausfordernd. Für Serie 3 findet Jannis trotz Hilfestellung durch die Interviewerin (den *Hinweis/Impuls*, Tab. 1 und 3) keine Lösung, Serie 4 kann schließlich mit Hilfe eines Impulses korrekt gelöst werden. Schauen wir daher detaillierter auf Jannis Ausführungen zu Serie 4. Diese versucht Jannis zunächst wohl, im Stile der anderen vorangegangen und hier nicht diskutierten Serien, prädikativ zu lösen. Jannis fokussiert dabei grundsätzlich auf statische Merkmale und Muster, die sich zeilenweise und spaltenweise verändern. Zum Beispiel beschreibt Jannis für die folgende Figurenserie (Abb. 4) gegebene Objekte und daran ausgeführte Handlungen, die gleichbleiben.

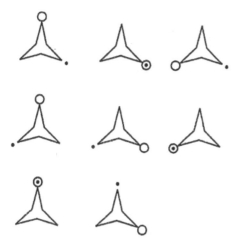

Abb. 4: Erste Figurenserie (Schwank 1998) innerhalb der Datenerhebung mit VR

Jannis beschreibt drei strukturierende Objekte, aus denen die Figurenserie (Abb. 4) besteht: Ein Punkt, ein Kreis und ein Stern in der Mitte. Zusätzlich beschreibt er Eigenschaften und durchgeführte Handlungen. Zum Beispiel bleibt der Stern immer gleich. In jeder Zeile befindet sich der Punkt an der gleichen Stelle und in jeder Spalte befindet sich der Kreis an der gleichen Stelle. Er aktiviert also eine Klasse von SEB, die es ihm erlaubt, die Figurenserie entsprechend statischer und gleichbleibender Merkmale zu strukturieren.

Dabei scheint er sich aber im prädikativen *festzudenken* und ist tatsächlich nicht in der Lage, eine Lösung für Serie 4 anzugeben (Tab. 2). Der Blick in Tab. 3 zeigt, dass erst ein Hinweis auf Handlungen, die das Einnehmen einer funktionalen Perspektive auf die Figurenserie nahelegen, ihn zu einer Formulierung der (intendierten) Lösung bewegen kann. Er beschreibt nun explizit, wie er die Seiten der Figuren *reindrückt* und *rausdrückt* – der Impuls führt also dazu, dass Jannis einen anderen SEB aktiviert und erinnert, zwar bleiben die Figuren vordergründig die gleichen, durch den beschriebenen Perspektivwechsel kann nun aber an den Seiten *gezogen* und diese *gedrückt* werden als würde es sich um flexible Stangen handeln. Letztlich führt in dieser Situation also der Impuls (Tab. 1) zum beschriebenen Perspektivwechsel zu einer Erinnerung an einen anderen SEB – welcher tatsächlich funktional erschlossen werden kann. Dieser Kontextwechsel ermöglicht eine neue Denkfigur und löst die Denkblockade im prädikativen Denken tatsächlich auf. Das heißt, der gezielte Impuls in sozialer Interaktion führt hier zu einer Neubewertung der Situation, die schließlich gelöst werden kann.

Es liegt nahe, dass dieser Effekt auch für Figurenserie 3 eingetreten wäre – hier wäre es interessant gewesen auch den Impuls (Tab. 1) zu einem Perspektivwechsel zu einer funktionalen Perspektive zu geben – der prädikative Impuls konnte ihm jedenfalls nicht helfen. Auch hier hatte sich Jannis *festgedacht* – ein Lösen der Blockade wäre somit vielleicht durch die Erinnerung an *funktionale* SEB geglückt, auch wenn dies Spekulation bleiben muss.

4.   Fazit

Das knE-Konzept soll im Habilitationsprojekt »Creating an explanatory epistemic dimension for mathematics education: An integrative cognitive-neuroscientific approach« der Autorin grundlagentheoretisch und empirisch für die mathematikdidaktische Forschung fundiert werden. Dabei sollen in der Kombination von kognitions- und neurowissenschaftlichen Zugängen systematisch neue Erkenntnisse zum Üben, Problemlösen, Verarbeitung von Darstellungen, Ausprägung und Anwendung von Denkstilen etc. gewonnen werden, welche ihrerseits wiederum die theoretische Ausschärfung von knE für die Mathematikdidaktik ermöglichen. Dabei geht es um eine Beschreibung von Aktivierungsmustern im Gehirn beim Mathematiktreiben. Die knE soll die mathematikdidaktische Diskussion um Einsichten darüber bereichern, wie unser Gehirn arbeitet, wenn wir (mathematisch) denken.

Beobachten zu können, wo, wann gedacht wird, ob in vernetzten oder singulären Bereichen, wie sich diese vernetzen und wie sich diese »Denkverortungen« zum Beispiel durch Üben verschieben, eröffnet neue Dimensionen zur Erklärung mathematischer Wissensaktivierungsprozesse. Folgendes Zitat von Minsky (1990) fasst eine Beschreibung von Lernen als einen Erinnerungsprozess und als einen Aktivierungsprozess von Wissensstrukturen im Rahmen von Vernetzung zusammen:

»Es ist [...] schlecht, wie wir zulassen, dass Lehrer die Mathematik unserer Kinder zu schmalen und fragilen Türmen und Ketten formen, statt zu widerstandsfähigen querverbundenen Netzen. Eine Kette kann an jedem Glied zerbrechen, ein Turm kann beim leichtesten Stoß umfallen. Und das ist es, was in einer Mathematikstunde mit dem Geist eines Kindes geschieht, dessen Aufmerksamkeit nur einen Augenblick lang von einer hübsch geformten Wolke am Himmel abgelenkt wird.« (Minsky 1990, S. 193)

Literatur

Armbrust, Stephan (2006): Die Werkzeuge »CoDyLa« und »QuaDiPF-Eye« zur Untersuchung funktionalen/ prädikativen Denkens sowie ihre empirische Erprobung. Schriftenreihe des Forschungsinstituts für Mathematikdidaktik Nr. 39. Osnabrück.

Arsalidou, Marie/Pavliw-Levac, Matthew/Sadeghi, Mahsa/Pascual-Leone, Juan (2018): Brain areas associated with numbers and calculations in children: meta-analyses of fMRI studies. Developmental Cognitive Neuroscience 30, S. 239–250.

Bauersfeld, Heinrich (1983): Subjektive Erfahrungsbereiche als Grundlage einer Interaktionstheorie des Mathematiklernens und -lehrens. In: Bauersfeld, Heinrich/Bussmann, Hans/Krummheuer, Götz (Hrsg.), Lernen und Lehren von Mathematik. Analysen zum Unterrichtshandeln II. Köln, S. 1–56.

Bauersfeld, Heinrich (1985): Ergebnisse und Probleme von Mikroanalysen mathematischen Unterrichts. In: Dörfler, Willibald/Fischer, Roland (Hrsg.), Empirische Untersuchungen zum Lehren und Lernen von Mathematik. Wien, S. 7–25.

Bauersfeld, Heinrich (1998): Neurowissenschaft und Fachdidaktik – diskutiert am Beispiel Mathematik. Mathematica didactica 21 (2), S. 3–25.

Begemann, Ernst (1997): Lebens- und Lernbegleitung konkret. Bad Heilbrunn.

Brinkmann, Astrid (2013): Vernetzungen im Mathematikunterricht. Eine Untersuchung zu linearen Gleichungssystemen in der Sekundarstufe I. Saarbrücken.

Dehaene, Stanislas/Cohen, Laurent (1997): Cerebral pathways for calculation: Double dissociation between rote verbal and quantitative knowledge of arithmetic. Cortex 33 (2), S. 219–250.

Frick-Salzmann, Annemarie (2010): Gedächtnissysteme. In: Schloffer, Helga/Prang, Ellen/ Frick-Salzmann, Annemarie (Hrsg.), Gedächtnistraining. Theoretische und praktische Grundlagen. Berlin, Heidelberg, S. 34–43.

Gerrig, Richard J./Zimbardo, Philip G. (2008): Psychologie. München.

Gössinger, Petra (2020): Kognitive Neurowissenschaft meets Mathematikdidaktik Interdisziplinäre Forschungsdesigns mit Perspektiven für die Didaktik der Mathematik. R&E-Source 14, S. 1–15.

Hofer, Alexander (2010): Gedächtnisstörungen bei psychischen Erkrankungen. In: Schloffer, Helga/Prang, Ellen/Frick-Salzmann, Annemarie (Hrsg.), Gedächtnistraining. Theoretische und praktische Grundlagen. Berlin, Heidelberg, S 77–82.

Ischebeck, Anja/Zamarian, Laura/Schocke, Michael/Delazer, Margarete (2009): Flexible transfer of knowledge in mental arithmetic – An fMRI study. Neuroimage 44 (3), S. 1103–1112.

Kunst- und Ausstellungshalle der Bundesrepublik Deutschland GmbH (2022): Das Gehirn. In Kunst & Wissenschaft. München.

Lieury, Alain (2013): Ein Gedächtnis wie ein Elefant? Tipps und Tricks gegen das Vergessen. Berlin, Heidelberg.

Markowitsch, Hans J. (2009): Dem Gedächtnis auf der Spur: Die Neuropsychologie des autobiographischen Gedächtnisses. In: Schröder, Johannes/Brecht, Frank G. (Hrsg.), Das autobiographische Gedächtnis. Grundlagen und Klinik. Berlin, S. 9–25.

Markowitsch, Hans J./Welzer, Harald (2005): Das autobiographische Gedächtnis. Hirnorganische Grundlagen und biosoziale Entwicklung. Stuttgart.

Meyer, Michael (2010): Wörter und ihr Gebrauch – Analyse von Begriffsbildungsprozessen im Mathematikunterricht. In: Kadunz, Gert (Hrsg.), Sprache und Zeichen. Hildesheim, Berlin, S. 49–82.

Minsky, Marvin (1982): Learning meaning (unveröffentlichtes Manuskript MIT Artificial Intelligence Laboratory). Cambridge, MA.

Minsky, Marvin (1985): The society of mind. New York, NY.

Minsky, Marvin (1990): Mentopolis. Stuttgart.

Mock, Julia/Huber, Stefan/Bloechle, Johannes/Bahnmueller, Julia/Moeller, Korbinian/ Klein, Elise (2019): Processing symbolic and non-symbolic proportions: Domain-specific numerical and domain-general processes in intraparietal cortex. Brain Research 1714, S. 133–146.

Mölle, Matthias/Schwank, Inge/Marshall, Lisa/Klöhn, Anke/Born, Jan (2000): Dimensional complexity and power spectral measures of the EEG during functional versus predicative problem solving. Brain and Cognition 44 (3), S. 547–563.

Myers, David G. (2008): Psychologie. Berlin, Heidelberg.

Piefke, Martina/Markowitsch, Hans J. (2010): Gedächtnisbildung und -umbildung. In: Schloffer, Helga/Prang, Ellen/Frick-Salzmann, Annemarie (Hrsg.), Gedächtnistraining. Theoretische und praktische Grundlagen. Berlin, Heidelberg, S. 27–33.

Pielsticker, F. (2020): Mathematische Wissensentwicklungsprozesse von Schülerinnen und Schülern. Fallstudien zu empirisch-orientiertem Mathematikunterricht am Beispiel der 3D-Druck-Technologie. Wiesbaden.

Pielsticker, Felicitas (2022): Formulation of an epistemological dimension combining cognitive science and neuroscientific approaches for mathematics education. Research Gate. https://doi.org/10.13140/RG.2.2.15649.68962.

Pielsticker, Felicitas/Pielsticker, Christoph,/Witzke, Ingo (2022, erscheint): Symbolic representation in mathematics: fMRI-based neuroeducation perspectives on the hypothesis that symbolism is a relief for our brain when thinking about fractions. didacticum.

Pielsticker, Felicitas/Pielsticker, Christoph/Witzke, Ingo (2020): Classifications of neuroscientific-radiological findings on »practicing« in mathematics learning. International Journal of Psychological and Behavioral Sciences 14 (12), S. 1302–1310.

Pielsticker, Felicitas/Witzke, Ingo (2022, erscheint): Eine kognitions- und neurowissenschaftliche Erkenntnisdimension für die Mathematikdidaktik. Beiträge zum Mathematikunterricht.

Powers, Richard (2006): Das Echo der Erinnerung. Frankfurt am Main.

Puck, Monika (2010): Trainingsziele. In: Schloffer, Helga/Prang, Ellen/Frick-Salzmann, Annemarie (Hrsg.), Gedächtnistraining. Theoretische und praktische Grundlagen. Berlin, Heidelberg, S. 123–135.

Rasch, Thorsten (2006): Verstehen abstrakter Sachverhalte. Semantische Gestalten in der Konstruktion mentaler Modelle. Berlin.

Schwank, Inge (1998): QuaDiPF: Qualitative diagnostical instrument for predicative versus functional thinking. Test Set, Ver.A. Osnabrück.

Schwank, Inge (1999): On predicative versus functional cognitive structures. In: Schwank, Inge (Hrsg.), European Research in Mathematics Education I.II. Osnabrück, S. 84–96.

Schwank, Inge (2003): Einführung in prädikatives und funktionales Denken. ZDM Mathematics Education 35, S. 70–78.

Staffen, Wolfgang/Kieslinger, Klaus Dieter (2010): Biologie des Gehirns. In: Schloffer, Helga/Prang, Ellen/Frick-Salzmann, Annemarie (Hrsg.), Gedächtnistraining. Theoretische und praktische Grundlagen. Berlin, Heidelberg, S. 19–26.

Tulving, Endel,/Pearlstone, Zena (1966): Availability versus accessibility of information in memory for words. Journal of Verbal Learning and Verbal Behavior 5 (4), S. 381–391

Vester, Frederic (2004): Denken, Lernen, Vergessen. Was geht in unserem Kopf vor, wie lernt das Gehirn, und wann läßt es uns im Stich. München.

Vollrath, Hans-Joachim (1989): Funktionales Denken. Journal für Mathematik-Didaktik 10 (1), S. 3–37.

Winter, Heinrich (1984): Begriff und Bedeutung des Übens im Mathematikunterricht. Mathematik lehren (2), S. 4–16.

Tanja Kilzer[*]

Den Schleier des Vergessens anheben: Erinnern und Gedenken an die Opfer der NS-»Euthanasie« und Zwangssterilisation. Erinnerungskultur, Gedenkstätten, Mahnmale und Gedenkorte innerhalb Deutschlands

1.   Einleitung

Erinnerungen wach zu halten, gehört zu den Aufgaben und zur Verantwortung nachfolgender Generationen. Gerade im Bezug zur NS-Vergangenheit zeigt sich das Erinnern von entscheidender Wichtigkeit, um gegen jegliche Form von Wiederholung aufzutreten, die Opfer zu würdigen, ihren Schmerz anzuerkennen und ihr Leiden nicht zu vergessen.

Die Opfer der NS-»Euthanasie«, »Kindereuthanasie«, NS-Psychiatrie und Zwangssterilisation waren lange Zeit von jener Erinnerung ausgeschlossen. Sie können der Gruppe der lange Zeit »vergessenen Opfer« zu gerechnet werden. Erst bürgerliche Initiativen und eine weitreichende regionale Erforschung der Taten des Nationalsozialismus sowie eine Beschäftigung mit bis dahin marginalisierten Opfern führte in den 1980er Jahren zu einer Veränderung dieses Umstands. Langsam gelangten die »vergessenen Opfer« in das gesellschaftliche Bewusstsein und bekamen einen Platz in der Erinnerungskultur an die Verbrechen des NS-Regimes zugesprochen.

Ende der 1980er Jahre wurden die ersten Gedenkstätten an den ehemaligen Tötungsanstalten in Deutschland eingerichtet, in denen mehr als 300.000 Menschen mit Behinderung systematisch ermordet wurden. Langsam entstanden Mahnmale und Erinnerungsorte, die nicht nur die Erinnerung wachhalten, sondern informieren und den Schrecken der Taten vor Augen führen.

Im Beitrag soll die Entwicklung der deutschen Erinnerungskultur in Zusammenhang mit den Opfern der NS-»Euthanasie« mit den Unterpunkten der »Kindereuthanasie«, NS-Psychiatrie sowie der Zwangssterilisation sowie die mit jenen Opfergruppen in Zusammenhang stehende Gedenkkultur untersucht werden. Hierzu wird in einem historischen Überblick die NS-»Euthanasie« und Zwangssterilisation in den Blick genommen, bevor die deutsche Erinnerungs-

---

[*] Tanja Kilzer, M.A. M.A., Universität Siegen, Fakultät II (Bildung – Architektur – Künste), Department Architektur – Architekturgeschichte.

kultur in Bezug zu den Verbrechen des Nationalsozialismus im Allgemeinen und im konkreten Bezug zu den betroffenen Opfergruppen betrachtet wird. Es folgt eine Beschreibung der Gedenkkultur in Form von Gedenkstätten, Mahnmalen und Gedenkorten zur Thematik. Im Vorfeld wird die Unklarheit und Trennunschärfe der Begrifflichkeiten Gedenkstätte, Mahnmal und Gedenkort unter die Lupe genommen und dann beispielhaft Gedenkstätten an den Tötungsanstalten, Mahnmale an konkreten historischen Orten sowie mobile Gedenkprojekte vorgestellt, um die heutige Vielfalt der Gedenkkultur darzustellen. Die NS-»Euthanasie« und Zwangssterilisation von Menschen, die von den Nationalsozialisten als »erbkrank« eingestuft wurden, stehen in einer engen Verbindung. So gilt die Zwangssterilisation als ein Vorläufer der späteren Krankenmorde, sodass beide Opfergruppen zusammen im Text betrachtet werden. Keine Opfergruppe soll dabei über die andere gestellt werden.

2.   Die NS-»Euthanasie« und Zwangssterilisation – Die systematische Ermordung und Verstümmelung tausender Menschen unter dem Deckmantel der »Gnade«

Der Begriff der »Euthanasie« wurde in der Antike geprägt und geht auf den griechischen Begriff *Euthanatos* zurück, der so viel wie »guter Tod« bedeutet (Benzenhöfer 2009, S. 9). In seiner ursprünglichen Verwendung, die unter anderem in den Werken des Dichters Kratinos (um 500–420 v. Chr.) zu finden ist, war mit jenem »guten Tod« ein »leichter Tod« gemeint, dem keine lange Krankheit vorausging (Benzenhöfer 2009, S. 13). Neben jenem Verständnis konnte das Wort auch im Sinne eines »würdigen« oder »rechten« Tods in der römischen sowie griechischen Antike Gebrauch finden (Benzenhöfer 2009, S. 15). Im Zusammenhang mit den NS-Verbrechen, die unter dem Deckmantel des Namens »Euthanasie« begangen wurden, hatte der Begriff aber jeden Bezug zur ursprünglichen Bedeutung verloren.

Schon vor der Zeit des Nationalsozialismus entbrannten in wissenschaftlichen und medizinischen Kreisen Diskussionen, eine Gesellschaft ohne den Einfluss von chronisch Kranken und Menschen mit Behinderung zu schaffen. Obwohl bis weit in das 19. Jahrhundert hinein von Ärzten die Grundposition vertreten wurde, keine gezielten lebensverkürzenden Maßnahmen bei Schwerkranken einzusetzen, sollte unter anderem Charles Darwins Buch »Die Entstehung der Arten durch natürliche Zuchtwahl oder Die Erhaltung der begünstigten Rassen im Kampf ums Dasein« aus dem Jahre 1859 dazu beitragen, dass sich die sozialwissenschaftliche Theorierichtung des Sozialdarwinismus sowie die Eugenik ausbildeten und weiterausformten (Benzenhöfer 2009, S. 69; Klee 2010, S. 19). Die bei Charles Darwin auf Pflanzen und Tiere angewandten Hypothesen wurden von ihren Vertreterinnen und Vertretern auf die menschliche Gesellschaft übertragen, woraus sich unter anderem Theorien entwickelten, nach denen eine Auslese auch in moralischer beziehungsweise sozialer Hinsicht für die menschliche Entwicklung notwendig und auf jene übertragbar sei (Kircher 2015, S. 13), so wie es eine Klassifizierung in sogenannte »gute« und »schlechte« Gene gäbe, wobei es die Aufgabe des Menschen sei, die guten Erbanlagen zu fördern, während er die schlechten zu eliminieren habe (Kircher 2015, S. 15).

1883 begründete der Brite Francis Galton, nach dessen Ansicht Armenfürsorge, Hygiene und Medizin im sogenannten »Kampf ums Dasein« eine natürliche Auslese verhindere und zur Degenerierung der Menschheit führe, die Eugenik, die in Deutschland unter dem Begriff Rassenhygiene firmierte (Klee 2010, S. 19, zu Francis Galton und zur Internationalität des Phänomens siehe auch: Schwarz 2017). Nach dieser sollte die Elite angehalten werden, eine hohe Zahl an Kindern zu zeugen, während als »minderwertig« Eingestufte an der Fortpflanzung gehindert werden sollten (Klee 2010, S. 19). Arme und hilfsbedürftige Menschen etwa galten nach jenen Vorstellungen als »minderwertig«, wie es auch in der in Deutschland geführten Debatte hieß. Der Arzt Alfred Ploetz etwa empfahl in seiner Schrift »Die Tüchtigkeit unserer Rasse und der Schutz der Schwachen. Grundlinien einer Rassenhygiene« diese Menschenzucht staatlich zu regeln (Klee 2010, S. 19), auch schon die Tötung behindert geborener Kinder sowie von sogenannten »Geisteskranken« (Merkel 2006, S. 42).

Etwa zeitgleich lässt sich eine Bedeutungserweiterung des Begriffs »Euthanasie« feststellen. Stand er im 19. Jahrhundert noch vornehmlich für einen »sanften Tod« oder eine Sterbebegleitung ohne lebensverkürzende Maßnahmen (Merkel 2006, S. 44), so findet sich ab den 1890er Jahren bei Autoren wie dem Psychologen Adolf Jost eine Verwendung im Sinne einer »freiwilligen Euthanasie«, mit der das Recht zu sterben gemeint ist, sowie eine Verwendung in Zusammenhang mit der Vorstellung einer unfreiwilligen Tötung von unheilbar psychisch Kranken (Merkel 2006, S. 45).

Die unter anderem in Deutschland in wissenschaftlichen Kreisen, von Kommunalbeamten und Sozialfürsorgeträgern fortgeführte Diskussion mündete unter der Herrschaft der Nationalsozialisten in das »Gesetz zur Verhütung erbkranken Nachwuchs«, das die Zwangssterilisierung von Menschen mit geistiger Behinderung sowie von Kranken legitimierte, die damit per Gesetz als »erbkrank« erklärt wurden (Klee 2010, S. 39–40; Kilzer 2022). Vom NS-Regime als »Tat der Nächstenliebe« und des »wahrhaft sozialen Mitempfinden[s]« inszeniert (Rundfunkrede von Arthur Gütt zur Begründung des Gesetztes, zitiert nach: Klee 2010, S. 40), wurden Menschen ab 14 Jahren mit angeborenen geistigen Behinderungen, bipolaren Störungen, Epilepsie, Huntington Chorea, erblich bedingter Blind- und Gehörlosigkeit sowie schwere Alkoholikerinnen und Alkoholiker

ebenso wie Hilfsschülerinnen und -schüler zwangssterilisiert (Klee 2010, S. 39–
41). Es wird davon ausgegangen, dass zur Zeit des Nationalsozialismus etwa
400.000 Menschen gezielt und gegen ihren Willen unfruchtbar gemacht wurden
(George 2008, S. 21). Der Eingriff blieb, neben dem Eingriff in die persönliche
Unversehrtheit, nicht ohne soziale Folgen für die Betroffenen. So durften sie nur
ebenfalls sterilisierte Menschen heiraten, keine weiterführenden Schulen besuchen ebenso wie ihnen gehobene berufliche Stellungen verwehrt blieben (George
2008, S. 23).

Mit dem Beginn des Zweiten Weltkriegs wurde die Vorbereitung zur syste-
matischen Ermordung der Patienten und Patientinnen in deutschen Psychiatrien
eingeleitet. Zwischen 1939 und 1945 fielen durch unterschiedliche (Tötungs-)
Aktionen ungefähr 300.000 Menschen der NS-»Euthanasie« zum Opfer (George
2008, S. 23). Zu ihnen gehörten auch Kinder, Kleinkinder und Babys, die in
sogenannten »Kinderfachabteilungen« durch Mangelernährung, Vernachlässi-
gung und der gezielten Verabreichung von Schlafmitteln getötet wurden. Insgesamt gab es im gesamten Reichsgebiet 30 »Kinderfachabteilungen«, in denen
mindestens 5.000 Minderjährige verstarben (Rotzoll 2019, S. 151).

Im Januar 1940 begann die »Aktion T4«, bei der Patienten und Patientinnen,
die als unheilbar oder nicht-arbeitsfähig eingestuft wurden, in eine der insgesamt
sechs (Mord-)Einrichtung zur späteren Tötung abtransportiert wurden (George
2008, S. 24–25). Bereits 1939 waren Meldebögen an Heil- und Pflegeeinrichtun-
gen im Deutschen Reich ausgesendet worden, um dafür vorzusehende Patientinnen und Patienten zu erfassen (Schneider/Junger/Wolf 2019, S. 2). Die (Mord-)
Einrichtungen befanden sich in Grafeneck, Pirna/Sonnenstein bei Dresden,
Hartheim bei Linz in Österreich, Bernburg bei Magdeburg, Hadamar und in
Brandenburg an der Havel (George 2008, S. 24–25). Genutzt wurden ehemalige
psychiatrische Einrichtungen und Heime, die fernab von Ortschaften standen
oder sich in Stadtrandlage befanden; lediglich die Einrichtung in Brandenburg
befand sich in einem leerstehenden Zuchthaus. Nach der Ermordung erhielten
die Angehörigen eine Nachricht, in der eine von 70 natürlichen Todesursachen,
die der Totenschein vermerkte, als Grund für das Ableben des Familienmitglieds
genannt wurde (George 2008, S. 25).

Getötet wurden die Opfer hingegen unter anderen durch Kohlenmonoxydgas
in als Duschen getarnten Vergasungsräumen, in den grauen Bussen oder durch
andere Mittel (Klee 2010; S. 135). Im Anschluss wurden den Leichnamen vorhandene Goldzähne entnommen (Zöhren 1988; S. 14) ebenso wie vereinzelt
Gehirne zu Forschungszwecken entfernt (George 2008; S. 25). Die »Aktion T4«
wurde 1941 eingestellt, da vereinzelte Morde, trotz Verschleierungsstrategie,
bekannt geworden waren (George 2008; S. 26). Die öffentlichen Proteste veran-
lassten das Regime, die »Aktion T4« offiziell einzustellen, doch endeten die NS-
»Euthanasie«-Morde damit nicht. Vielmehr wurden ab 1942 zehntausende

psychiatrische und neurologische Patientinnen und Patienten weiterhin gezielt getötet (George 2008, S. 27). Häufig wurde der Tod dabei als »Erlösung« beschrieben. Die Angehörigen verzichteten meistens auf weitere Nachforschungen (George 2008, S. 26).

3. Die Verbrechen des Nationalsozialismus in der deutschen Gedenk- und Erinnerungskultur

3.1 Entwicklungslinien der Gedenkkultur und des Gedenkstättenwesens zur NS-Vergangenheit in Deutschland – Ein Überblick

Gedenkorte, Mahnmale und Gedenkstätten stellen unverzichtbare Einrichtungen und Monumente der Erinnerungskultur und politischen Bildung dar. Sie dienen als Orte des Andenkens, der Mahnung und zugleich der Information über bestimmte, meist tragisch konnotierte Ereignisse. Häufig werden sie, gerade im deutschsprachigen Raum, mit den Verbrechen und den Opfern des NS-Regimes von der Bevölkerung in Verbindung gebracht. Allerdings entstanden bereits im 19. Jahrhundert Orte mit der Bezeichnung Gedenkstätte an wichtigen Orten des Lebens bekannter Persönlichkeiten, wie Schriftsteller, Musiker oder Politiker, im Sinne eines personenbezogenen und verehrenden Andenkens (Knoch 2020, S. 15). Skulpturen und Denkmäler für bekannte Heerführer wurden ebenfalls zu jener Zeit als Gedenkstätten beziehungsweise Gedenkorte verstanden ebenso wie unter anderem Wallfahrtsorte oder besondere Kirchbauten (Knoch 2020, S. 15, Schwarz/Mysliwietz-Fleiß 2019). Während der NS-Herrschaft wurde der Begriff zunehmend in den Bereich der (Kriegs-)Heldenverehrung verschoben (Knoch 2020). Obwohl bereits in den 1950er Jahren das Wort Gedenkstätte in Verbindung mit kriegszerstörten Kirchen und ihrer ruinösen Bausubstanz anzutreffen war und erste Gedenkorte für die gefallenen beider Weltkriege unter dem Namen »Ehrenmal« oder »Mahnmal« entstanden (Knoch 2020, S. 16), spiegelt sich in jenen Verwendungen noch nicht das heutige Verständnis des Begriffs wider.

Die ersten in den 1950er und frühen 1960er Jahren in Westdeutschland entstandenen Gedenkstätten dienten weder der politischen Sinnstiftung noch der emotionalen und politischen Aufarbeitung des Geschehens, sondern erfüllten eher die Funktion einer religiösen Memoralisierung (Knoch 2020, S. 16). In größerem Umfang entstanden in Westdeutschland Gedenkstätten für die Opfer des Nationalsozialismus mit der Doppelfunktion der Erinnerung und der historisch-politischen Bildungsarbeit allerdings erst in den 1970er und 1980er Jahren (Puvogel/Stankowski/Graf 1995, S. 11). Die Auseinandersetzung mit der Geschichte der lokalen NS-Vergangenheit resultierte in der Gründung zahlrei-

cher Arbeitsgemeinschaften (Puvogel/Stankowski/Graf 1995, S. 11), die die ver-
drängte NS-Vergangenheit aufarbeiteten und publik machten. Eine Beschäftigung mit marginalisierten oder verdrängten Opfergruppen setzte etwa zeitgleich
ein (Puvogel/Stankowski/Graf 1995, S. 11). Bürgerliche Initiativen zur Rettung
von Überresten zerstörter Synagogen, Konzentrationslager, KZ-Außenlagern
oder Gestapo-Zentralen, um jene für Gedenkarbeit zu nutzen, wurden ins Leben
gerufen, zusätzlich wurden thematisch-historische Stadtrundfahrten angeboten, um über die NS-Vergangenheit bestimmter Orte und Städte zu informieren
und sie in den geschichtlichen Kontext zu stellen (Puvogel/Stankowski/Graf
1995, S. 11). Zu jenem Engagement zählen auch zivilgesellschaftliche Initiativen
zur Gründung von Gedenkstätten eines damals neuartigen Typus (Knoch 2020,
S. 17). Als hybride Orte, die der Erinnerung und der aktiven Bildungsarbeit
dienen sollten, galt es, in den Räumlichkeiten früherer NS-Leidensstätten Ausstellungen sowie Vermittlungsangebote von geschulten Mitarbeiterinnen und
Mitarbeitern zu erarbeiten (Knoch 2020, S. 17). Zahlreiche dieser Einrichtung
wurden von ihren Gründern, zur bewussten Abgrenzung von staatlichen Gedenkstätten, mit einer anderen Bezeichnung bedacht, sodass sie häufig zur
Kennzeichnung ihrer Doppelfunktion Dokumentations- und Informationszentrum oder Gedenk- und Dokumentationsstätte genannt wurden (Knoch 2020,
S. 17). Ihr Anspruch zeigte sich vornehmlich darin, mit Hilfe von Quellen,
Zeugnissen von Überlebenden und Zeitzeugeninterviews aufzuklären, anstatt
lediglich Gedenkfeierlichkeiten abzuhalten oder Mahnmale (ohne zusätzliche
Informationen) zu errichten (Knoch 2020, S. 17). Häufig gehörten die Mitglieder
der Gedenkstätteninitiative jener Zeit dem breiten Feld der neuen sozialen Bewegung an, die sich unter anderem gegen Atomkraft stark machte, für den
Umweltschutz einstand oder sich für die Gleichberechtigung von Frauen ein-
setzte (Knoch 2020, S. 70).

Vielfältige Initiativen entstammten bürgerschaftlichem Engagement, während sich die Geschichtswissenschaft ab den 1980er Jahren ebenfalls verstärkt
bislang weniger berücksichtigten Aspekten der NS-Zeit zuwandte. Zu den neuen
Schwerpunkten gehörten unter anderem die verstreuten KZ-Außenstellen oder
das Schicksal der bis dahin marginalisierten Gruppen der Zwangsarbeiterinnen
und Zwangsarbeiter und der Kriegsgefangenen (Puvogel/Stankowski/Graf 1995,
S. 11).

Erinnerungstage wie der 40. Jahrestag des Kriegsendes (1985) oder der 50. Jahrestag der Novemberpogrome von 1938 im Jahre 1988 ebenso wie die Rede des
Bundespräsidenten Richard von Weizsäcker am 8. Mai 1985, in der er die Erinnerung an den Holocaust und die NS-Verbrechen als unverzichtbar für alle
deutschen Bürger herausstellte (Bundespräsidialamt 1985; Knoch 2020, S. 72)
sowie auch dezidiert zuvor ausgeklammerte Opfergruppen miteinbezog (Puvo-
gel/Stankowski/Graf 1995, S. 11), erhöhten das Interesse an solchen Themen in

einer breiteren Öffentlichkeit und einer aufgeschlosseneren Haltung gegenüber der Gedenkstättenbewegung (Puvogel/Stankowski/Graf 1995, S. 11). Langsam, aber stetig, wurden zudem auch Forderungen laut, mehr an Opfergruppen zu erinnern, die bis weit nach Kriegsende stigmatisiert und diskriminiert worden waren, darunter kommunistische Widerstandskämpfer Sinti und Roma, Homosexuelle, sowjetische Kriegsgefangene und Militärstrafgefangene und Opfer der NS-»Euthanasie«.

1983 erfolgte die Gründung der Gedenkstätte Hadamar, die die erste Gedenkstätte für die Opfer der NS-»Euthanasie« in einer Tötungsanstalt in Deutschland darstellt. Zunächst wurden lediglich die historischen Kellerräume für die Bevölkerung zugängig gemacht (George 2008, S. 34). Die Ausstellung polarisierte und löste Unstimmigkeiten, nicht nur innerhalb des Hauses, sondern auch bei den Einwohnerinnen und Einwohnern der Stadt aus (George 2008, S. 34). Während einige der Ansicht waren, man möge die Geschichte ruhen lassen, vertraten andere die Position, die Verbrechen öffentlich zu machen und ein Gedenken an die Opfer zu ermöglichen (George 2008, S. 34). Zum Ende der 1980er Jahre etablierte der Landeswohlfahrtsverband vollends die Gedenkstätte und richtete eine Dauerausstellung ein, die 1991 eröffnete (George 2008, S. 34.) Weitere Gedenkstätten und Gedenkorte entstanden zu jener Thematik in Bernburg im Jahre 1989, Grafeneck (1990) sowie Pirna-Sonnenstein (2000), im österreichischen Hartheim im Jahre 2003 (George 2008, S. 34) und in Brandenburg an der Havel (2012). Auch im nordrhein-westfälischen Waldniel-Hostert entstand auf dem ehemaligen Friedhof der Provinzial Heil- und Pflegeanstalt Süchteln-Johannistal sowie der »Kinderfachabteilung Waldniel« ein Gedenkort, der 1988 eingeweiht wurde (Kilzer 2022).

1999 wurde die erste Gedenkstättenkonzeption des Bundes formuliert, die die wesentlichen Merkmale einer Gedenkstätte herausstellte und Eckpunkte für die Förderung von Gedenkstätten enthielt (siehe: Deutscher Bundestag 1999). Ebenfalls in die 1990er Jahren fiel der Übergang von Primärerinnerungen zu Sekundärerinnerungen, von den Augenzeugen zu den Erzählungen von ihnen, was das kommunizierte Gedächtnis zu einem kulturellen Gedächtnis entwickelte (Classen 2009, S. 84). Innerhalb jenes Prozesses steht nach dem Kulturwissenschaftler Jan Assmann die Herausbildung einer sogenannten Meistererzählung, die eine verbindliche Bedeutung zu generieren vermag und von Prozessen der Ritualisierung, Finalisierung und Kanonisierung begleitet wird (Classen 2009, S. 84). Das Bedürfnis nach Sinnstiftung der späteren Generation rückte dabei in den Vordergrund, während eine plurale, durch unterschiedliche Erfahrungen geprägte Erinnerungswelt beziehungsweise -kultur eher in den Hintergrund gestellt wurde (Classen 2009, S. 84).

Allgemein kann seit den frühen 1990er Jahren ein sogenannter »memory boom« festgestellt werden, der bis in die heutige Zeit anhält und als transnational

bezeichnet werden kann (Morsch 2010, S. 5). Ein Kennzeichen dieses »booms«
stellt dabei die Aufdeckung von zuvor kaum beachteten Verbrechen, die Ehrung
verdrängter Opfer sowie die Jahrzehnte später erfolgende Bestrafung von Tätern
(nicht nur beschränkt auf das NS-Regime) dar (Morsch 2010, S. 5). Wesentlich für
die Gedenkstättenbewegung und ihre Architektur ist daran die Sensibilisierung
einer breiteren Öffentkeit und ihr gestiegenes Interesse.

3.2   Jahrelang aus dem kollektiven Gedächtnis verbannt – Erinnerung an die Verbrechen der NS-»Euthanasie« und Zwangssterilisation

Das Ende der NS-Herrschaft stellte für zahlreiche Menschen mit psychischer
Erkrankung oder Behinderung keine deutliche Zäsur dar (Westermann/Ohn-
häuser/Kühl 2011, S. 7) Viele von ihnen starben in den ersten Nachkriegsjahren
weiterhin an mangelnder Versorgung und Mangelernährung, während sich über
die Patientenmorde ein Mantel des Schweigens ausbreitete (Westermann/Ohn-
häuser/Kühl 2011, S. 7). Die Veröffentlichung der ersten Dokumentation zu den
Nürnberger Ärzteprozessen im Jahre 1948 durch Fred Mielke und Alexander
Mitscherlich sollte nichts darin ändern, dass die historische und medizinhis-
torische Forschung die NS-»Euthanasie«-Morde fast 30 Jahre ausklammerte
(Westermann/Ohnhäuser/Kühl 2011, S. 7–8).

Dagegen erschien in zahlreichen Darstellungen die Institution Psychiatrie
selbst als Opfer des Nationalsozialismus, was einer erneuten Entwürdigung der
Opfer gleichkam (Schneider/Junger/Wolf 2019, S. 6.). Gerade im Bereich der NS-
»Euthanasie« Morde wurden den Tätern häufig wohlmeinende Absichten unterstellt sowie die Opfer als Opfer ihrer Krankheit beschrieben, wodurch die
Taten in den Hintergrund gerückt wurden und schließlich in Vergessenheit ge-
rieten (Westermann 2011, S. 231).

Hinzu kam eine spezifische Form der Verdrängung, den das Stigma von
psychischen Erkrankungen und Behinderungen blieb weiterhin bestehen und
sorgte für Schamgefühle bei Angehörigen sowie Diskriminierung und Vorbehalte
selbst in den Familien der Betroffenen (George 2008, S. 31; Westermann 2011,
S. 232). Vorurteile gegenüber psychischen Krankheiten und soziale Ausgrenzung
der Betroffenen bestehen selbst heute noch (Rüsch 2021, S. 80–81), so dass es
nicht verwundern kann, dass Opfer der NS-»Euthanasie«-Verbrechen und ihre
Angehörigen ebenso wie die Opfer der NS-Zwangssterilisation nicht wollten, dass
Nachbarinnen und Nachbarn oder Freunde von diesem Teil ihrer Familiengeschichte etwas erfahren (Rüsch 2021, S. 84; George 2008, S. 31).

Selbst wenn seit den 1980er Jahren die Verbrechen der NS-»Euthanasie«
wissenschaftlich betrachtet werden, nehmen die Verbrechen der NS-»Euthanasie« und Zwangssterilisation innerhalb des kulturellen Gedächtnisses sogar heute

noch eine unterrepräsentierte Stellung ein (George 2008, S. 10). Anhaltende Ressentiments gegenüber beiden Opfergruppen sowie eine weitestgehend fehlende Lobby mögen ihren Anteil dazu beigetragen haben (George 2008, S. 20). Die Angehörigen der »Euthanasie«-Opfern sowie Opfer der Zwangssterilisation wurden nach dem Bundesentschädigungsgesetz nicht bedacht (George 2008, S. 30, Arbeitsgemeinschaft Bund der »Euthanasie«-Geschädigten und Zwangssterilisierten, Februar 2022), sodass nach 1945 die Mehrheit der Geschädigten keine angemessene Wiedergutmachung erfahren konnte. 1957 hatte die Bundesregierung ausgeführt, dass es sich beim »Gesetz zur Verhütung erbkranken Nachwuchses« nicht um ein typisches nationalsozialistisches Unrecht gehandelt habe, da auch in anderen Ländern, wie den USA oder Skandinavien, Zwangssterilisationen durchgeführt wurden waren (George 2008, S. 30). Erst 1974 wurde das Gesetz zur Zwangssterilisation vom Deutschen Bundestag außer Kraft gesetzt (George 2008, S. 31). 1980 wurde eine Möglichkeit zur Entschädigung Zwangssterilisierter eingerichtet, sodass eine Einmalzahlung in Höhe von 5.000 DM beantragt werden konnte durch die Vorlage des Erbgesundheitsgerichtsbeschlusses oder eines fachärztlichen Gutachtens (Arbeitsgemeinschaft Bund der »Euthanasie«-Geschädigten und Zwangssterilisierten 2022). 1987 wurde der »Bund der ›Euthanasie‹-Geschädigten und Zwangssterilisierten« (BEZ) gegründet, der seine Mitglieder in Fragen der Härtefallregelung berät, sich auf politischer Ebene zu Entschädigungsfragen äußert (George 2008, S. 31) ebenso wie er sich für die Rehabilitierung der Opfer einsetzt und gegen ein allgemeines Vergessen der Taten eintritt.

Es dauerte bis zum Jahr 2021, bis die Entschädigungsfrage tatsächlich konkreter angegangen wurde. In dem Jahr legte die Fraktion Bündnis 90/Die Grünen einen Antrag vor, in dem sie die Bundesregierung aufforderte, die Opfer der NS-»Euthanasie« und die Opfer der Zwangssterilisation als Verfolgte des NS-Regimes anzuerkennen sowie eine Förderung der Erinnerungskultur durch Forschungs- und Bildungsprojekte zu stärken (Deutscher Bundestag 19. Wahlperiode 2021, S. 2). Auch im Jahr 2022 setzen sich Verbände wie unter anderem der »Allgemeine Behindertenverband in Deutschland« (ABiD) für eine offizielle Anerkennung der Opfer der NS-»Euthanasie« ein (Evangelischer Pressedienst Berlin 2022). Im aktuellen Koalitionsvertrag der Bundesregierung (2021–2025) findet sich die Vereinbarung, die Opfer der »Euthanasie«-Morde und Zwangssterilisation endlich offiziell als Verfolgte des Nationalsozialismus anzuerkennen (Koalitionsvertrag 2021–2025, S. 99).

Heute finden sich an den Tatorten, den Tötungseinrichtungen sowie auch an zahlreichen psychiatrischen Einrichtungen, Gedenktafeln, Gedenkstätten und Mahnmale an die Opfer der NS-»Euthanasie«, NS-Psychiatrie und Zwangssterilisation. Viele von ihnen entstanden dabei erst nach 2000 ebenso, wie die Aufstellung an einigen Orten mühselig erkämpft werden musste. Zur öffentlichen

Auseinandersetzung und zum Wachhalten der Erinnerung entstanden an mehreren Orten Ausstellungen zur Thematik ebenso wie großflächige Wanderausstellungen. Neben einer anhaltenden wissenschaftlichen Aufarbeitung und Forschung hat auch in Schulbüchern das Thema vorsichtig Einzug gefunden (Hoffmann 2011, S. 73), sodass sich der Schleier des Vergessens allmählich konstant weiter anhebt.

4. Orte der Erinnerungen – Gedenkstätten, Mahnmale und Gedenkorte an die Opfer der NS-»Euthanasie« und Zwangssterilisation

4.1 Gedenkort, Gedenkstätte und Mahnmal – Die Schwierigkeiten einer Definition

Definitionen dienen zur Bestimmung der Wesensart einer zu erklärenden Sache. Durch sie wird der zu erläuternde Begriff verständlicher und seine Besonderheiten herausgestellt. Eine Definition regelt dabei explizit die Verwendung eines Zeichens (Soboleva 2003). Im Falle der Begriffe zur Bezeichnung einer Gedenkstätte, eines Gedenkorts oder Mahnmals existiert im allgemeinen deutschen Sprachgebrauch keine trennscharfe Unterscheidung. Vielmehr werden die Bezeichnungen häufig synonym und uneinheitlich verwendet (Knoch 2020, S. 6). Orte, die den Namen Gedenkstätten tragen, können durch diese Entwicklung im deutschen Sprachraum verschiedener Beschaffenheit sein, die unterschiedliche Ausstattungen, Größenverhältnisse und Gestaltungen aufweisen. Der Begriff Gedenkstätte kann für eine kleine Gedenktafel verwendet werden und gleichzeitig für eine großflächige Anlage mit musealem Ausstellungsbetrieb und wissenschaftlichem Personal stehen. In den letzten Jahren kam zu der Fülle an deutschen Begriffen noch die englischsprachige Bezeichnung memorial museum hinzu, die ebenso eine uneinheitliche Verwendung findet (Knoch 2020, S. 6).

Allgemein werden Gedenkstätten als Orte verstanden, an denen Menschen gedacht wird, die durch ein gewalttätiges oder terroristisches Ereignis oder durch staatliche Gewalt gelitten haben beziehungsweise aufgrund dieser verstorben sind (Knoch 2017, S. 2). Der historische Ort des Geschehens steht dabei oft im Zusammenhang mit dem Errichtungsort, sodass häufig bauliche Substanz sowie auch andersartige Fragmente der ehemaligen Nutzung des Gebäudes oder des Orts vorhanden sind und in den historischen Kontext der dort geschehenen Gewalttaten gesetzt werden können.

Bei einem »weiten« Verständnis des Begriffs Gedenkstätte kann auch lediglich gedanklich auf ein Verbrechen oder einen Gewaltakt verwiesen werden, ohne dass weite Teile von Gebäuden noch vorhanden wären beziehungsweise jemals an jener Stelle anzutreffen waren. Ein Beispiel für die erste der beiden Varianten wäre ein Gedenkstein, der am konkreten Ort des Vorfalls oder des zu erinnernden Ereignisses platziert wurde. Gedenktafeln für zerstörte Synagogen am konkreten ehemaligen Standort des Gebäudes können in diesem Kontext gesehen werden. Gedenkplatten, die nicht am Ort des Verbrechens errichtet wurden, aber zum Erinnern an ein bestimmtes tragisches Ereignis oder einen gewaltsamen Akt ohne räumlichen Bezug anregen, gehören zur zweiten beschriebenen Variante, darunter etwa Gedenksteine an die Opfer des Holocaust und andere historische Gewaltverbrechen und -akte, die von den historischen beziehungsweise authentischen Tatorten entfernt liegen.

Nach dem »weiten« Verständnis, das sich deckungsgleich mit der sprachgebräuchlichen Verwendung des Begriffs zeigt, kann quasi jeder Ort zur Gedenkstätte werden. Selbst Websites verwenden mittlerweile den Begriff, sodass in der heutigen Zeit selbst virtuelle und nicht örtlich festzumachende Plätze der Erinnerung dienen (Knoch 2020, S. 6). Nach einer »engeren« Auslegung des Begriffs ist unter einer Gedenkstätte nur das zu verstehen, was sich an einem festen historischen Tatort befindet. Erinnern ist hier an den materiellen Ort des historischen Geschehens sowie seiner baulichen oder/und materiellen Überreste gebunden (Knoch 2017, S. 3). Die Ausgestaltung zeigt sich mannigfaltig und ist je nach Ort verschieden. So können in ihnen Friedhöfe, Tatorte, bauliche Überreste, ganze Gebäude, die dem historischen Geschehen zugeordnet werden, vorhanden sein, außerdem neugeschaffene landschaftsarchitektonische Ausgestaltungen, Parkanlagen, Mahnmale, Orte zur Kontemplation und Räumlichkeiten mit Bildungsangeboten, zu denen Ausstellungen, Sammlungen und Bibliotheken gehören (Knoch 2020, S. 8). Gerade die institutionelle Ausformung des Ortes zum Lern- und Informationszentrum kann eine Wichtigkeit zugesprochen werden, da durch sie wichtige Bildungsarbeit geleistet wird. Sie können als eigenständige »Institution des kulturellen Gedächtnis[ses]« (Knoch 2020, S. 5) gelten, die ein vielfältiges Aufgabenspektrum von Forschung und Vermittlung bis zur eigentlichen Erinnerung abdecken. In ihnen können Mahnmale und mehrere Erinnerungsorte enthalten sein. Mahnmale stehen in einem engen gedanklichen Zusammenhang mit dem (Ehren-)Denkmal und können als bedeutsame Unterkategorie künstlerisch der Plastik oder der Baukunst zugeordnet werden.

Der Begriff Denkmal fungiert in seiner Doppelbedeutung zugleich als Oberbegriff für bedeutsame Bauten, geschützte Überreste, Landschaftsgestaltungen, Ensembles usw., die im Sinne eines erhaltenen Kunstwerks Zeugnis über eine frühere Kultur ablegen oder aus politischen, historischen, kultur- oder kunstgeschichtlichen Erwägungen erhaltenswert erscheinen (Kadatz 2001, S. 66–67). Parallel dazu findet der Begriff für Objekte Verwendung, die an bestimmte historisch Ereignisse oder wichtige Personen erinnern (Knoch 2020, S. 13) und zu ihrem Andenken errichtet worden sind. Allgemein ist festzuhalten, dass der Begriff im deutschen Sprachraum auf vielfältige Weise verstanden wird.

Zahlreiche (Ehren-) Denkmale, die aktiv zu Gedenkzwecken errichtet wurden, stammen aus dem 19. und 20. Jahrhundert. Gerade das Bedürfnis nach verbindlichen Deutungsangeboten durch die Gründung der Nationalstaaten führte zur Errichtung einer beträchtlichen Anzahl an (Ehren-) Denkmälern (Knoch 2020, S. 13). Zusätzlich entstanden nach den Weltkriegen des 20. Jahrhunderts zahlreiche Kriegerdenkmäler innerhalb Europas und in Übersee. Zu ihnen gehören beispielhaft die vielzähligen Grabmale des Unbekannten Soldaten, die nach dem Ersten Weltkrieg in fast allen am Krieg beteiligten Staaten errichtet wurden und bis heute noch zu Ehren von Gefallenen unterschiedlicher Kriege entstehen (Oberle/Schubert 2018, S. 2). Der Erste Weltkrieg kann dabei als eine der ersten großen Zäsuren innerhalb des politischen Totenkultes gesehen werden. In den 1920er und 1930er Jahren ist, neben der Errichtung von Trauermalen, der Bau von nationalistisch konnotierten Denkmälern im Sinne eines Heldenkults zu beobachten (Schnerrer 1999, S. 191).

Nach dem Zweiten Weltkrieg findet sich ein Abstandnehmen von Begriffen wie »Ehre« in Bezug zum Soldatentod, was dazu führt, dass sich der Begriff des Mahnmals etablieren konnte (Knoch 2020, S. 13). Mahnmale dienen sowohl als Mahnung an die Lebenden als auch der Erinnerung an die Toten. Sie besitzen somit neben ihrer Funktion der Erinnerung eine appellierende Funktion. Sie fordern eine Reflexion der Gewaltdimension eines historischen Ereignisses ein und dienen der kritischen Besinnung (Knoch 2020, S. 13).

Heute ist eine Verschiebung der Bezeichnung hin zum Mahnmal weltweit festzustellen. So wird beispielsweise in englischsprachigen Ländern eher der Begriff »memorials« verwendet, als der früher übliche Begriff »monuments« (Knoch 2020, S. 14). Gestalterisch zeigen sich Mahnmale zumeist multiinterpretativ und eröffnen durch ihre abstrakte, symbolische Form deutungsoffene Zugänge (Knoch 2020, S. 14). Ihr Design ist dabei weitestgehend als minimalistisch zu beschreiben. Doss begründet die Wahl abstrakter Formen damit, dass in der Nachkriegszeit (naiverweise) abstrakte Kunst als unpolitisch und als Gegenteil von ideologischen Darstellungsformen angesehen wurde (Doss 2012, S. 124). Sie diene dabei dazu, althergebrachte Gedanken zu stören und die Suche nach neuen Denkansätzen und Bedeutungsebenen zu ermöglichen (Doss 2012, S. 124). Gerade im Bezug zur spezitösen Undarstellbarkeit von Traumata werden abstrakte Formen gegenüber figürlichen Darstellungen bevorzugt eingesetzt. Im späteren Bezug zu den Gedenkstätten der NS-»Euthanasie« und Zwangssterilisation zeigt sich dieses vorgehen konsequent.

Neben den Begriffen Gedenkstätte und Mahnmal findet sich zunehmend im Kontext der Erinnerungskultur auch der Begriff des sogenannten Gedensort oder Erinnerungsorts (franz. *Lieu de mémoire*), der von dem französischen Kulturhistoriker Pierre Nora in den 1980er Jahre im Zuge seines gleichnamigen editorischen Großprojektes geprägt wurde (Neumann 2005, S. 80). Obwohl jener Begriff vermeintlich auf den ersten Blick sich auf konkrete geographische Orte beziehen könnte, nutzt Nora den Begriff als Bezeichnung von *loci* jeglicher Art und Weise im Sinne der antiken Mnemotechnik (Neumann 2005, S. 81). Alles kann demnach zum Erinnerungsort werden, was eine identitätsstiftende Wirkung besitzt oder zum immateriellen, materiellen oder ideellen Symbol einer gemeinschaftlichen Erinnerung geworden ist (Knoch 2020, S. 15). Nora sieht den Erinnerungsort dabei als »materiellen wie auch immateriellen, langlebigen, Generationen überdauernden Kristallisationspunkt kollektiver Erinnerung und Identität, der durch einen Überschuß an symbolischer und emotionaler Dimension gekennzeichnet, in gesellschaftliche, kulturelle und politische Üblichkeiten eingebunden ist und sich in dem Maße verändert, in dem sich die Weise seiner Wahrnehmung, Aneignung, Anwendung und Übertragung verändert« (Nora, zitiert nach: François 2005, S. 9). Erinnerungsorte zeigen sich demnach von mannigfaltiger Gestalt, wobei ihnen ein identitäts- und gemeinschaftsstiftender Charakter zugesprochen wird. Nach diesem Verständnis gehören die Gedenkstätten sowie auch die Mahnmale zu den Gedenkorten, wohingegen der Gedenkort nach Nora mannigfaltig sein kann und nicht eine örtliche Gebundenheit, die mit dem historischen Akt oder der historischen Tat in Verbindung steht, aufweisen muss.

Neben jenem theoretischen Grundgerüst wird im allgemeinen Sprachgebrauch hingegen jedoch der Begriff »Gedenkort« zunehmend außerhalb seiner theoretischen Dimensionen verwendet und fungiert als allgemeines Synonym für Denkmale und Gedenkstätten (Siebeck 2017, S. 2).

Per se kann eine begriffliche Vielfalt im Kontext von Gedenkstätte und Gedenkkultur festgestellt werden sowie ein heterogenes Verständnis, bei einer zugleich synonymen Verwendung der einzelnen Begriffe untereinander. Problematisch zeigt sich dies bei einer bewussten Klassifizierung und Definierung einzelner Gedenkeinrichtungen von der Gedenkstätte bis zum Mahnmal, die je nach Zuhörer, und seiner eigenen Interpretation der einzelnen Begriffe, zu einem uneinheitlichen Verständnis führen kann. Eine im allgemeinen Sprachgebrauch synonyme Nutzung der Begriffe »Gedenkstätte«, »Mahnmal« und »Gedenkort« kann dabei auf die begriffliche und kontextuelle Ähnlichkeit zurückzuführen sein. Das Wissen über theoretische Konzepte hinter den Begriffen wie zum Beispiel dem *Lieu de mémoire* scheint dabei in den Hintergrund zutreten oder sich ganz zu verlieren.

Trotz der mannigfaltigen und synonymen Begriffsnutzung, die zu Unschärfen bei Klassifikationsprozessen führen kann, mag gerade hier auch eine Chance zu sehen sein. Es erfolgt im allgemeinen Verständnis keine Abstufung der einzelnen Erinnerungseinrichtungen untereinander durch Größe und Ausstattung im

Bereich der Wertigkeit. Eine einfache Platte mit Widmung kann infolgedessen im Bereich der Erinnerungsstiftung eine gleiche Wertigkeit besitzen wie eine großflächige Anlage mit Ausstellung. Im weiteren Verlauf sollen unterschiedliche Gedenkeinrichtungen, Mahnmale und Gedenkorte von unterschiedlicher Beschaffenheit vorgestellt werden für die Opfer der NS-»Euthanasie« und Zwangssterilisation. Hierbei wurde eine Auswahl aus bekannteren und unbekannteren Gedenkeinrichtungen getroffen. Nicht alle gedenken beider Opfergruppen. Gedenkorte allein für die Opfer der Zwangssterilisation zeigen sich seltener.

4.2   Gedenkstätten für die Opfer der NS-»Euthanasie« mit Ausstellung an den ehemaligen Tötungsanstalten

Die erste Ausstellung an einer der Tötungsanstalten fand 1983 in Hadamar statt. 1991 wurde vor Ort eine Gedenkstätte mit umfangreicher musealer Dauerausstellung eröffnet. Kurz davor, im Jahre 1989, war eine Gedenkstätte in Bernburg (Sachsen-Anhalt) eingerichtet worden, die zum damaligen Zeitpunkt eine Leihausstellung beinhaltete, ebenso wie 1990 die Gedenkstätte Grafeneck. Hier war unter dem Leitgedanken »Das Gedenken braucht einen Ort« nach den Plänen des Architekten Eberhard Weinbrenner eine offene Gedenkkapelle (Abb. 1), bestehend aus einem Dach, getragen von fünf Metallbeinen, errichtet worden (Knittel 2018, S. 77). Ein Gedenkbuch mit den Namen der Opfer wurde in einem nahen Steinkasten mit Schublade positioniert. 1998 erfolgte eine Erweiterung der Gedenkstätte um einen *Alphabetgarten* durch die jüdisch-amerikanische Künstlerin Diane Samuels (Knittel 2018, S. 78). 2005 wurde ein Dokumentationszentrum hinzugefügt.

2000 wurde die Gedenkstätte Pirna-Sonnenstein eröffnet. Seit Ende der 1980er Jahre bestand ein öffentliches Interesse an der Aufarbeitung und der Schaffung eines Gedenkorts. Nach bauarchäologischen Untersuchungen in den 1990er Jahren wurden die zur Tötung genutzten Kellerräume rekonstruiert und für die Gedenkstätte hergerichtet (Stiftung Sächsische Gedenkstätten 2022). Eine weitere Gedenkstätte wurde in der Tötungseinrichtung Hartheim in Österreich 2003 eingerichtet. 2012 eröffnete in Brandenburg an der Havel an der Stelle der letzten der sechs ehemaligen Tötungsanstalten eine Gedenkstätte. Eine intensive Beschäftigung vor Ort, zu der auch Gedenkfeiern und Ausstellung gehörten, ging der Einrichtung voraus. Gedenkstätte und Ausstellung befinden sich im ehemaligen Gebäude des Alten Zuchthauses in der Nähe der früheren Einrichtung.

Die Ausstellungen und Gestaltungen der jeweiligen Gedenkstätten variieren zwischen den verschiedenen Orten deutlich. Manche Gedenkstätten beinhalten die historischen Räumlichkeiten, in denen die Tötungen stattfanden, andere

Abb. 1: Gedenkkapelle in Grafeneck. Nachweis: Unterillertaler (https://commons.wikimedia.org
/wiki/File:Grafeneck_Gedenkstätte.JPG), »Grafeneck Gedenkstätte«, https://creativecommons.o
rg/licenses/by-sa/3.0/legalcode

nicht. Manche der Einrichtungen wurden im Verlauf des Krieges getroffen und in
Teilen zerstört, in anderen wurden teilweise die betreffenden Räumlichkeiten aus
der NS-Zeit bereits im Zweiten Weltkrieg oder der Nachkriegszeit entfernt. Jedoch sind in allen eine umfangreich ausgearbeitete Ausstellung, Archive und
Bibliotheken vorzufinden und wissenschaftliche Forschungstätigkeit die Regel.

4.3 Beispiele von künstlerisch gestalteten Gedenkstätten und Mahnmalen an konkreten Tatorten

4.3.1 Der Gedenk- und Informationsort für die Opfer der nationalsozialistischen »Euthanasie«-Morde an der Tiergartenstraße 4, Berlin

Auf dem Platz vor dem ehemaligen Gebäude der Zentraldienststelle T4 an der
Tiergartenstraße 4 in Berlin Mitte, von dem aus die »Aktion T4« gesteuert wurde,
befindet sich seit 2014 der »Gedenk- und Informationsort für die Opfer der
nationalsozialistischen ›Euthanasie‹-Morde« (Abb. 2). Die Stadtvilla, in der die
Zentrale untergebracht war, war bei einem Angriff der Roten Armee zerstört

Abb. 2: Der 2014 eröffnete Gedenk- und Informationsort für die Opfer der nationalsozialistischen »Euthanasie«-Morde an der Tiergartenstraße 4, Berlin. Nachweis: Dosseman (https://common s.wikimedia.org/wiki/File:Euthanasie-Gedenkstätte_9600.jpg), https://creativecommons.org/lic enses/by-sa/4.0/legalcode

worden. 1963 wurde auf dem Grundstück des Baus die Berliner Philharmonie errichtet (Parzer 2022). Ab der Mitte der 1980er Jahre führten engagierte Bürgergruppen verschiedene Aktionen vor Ort durch, um die Erinnerung an die Verbrechen einzufordern und ein Bewusstsein für die Opfer zu schaffen (Parzer 2022). Hierzu gehörte auch die Aktion »Mobiles Museum« aus dem Jahre 1987. Ein Jahr später wurde die Stahlskulptur des US-amerikanischen Künstlers Richard Serra »Berlin Junction« nördlich der Philharmonie aufgestellt. Ursprünglich war das Kunstwerk für die Ausstellung »Der unverbrauchte Blick« unter dem Namen »Berlin Curves« entstanden, in dessen Anschluss der Berliner Senat das Kunstwerk kaufte (Springer 2010, S. 69). Der Name des Kunstwerks wurde zu »Berlin Junction« geändert und auf den Wunsch von Serra an jener Stelle aufgestellt (Springer 2010, S. 69–70). Als die sensibilisierte Öffentlichkeit im Zuge der historischen Bedeutung des Ortes die Aufstellung kritisierte (Parzer 2022), wurde die Stahlskulptur in Absprache mit dem Künstler durch die Hinzufügung einer Gedenkplatte im Boden zu einem Mahnmal umgewidmet (Springer 2010, S. 70, Loeb 2022, S. 77). Jene Platte wurde vom Bildhauer Volker Bartsch geschaffen. Stetig wurde beklagt, das gestaltete Areal werde der Thematik nicht gerecht und Besucherinnen und Besuchern nähmen das Kunstwerk eher als architekturbezogene Kunst wahr (Abb. 3) (Staatskanzlei – Kulturelle Angelegenheiten Berlin 2012, S. 35).

Abb. 3: »Berlin Junction« von Richard Serra. Das Kunstwerk wird von vielen Besuchern eher als architekturbezogene Kunst wahrgenommen, anstatt als Mahnmal. Nachweis: Francisco Anzola (https://commons.wikimedia.org/wiki/File:Concert_Houses_and_Serra_(1580350751).jpg), »Concert Houses and Serra (1580350751)«, https://creativecommons.org/licenses/by/2.0/legal code

2011 entschied der Deutsche Bundestag sich dazu, das Areal zu einen würdigen Gedenkort für die Opfer der NS-»Euthanasie«-Verbrechen aufzuwerten (Deutscher Bundestag, 17. Wahlperiode 17, 2011, S. 3). Es wurde ein offener internationaler Wettbewerb ausgeschrieben, in dem sich der gemeinsame Entwurf der Architektin Ursula Wilms und des Landschaftsarchitekten Heinz W. Hallmann durchsetzen konnte. Wilms und Hallmann gestalteten die Gedenkstätte als eine dunkle Betonfläche mit langer Sitzbank und einem 30 m langem Informationspult. Das Kernelement bildet neben der Ausstellung am Pult eine blaue Glasplatte, die ähnlich einer durchscheinenden Skulptur den Platz einnimmt. Nach der Architektin steht sie symbolisch für »die Verbindung des Betrachters mit den durch die ›NS-Euthanasie‹ zwar physisch getöteten (sic!) aber durch unser Nicht-Vergessen und Erinnern doch weiter lebenden Menschen« (zitiert nach: Senatskanzlei – Kulturelle Angelegenheiten 2012a, S. 2). Die Glasplatte bildet dabei zugleich eine dezente Verbindung des Bodens zum Himmel aus und kann dabei als Trennlinie zwischen Opfern und Tatort beziehungsweise Tätern interpretiert werden. Die dunkle Bodenplatte ist leicht gekippt, sodass der Ort aus dem Alltag herausgerückt wird. Die langgezogene Bank regt dazu an, sich hinzusetzen, das Gesehene und Gelesene auf sich wirken zu lassen und der Opfer zu gedenken. Zugleich kann die Stelle als Ruhezone innerhalb des Gedenkplatzes verstanden werden.

Die Ausstellung auf den Informationspanel ist in verschiedenen Sprachen gehalten und erfüllt inklusive Voraussetzungen (Blindenschrift, Angebote für Gehörlose, Barrierefreiheit). Die Freiluftausstellung wurde im Rahmen des Projekts »Erinnern heißt gedenken und informieren« an der TU München erarbeitet (Parzer 2022). In ihrem schlichten, unaufdringlichen, ohne unnötigem Pathos ausgeführten Design lässt die Gedenkstätte mannigfaltige Interpretationsansätze zu. Sie hinterlässt durch den sparsamen Umgang mit wirkungsvollen Symbolen einen würdevollen und zurückgenommenen Eindruck, der das Gedenken vor der Gestaltung in den Mittelpunkt rückt.

4.3.2 Der inklusive Gestaltungsprozess eines Mahnmals – Die Gedenkstätte Waldniel-Hostert für die Opfer der NS-Psychiatrie und »Kindereuthanasie«

Im niederrheinischen Ort Waldniel befand sich zur Zeit des Nationalsozialismus die Teilanstalt der Provinzial Heil- und Pflegeanstalt Johannistal-Süchteln, in der Menschen mit Behinderung lebten und seit 1941 zusätzlich die einzige »Kinderfachabteilung« der Rheinprovinz (Kilzer 2022). 99 Kinder und Jugendliche wurden in der Einrichtung systematisch ermordet, während zahlreiche Erwachsene ein ähnliches Schicksal durch bewusste Verlegungen in Zwischenanstalten und Tötungseinrichtungen erfuhren (Kilzer 2022). Die erwachsenen Patientinnen und Patienten aus jener Heil- und Pflegeanstalt wurden in der Regel nach Hadamar transportiert (Zöhren 1988, S. 14). Im Jahr 1988 wurde auf dem Grundstück des ehemaligen Anstaltsfriedhofs eine kleine Gedenkstätte eingerichtet, die von den Schülerinnen und Schülern der Gemeindehauptschule Schwalmtal (heute Europaschule Schwalmtal) verwaltet wird, die aus einem Kissenstein mit der Aufschrift »Den unschuldigen Opfern«, einer Gedenktafel aus Bronze sowie einer Buchenhecke besteht, die um das Areal angepflanzt wurde (Kilzer 2022). Als 2012 der interdisziplinäre »Arbeitskreis zur Erforschung der NS-›Euthanasie‹ und Zwangssterilisation« im Rahmen seiner Frühjahrestagung das Gelände der ehemaligen »Kinderfachabteilung« in Waldniel-Hostert besuchte, rief er dazu auf, das Gelände vollständig unter Denkmalschutz zu stellen und einen würdigen Gedenkort zu schaffen, denn das große Engagement der Schulkassen würde nicht die politischen Verantwortlichen von jener Verpflichtung entbinden (Arbeitskreis zur Erforschung der nationalsozialistischen

»Euthanasie« und Zwangssterilisation 2012, S. 19–22). 2014 entschied sich der Landschaftsverband Rheinland als Rechtsnachfolger der Provinzialverwaltung, die Bedeutung des Gedenkorts zu stärken und den ehemaligen Anstaltsfriedhof durch künstlerische Arbeiten und eine landschaftsarchitektonische Gestaltung aufzuwerten (Abb. 4) (Kilzer 2022). Hierzu wurde ein Wettbewerb ausgeschrieben, aus dem das architektonisch-künstlerische Konzept des Teams struber_gruber aus Wien als Sieger hervorging (Kilzer 2022). Neben einem ansprechenden Design verband sich in dem Gewinnerkonzept die Möglichkeit der Partizipation von Bürgerinnen und Bürgern, es enthielt überdies inklusive Angebote für Menschen mit Behinderung zur Mitgestaltung der Gedenkstätte.

Abb. 4: Die Mauer mit Namenplatten bei der Gedenkstätte für die Opfer der NS-Psychiatrie und »Kindereuthanasie« in Waldniel-Hostert. Nachweis: Tanja Kilzer

Die Gedenkstätte besteht aus einer 2,4 m hohen L-förmigen Betonmauer, die Alltagswelt und Gedenkort voneinander trennt und Geräusche von außen im Innenraum weitestgehend unterdrückt. Sie umgibt schützend den ehemaligen Anstaltsfriedhof und formt ihn zu einem Rückzugsort für ein ungestörtes Gedenken. Im Inneren erwartet die Besucherinnen und Besucher eine leicht hügelige Wiese, die Assoziationen mit einer friedlichen Parklandschaft heraufbeschwören kann. Fragmente der Mauereinfassung des ehemaligen Friedhofsgeländes und die 1988 gepflanzte Buchenhecke sind noch vorhanden und dokumentieren die Geschichte des Ortes und die fortbestehende Gedenkkultur vor Ort (Kilzer 2022).

Als Kern der Gedenkstätte fungiert das offene Gelände des ehemaligen Friedhofareals, das nach den Statuten des Wettbewerbs zur Wahrung der Totenruhe freigelassen werden sollte. Eine Tafel mit Informationen zum historischen Geschehen, der Gedenkkultur vor Ort und der Neugestaltung der Gedenkstätte klären über den Ort auf. Zudem verweist eine Karte auf die einzelnen Bestandteile der Gedenkstätte. Zu jenen gehört ein schlicht gestaltetes Ossuarium, in dem vor Ort gefundene sterbliche Überreste beigesetzt wurden, hinzu kommen Bänke zur Kontemplation sowie drei Kugelskulpturen und über 500 Bronzeplatten, auf denen die Namen der Opfer sowie ihre Geburts- und Sterbedaten verewigt wurden (Kilzer 2022). Angeordnet wurden die Platten an der Innenseite der Betonmauer. Von links nach rechts markieren die einzelnen Platten den Todeszeitpunkt der Opfer zwischen 1939 und 1945, während ihre Anordnungshöhe symbolisch für das Alter des Verstorbenen steht. Die Namen wurden in einem partizipativen Prozess von interessierten Bürgerinnen und Bürgern auf den Platten via Wachsrohling verewigt (struber_gruber 2019, S. 44–45). Allgemein zeigte sich ein großes Interesse von Seiten der Bevölkerung, etwas zur Neugestaltung der Gedenkstätte beizutragen. Zahlreiche Beteiligte beschrieben den Prozess des Schreibens als innere Auseinandersetzung mit den Taten und den Opfern, häufig entstand durch diese eine gefühlte persönliche Verbindung zu den einzelnen Opfern, die Gefühle der Anteilnahme und des Respekts auszulösen vermochte (Kupka/Höllwart 2019, S. 65–68). Die Wachsrohlinge waren von Schülerinnen und Schülern der LVR-Helen-Keller-Schule, einer Förderschule mit dem Schwerpunkt körperliche und motorische Entwicklung, hergestellt worden (Thon 2019, S. 46). Auch bei den beteiligten Jugendlichen aus der Schule stieg durch den Gestaltungsprozess das Interesse, sich intensiver mit der Thematik auseinanderzusetzen.

Der gemeinschaftsbildende Prozess führte dazu, dass die NS-»Euthanasie«-Verbrechen für die Beteiligten konkreter wurden und durch den persönlichen Zugang zu einer tiefen gedanklichen Auseinandersetzung führten (Kilzer 2022). Gerade von den Lehrkräften wurde die Mitarbeit an Projekten solcher Art als wichtiger Teil der schulischen Bildungsarbeit aufgefasst, der einen persönlichen Zugang zu Erinnerungsarbeit eröffnen kann (Thon 2019, S. 49.)

Neben den Platten wurden auch die bunten Kugelskulpturen, die auf dem Gelände zu finden sind und durch ihre bunte, an Spielzeug angelehnte Gestaltung einen expliziten, symbolischen Verweis auf die Opfer der »Kindereuthanasie« darstellen, in einem gemeinschaftlichen Herstellungsprozess von Schülerinnen und Schülern mit und ohne Behinderung gestaltet (stuber_gruber 2019a, S. 77–78). Die Kugeln wurden mit markanten Sätzen (u. a. »Elschen schläft«) beschriftet, die in beklemmender Zweideutigkeit auf die NS-Verbrechen verweisen.

Ähnlich wie bei der Gedenkstätte in Berlin findet sich kein unmittelbares Bild der Trauer oder eine bildhafte Umsetzung des Leidens in der Gestaltung (Kilzer 2022). Vielmehr wurde auf eine symbolische Bildsprache zurückgegriffen, die Raum für Interpretationen lässt und individuell den Besucherinnen und Besuchern die Möglichkeit gibt, selbst zu entscheiden, wie weit sie sich mit dem Schrecken emotional auseinandersetzen möchten (Kilzer 2022). Der partizipatorische und inklusive Gestaltungsprozess ist gerade in Bezug auf die Thematik als vorbildlich zu bezeichnen.

4.4 Mobile Mahnmale

4.4.1 Das Denkmal der grauen Busse

Das Denkmal der grauen Busse (Abb. 5) wurde von dem Künstler Horst Hoheisel sowie dem Architekten und Künstler Andreas Knitz im Jahre 2006 (Hoheisel/ Knitz 2012, S. 8) im Zuge der von der Stadt Ravensburg und des Zentrums für Psychiatrie (ZfP) Weissenau ausgeschriebenen Wettbewerbsauslobung für ein Mahnmal an der ehemaligen Heilanstalt Weißenau entworfen (Stadt Ravensburg/ZfP.Weissenau 2005). Das Team Knitz und Hoheisel hatte sich zuvor bereits im Rahmen weiterer Projekte eingehend mit der Gestaltung von Denkmälern und der Sichtbarmachung von tabuisierter sowie verdrängter Geschichte befasst. So machten sie sich durch ihre Projekte, die als »Negativ Denkmale« bezeichnet werden, seit 1995 einen Namen, zu denen unter anderem das Projekt »Zermahlende Geschichte« in Weimar gezählt wird (Baisch-Valet 2014, S. 37).

Das Motiv des grauen Busses drängte sich ihnen während des Entwurfsprozesses auf und verblieb in ihrem Gedächtnis, nachdem sie auf der Suche nach Erinnerungszeichen Fotos betrachtet hatten (Hoheisel/Knitz 2012, S. 8). Beide waren der Ansicht, dass die Busse das stärkste Zeichen für die Patientenmorde darstellen würden. Bewusst entschieden sie sich für eine Darstellung des Werkzeugs der Täter als Erinnerungszeichen, da sie der Ansicht waren, dass gerade im Land der Täter ebenfalls die Tat erinnert und ins Bewusstsein gerückt werden müsse (Hoheisel/Knitz 2012, S. 8). Durch den Schritt kann dem Denkmal auch gestalterisch ein mahnender Charakter zu gesprochen werden, die Tat neben der Erinnerung an die Opfer nicht in Vergessenheit geraten zu lassen. Explizit an die Opfer erinnert ein Zitat »Wohin bringt ihr uns?« eines Patienten auf dem Denkmal, das mit unmissverständlicher Härte den Schrecken der Tat und die hilflose Situation der Opfer vor Augen führt.

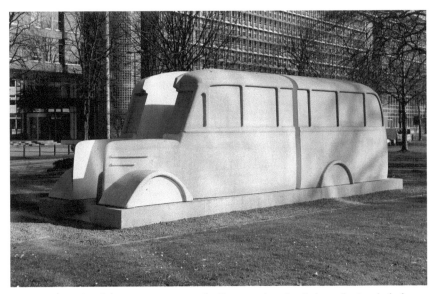

Abb. 5: Das Denkmal der grauen Busse. Aufstellung vor dem Landeshaus des Landschaftsverbands Rheinland (LVR) in Köln. Nachweis: Elke Wetzig (https://commons.wikimedia.org/wiki
/File:Denkmal_der_Grauen_Busse_(Replika_Köln)-1.jpg), https://creativecommons.org/license
s/by-sa/4.0/legalcode

Das Denkmal ist in Form eines aus Beton gegossenen Busses in Originalgröße,
nach den Modellen der Scheinorganisation GEKRAT gehalten, die die Patientinnen und Patienten aus den Anstalten in die Tötungseinrichtungen transportiert hatten (Hoheisel/Knitz 2012, S. 8–12). Durch die Auswahl des Materials
Beton bekam er seine charakteristische graue Farbe. Reifen, Fenster und kleine
Applikationen sind angedeutet und plastisch aus dem Material herausgearbei-
tet. Die angedeuteten Fenster, die im Zuge ihrer Materialität keine Durchsicht
erlauben, können als Anlehnung an die verdunkelten Fenster der Originalbusse
interpretiert werden. In der Mitte wurde der Betonbus durchteilt, sodass er
durchwandelt werden kann. Aufgestellt wurde das Denkmal in der »Alten Pforte«
der ehemaligen Heilanstalt Ravensburg-Weißenau an der heutigen Klinik
Weissenau des Zentrums für Psychiatrie Südwürttemberg. Der Betonbus blo-
ckiert die Ausfahrt und erinnert durch seine Platzierung an die zahlreichen
Busse, die zur Zeit des Nationalsozialismus die Heilanstalt verließen.
    Neben diesem permanenten Mahnmal schufen die beiden Künstler noch
einen zweiten Bus, der seinen Standort innerhalb der Region wechseln und durch
seine ständigen neuen Standorte Interesse wecken und zu einer Erinnerung an
die Taten führen sollte (Hoheisel/Knitz 2012, S. 13). Entlang der 90 km langen
Strecken von Weissenau bis nach Grafeneck sollte der Bus an unterschiedlichen
Orten Aufstellung finden (Hoheisel/Knitz 2012, S. 13). Als der Bus jedoch an

seiner ersten Station gegenüber einer Bushaltestelle an einem Schulzentrum platziert wurde und zahlreiche Lehrerinnen und Lehrer dazu animierte, die NS-»Euthanasie« im Unterricht zu thematisieren (Hoheisel/Knitz 2012, S. 13), erregte der Bus bundesweites Aufsehen (Baisch-Valet 2014, S. 38). Die nächste Station des Busses wurde Berlin. Er stand eine Zeitlang an der leeren Bushaltestelle vor der Philharmonie, wo sich zur Zeit des Nationalsozialismus die Zentraldienststelle der »Aktion T4« (Tiergartenstr. 4) befunden hatte. An die »Aktion T4« und ihre Opfer erinnerten zum Ende der 2000er Jahre lediglich die Stahlskulptur von Richard Serra sowie eine Bodenplatte, die aufgrund ihrer schlechten Sichtbarkeit kritisch betrachtet wurde. Durch den Einsatz eines »Runden Tisches« engagierter Personen konnte der Betonbus nach Berlin geholt werden mit dem Gedanken, die Gedenksituation vor Ort zu verbessern (Purmann 2012, S. 41). Da der Aufstellungsprozess des schweren Busses selbst öffentliches Aufsehen erregte und nach Purmann als »Aktionskunst« angesehen werden kann, konnte das Kunstwerk die Blicke auf sich ziehen, zum Nachdenken anregen, zu kritischen Fragen führen und Diskussionsstoff bieten (Purmann 2012, S. 41–42).

Der Bus reiste weiter nach Brandenburg an der Havel (2009), Stuttgart (2009) und Pirna (2010), bis er 2011 nach Köln kam. Hier wurde der Betonbus vor dem Landeshaus des Landschaftsverbands Rheinland (LVR) platziert, der mit der Aufstellung ein Erinnerungszeichen an die über 10.000 »Euthanasie«-Opfer aus dem Rheinland setzen wollte. Der Verband stellte den Antrag, den Bus als Zeichen der dauerhaften Auseinandersetzung mit den »Euthanasie«-Verbrechen permanent an jenem Ort zu installieren, woraufhin ein weiterer Abguss erstellt wurde, der sich nun in Köln befindet. Indes begab sich das mobile Denkmal weiter auf Reisen nach Grafeneck (2012), München (2013), Kassel (2014), Posen (2014). Reichenau (2014) Braunschweig (2015), Winnenden (2016), Frankfurt am Main (2017), Hadamar (2018) und Emmendingen (2019) (Hoheisel/Knitz 2022). Das mobile Denkmal ist noch immer in Bewegung und verändert seinen Standort. Momentan pausiert die Umstellung des Denkmals aufgrund der Corona-Pandemie.

Das mobile Denkmal, das häufig mit einem Ausstellungskonzept und Rahmenprogramm, initiiert von Bürgerinitiativen, den Gemeinden oder Institutionen vor Ort, begleitet wird, verbindet durch seine Aufstellung die Erinnerung an die Verbrechen der NS-»Euthanasie« an seinen jeweiligen Stationen und führt eindrucksvoll das verdichtete Netz der nationalsozialistischen »Euthanasie«-Aktionen vor Augen. Der Betonbus wird zum markanten Symbol der Erinnerung, das durch den inzwischen gewonnenen Bekanntheitsgrad des Denkmals sofort mit den Verbrechen assoziiert werden kann und zu einer aktiven Auseinandersetzung einlädt. Nebenher führen die Aufstellung und die Initiative von Bürgerinnen und Bürgern sowie Städten, den Bus an einen bestimmten Ort

aufzustellen, zu einer Vernetzung von Ideen und einer aktiven Erinnerungskultur an den jeweiligen Orten.

Schwarzbauer spricht gerade dem mobilen Charakter eine weitere Beson-
derheit zu: Wenn der Bus weiterzieht, gerät sein Nicht-mehr-Vorhandensein ins
Bewusstsein (Schwarzbauer 2012, S. 33). Die Lücke wird bewusst und die Erinnerung an den Bus kann verbleiben. In Ravensburg gegenüber der Bushaltestellt
der Schule verblieb in Form des Betonsockels (Schwarzbauer 2012, S. 33), darüber
hinaus ein materieller Teil, der den Verlust sichtbar macht und den Ort, obwohl
es sich an jener Stelle nicht um einen authentischen Tatort handelt, zu einem mit
den Taten verbundenen Gedenkort macht.

4.4.2 Das mobile Mahnmal für die Opfer der Zwangssterilisation im Nationalsozialismus (Mannheim)

Eine ähnliche Intention, durch immer neue Standort die Erinnerung zu stärken
und auf die Verbrechen der NS-Zeit aufmerksam zu machen, verfolgt das mobile
»Mahnmal für die Opfer der Zwangssterilisation im Nationalsozialismus«, das
von dem Künstler Michael Volkmer geschaffen wurde (Abb. 6). Es handelt sich
um ein mobiles Einzelstück, das im jährlichen Wechsel vor unterschiedlichen
Institutionen innerhalb Mannheims aufgestellt wird, die an der Zwangssterilisierung zur Zeit des Nationalsozialismus beteiligt waren (Stadt Mannheim 2013).

2012 beschloss der Gemeinderat auf Initiative des »Arbeitskreises Justiz und
Geschichte des Nationalsozialismus in Mannheim«, ein Mahnmal in Auftrag zu
geben (Stadt Mannheim 2013). Das Mahnmal ist würfelförmig und besteht aus
über tausend einzelnen, verschmolzenen Würfeln. Jeder von ihnen soll für ein
Einzelschicksal stehen. Auffällig zeigt sich das Nichtvorhandensein von Ecken
und Kanten, was symbolisch für die Gleichmachung sowie für die Auslöschung
von Individualität stehen soll (Stadt Mannheim 2013). Der Künstler entschied
sich bewusst für eine abweisende Ästhetik. Die weißgelblichen Würfel mit
Hochglanzoberfläche rufen dabei Assoziationen an die Kacheln eines Kran-
kenhauses hervor. Der Betrachter spiegelt sich leicht im Material, sodass er selbst
ein Teil des Mahnmals wird und über das Geschehene reflektieren kann (Stadt
Mannheim 2013).

Auf einer Texttafel befindet sich das Zitat »Weil sie meinen, ich bin weniger
wert als andere. Zwangssterilisierung ist ein Verbrechen«. Jener Ausspruch einer
betroffenen Person, war fest als Bestandteil des Designs in den Wettbewerbs-
statuten verankert (Kulturamt Mannheim 2012, S. 1).

Der erste Aufstellungsort befand sich vor dem Amtsgericht Mannheim, da an
jener Stelle zur Zeit des Nationalsozialismus das »Erbgesundheitsgericht« resi-
dierte. Das »Erbgesundheitsgericht« war seit dem Inkrafttreten des »Gesetzes zur
Verhütung erbkranken Nachwuchs« im Jahre 1933 in Stadt und Region für die

Abb. 6: Mobiles Mahnmal für die Opfer der nationalsozialistischen Zwangssterilisation in Mannheim. Nachweis: Musikliebhaber309 (https://commons.wikimedia.org/wiki/File:Mahnmal _Front.jpg), https://creativecommons.org/licenses/by-sa/4.0/legalcode

Anordnung von Zwangssterilisationen verantwortlich gewesen. 2015 wanderte das Mahnmal zum Universitätsklinikum sowie 2016 zum Diakonissenkrankenhaus (Arbeitskreis Justiz und Geschichte des Nationalsozialismus in Mannheim 2022). 2017 war es vor dem Gesundheitsamt in R1 der Stadt Mannheim zu sehen. Das Jugendamt in R1 wurde 2018 als Standort ausgewählt. 2019 wurde das Mahnmal vor dem Fachbereich Sozialwesen der Hochschule Mannheim platziert, um daran zu erinnern, dass sogenannte »Fürsorgerinnen und Fürsorger« für die Durchsetzung des NS-Erbgesundheitsgesetzes eine wichtige Rolle spielten (Arbeitskreis Justiz und Geschichte des Nationalsozialismus in Mannheim 2022). Seit 2020 steht das Mahnmal vor dem Bürgerdienst mit Standesamt in K7 (Arbeitskreis Justiz und Geschichte des Nationalsozialismus in Mannheim 2022).

Die Stadt Mannheim ist Trägerin des Mahnmals und jedes Jahr übernehmen mehrere Schulen die Patenschaft. Sie veranstalten verschiedene Projekte, behandeln die Thematik im Unterricht und gestalten ein Rahmenprogramm unter anderem mit Lesungen, Präsentationen, Gedenktagen, Theaterstücken oder künstlerischen Ausstellungen (Arbeitskreis Justiz und Geschichte des Nationalsozialismus in Mannheim 2022), sodass das Mahnmal nicht bloß vor Ort zum Gedenken einlädt, sondern eine aktive Auseinandersetzung, gerade an den beteiligten Schulen, ermöglicht. Gerade durch die Wanderung des Mahnmals und der aktiven Berichterstattung in städtischen Zeitungen wird das Netz der Institutionen, die für die Zwangssterilisation im Nationalsozialismus direkt oder indirekt verantwortlich waren, sichtbar gemacht und bewusst in Erinnerung gerufen.

5.   Fazit

Erinnerung ist nicht selbstverständlich. Vielmehr handelt es sich um einen aktiven Prozess, der wandelbar ist und von dem jeweiligen historischen, politischen und sozialen Umfeld geprägt wird. Die Opfer der NS-»Euthanasie«-Verbrechen und Zwangssterilisation stellten über lange Zeit eine vergessene Opfergruppe dar. Erst langsam verbreiteten sich die Informationen über das erlittene Leid innerhalb der Gesellschaft. Es war ein längerer Weg, bis sie auch innerhalb der deutschen Gedenk- und Erinnerungskultur eine angemessene Würdigung erfuhren.

Gedenkstätten, Gedenkorte und Mahnmale, die die Erinnerung wachhalten und festigen, die informieren, aufklären und gegen das aktive Vergessen vorgehen, entstanden nach und nach. Während die ersten Gedenktafeln schon früh, jedoch ohne einen expliziten Hinweis auf die »Euthanasie«-, Psychiatrie- oder Zwangssterilisationsopfer, in betreffenden Einrichtungen Aufstellung fanden, setzte ein aktives Erinnern an sie vergleichsweise spät in den 1980er ein. Die ersten Gedenkstätten in den Tötungseinrichtungen entstanden Ende der 1980 beziehungsweise Anfang der 1990er Jahre. Ein ähnlich spätes Vorgehen zeigt sich in Bezug auf größere Mahnmale: Erst 2014 wurde in Berlin eine offizielle Gedenkstätte für die Opfer der »Aktion T4« eingeweiht.

Literatur

Arbeitsgemeinschaft Bund der »Euthanasie«-Geschädigten und Zwangssterilisierten (2014): Appell zur Anerkennung der Zwangssterilisierten und »Euthanasie«-Geschädigten als NS-Verfolgte, Hamburg 20.04.2014. https://www.euthanasiegeschaedigte-z wangssterilisierte.de/texte-pdf/appell-anerkennung-zwangssterilisierte-euthanasiegesc haedigte-als-ns-verfolgte-20-04-14.pdf, zuletzt abgerufen am 08.06.2022.
Arbeitsgemeinschaft Bund der »Euthanasie«-Geschädigten und Zwangssterilisierten (2022): Zeittafel zur Entschädigungspolitik für Zwangssterilisierte und »Euthanasie«-Geschädigte. https://www.euthanasiegeschaedigte-zwangssterilisierte.de/themen/entsc haedigung/zeittafel-entschaedigungspolitik-fuer-zwangssterilisierte-und-euthanasie-g eschaedigte/, zuletzt abgerufen am 08.06.2022.

Arbeitskreis Justiz und Geschichte des Nationalsozialismus in Mannheim (2022): Stationen des Mahnmals. https://www.akjustiz-mannheim.de/index.php/zwangssterilisierung/sta tionen-des-mahnmals, zuletzt abgerufen am 14.06.2022.

Arbeitskreis zur Erforschung der nationalsozialistischen »Euthanasie« und Zwangssterilisation (2013): Appell zur Schaffung eines würdigen Gedenk- und Erinnerungsortes für die Opfer der nationalsozialistischen »Kindereuthanasie« in Waldniel-Hostert, 19.06. 2012. In: Arbeitskreis zur Erforschung der nationalsozialistischen »Euthanasie« und Zwangssterilisation (Hrsg.), Schatten und Schattierung. Perspektiven der Psychiatriegeschichte im Rheinland, Berichte des Arbeitskreises, Bd. 9, Münster.

Baisch-Valet, Andreas (2014): Denkmal der grauen Busse. Ein Kunstprojekt als Transportmittel verdrängter Geschichte. Das Archiv (1), S. 36–39.

Benzenhöfer, Udo (2009): Der gute Tod? Geschichte der Euthanasie und Sterbehilfe. Göttingen.

Bundespräsidialamt (1985): Bundespräsident Richard von Weizsäcker bei der Gedenkveranstaltung im Plenarsaal des Deutschen Bundestages zum 40. Jahrestag des Endes des Zweiten Weltkriegs in Europa am 8. Mai 1985 in Bonn. https://www.bundespraesi dent.de/SharedDocs/Reden/DE/Richard-von-Weizsaecker/Reden/1985/05/19850508_R ede.html, zuletzt abgerufen am 20.05.2022.

Classen, Christoph (2009): Balanced truth: Steven Spielberg's »Schindler's List« among history, memory, and popular culture. History and Theory 48 (2), S. 77–102.

Deutscher Bundestag (14. Wahlperiode) (1999): Unterrichtung durch die Bundesregierung, Konzeption der künftigen Gedenkstättenförderung des Bundes und Bericht der Bundesregierung über die Beteiligung des Bundes an Gedenkstätten in der Bundesrepublik Deutschland. Drucksache 14/1569.

Deutscher Bundestag (17. Wahlperiode) (2011): Antrag der Fraktion CDU/CSU, SPD, FDP und Bündnis 90/Die Grünen, Gedenkort für die Opfer der NS-»Euthanasie«-Morde. Drucksache 17/5493.

Deutscher Bundestag (19. Wahlperiode) (2021): Antrag der Abgeordneten (…), NS-Euthanasie-Morde und Zwangssterilisation – Nachgeschichte erforschen. Drucksache 19/ 28824.

Deutscher Bundestag (20. Wahlperiode) (2022): Antrag der Abgeordneten (…), Opfer von NS-»Euthanasie« und Zwangssterilisation als Verfolgte des Nationalsozialismus anerknnen – Aufarbeitung vorantreiben, Drucksache 20/2429. (Vorabfassung)

Doss, Erika (2012): Memorial mania. Public feeling in America. Chicago, IL, London.

Evangelischer Pressedienst Berlin (2022): Behindertenverband fordert Anerkennung von Opfern der NS-»Euthanasie«. https://www.evangelisch.de/inhalte/196371/27-01-2022/ behindertenverband-fordert-anerkennung-von-opfern-der-ns-euthanasie, 27.01.2022, zuletzt abgerufen am 08.06.2022.

François, Etienne (2005): Pierre Nora und die «Lieux de mémoire». Wie läßt sich heute eine Geschichte Frankreichs schreiben? In: Nora, Pierre (Hrsg.), Erinnerungsorte Frankreichs. München, S. 7–14.

George, Uta (2008): Kollektive Erinnerung bei Menschen mit geistiger Behinderung. Das kulturelle Gedächtnis des nationalsozialistischen Behinderten- und Krankenmordes in Hadamar. Eine erinnerungssoziologische Studie. Bad Heilbrunn.

Hoffmann, Ute (2011): Aspekte der gesellschaftlichen Aufarbeitung der NS-»Euthanasie«. In: Westermann, Stefanie/Ohnhäuser, Tim/Kühl, Richard (Hrsg.), NS-»Euthanasie«

und Erinnerung. Vergangenheitsaufarbeitung – Gedenkformen – Betroffenenper-spektiven. Berlin, S. 67–76.

Hoheisel, Horst/Knitz, Andreas (2012): Das Denkmal der grauen Busse – Ein offener Prozess. In: Stadt Ravensburg/ZfP Südwürttemberg/LVR Rheinland (Hrsg.), Das Denkmal der grauen Busse. Erinnerungskultur in Bewegung. Zwiefalten, S. 8–21.

Hoheisel, Horst/Knitz, Andreas (2022): Das Denkmal der grauen Busse/Das mobile Denkmal, Standorte, Website des mobilen Denkmals. http://www.dasdenkmaldergrau enbusse.de/index.php?option=com_content&task=section&id=11&Itemid=77, zuletzt abgerufen am 12.06.2022.

Kadatz, Hans-Joachim (2001): Seemanns Lexikon der Architektur. Leipzig.

Kilzer, Tanja (2022): Mit Peter, Elschen und Klaus gegen das Vergessen. Die Gedenkstätte Waldniel-Hostert für die Opfer der NS-Psychiatrie und »Kindereuthanasie«. Rheinische Heimatpflege 59 (3). S. 211–226.

Kircher, Johannes (2015): Sozialdarwinismus im wilhelminischen Kaiserreich. Umgang mit Determinismen und den Ideen der Weltreichslehre in den Reichstagsdebatten. Hamburg.

Klee, Ernst (2010): »Euthanasie« im Dritten Reich. Die »Vernichtung lebensunwerten Lebens«. Frankfurt am Main.

Klein, Peter (2012): Die beiden »Wehrmachtsausstellungen« – Konzeptionen und Reaktionen. In: Stiftung Topographie des Terrors (Hrsg.), Gedenkstättenrundbrief 165 (4), S. 5–12.

Knittel, Susanne (2018): Unheimliche Geschichte. Grafeneck, Triest und die Politik der Holocaust-Erinnerung, Erinnerungskulturen Bd. 7. Bielefeld.

Knoch, Habbo (2018): Gedenkstätten, Version 1.0, in: Docupedia-Zeitgeschichte, 11.09. 2018, http://docupedia.de/zg/knoch_gedenkstaetten_v1_de_2018, zuletzt abgerufen am 20.05.2022.

Knoch, Habbo (2020): Geschichte in Gedenkstätten. Theorie – Praxis – Berufsfelder. Tübingen.

Koalitionsvertrag 2021–2025 zwischen der Sozialdemokratischen Partei Deutschlands (SPD, Bündnis 90/Die Grünen und den Freien Demokraten (FDP): Mehr Fortschritt Wagen. Bündnis für Freiheit, Gerechtigkeit und Nachhaltigkeit. Berlin 2021.

Kulturamt Mannheim (2012): Ausschreibung für das Mahnmal zum Gedenken an die Opfer der Zwangssterilisation. Mannheim.

Kupka, Martina/Höllwart, Renate (2019): »Eine Brücke zwischen abstrakten Fakten und greifbaren Schicksalen«, in: struber_gruber (Hrsg.), Erinnerung entsteht gemeinsam. Die Neugestaltung der Gedenkstätte Waldniel-Hostert. Wien, S. 65–68.

Loeb, Carolyn (2022): The city as subject. Public art and urban discourse in Berlin. London, New York, Dublin.

Merkel, Christian (2006): »Tod den Idioten« – Eugenik und Euthanasie in juristischer Rezeption vom Kaiserreich zur Hitlerzeit, Das Strafrecht vor neuen Herausforderungen Bd. 8. Würzburg.

Morsch, Günter (2010): »…Eine umfassende Neubewertung der Europäischen Geschichte«? Entwicklungen, Tendenzen und Probleme einer Erinnerungskultur in Europa. In: Stiftung Topographie des Terrors (Hrsg.), Gedenkstättenrundbrief 157 (10), S. 3–14.

Müller-Bauseneik, Jens (2005): Die US-Fernsehserie »Holocaust« im Spiegel der deutschen Presse (Januar – März 1979). Historical Social Research 30 (4), S. 128–140.

Neumann, Birgit (2005): Erinnerung – Identität – Narration. Medien und kulturelle Erinnerung. Berlin.

Oberle, Isabell/Schubert Stefan (2018): Unbekannter Soldat. In: compendium heroicum, Online-Lexikon des Sonderforschungsbereichs 948 »Helden – Heroisierungen – Heroismen« an der Albert-Ludwigs-Universität Freiburg, Version 1.0, Publikationsdatum 06.08.2018.

Parzer, Robert (2022): Tiergartenstraße 4. Gedenk- und Informationsort für die Opfer der nationalsozialistischen »Euthanasie«-Morde. Denkmal in Berlin. In: Gedenkort-T4.eu/ Deutscher Paritätischer Wohlfahrtsverband, Landesverband Berlin e.V. (Hrsg), Gedenkort-T4.eu. Virtueller Gedenk- und Informationsort für die Opfer der nationalsozialistischen »Euthanasie«-Morde. https://www.gedenkort-t4.eu/de/historische-orte/q04xq-tiergartenstrasse-4-gedenk-und-informationsort-fuer-die-opfer-der, zuletzt abgerufen am 13.06.2022.

Purmann, Reinald (2012): Der graue Bus – »Mit der Kraftpost durch die schöne Heimat«. Das ikonografische Symbol. In: Stadt Ravensburg/ZfP Südwürttemberg/LVR Rheinland (Hrsg.), Das Denkmal der grauen Busse. Erinnerungskultur in Bewegung. Zwiefalten, S. 38–45.

Puvogel, Ulrike/Stankowski, Martin/ Graf, Ursula (1995): Gedenkstätten für die Opfer des Nationalsozialismus. Eine Dokumentation, Bd. I. Baden-Württemberg, Bayern, Bremen, Hamburg, Hessen, Niedersachsen, Nordrhein-Westfalen, Rheinland-Pfalz, Saarland, Schleswig-Holstein, 2. Aufl. Bonn.

Rotzoll, Maike (2019): Kinder-»Euthansie« im Kontext. Von der Geschichte der Anstaltspsychatrie bis zu den nationalsozialistischen Patientenmorden. In: struber_gruber (Hrsg.), Erinnerung entsteht gemeinsam. Die Neugestaltung der Gedenkstätte Waldniel-Hostert. Wien, S. 146–152.

Rüsch, Nicolas (2021): Das Stigma psychischer Erkrankung. Strategien gegen Ausgrenzung und Diskriminierung. München.

Schneider, Frank/Junger, Jessica/Wolf Dhana (2019): Der Wert eines Menschen ist nicht diskutabel: Die Geschichte der Ausstellung »erfasst, verfolgt, vernichtet«. In: Schneider, Frank (Hrsg.), Erfasst, verfolgt, vernichtet. Kranke und behinderte Menschen im Nationalsozialismus. Die Dokumentation zur Ausstellung. Berlin, S. 1–34.

Schnerrer, Rosemarie (1999): Zur Geschichte des Wortes »Mahnmal«. Der Sprachdienst 43 (5), S. 191–195.

Schwarz, Angela (Hrsg.) (2017): Streitfall Evolution. Eine Kulturgeschichte. Göttingen.

Schwarz, Angela/Mysliwietz-Fleiß, Daniela (Hrsg.) (2019): Reisen in die Vergangenheit. Geschichtstourismus im 19. und 20. Jahrhundert. Göttingen.

Schwarzbauer, Franz (2012): »(…) dass immer irgend jemand an sie denkt.«. Ein Betonsockel an der Straße oder von der Präsenz des Abwesenden. In: Stadt Ravensburg/ZfP Südwürttemberg/LVR Rheinland (Hrsg.), Das Denkmal der grauen Busse. Erinnerungskultur in Bewegung. Zwiefalten, S. 30–27.

Senatskanzlei – Kulturelle Angelegenheiten Berlin/Der Regierende Bürgermeister von Berlin (2012): Gestaltungswettbewerb. Gedenk- und Informationsort für die Opfer der nationalsozialistischen »Euthanasie«-Morde am Ort der Planungszentrale, Tiergartenstraße 4 in Berlin. Berlin.

Senatskanzlei – Kulturelle Angelegenheiten Berlin/Der Regierende Bürgermeister von Berlin (2012a): Pressemitteilung. Gestaltungswettbewerb für Gedenk- und Informationsort entschieden. Berlin.

Siebeck, Cornelia (2017): Erinnerungsorte, Lieux de Mémoire. In: Zeitgeschichte Digital, Zentrum für zeithistorische Forschung Potsdam, Archiv-Version 1.0, Docupedia-Zeitgeschichte, 02.03.2017. http://docupedia.de/zg/siebeck_erinnerungsorte_v1_de_2017, zuletzt abgerufen am am 12.06.2022.

Soboleva, Maja (2013): Definition. In: Schierholz, Stefan J. (Hrsg.), Wörterbücher zur Sprach- und Kommunikationswissenschaft (WSK) Online. https://www.degruyter.com /database/WSK/entry/wsk_id_wsk_artikel_artikel_28996/html, zuletzt abgerufen am 25.05.2022.

Springer, Bettina (2010): Site-specificity and urban icons in the light of the creative city marketing. In: Vicari Haddock, Serena (Hrsg.), Brand-building: The creative city. A critical look at current concepts and practices. Florenz, S. 61–82.

Stadt Mannheim (2022): Mahnmal für die Opfer der Zwangssterilisierungen, Kultur, 07.11. 2013. https://www.mannheim.de/de/nachrichten/mahnmal-fuer-die-opfer-der-zwangs sterilisierungen, zuletzt abgerufen am 14.06.2022.

Stadt Ravensburg/ZfP Weissenau, Auslobung Mahnmal Weißenau (2005): Für die Opfer der »Euthanasie«-Aktion in der ehemaligen Heilanstalt Weißenau. Ravensburg.

Stiftung Sächsische Gedenkstätten (2022): Pirna-Sonnenstein, Entstehung der Gedenkstätte. https://www.stsg.de/cms/pirna/histort/geschichte_der_gedenkstaette, zuletzt abgerufen am 14.06.2022.

stuber_gruber (2019): Die Namen der Toten schreibend nennen. In: struber_gruber (Hrsg.), Erinnerung entsteht gemeinsam. Die Neugestaltung der Gedenkstätte Waldniel-Hostert. Wien, S. 44–45.

stuber_gruber (2019a): Wenn Kinder mit Plastilin spielen. Die partizipative Gestaltung der Kugelskulpturen. In: struber_gruber (Hrsg.), Erinnerung entsteht gemeinsam. Die Neugestaltung der Gedenkstätte Waldniel-Hostert. Wien, S. 77–81.

Thon, Andreas (2019): 69 x 9: Schmelzen, Gießen, Kühlen, Stanzen, Säubern. Wachsplatten Gießen an der Helen-Keller-Schule. In: struber_gruber (Hrsg.), Erinnerung entsteht gemeinsam. Die Neugestaltung der Gedenkstätte Waldniel-Hostert. Wien, S. 46–50.

Westermann Stefanie (2011): Der verweigerte Blick in den Spiegel – NS-»Euthanasie«-Opfer und Wir. In: Westermann, Stefanie/Ohnhäuser, Tim/Kühl, Richard (Hrsg.), NS-»Euthanasie« und Erinnerung. Vergangenheitsaufarbeitung – Gedenkformen – Betroffenenperspektiven. Berlin, S. 231–244.

Westermann, Stefanie/Ohnhäuser Tim/Kühl, Richard (2011): »Euthanasie«-Verbrechen und Erinnerung. In: Westermann, Stefanie/Ohnhäuser, Tim/Kühl, Richard (Hrsg.), NS-»Euthanasie« und Erinnerung. Vergangenheitsaufarbeitung – Gedenkformen – Betroffenenperspektiven. Berlin, S. 7–18.

Zöhren, Peter (1988): Nebenan – eine andere Welt. Vom Schicksal der Behinderten in der Anstalt Waldniel-Hostert 1909–1945. Schwalmtal.

Alexandra Flügel[*]

Erinnerung digital – Digitale Medien und die Praktiken des Geschichte Machens

1. Erinnerung an die nationalsozialistische Vergangenheit – digital

In der Bundesrepublik Deutschland gehört die Erinnerung an die nationalsozialistische Terrorherrschaft und ihre Verbrechen zum demokratischen Selbstverständnis (Georgi 2003; Arbeitsgemeinschaft KZ Gedenkstätten 2017). Sie zeigt sich in verschiedenen Facetten und Bereichen kollektiver Erinnerungskultur (z. B. Gedenktage, Erinnerungs- und Mahnorte, Literatur, Film, Theater, Museen etc.). Als Schauplätze konkreten historischen Geschehens erinnern insbesondere NS-Gedenkstätten »an jene Menschen […], die dort gelitten haben oder gestorben sind« (Knoch 2018, o. S.). NS-Gedenkstätten sind somit zentrale Orte der Erinnerung und des Gedenkens an die Verfolgten und Ermordeten. Zudem gelten NS-Gedenkstätten, ebenso wie die Schule, als bedeutende Orte historisch-politischer Bildung, an denen die Erinnerung an die nationalsozialistische Vergangenheit kontinuierlich im Kontext von Bildungsprozessen relevant gemacht wird (Meseth/Proske 2013, S. 2). Die heutige Institutionalisierung von NS-Gedenkstätten und der Status als öffentlich geförderte Orte mit Bildungsauftrag war jahrzehntelang in der Bundesrepublik keine Selbstverständlichkeit (Siebeck 2015, S. 39). Vielmehr lassen sich verschiedene Phasen der kollektiven Erinnerung an die Zeit des Nationalsozialismus konstatieren, die von Beschweigen, Abspaltungen, Vergangenheitspolitik, Schlussstrichdebatten und Vergangenheitsbewahrungsmomenten geprägt sind (Assmann/Frevert 1999; Frei 2004).

Die gesellschaftliche Erinnerung an die nationalsozialistische Vergangenheit unterliegt sowohl rückblickend als auch aktuell kulturellem Wandel, der sich auch auf die historisch-politische Bildungsarbeit in Gedenkstätten auswirkt (z. B. Haug 2015; Ballis/Gloe 2019; Flügel/Landrock 2020). Gegenwärtig wird dieser

* Univ.-Prof'in Dr. Alexandra Flügel, Universität Siegen, Fakultät II (Bildung – Architektur – Künste), Department Erziehungswissenschaft – Erziehungswissenschaft mit dem Schwerpunkt Schul- und Unterrichtsentwicklung in der Grundschule und Gender Studies.

Wandel im Wesentlichen durch folgende Faktoren beeinflusst: Zum einen er-
zwingt der zunehmende zeitliche Abstand vom historischen Geschehen einen
Abschied von der Zeitgenossenschaft, in der Zeitzeuginnen und Zeitzeugen ihre
Erinnerungen unmittelbar mitteilen konnten. Zum anderen werden durch den
Einzug digitaler Technologien in der Alltagspraxis neue »Formen der Kommunikation, Repräsentationen und Erfahrung von Geschichte« (Knoch 2020a, S. 15)
ermöglicht.

Erinnerungskulturen sind eingelassen in die gesellschaftliche »Organisation
ihrer Weitergabe und den dabei genutzten Medien« (Burckhardt 2021, S. 63) und
gleichzeitig von ihnen abhängig, denn das kollektive Gedächtnis und die Ver-
fertigung von Vergangenheitsdeutungen ist »nur durch Medien möglich, da auf
kollektiver Ebene Gedächtnis immer medial vermittelt ist« (Burckhardt 2021,
S. 63). Dabei stellen digitale Technologien eine Erweiterung medialer Erinne-
rungsmöglichkeiten und -praktiken dar, die wiederum folgenreich für vergan-
genheitsbezogene Repräsentationspraktiken sind (Bunnenberg/Logge/Steffen
2021, S. 271). Wie andere mediale Kanäle sind digitale Technologien nicht lediglich als Kommunikationswerkzeuge oder »neutrale Träger« (Sebald 2018,
S. 30) von Informationen zu verstehen. Vielmehr stellen Medien prägende Formen dar, die im Gebrauch Sinnerzeugung mit formen (Krommer 2019) und
Spuren in und an den Inhalten hinterlassen (Sebald 2018, S. 30).

Insbesondere die Corona-Pandemie beschleunigte die Digitalisierung der
gedenkstättenpädagogischen Bildungsangebote sowie die Onlinepräsenz der
Gedenkstätten. Die pandemiebedingten Schließungen von Schulen und Kultur-
einrichtungen führten zu einem drastischen Einbruch der Zahlen von Gedenk-
stättenbesucherinnen und -besuchern. Während vor der Pandemie jedes Jahr
Millionen von Menschen (Statista 2021) Gedenkstätten und deren Ausstellungen
besuchten, waren die vertrauten gedenkstättenpädagogischen Kommunikationswege und Arbeitsformate, die sich vor allem an Schulklassen richten, in den
Jahren 2020 und 2021 monatelang unterbrochen. Um der Öffentlichkeit dennoch
Informationsmöglichkeiten zu bieten, ihr die Teilhabe an der Erinnerungskultur
dieser Einrichtungen zu ermöglichen sowie die historisch-politische Bildungsarbeit fortzuführen, entwickelten beziehungsweise erweiterten Gedenkstätten
ihre Angebote durch virtuelle (Lern-)Umgebungen, digitale Konzepte (Landeszentrale für politische Bildung Baden-Württemberg, Bildungsserver Mecklenburg-Vorpommern, Arbeitskreis der NS-Gedenkstätten und Erinnerungsorte in
NRW e.V.) und auf Social Media-Plattformen (Groschek/Jost 2021).

Aber auch jenseits der pandemiebedingten Spezifik wird im Kontext der
historisch-politischen Bildungsarbeit und Gedenkstättenpädagogik über die
Chancen, Herausforderungen und neuen Perspektiven für die Erinnerung an den
Nationalsozialismus und Holocaust diskutiert, die mit dem Einbezug digitaler
Kommunikationstechniken verbunden sein können (z. B. Wagner 2019; Knoch

2020b; Brüning 2018). An diese Diskussion knüpft der vorliegende Beitrag an. Ziel ist es, exemplarisch Repräsentationen von Erinnerung an den Nationalsozialismus im Kontext digitaler Medien vorzustellen, hinsichtlich der damit verbundenen erinnerungskulturellen und didaktischen Fragen zu diskutieren und abschließend auf (Forschungs-)Perspektiven für das historisch-politische Lernen und die Gedenkstättenarbeit zu verweisen.

2.   Erinnerung an den Nationalsozialismus im Kontext von Social Media

Sowohl Institutionen wie Gedenkstätten und Bildungseinrichtungen als auch Privatpersonen nutzen Social Media wie Facebook, Twitter, Instagram usw. zur Interaktion im Kontext einer Erinnerung an die nationalsozialistische Vergangenheit (z. B. Rehm/Manca/Haake 2020, S. 64). Privatpersonen posten auf diesen Kanälen beispielsweise ihre Wahrnehmungen und Impressionen, ähnlich wie in den analogen Gästebüchern von Gedenkstätten. Kommunikation via Hashtags (z. B. #dachau, #niewieder), das Posting von Kommentaren (z. B. zu Instagram-Stories oder Posts) oder das Teilen von Selfies zu Gedenkstättenbesuchen dokumentieren die persönliche Auseinandersetzung mit Erinnerung an die nationalsozialistischen Verbrechen und gehören zur Erinnerungskultur. Allerdings erweitert sich durch soziale Medien die Öffentlichkeit »von einer lokalen in eine weltweite Öffentlichkeit« (Groschek 2020, S. 111).

Die verschiedenen Social-Media-Plattformen präfigurieren unterschiedliche Möglichkeiten der Erinnerung auf Grund ihrer medialen Konzeptionslogik: »Es macht einen Unterschied, ob Inhalte über eine einzelne Bild- oder Bewegtbild-Text-Kombination (Instagram-Post) oder über mehrere Posts zusammenführende Beiträge (Instagram-Stories oder -Guides) präsentiert werden« (Bunnenberg/Logge/Steffen 2021, S. 272). Demnach ist es verkürzt, von »der Erinnerung« in »den Social Media Kanälen« zu sprechen, denn die digitalen Praktiken, Erinnerungsnarrative und Repräsentationsmöglichkeiten variieren auf den verschiedenen Plattformen, eine Beforschung und Analyse des Geschichte Machens im Kontext der Erinnerung an die nationalsozialistische Vergangenheit bietet sich demnach plattformbezogen an (z. B. Jost 2015; Groschek 2020; Bunnenberg/Logge/Steffen 2021; Burckhardt 2021; Groschek/Jost 2021). Die Praktiken des Erinnerns an die nationalsozialistische Vergangenheit in den Social Media lösen durchaus kontroverse Reaktionen aus. An dieser Stelle sei auf die Aktion des Berliner Autors Shahak Shapira verwiesen (https://yolocaust.de), der Selfies, die am Holocaust-Mahnmal aufgenommen und in sozialen Netzwerken gepostet wurden, mit Fotografien aus Vernichtungslagern kombinierte, was eine Diskussion zur Erinnerungskultur sowohl in den analogen als auch digitalen Medien auslöste (Bunnenberg/Logge/Steffen 2021, S. 273).

Auch das Instagram-Gemeinschaftsprojekt der öffentlich-rechtlichen Anstalten SWR und BR »Ich bin Sophie Scholl« führte zu großer Aufmerksamkeit. Anlässlich des 100. Geburtstags von Sophie Scholl sollte »die Widerstandskämpferin aus den Geschichtsbüchern ins Hier und Jetzt« geholt werden, um so »User*innen hautnah, emotional und in nachempfundener Echtzeit an den letzten zehn Monaten […] teilhaben« (https://www.swr.de/unternehmen/ich-bin-sophie-scholl-instagram-serie-102.html) zu lassen. Das Projekt erreichte fast 700.000 Follower, die die insgesamt 401 Posts mit durchschnittlich 630 Kommentaren versahen, und wurde bezüglich der Emotionalisierung, der Verwischung von Fiktion und historischer Darstellung sowie des entlastenden Narrativs auch in der medialen Öffentlichkeit kritisiert (z. B. Böhmermann in Magazin Royal 2022; Hespers 2022).

Geschichte Machen in den Social Media stellt aus geschichtswissenschaftlicher Perspektive einen »Balanceakt aus Nähe und Geschichtsvermittlung« (Jost, zitiert nach Grüling 2021) dar. Damit wird auf das Potenzial aufmerksam gemacht, durch solche Instagram-Formate für Adressatinnen und Adressaten eine spezifische öffentliche und mitgestaltende Teilhabe an Erinnerungskultur zu erzeugen, die nicht durch den KZ-Gedenkstättenbesuch oder das Lesen der Sophie-Scholl-Biografie angesprochen werden. Zumindest zeigt sich am Beispiel der TikTok-Beiträge von Lily Ebert, dass das Interesse an Erinnerung an die nationalsozialistische Vergangenheit im digitalen Raum besteht. Die 98jährige Holocaustüberlebende hat über 1,7 Millionen Follower, die ihre kurzen Videos, in denen sie über den TikTok-Account ihres Urenkels an den Holocaust erinnert, kommentieren und liken. Was die Attraktivität dieser Bezugnahme auf Vergangenheit in den sozialen Medien ausmacht (z. B. »ein Gefühl des ›Miterlebens‹«, Bunnenberg/Logge/Steffen 2021, S. 276), wie Vergangenheit dabei gegenwartsbezogen aktualisiert wird, wer von welchen Formaten in den Social Media erreicht wird, welche Diskursgemeinschaften und Bubbles mit gegebenenfalls spezifischen Erinnerungspraktiken und Erinnerungsnarrativen auffindbar sind und wie die Formate mit ihren technisch-medialen Spezifika die Erinnerungspraktiken mitfigurieren, ist künftig für die Erinnerung an die nationalsozialistische Vergangenheit detailliert zu untersuchen (Bunnenberg/Logge/Steffen 2021, S. 282; Burckhardt 2021, S. 15).

Die Bezüge und Bedeutungserzeugungen in den sozialen Medien beschränken sich nicht auf die »private« Nutzung, sondern sind verwoben mit kommerziellen, institutionalisierten und von Expertinnen und Experten gestalteten erinnerungskulturellen Angeboten. Beispielsweise animiert die Bekanntheit des Instagram-Projekts »Ich bin Sophie Scholl« auch den Bildungssektor, sodass Unterrichtsmaterialen an die Instagram-Story anknüpfen (z. B. Kolbenschlag 2021).

Auf diesem Weg werden alltägliche Medienpraktiken mit institutionellen, schulischen und formalen Lernprozessen verknüpft. Ebenso zeigt der für den Grimme online Award 2022 nominierte Account @nichtsophiescholl, der eine kritische historische Einordnung des Widerstandes gegen das NS-Regime als Reaktion auf die Kritik des »Ich bin Sophie Scholl«-Projekts initiiert hat, wie privates Engagement sowie geschichts- und erziehungswissenschaftliche Expertise auf erinnerungskulturelle Produkte reagiert und mit alltäglichem Geschichte Machen von privaten Social Media-Userinnen und -Usern interagiert. Gedenkstätten treten ihrerseits »als Akteurinnen der Erinnerungskultur im Digitalen« (Groschek/Jost 2021, o. S.) auf und nutzen ihre Social-Media-Kanäle. Wie Groschek für die KZ-Gedenkstätte Neuengamme ausführt, steht dabei die »Aufklärung und Information« im Vordergrund,

> »um Besucher vor Ort und in der virtuellen Welt anzuregen, sich mit der Geschichte des ehemaligen Konzentrationslagers zu befassen. Es ist eine Einladung, über die Bedeutung des Geschehens während der NS-Zeit für die Gegenwart nachzudenken und eine Werbung um Empathie für die Erfahrungen anderer. Online findet dies einen Ausdruck, indem die KZ-Gedenkstätte Neuengamme auf Instagram jedes Foto mit Geschichten und Informationen versieht.« (Groschek 2020, S. 112)

Die Gedenkstätten füllen einerseits ihre eigenen Social-Media-Auftritte und nehmen gleichzeitig mit ihren Accounts im öffentlichen Raum der sozialen Medien kommentierend und reflektierend an Erinnerungskultur teil. Allerdings orientiert sich ihr Kommunikationsstil und das Nutzungsverhalten an »wissenschaftlichen oder institutionellen Kriterien« und weicht damit »von dem privater NutzerInnen ab« (Bunnenberg/Logge/Steffen 2021, S. 274).

3.   Digitale Angebote in und von Gedenkstätten

Neben der Kommunikation in den sozialen Netzwerken haben NS-Gedenkstätten zugleich ihr digitales Angebot online sowie vor Ort ausgeweitet. Die Konzeption digitaler Medienangebote, die nicht an den physischen Besuch der Gedenkstätte geknüpft sind und neue Möglichkeiten der Teilhabe an Erinnerungskultur bieten, wurde, wie oben bereits erwähnt, pandemiebedingt beschleunigt (Groschek/Jost 2021). Beispielsweise wurden digitale Live-Rundgänge und Online-Führungen angeboten (z.B. Online-Angebote der Gedenk- und Bildungsstätte Haus der Wannsee-Konferenz, der Gedenkstätte KZ Osthofen), virtuelle Ausstellungen und Rundgänge konzipiert, die die Gedenkstätte, Exponate und Einzelschicksale dokumentieren und präsentieren (z.B. Online-Angebot des NS-Dokumentationszentrums der Stadt Köln/El-De-Haus, der KZ-Gedenkstätte Neuengamme) oder auch mit Online-Blogs an die Befreiung der

Konzentrationslager erinnert (z. B. Online-Blog »#Otd1945« und »#75befrei-ung«). Einzelne Gedenkstätten bieten online-Seminare, die die Bildungsarbeit zum historischen Ort nicht an die physische Anwesenheit in der Gedenkstätte binden, außerdem als reguläres Bildungsangebot an (z. B. Gedenkstätte Bergen-Belsen).

Die Tatsache, dass der Umgang mit digitalen Medien für Erwachsene, Jugendliche und Kinder sowie eine Digitalisierung von Lernumgebungen eine Alltäglichkeit darstellt, bedeutet ferner für NS-Gedenkstätten, über die Möglichkeiten und Chancen nachzudenken, die mit dem Einbezug digitaler Technik in die Erinnerung an den Nationalsozialismus und Holocaust verbunden sein können (Brünning 2018; Knoch 2019b; Wagner 2019). Zwar konstatiert der Historiker Habbo Knoch (2020a), dass Gedenkstätten im Vergleich zu anderen historischen Museen eher zurückhaltend und verzögert digitale Medien in ihre Ausstellungen integrieren, da sie im Allgemeinen eher an einem Repräsentationsmodus orientiert sind, »der Inszenierungen, Selbststeuerung und spielerische Zugangsweisen schon länger vermeidet, als es digitale Medien gibt« (Knoch 2020a, S. 25). Jedoch werden international zunehmend gleichfalls Chancen und Möglichkeiten digitaler Lernplattformen und -formate für die sogenannte Holocaust Education angeführt (IHRA 2019, S. 31) und ebenso in Gedenkstätten und Erinnerungsorten vermehren sich digitale Angebote, die entweder als Informationsquellen genutzt werden oder Orte virtuell nachbilden beziehungsweise mittels Apps in die reale Umgebung der Gedenkstätten als digitale Informationen eingebettet werden (Biebighäuser 2020, S. 68).

Die Gedenkstätte Bergen-Belsen hat ein 3D-Modell des Lagers entwickelt. In einem Raum in der Gedenkstätte wird das gesamte ehemalige Lagergelände auf der Basis von »Karten, Fotografien, Luftbildern und Vermessungsdaten« (Knoch 2020a, S. 31) als Projektion virtuell rekonstruiert. Darin wird abgebildet, was heute nicht mehr sichtbar ist (http://www.belsen-project.specs-lab.com/the-roo m-application/). Dafür wurde in einer Datenbank ein georeferenzierter Datenkorpus aus verschiedenen Quellen zusammengeführt, auf dessen Grundlage Materialität technisch visualisiert wird, die am historischen Ort nicht mehr besteht. Die digitale Repräsentation des Lagergeländes ist dabei nicht fotorealistisch gestaltet und »verzichtet explizit auf Formen einer simulierten Erfahrbarkeit« (Knoch 2020a, S. 31). Vielmehr rückt die Abstraktion der visuellen Gestaltung des Lagermodells den Konstruktionscharakter in den Vordergrund. Diese 3D-Rekonstruktion des Lagers wurde durch eine steuerbare Gelände-App dynamisiert (Knoch 2021, S. 110). Mithilfe der App können den Besucherinnen und Besuchern, die sich im ehemaligen Lagergelände befinden, auf einem Tablet geolokalisierte Zusatzinformationen (Virtual- und Augmented-Reality-Ansichten, historische Dokumente wie Tagebuchaufzeichnungen, Fotografien, die von den Alliierten bei der Befreiung aufgenommen wurden, Zeichnungen von

Häftlingen, Interviewsequenzen etc.) zur Verfügung gestellt werden (http://
www.belsen-project.specs-lab.com/the-tablet-application/). Dabei orientiert sich
die App am gedenkstättenpädagogischen Prinzip der Spurensuche, ermöglicht es
jedoch, die historischen Informationen zu vertiefen und zu individualisieren
(Knoch 2021, S. 117).

In der Gedenkstättenpädagogik hat sich seit den 1990er Jahren »das Konzept der dokumentierenden Spurensuche und Spurensicherung durchgesetzt«
(Wagner 2019, S. 3). Die Idee der Spurensuche bricht mit der Vorstellung, der
Vergangenheit unmittelbar am historischen Ort begegnen zu können. Vielmehr
bieten die materiellen Zeugnisse und historischen Relikte fragmentarische und
mehrdeutige Zugänge (Wagner 2019, S. 98). Die geolokalisierten, über die App
abrufbaren Quellen können zum Beispiel – orientiert am Prinzip der Multiper-
spektivität (Werker 2018) – unterschiedliche soziale Standorte der historischen
Akteurinnen und Akteure zugänglich machen. Obschon das 3D-Modell des Lagers den Konstruktionscharakter der Rekonstruktion durch die abstrakte Darstellung explizit aufgreift und in der App als dynamisiertes Raummodell verschiedene Zeugnisse nebeneinandergestellt werden, bietet sich den Besucherinnen und Besuchern ein Bild, das »sich die Historikerinnen und Historiker vom
nicht mehr vorhandenen Lager gemacht haben« (Wagner 2019, S. 5). Besonders
die visuell zugängliche Darstellung auf der Basis von Quellen verweist auf das
Spannungsverhältnis zwischen »Datengenauigkeit und dem Umgang mit fehlenden Daten« (Knoch 2021, S. 107), also dem Motiv »die räumliche Dimension
eines Objekts in besonders realitätsnaher Weise zugänglich zu machen […] [und;
A. F.] der oftmals schwierigen Überlieferungslage im Fall ehemaliger Konzentrationslager« (Knoch 2021, S. 107). Dass die Narrative der Historikerinnen und
Historiker im Arrangement historischer Quellen entstanden und in Modelle
eingelassen sind, ist jedoch nicht spezifisch für digitale Darstellungsformen. Was
allerdings zu analysieren wäre, ist, wie zugänglich der Konstruktionscharakter
für Besucherinnen und Besucher oder Userinnen und User in digitalen Reprä-
sentationsformaten gestaltet wird und wie die Authentifizierungsstrategien an
alltägliche Medienpraktiken anknüpfen.

Ebenso bietet das Anne-Frank-Haus in Amsterdam auf seiner Homepage
einen interaktiven Rundgang an (https://www.annefrank.org/de/museum/web
-und-digital/). Hier lassen sich jederzeit – ortsunabhängig – digitalisierte Räume
besuchen, die sich in ihrer Gestaltung detailgetreu an schriftlichen und bildlichen
Zeugnissen der Jahre 1942 bis 1944 orientieren. Dabei können über Icons Ta-
gebuchzitate abgerufen werden, die sich auf den jeweiligen Raum beziehen.
Darüber hinaus existiert ein VR-Rundgang »Anne Frank House VR«. Mit einer
VR-Brille und dem kostenlos herunterladbaren Rundgang ist es möglich, sich in
den virtuell erzeugten und »im Stil der damaligen Zeit eingerichteten« (https://
www.annefrank.org/de/uber-uns/nachrichten-und-presse/news-de/2019/7/4/er

neuerter-vr-rundgang-durch-anne-franks-versteck/) Räumen sogar von zu Hause frei zu bewegen. Im Kontrast zu den digitalen Angeboten, die das Hinterhaus möbliert präsentieren, sind die historischen Räume in der Gedenkstätte in Amsterdam auf Wunsch von Otto Frank leer und unmöbliert. Demnach machen hier der digital erzeugte Rundgang und das VR-Angebot wiederum das sichtbar, was am historischen Ort nicht visuell erfahrbar ist, quasi »eine VR-Erfahrung auf der Basis eines quellengestützten Bühnenbildes« (Knoch 2021, S. 116). Ähnlich wie der interaktive Rundgang bietet desgleichen die VR-Anwendung raumbezogene Zitate aus dem Tagebuch sowie thematische Informationsfilme. Hier wird demnach, so resümiert Knoch (2021), »die räumliche Veranschaulichung mit einer starken Personalisierung und Emotionalisierung authentifizierend verbunden sowie durch abrufbares Hintergrundwissen potenziell kontextualisierbar. Quelleninformationen, herstellungstechnische Daten und Grundlagen der Visualisierung sind allerdings kaum transparent« (Knoch 2021, S. 115–116). Ein Kennzeichen von immersiven Digitalräumen wie die VR-Simulation »Anne Frank House VR« ist ein »freies« Bewegen und damit eine Berücksichtigung der »Interaktion der Nutzer:innen mit der sie umgebenden Datenwelt« (Knoch 2021, S. 114). Einzelne, in der VR-Anwendung digital erzeugte Objekte können von den Userinnen und Usern detailliert betrachtet werden. Knoch konstatiert für historische VR-Simulationen, dass diese dazu tendieren, »handlungsstarke Akteure zu betonen, […] einen tendenziellen Bias durch den Unterhaltungsmodus [haben; A. F.] und […] oft fälschlich von eindeutigen Kausalitäten und Intentionen« (Knoch 2021, S. 114–115) ausgehen. Die hier angebotene Erlebnisqualität wird demnach hinsichtlich der Ansprüche eines reflektierten Geschichtsbewusstseins kontrovers diskutiert (Bunnenberg 2021). Zentral ist aus gedenkstättenpädagogischer Perspektive, dass »die Präsentation der vermeintlich authentischen Relikte und Quellen nicht positivistisch verstanden wird: Der konstruktive Charakter der Präsentation muss immer deutlich sein« (Wagner 2019, S. 6).

4.   Digitale Medien und die Praktiken des Geschichte Machens

Diese beiden Beispiele digitaler Angebote in und von Gedenkstätten stellen unterschiedliche Umsetzungen von dem dar, was technisch möglich ist, und markieren differente Positionen der Angebotsgestalter zu erinnerungskulturellen Repräsentationsfragen.

Aus der Perspektive der Adressatinnen und Adressaten von erinnerungskulturellen Angeboten besteht eine »grundlegende Offenheit« (Papendick et al. 2021, S. 12) für digitale Angebote. Wenngleich im multidimensionalen Erinnerungsmonitor (MEMO IV) ein Viertel der Befragten ein Interesse an der virtuellen Besichtigung von NS-Gedenkstätten äußerten und ca. 40 % sich gerne beziehungsweiese sehr gerne über ein Gespräch mit digitalen Zeitzeuginnen und Zeitzeugen mit dem Thema Nationalsozialismus auseinandersetzen würden (Papendick et al. 2021, S. 12–13), resümiert Fischer:

> *»Es ist wichtig, neue Zugänge zu schaffen, die es Menschen ermöglichen, auch unmittelbare, immersive und emotionale Erfahrungen zu machen. Zugleich aber geht mit den Potenzialen der Einfühlung und Empathie auch eine ethisch-moralische Verantwortung einher, die wir nicht aus den Augen verlieren dürfen – zumal wir uns nicht einfach darauf verlassen sollten, dass intensive emotionale Erfahrungen allein der Schlüssel zu einem besseren Verstehen sein können.«* (Fischer, zitiert nach Papendick et al. 2021, S. 14)

Diese Position macht auf zwei Aspekte aufmerksam: Erstens wird in dem obenstehenden Ausschnitt deutlich, dass digitale Repräsentationsmöglichkeiten der Erinnerung an den Nationalsozialismus besonders mit ihren veranschaulichenden, immersiven, imaginativen und emotionalisierenden Möglichkeiten hervorgehoben werden. Zweitens verweist Fischer auf die im Kontext von Gedenkstätten etablierte kritische Diskussion von emotionalisierenden und Betroffenheit erzeugenden Zugängen (z.B. Brauer 2016, S. 39; Papendick et al. 2021). Digitale Angebote tangieren demnach die gleichen didaktischen und erinnerungsethischen Fragen hinsichtlich Repräsentationsmöglichkeiten und -grenzen, wie sie auch für analoge Zugänge gelten (Wagner 2019, S. 3).

Digitalen Raumbildern wird angehaftet, verschiedene Sinne anzusprechen, Anschaulichkeit zu ermöglichen, Geschichte »erlebbar« zu machen, motivierend und Interesse weckend zu sein. Damit scheinen die Möglichkeiten, die mit Virtual Reality und Augmented Reality einhergehen, an das anzuknüpfen, was Besucherinnen und Besucher von einem Gedenkstättenbesuch erwarten: Diese erhoffen sich vom Besuch des »authentischen« Ortes eine Wirkung (Pampel 2007; Werker 2016), wollen »einfach sehen, wie es in einem KZ war« (Sozialwissenschaftliches Institut München 2000). Diese Authentizitätserwartung wird im Kontext der Gedenkstättenpädagogik hingegen kritisch diskutiert (z.B. Decroll et al. 2019) und vielmehr der überformte, gestaltete und damit deutungs- und erklärungsbedürftige Charakter der Orte betont (Knoch 2020b). Außerdem erwarten Besucherinnen und Besucher »eine emotional bewegende Erfahrung« (Münch 2019, S. 91), wohingegen emotionalisierende Zugänge im Sinne einer Betroffenheitspädagogik in der Gedenkstättenarbeit kritisiert werden (Brauer 2016, S. 39). Argumentativ begründet wird diese Skepsis einerseits dadurch, Schülerinnen und Schüler durch emotionalisierende Zugänge zu überwältigen und damit dem Überwältigungsverbot des Beutelsbacher Konsens zuwiderzuhandeln, und andererseits, Lernprozesse und Reflexionsmöglichkeiten zu verstellen (vgl. Knigge 2013). Darüber hinaus wird befürchtet, durch die Möglichkeiten des Digitalen ethische Repräsentationsgrenzen zu überschreiten, wie etwa »grausame Verbrechen und Ereignisse […] virtuell nacherlebbar zu machen« (Wagner 2021, S. 1–2) und »Authentizität zu simulieren oder Rollen nachzu-spielen« (Knoch 2021b, S. 92).

Digitalen Angeboten, die einen immersiven Zugang versprechen, wird dem-nach mit Skepsis begegnet, da sie die Grenze zwischen evoziertem aktuellen Erlebnis und »damaligen Erlebnisräumen« (Knoch 2020b, S. 130) verwischen und somit die Frage nach einer »angemessenen« Repräsentation von Vergan-genheit für historisch-politische Lernprozesse hervorrufen. Vielmehr wird die Aufgabe von Gedenkstätten betont, gerade die »Illusion einer unmittelbaren Anschauung [zu] zerstören« (Assmann, zitiert nach Knoch 2020b, S. 127). Auch wenn identifikatorische, auf Erleben abzielende und emotionalisierende Zu-gänge zur Vergangenheit im Gedenkstättendiskurs kritisch diskutiert werden, ist Immersion im Kontext der kollektiven Erinnerung an die nationalsozialisti-sche Vergangenheit »mithin keine Erfindung des digitalen Zeitalters« (Knoch 2021, S. 96), sondern immer wieder Element erinnerungskultureller Praktiken. An diese, aus einer gedenkstättenpädagogischen Perspektive heraus formulier-ten, kritischen Anfragen an die Repräsentationsformen, schließt gleichwohl die Frage an, ob und wie sich die Erinnerung an den Nationalsozialismus im Zu-sammenhang mit digitalen Erinnerungsangeboten verändert (hat)? Wie sich ein solcher Wandel konkret darstellt, müsste durch weitere Forschungsarbeiten untersucht und beschrieben werden.

Die Mediendidaktikerinnen und -didaktiker Michael Kerres, Miriam Mulders und Josef Buchner (2022) machen hinsichtlich der Diskussion der Lernchancen und -gefahren von virtuellen Realitäten darauf aufmerksam, dass die Differenz zwischen Merkmalen der Technik und der psychologischen Erlebnisdimension analytisch zu berücksichtigen sei (Kerres/Mulders/Buchner 2022, S. 313). »Für den menschlichen Wahrnehmungsapparat ist es unerheblich, durch welche Er-fahrungen, Medien und Arrangements eine Immersion erzielt wird, ob sich die Immersion auf computergenerierte Bildwelten, Installationen, Artefakte oder Begegnungen mit anderen Menschen im Hier-und-Jetzt bezieht« (Kerres/Mul-ders/Buchner 2022, S. 314). Insofern müsste untersucht werden, wie die Nutze-rinnen und Nutzer der digitalen Angebote in und von Gedenkstätten, Vergan-genheitskonstruktionen rezipieren und welche »eigen-sinnigen Sinnbildungs-muster« (Brüning/Grewe 2020, S. 317) erzeugt werden.

Demgemäß möchte ich abschließend auf die Potenziale verweisen, die mit einer Forschungsperspektive verbunden sind, die die Nutzungspraktiken fo-kussiert und nach dem Wie des konkreten Gebrauchs digitaler erinnerungs-kultureller Angebote in Gedenkstätten fragt. Lutz konstatiert für Ausstellungen und gedenkstättenpädagogische Konzepte ein Desiderat hinsichtlich der Re-zeption durch die Besucherinnen und Besucher (Lutz 2009, S. 176). Für die konkrete Nutzungspraxis digitaler Angebote in den Gedenkstätten (und orts-unabhängig vom historischen Ort) ist diese Forschungslücke ebenso auszuma-chen. Anknüpfend an das oben dargestellte digitale Angebot des Anne-Frank-Hauses lässt sich beispielsweise fragen, wie sich die Erzeugung von Sinnbil-dungsmustern über Vergangenheit bei der Nutzung des VR-Angebots *in* der Gedenkstätte in Amsterdam von dem *jenseits* der physischen Anwesenheit am historischen Ort unterscheidet? Wie wird der wahrnehmbare Kontrast zwischen den möblierten Räumen im VR-Angebot und den »leeren« Gedenkstätten-räumlichkeiten relevant bei den Praktiken des Geschichte Machens?

Das Potenzial einer solchen Forschungsperspektive besteht darin, von den didaktischen Intentionen und Repräsentationsabsichten zu abstrahieren und vielmehr die situative Erzeugung von Erinnerung in der Nutzung eines digitalen Angebots zu untersuchen.

Indem die situierten Prozesse der konkreten Nutzung fokussiert und empi-risch zugänglich gemacht werden, ist es möglich die Erzeugung von Sinn und Sinnbildungsmustern über Vergangenheit analytisch zu entfalten. In digitalen Angeboten sind Erinnerungsnarrative und kulturelle Deutungsangebote einge-woben. Ebenso kann technisch (und didaktisch) ein Immersionserleben evoziert werden, stellt jedoch kein selbstverständliches Merkmal des technischen Gerätes dar (Kerres/Mulders/Buchner 2022, S. 313) und ist nicht a priori vorauszusetzen.

Wenn jedoch die Bedeutung nicht vorausgesetzt, sondern als situative und interaktive Erzeugung untersucht wird, geraten die Praktiken des Geschichte Machens unter Einbezug digitaler Angebote in den Blick. Es ist davon auszu-gehen, dass es sich bei den digitalen Angeboten nicht lediglich um eine Über-führung der Erinnerung vom Analogen ins Digitale handelt, sondern die Re-präsentationen und Rezeptionen der Vergangenheit in Medienpraktiken einge-bunden sind (z. B. alltägliche Authentifizierungsstrategien in den Social Media). Dies wiederum verweist auf die Bedeutsamkeit für die historisch-politische Bil-dungsarbeit, die Erinnerung an die nationalsozialistische Vergangenheit im Kontext digitaler Praktiken zu beforschen (Flügel 2022), um detaillierte Analysen zu möglichen Transformationen der Erinnerung in einer »Kultur der Digitalität« (Stalder 2016) zu erlangen.

Literatur

Arbeitsgemeinschaft KZ-Gedenkstätten in der Bundesrepublik & FORUM der Landesar-beitsgemeinschaften der Gedenkstätten, Erinnerungsorte und -initiativen in Deutsch-land (2017): Erinnerungskultur und historisch-politische Bildung stärken. https://www.kz-gedenkstaette-neuengamme.de/fileadmin/user_upload/aktuelles/2017/PM/20

17.05.05_Erinnerungskultur_und_historisch-politische_Bildung_stärken.pdf, zuletzt abgerufen am 01.06.2022.

Arbeitskreis der NS-Gedenkstätten und Erinnerungsorte in NRW. http://www.ns-gedenk staetten.de/arbeitskreis/aktuelles/detailseite/geschlossene-schulen-abgesagte-projekte-und-veranstaltungen-ns-gedenkstaetten-und-erinnerungsorte-ohne-besucher-digital e-angebote-ermoeglichen-allen-besuchern-in-zeiten-von-corona-virtuelle-rundgaeng e-durch-die-ausstellungen.html, zuletzt abgerufen am 01.06.2022.

Assmann, Aleida/Frevert, Ute (1999): Geschichtsvergessenheit. Geschichtsversessenheit. Vom Umgang mit der deutschen Vergangenheit. Stuttgart.

Ballis, Anja/Gloe, Markus (Hrsg.) (2019): Holocaust Education Revisited. Wahrnehmung und Vermittlung. Fiktion und Fakten. Medialität und Digitalität. Wiesbaden.

Biebighäuser, Katrin (2020): Virtuelles Erinnern? Chancen und Grenzen des historischen Lernens im virtuellen Raum. In: Fröhlich, Claudia/Schmid, Harald (Hrsg.), Virtuelle Erinnerungskulturen. Jahrbuch für Politik und Geschichte. Band 7. Stuttgart, S. 67–80.

Bildungsserver Mecklenburg-Vorpommern: https://www.bildung-mv.de/aktuell/2020/digi tale-gedenkstaettenangebote/index.html, zuletzt abgerufen am 01.06.2022.

Böhmermann, Jan (2022): Mein Opa wusste nichts! Erinnerungskultur. ZDF Magazin Royal. https://www.youtube.com/watch?v=rx8HZ0rnRxA, zuletzt abgerufen am 04.06.2022.

Brauer, Juliane (2016): Heiße Geschichte? Emotionen und historisches Lernen in Museen und Gedenkstätten. In: Willner, Sarah/Koch, Georg/Samida, Stefanie (Hrsg.), Doing History. Performative Praktiken in der Geschichtskultur. Münster, S. 29–44.

Brüning, Christin Isabel (2018): Hologramme von Überlebenden in einer sich diversifizierenden Gesellschaft? Totalitarismus und Demokratie 15, S. 219–232.

Bunnenberg, Christian (2021): Endlich zeigen können, wie es gewesen ist? Virtual-Reality-Anwendungen und 360°-Filme und geschichtskulturelles Lernen im Geschichtsunterricht. In: Arand, Tobias/Scholz, Peter (Hrsg.), Digitalisierte Geschichte in der Schule. Baltmannsweiler, S. 23–54.

Bunnenberg, Christian/Logge, Thorsten/Steffen, Nils (2021): SocialMediaHistory. Geschichtemachen in Sozialen Medien. Historische Anthropologie. Kultur – Gesellschaft – Alltag. Soziale Medien (2), S. 267–283.

Burkhardt, Hannes (2021): Geschichte in den Social Media. Nationalsozialismus und Holocaust in Erinnerungskulturen auf Facebook, Twitter, Pinterest und Instagram. Göttingen.

Decroll, Axel/Schaarschmidt, Thomas/Zündorf, Irmgard (Hrsg.) (2019): Authentizität als Kapital historischer Orte? Die Sehnsucht nach dem unmittelbaren Erleben von Geschichte. Göttingen.

Flügel, Alexandra (2022): Digitale Angebote am außerschulischen Lernort NS-Gedenkstätte. In: widerstreit-sachunterricht, Nr. 27. https://public.bibliothek.uni-halle.de/sach unterricht/article/view/2785/2811, zuletzt abgerufen am 30.06.2022.

Flügel, Alexandra/Landrock, Irina (2020): Zwischen Teilnehmerorientierung und Sache – Kinder am außerschulischen Lernort NS-Gedenkstätte. Zeitschrift für interpretative Schul- und Unterrichtsforschung 9, S. 65–79.

Frei, Norbert (2004): Deutsche Lernprozesse. NS-Vergangenheit und Generationenfolge seit 1945. In: Meseth, Wolfgang/Proske, Matthias/Radtke, Frank-Olaf (Hrsg.): Schule und Nationalsozialismus. Anspruch und Grenzen des Geschichtsunterrichts. Frankfurt a. M., S. 33–48.

Georgi, Viola (2003): Entliehene Erinnerung. Geschichtsbilder junger Migranten in Deutschland. Hamburg.

Groschek, Iris (2020): KZ-Gedenkstätten und Social Media. In: Holst, Christian (Hrsg.), Kultur in Interaktion. Co–Creation im Kultursektor. Wiesbaden, S. 105–118.

Groschek, Iris/Jost, Steffen (2021): Welchen Stellenwert haben die »neuen Medien« im Zusammenhang mit der Erinnerung an die Verbrechen des Nationalsozialismus. http://lernen-aus-der-geschichte.de/Lernen-und-Lehren/content/15185, zuletzt abgerufen am 17. 06. 2022.

Grüling, Birk (2021): Wie neue Medien die Erinnerungskultur verändern. https://www.rnd.de/kultur/wie-neue-medien-die-erinnerungskultur-veraendern-3RWPKFBFFBEXTDI7AYGVBAUOBY.html, zuletzt abgerufen am 04. 06. 2022.

Haug, Verena (2015): Am »authentischen« Ort. Paradoxien der Gedenkstättenpädagogik. Berlin.

Hespers, Nora (2022): Nach zehn Monaten »Sophie Scholl« auf Insta: Lernen, wie man es nicht machen sollte.Kommentar vom 26. 02. 2022 https://uebermedien.de/68879/nach-zehn-monaten-sophie-scholl-auf-insta-lernen-wie-man-es-nicht-machen-sollte/, zuletzt abgerufen am 20. 06. 2022.

IHRA (International Holocaust Remembrance Alliance) (Hrsg.) (2019): Research in teaching and learning about the Holocaust. A dialogue beyond borders. Berlin.

Jost, Steffen (2015). #darfmansowasposten – Fotografische Repräsentationen von KZ-Gedenkstätten bei Instagram. http://erinnern.hypotheses.org/494, zuletzt abgerufen am 04. 06. 2022.

Kerres, Michael/Mulders, Miriam/Buchner, Josef (2022): Virtuelle Realität: Immersion als Erlebnisdimension beim Lernen mit visuellen Informationen. MedienPädagogik. Zeitschrift für Theorie und Praxis der Medienbildung 47, S. 312–330.

Knoch, Habbo (2018): Gedenkstätten. http://docupedia.de/zg/Knoch_gedenkstaetten_v1_de_2018, zuletzt abgerufen am 09. 06. 2022.

Knoch, Habbo (2020a): Grenzen der Immersion. Die Erinnerung an den Holocaust und das Zeitalter der Digitalität. In: Fröhlich, Claudia/Schmid, Harald (Hrsg.), Virtuelle Erinnerungskulturen. Jahrbuch für Politik und Geschichte. Band 7. Stuttgart, S. 15–44.

Knoch, Habbo (2020b): Geschichte in Gedenkstätten. Theorie – Praxis -Berufsfelder. Tübingen.

Knoch, Habbo (2021): Das KZ als virtuelle Wirklichkeit. Digitale Raumbilder des Holocaust und die Grenzen ihrer Wahrheit. In: Geschichte und Gesellschaft 47, S. 90–121.

Kolbenschlag, Michael (2021): Die Webserie @ichbinsophiescholl als schuljahres- und klassenübergreifendes Geschichtsprojekt. Geschichte Lernen 202.

Krommer, Axel (2019): Paradigmen und palliative Didaktik. Oder: Wie Medien Wissen und Lernen prägen. In: Krommer, Axel/Lindner, Martin/Mihajlović, Dejan/ Muuß-Merholz, Jöran/ Wampfler, Philippe (Hrsg.), Routenplaner #DigitaleBildung. Auf dem Weg zu zeitgemäßem Lernen. Eine Orientierungshilfe im digitalen Wandel. Hamburg, S. 81–100.

Landeszentrale für politische Bildung Baden-Württemberg: Gedenkstätten in Baden-Württemberg. https://www.gedenkstaetten-bw.de/digitale-angebote-des-dzok-ulm, zuletzt abgerufen am 01. 06. 2022.

Lutz, Thomas (2009): Zwischen Vermittlungsanspruch und emotionaler Wahrnehmung: Die Gestaltung neuer Dauerausstellungen in Gedenkstätten für NS-Opfer in Deutschland und deren Bildungsanspruch. Berlin.

Memory in the digital age: http://www.belsen-project.specs-lab.com/the-room-application/, zuletzt abgerufen am 03.06.2022.

Meseth, Wolfgang/Proske, Matthias (2013): Der pädagogische Umgang mit dem Nationalsozialismus zwischen nationalen und transnationalen Erinnerungsdiskursen. Eine Einführung in den Themenschwerpunkt. Tertium comparationis 19 (1), S. 1–13.

Münch, Daniel (2019): Gedenkstättenbesuche als emotionales Erlebnis. Welche Rolle weisen Geschichtslehrkräfte den Emotionen ihrer Schülerinnen und Schüler zu? In: Ballis, Anja/Gloe, Markus (Hrsg.), Holocaust Education Revisited. Wahrnehmung und Vermittlung. Fiktion und Fakten. Medialität und Digitalität. Wiesbaden, S. 87–108.

Pampel, Bernd (2007): »Mit eigenen Augen sehen, wozu der Mensch fähig ist«. Zur Wirkung von Gedenkstätten auf ihre Besucher. Frankfurt am Main.

Papendick, Michael/Rees, Jonas/Scholz, Maren/Zick, Andreas (2021): MEMO IV. Multidimensionaler Erinnerungsmonitor. Herausgegeben vom Institut für interdisziplinäre Konflikt- und Gewaltforschung (IKG). Universität Bielefeld. https://www.stiftung-evz.de/assets/1_Was_wir_fördern/Bilden/Bilden_fuer_lebendiges_Erinnern/MEMO_Studie/MEMO_4_2021/EVZ_Studie_MEMO_2021_dt.pdf, zuletzt abgerufen am 02.06.2022.

Rehm, Martin/Manca, Stefania/Haake, Susanne (2020): Soziale Medien als digitale Räume in der Erinnerung an den Holocaust. Eine Vorstudie zur Twitter-Nutzung von Holocaust-Museen und Gedenkstätten. Medien + Erziehung 64 (6), S. 62–73.

Sebald, Gerd (2018): (Digitale) Medien und Gedächtnis – aus der Perspektive einer Gedächtnissoziologie. In: Sebald, Gerd/Döbler, Marie-Kristin (Hrsg.), (Digitale) Medien und soziale Gedächtnisse. Wiesbaden, S. 29–51.

Siebeck, Cornelia (2015): 50 Jahre »arbeitende« NS-Gedenkstätten in der Bundesrepublik. Vom gegenkulturellen Projekt zur staatlichen Gedenkstättenkonzeption – und wie weiter? In: Gryglewski, Elke/Haug, Verena/Kößler, Gottfried/Lutz, Thomas/Schikorra, Christa (Hrsg.): Gedenkstättenpädagogik. Kontext, Theorie und Praxis der Bildungsarbeit zu NS-Verbrechen. Berlin, S. 19–43.

Sozialwissenschaftliches Institut München (2000): Besucherbefragung zur Neugestaltung der KZ-Gedenkstätte Dachau. München.

Stalder, Felix (2016): Kultur der Digitalität. Berlin.

Statista (2021): https://de.statista.com/statistik/daten/studie/962538/umfrage/besucher-ausgewaehlter-kz-gedenkstaetten-in-deutschland/, zuletzt abgerufen am 01.06.2022.

SWR: https://www.swr.de/unternehmen/ich-bin-sophie-scholl-instagram-serie-102.html, zuletzt abgerufen am 03.06.2022.

Wagner, Jens-Christian (2019): Simulierte Authentizität? Chancen und Risiken von Augmented und Virtual Reality an Gedenkstätten. Gedenkstättenrundbrief 196, S. 3–9.

Werker, Bünyamin (2016): Gedenkstättenpädagogik im Zeitalter der Globalisierung. Forschung, Konzepte, Angebote. Münster.

Werker, Bünyamin (2018): Gedenkstättenpädagogik. socialnet Lexikon. https://www.socialnet.de/lexikon/Gedenkstaettenpaedagogik, zuletzt abgerufen am 08.06.2022.

Sandra Nuy / Mathias Scheicher*

»Critical Tourism«? – Reiseblogs als Medien der Erinnerung an die Shoah

1. Einleitung

Dass man etwas zu erzählen hat, wenn man eine *Reise tut*, hat der Dichter Matthias Claudius 1786 auf eine immer noch bekannte Formel gebracht. Erzählen bedeutet in diesem Fall, auf Reisen gemachte Erfahrungen zu rekapitulieren, sprich: zu erinnern. Reisen und Erzählungen und damit die Vergegenwärtigung von Erinnerungen scheinen seit jeher eine Verbindung einzugehen, versammelt doch schon Homers Epos *Odyssee* abenteuerliche Geschichten über einen Reisenden. Als kommunikative Praxis strukturieren Erzählungen Erfahrungen, sie ordnen Wissen und generieren Bedeutung. Doch die narrativ-erinnernde Verarbeitung von in der Fremde erlebter Wirklichkeit ist nur eine Seite der Kommunikation über das touristische Reisen. Verstanden als »Abfolge von Auf- und Ausbruch aus dem Alltag, Passage, Ankunft, mehr oder weniger langem Aufenthalt und Rückkehr« (Klemm 2016, S. 31) ist Reisen als kulturelles und soziales Handeln immer schon visuell geprägt – nicht von ungefähr werden *Sehens*würdigkeiten besichtigt, spricht man im Englischen von sight*seeing*. Daher scheint es nur folgerichtig, dass das Reisen schon kurz nach der Erfindung der Fotografie Mitte des 19. Jahrhunderts mit einer »dokumentarischen visuellen Praxis« verbunden wurde (Klemm 2016, S. 34). Fotografische Medien erweisen sich offenbar als besonders geeignet, die Erfahrung des Unterwegsseins zu begleiten und das Gesehene mittels Medien – die für jede Form von externalisierter Erinnerung konstitutiv sind – zu memorieren: »Fotos sollen den unwiderleglichen Beweis liefern, daß man die Reise unternommen, das Programm durchgestanden und dabei seinen Spaß gehabt hat« (Sontag 1977/2008, S. 15).

Fotografien als Artefakte der Erinnerung an das, was des Sehens und Erinnerns für würdig befunden wurde und die Erzählung als Verbalisierung von

* PD Dr. Sandra Nuy, Universität Siegen, Fakultät I (Philosophische Fakultät), Seminar für Sozialwissenschaften.
  Dr. Mathias Scheicher, Universität Siegen, Fakultät I (Philosophische Fakultät), Dekanat.

Erfahrung verknüpfen sich gegenwärtig am prägnantesten in den sogenannten sozialen Medien, da diese zugleich die Kommunikation mit dem eigenen Familien- und Freundeskreis sowie einer größeren, das heißt fremden, Zielgruppe ermöglichen. Insbesondere die Plattform Instagram wird zur Kommunikation über Reisen verwendet. So finden sich unter dem Hashtag #Reisen 5,2 Millionen Beiträge, das englische Pendant #travel verzeichnet sogar 636 Millionen Postings, der Hashtag #travelphotography verschlagwortet 186 Millionen Einträge und der deutschsprachige #Urlaub gehört immerhin zu 13,3 Millionen Beiträgen (Stand: 07.07.2022). Hinzu kommt eine Vielzahl an weiteren populären Hashtags, wie beispielsweise #TravelPhotography, #TravelPhoto, #TravelPics, #WorldTraveller, #TravelPhotographer, #WorldTravelPics, #TravelPhotos, oder #welltravelled, die gezielt von Nutzerinnen und Nutzern in sozialen Medien zur Reichweitensteigerung empfohlen und eingesetzt werden (Kicksta 2022).

Tourismus, so lässt sich mit dem Historiker Valentin Groebner bilanzieren, ist »keine marginale Erscheinung, sondern einer der umsatzstärksten globalen Dienstleistungssektoren; Tourismus ist eine Bildermaschine, die aus Imaginationen buchstäblich ökonomische Wirklichkeiten erzeugt« (Groebner 2013, S. 209). Er ist eine, so wäre zu ergänzen, *digitale* Bildermaschine, die durch die Veröffentlichung und Verschlagwortung von Reiseerinnerungen den Bereich der privaten Kommunikation längst überschritten hat.

Auch die baulichen Relikte von Nationalsozialismus und Shoah markieren Orte, die von Reisenden besichtigt werden, beispielsweise wurde die Mahn- und Gedenkstätte Auschwitz-Birkenau im Jahr 2019 von 2,3 Millionen Menschen aus der ganzen Welt aufgesucht. Damit kann das einstige Konzentrations- und Vernichtungslager durchaus als »Touristenattraktion« gelten (Smechowski 2019, S. 15). Die Gedenkstätte sieht sich dadurch, zurückhaltend formuliert, vor Probleme verschiedenster Art gestellt, versucht aber, die touristischen Praktiken in ihre pädagogische Arbeit zu integrieren, um die Erinnerung an die Ausbeutung und Ermordung von Millionen Menschen, in der Mehrzahl europäische Jüdinnen und Juden, weiterhin wach zu halten. So kommentierte die Gedenkstätte am 19. Dezember 2019 auf ihrem Instagram-Account das Bild einer Gruppe von Touristinnen und Touristen mit den Sätzen: »People enter the site of the Memorial as visitors or tourists. We hope they leave as witnesses to the tragic history of people who suffered and we're murdered there« (vgl. Instagram/@ auschwitzmemorial 2019 und Nuy/Scheicher 2020, S. 83).

Diese erhoffte Transformation von der Besichtigung zur Zeugenschaft führt gegenwärtig nahezu zwangsläufig über die sozialen Medien. Touristische Praktiken und digitale Erinnerungshandlungen, so die diesem Beitrag zugrunde liegende These, verschränken sich zu neuen Formen der Erinnerung an die Shoah. Reisende (und damit vornehmlich Amateure und geschichtswissenschaftliche Laien), die Fotos von Gedenkstätten in den sozialen Medien posten, stehen an einer Schnittstelle zwischen privater und öffentlicher Erinnerung. Im Folgenden soll die Frage beantwortet werden, wie und in welcher Form sich Reiseblogs auf Instagram als Erinnerungsmedien konstituieren. Dazu wird in einem ersten Schritt das Verhältnis von Reisen, Fotografie und Erinnerung näher beschrieben. Weitere Abschnitte reflektieren das Konzept des *Dark Tourism* und die kommunikative Leistung von Gedenkstätten. Im letzten Schritt werden exemplarisch Accounts der Plattform Instagram betrachtet, die sich als Reiseblogs begreifen und von Reisen an die Orte der Shoah berichten.

2. Der touristische Blick: Reisen und Fotografie

Nach Auffassung der Essayistin und Theoretikerin Susan Sontag können Tourismus und Fotografie als Zwillinge gelten (Sontag 1977/2008, S. 15). Folgt man Sontags Gedanken, helfen Fotos dem Menschen »Besitz von einer Umwelt zu ergreifen, in der er sich unsicher fühlt« (Sontag 1977/2008, S. 15). Das Hantieren mit der Kamera mildere das Gefühl der Desorientierung, das sich auf Reisen einstelle. »Die meisten Touristen fühlen sich genötigt, die Kamera zwischen sich und alles Ungewöhnliche zu schieben, das ihnen begegnet. Nicht wissend, wie sie sonst reagieren sollen, machen sie eine Aufnahme. So wird Erfahrung in eine feste Form gebracht: stehenbleiben, knipsen, weitergehen« (Sontag 1977/2008, S. 15–16). Der Akt des Fotografierens reduziert also einerseits die emotionale Komplexität des Erlebens, er dokumentiert aber andererseits auch die eigene körperliche Anwesenheit an prominenten Orten.

Die Geste des Fotografierens beeinflusst die touristische Wahrnehmung nicht nur in situ ganz unmittelbar, sondern der touristische Blick ist bereits im Vorhinein geformt durch fotografische Bilder, die über eine Landschaft, ein Bauwerk oder auch Gedenkstätten zirkulieren und Erwartungen darüber wecken, wie etwas auszusehen hat. Der *tourist gaze* als sozial und kulturell überformte Form des Sehens, die sich vom alltäglichen Sehen unterscheidet, ist nicht nur durch eine körperliche Form des Erlebens, sondern wesentlich durch optische Medien geprägt (Urry/Larsen 2011; zur Geschichte des touristischen Blicks auch Müller 2016).

Bezogen auf die Shoah ist davon auszugehen, dass sich durch historische Bilddokumente, Filme und Fernsehserien visuelle Ikonen konstituiert haben, deren emblematische Bildformeln international im Umlauf sind und eine erinnerungskulturelle Sehordnung geschaffen haben. Auch wenn Reisende, die ein ehemaliges Konzentrationslager besuchen, unterschiedliches Vorwissen über die Shoah, den Nationalsozialismus und den Zweiten Weltkrieg mitbringen, verfügen sie immer schon über eine Vorstellung, ein Bild von Konzentrationslagern im Allgemeinen, im Besonderen aber von Auschwitz: Der Schriftzug »Arbeit macht

frei« am Eingang des Stammlagers ist ebenso Bestandteil des kollektiven Bild-
gedächtnisses wie das Torhaus von Auschwitz-Birkenau.

Ihre eigenen Fotos des bereits Bekannten sind nicht nur visuelle Souvenirs der
Reisenden (Sontag 1977/2008, S. 15–16), sondern treten durch die Veröffentlichung in den sozialen Medien in den Kreislauf der zirkulierenden Bilder ein
und beeinflussen so die visuelle Erinnerungskultur. Ausgehend von der domi-
nanten Rolle des Mobiltelefons für visuelle Erinnerungshandlungen, gerade
wenn man sich auf Reisen befindet, kann man mit Anna Reading von »Memobilia« sprechen, von »tragbaren Erinnerungen«, die sich rasch anfertigen, leicht
archivieren und schnell (ver-)teilen lassen (Reading 2009, S. 81).

Zu diesen »memobilen« Erinnerungspraktiken gehören auch das Betreiben
eines öffentlich einsehbaren, virtuellen Reisetagebuchs und damit das Erzählen
über Erlebnisse und Erfahrungen auf Online-Plattformen. Durch Weblogs und
soziale Medien hat sich die Kommunikation über Reisen grundlegend verändert;
zu unterscheiden sind hier verschiedene Blogaktivitäten, Blogtypen oder Zielgruppen für Reiseblogs, wie »Consumer to Consumer«, »Business to Consumer«
oder »Business to Business« (Klemm 2016, S. 37–42). Reiseblogs haben unterschiedliche Funktionen, etwa die Intensivierung des Erlebens, Reflexion des eigenen Handelns, und sie ermöglichen im Kontext von Mediatisierungsprozessen
eine emotionale und soziale Teilhabe (vgl. ebd., S. 58).

Im Folgenden sollen soziale Netzwerke und private Blogs (»Consumer to
Consumer«) betrachtet werden, die im Sinne der typischen Eigenschaften von
Blogs eine »Augenzeugenschaft« herstellen und in Selbstdokumentationen visuell von unterschiedlichen Orten berichten (Klemm 2016, S. 39). Dazu wird
beispielhaft die Plattform Instagram herangezogen – ein soziales Netzwerk, das
ohne komplexe technische Vorkenntnisse die Möglichkeit eines visuellen
Microblogging über einen erstellten Account innerhalb der Plattform ermöglicht. Die im Jahr 2010 veröffentlichte und seit 2012 zu Facebook beziehungsweise
Meta Platforms gehörende App Instagram ermöglichte es von Beginn an, Fotos
mit einem Smartphone aufzunehmen oder Fotografien aus der Bibliothek des
mobilen Geräts auszuwählen und diese über einen Account zu teilen. Die Auf-
nahmen lassen sich bearbeiten und mit Effekten versehen, bevor sie nicht nur
geteilt, sondern auch geklickt, gelikt und kommentiert werden können. Das
Teilen von präfigurierten Inhalten – meist (mobile) Fotografien inklusive Captions – und die Möglichkeit, Accounts zu vernetzen und auf Beiträge zu reagieren, stellt den Kern der sukzessive inhaltlich und technisch erweiterten Anwendung dar.

Das memorierende Potenzial für die Reisenden wird bereits im Identitäts-
management innerhalb der Plattform sichtbar, denn Accounts sind nicht nur
durch die Beiträge, sondern auch durch kurze (konzeptionelle) Selbstbeschrei-
bungen wie Name des Accounts, Name, Profilbild, Link und Steckbrief sowie eine

Quantifizierung (Beiträge, Follower, Gefolgt) und gegebenenfalls einer Tätigkeit/ Beruf gekennzeichnet (Abb. 1).

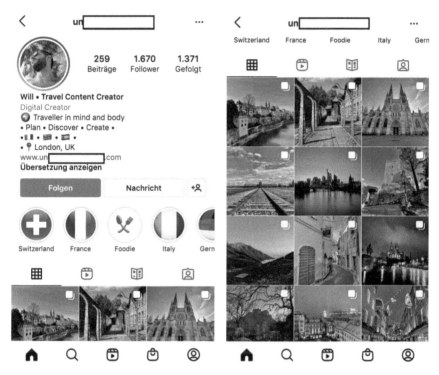

Abb. 1, Abb. 2: Beispielhafter Account mit einer Fotografie aus der Gedenkstätte Auschwitz-Birkenau, mittleres Bild in der ersten Zeile (abgerufen am 15. 03. 2022 über iOS)

Betrachtet man Accounts, die vornehmlich über Reisen berichten, dann zeigen sich bereits in den Beschreibungen dieser Profile die Bedeutung von Reisen, unterschiedlichste Verweise auf touristische Praktiken und die konzeptionelle Ausgestaltung des jeweiligen Accounts. Die biographischen Notizen bieten folglich nicht nur Selbstinszenierungen, die die Relevanz von Reisen hervorheben, sondern eröffnen zugleich den Erinnerungsraum auf den jeweiligen Profilen (Abb. 1, Abb. 2).

Strukturiert werden die Profile abhängig von den generierten Inhalten, sodass beispielsweise hervorgehobene Stories mittels Flaggen-Icons (Abb. 1) veröffentlicht werden. Alle Profile zeichnen sich dadurch aus, dass geteilte Bilder chronologisch strukturiert veröffentlicht werden, weshalb Instagram vielfach als »öffentliches Tagebuch« genutzt wird, als ein »visuelles Journal« (Gerling et al. 2018, S. 52), das auch und gerade auf Reisen geführt wird. Die (Selbst-)Inszenierung von Erlebnissen durch bildbasiertes Microblogging ermöglicht eine scheinbar authentische Beglaubigung des Vor-Ort-Gewesen-Seins; dabei finden sich Fotografien von den Relikten ehemaliger Konzentrations- und Vernichtungslager neben anderen bebilderten Reiseerzählungen und Sehenswürdigkeiten wieder (siehe Abb. 2, ein Bild aus dem Stammlager Auschwitz). Dergestalt veröffentlichte Shoah-Memobilia sind somit durch einen touristischen Blick geprägt.

3.   Vom Dark Tourism zum Critical Tourism

Dass Stätten massenhaften Leidens und Sterbens als Sehenswürdigkeiten besichtigt (und fotografiert) werden, wird seit den 1990er Jahren im wissenschaftlichen und publizistischen Diskurs unter dem Schlagwort des *Dark Tourism* subsumiert, alternativ ist auch von *Thanatourism* oder *Dissonant Heritage Tourism* die Rede. Jörg Skriebeleit, Kulturwissenschaftler und Leiter der KZ-Gedenkstätte Flossenbürg, bezeichnet Dark Tourism gar als »Konjunkturthema« (Skriebeleit 2019, S. 109; für einen Überblick über den Stand der Forschung siehe Skriebeleit 2019; 2020). Gleichwohl verfügt die Verbindung von Reisen und Tod in Form der Besichtigungen von Gräbern, Friedhöfen oder Schlachtfeldern über eine lange Tradition (Skriebeleit 2020, S. 27). Ungeachtet der Unterschiede im Detail verschiedener Forschungsansätze lautet eine Minimaldefinition: »(...) dark tourism may be referred to as the act of travel to sites associated with death, suffering and the seemingly macabre« (Stone 2006, S. 146). In dem Spektrum von Reisen zu Stätten des Todes bildet der Holocaust- und Genozid-Tourismus – als dunkelste der dunklen Formen – eine eigene Kategorie der Destinationen (Stone 2006, S. 157). Insbesondere Auschwitz ist »fester Bestandteil einer internationalen Reisekultur« (Skriebeleit 2019, S. 117). Logistisch setzt sich diese überwiegend aus Studienreisen, Schulfahrten, Exkursionen und Angeboten kommerzieller Reiseveranstalter zusammen. Die erinnerungskulturellen Motivationen und Interessen der Besucherinnen und Besucher sind entsprechend vielfältig und lassen sich nicht auf – wie der Begriff *Dark Tourism* suggerieren mag – Voyeurismus, Schaulust oder Faszination des Schreckens reduzieren (für einen Überblick möglicher Reisemotive siehe Wolf/Matzner 2012). So steht insbesondere bei Studienreisen oder Schulfahren der Bildungsaspekt im Mittelpunkt, während andere Besuchergruppen anreisen, um der Verstorbenen zu gedenken. Insofern stiftet das Konzept des Dark Tourism in gedächtnistheoretischen Zusammenhängen vergleichsweise wenig Erkenntnis. Zielführender ist es, den Fokus zu verschieben und einen kritischen Geschichtstourismus in den Blick zu nehmen.

Wenn in Gedenkstätten touristische Aktivitäten sichtbar werden, sollte dies in der Forschungspraxis mit einem kritischen Verständnis von Tourismus einhergehen. Die Forschungsrichtung der Critical Tourism Studies eröffnet hier eine Perspektive, mit der es möglich wird, Tourismus ethisch und politisch zu betrachten, ohne sich dabei einer einengenden Definition zu unterwerfen (Nigel/ Pritchard 2015 und für einen Überblick Ateljevic/Pritchard/Morgan 2007). Eine dem Critical Turn in der Tourismusforschung folgende Betrachtungsweise schafft die Möglichkeit, kulturelle wie mediale Praktiken von Touristinnen und Touristen differenziert zu betrachten (Carmichael Aitchison 2006, S. 420; Tribe 2007).

Eine kritische Forschungsperspektive, die die touristische Aneignung von Orten mittels sozialer Medien vorsieht, ermöglicht folglich einen interpretativen Zugang zu einem gegenwärtigen touristischen Blick und die damit verbundenen Narrative, die im Erzählen mittels Fotografien zum Ausdruck kommen. Die mit den Reiseerzählungen verbundenen Diskurse sind zugleich Basis für eine erinnerungskulturelle Wissensproduktion. Historische Sehenswürdigkeiten bieten als »begehbare Geschichte« (Schwarz 2019, S. 25) Gelegenheiten der Wissensvermittlung und Anlässe für kommunikative Erinnerungspraktiken im analogen wie im digitalen Raum. Begreift man Gedenkstätten und damit Erinnerungsorte im Sinne dieser Wissensproduktion als »Kommunikationsplattformen« (Skriebeleit 2019, S. 121), die auch und gerade durch Reisende lebendig gehalten werden, wird es möglich der Heuristik der kritischen Tourismusforschung zu folgen und die Betrachtung der Diskursivität der Orte zu intensivieren.

4. Erinnerungsorte als Kommunikationsplattformen

Als Institutionen leisten Gedenkstätten nicht nur unverzichtbare Gedächtnisarbeit, sondern erfüllen auch Aufgaben der Bildung und Forschung, die sich mit der medientechnologischen Entwicklung andere Kommunikationswege suchen müssen. Bedingt durch die stetige Digitalisierung in fast allen Lebensbereichen, kommen die Erinnerungsorte nicht umhin, sich auch in den sozialen Medien zu engagieren, um der »Gedenkstätte eine Stimme zu geben und damit die bis dato vor allem externe Online-Erinnerungskultur mit zu gestalten« (Groschek 2020a, S. 111). Dieser Gestaltungsaufgabe widmet sich die Gedenkstätte im ehemaligen Vernichtungslager Auschwitz-Birkenau seit mehr als zehn Jahren; im Mai 2012 wurde ein Twitter-Account eröffnet, seit Dezember 2012 speist die Gedenkstätte unter dem Account-Namen @auschwitzmemorial Fotografien in die Instagram-Community ein, 1.509 Beiträge sind bis zum 07. Juli 2022 erschienen, zuletzt mit einer Reichweite von 143.000 Abonnentinnen und Abonnenten (Chronologie der Aktivitäten des Accounts: siehe Scheicher 2021, S. 126–144).

In der Gestaltung des Accounts lassen sich grundlegend zwei Phasen unterscheiden: Während die erste Phase durch die fotografische Praxis der Mitarbeiterinnen und Mitarbeiter der Gedenkstätte bestimmt ist, die ihren Alltag festhalten und einen Blick hinter die Kulissen gewähren, wird die zweite Phase ab 2014 durch eine Kuration von Fotografien dominiert. Das heißt, es werden Beiträge von Privatpersonen mit der Angabe von Referenzen (Name bzw. Account des Originalbeitrags) und gegebenenfalls einem ergänzenden Text auf dem Account der Gedenkstätte repostet, man könnte auch sagen: ausgestellt. Das edierte Teilen von Beiträgen und damit die erweiterte Distribution der Fotografien innerhalb der Plattform entspricht der Logik der sozialen Medien, stellt aber zugleich sicher, dass die Deutungshoheit über den Ort bei der Gedenkstätte verbleibt. Folgerichtig legt die Gedenkstätte ihre Bildpolitik partizipativ an und ermuntert Nutzerinnen und Nutzer bei Instagram, weitere Bilder zu teilen: »It is said that ›A picture is worth a thousand words‹. However we ask you to share your pictures with others and tell them about your experience of the visit. By taking and sharing pictures you became [!] messengers who should tell others about the history of the German Nazi concentration and extermination camp and its victims« (Instagram/@auschwitzmemorial 2017).

Der Appell, Fotos aufzunehmen, und die Wechselbeziehung zwischen unterschiedlichen Praktiken des Teilens innerhalb von Instagram zielen auf Verfahren der Rahmung und Kontextualisierung. Der Gedenkstättenbesuch wird damit nicht allein zu einem Teil des lebensweltlichen Alltags derjenigen, die in tagebuchähnlicher Form ihre Erinnerungen auf den eigenen Profilen veröffentlichen. Die kuratorische Arbeit der Gedenkstätte reproduziert und legitimiert ihre Fotografien vielmehr: »Die Bilder und Beiträge werden im weitesten Sinne zu Bildern einer konnektiven Zeugenschaft, in der sich der Raum der Gedenkstätte durch die Nutzerinnen und Nutzer angeeignet wird« (Scheicher 2021, S. 139). Zu diesen Aneignungsprozessen gehört auch die Artikulation des Erlebten, mithin das Erzählen, für das die sozialen Medien ein quasi ideales kommunikatives Umfeld bieten.

5.   Gedenkorte in Reiseblogs

Neben den kuratierten Inhalten sind es Hashtags und Geotags, die es auf der Plattform Instagram ermöglichen, dass Beiträge zu Reisen an Gedenkorte auffindbar und damit sichtbar werden. Folgt man den Geotags zu Gedenkstätten und den auf den Profilen abgebildeten Reisedokumentationen, wird deutlich, wie sich populäre touristische Blicke auf angrenzende Großstädte und diejenigen auf Gedenkorte in den persönlichen Erzählungen über Reisen kreuzen. Die Verschränkung von unterschiedlichen Reiseerlebnissen in Blogs findet sich außerdem in der Besucherstruktur von Gedenkstätten wieder; die Einbettung des Besuchs in den Reiseverlauf ist dabei vielfältig. Die nahe bei Hamburg gelegene

Gedenkstätte Neuengamme etwa macht die Erfahrung, dass auch Besucherinnen und Besucher angezogen werden, die sich auf einer Kreuzfahrt befinden (Das Gupta/Sandkuhl 2019). Solche regionalen Effekte von Pauschal- und Massentourismus finden sich folglich ebenso in den visuellen Dokumentationen von Besucherinnen und Besuchern der Gedenkstätten und Museen – wie Sachsenhausen in der Nähe von Berlin oder Dachau in der Nähe von München – wieder. Bei der Betrachtung von Blogeinträgen über das touristisch prosperierende Kraków und die nahegelegene Stadt Oświęcim mitsamt der Gedenkstätte Auschwitz-Birkenau zeigt sich beispielsweise – zwischen kulinarischen Bilderserien von Kaffeespezialitäten in der Altstadt von Kraków oder der Gebäckspezialität Trdelník in Prag – die visuelle und authentische Thematisierung der Gedenkstätte innerhalb der Abfolge einer Reise (Abb. 3, Abb. 4).

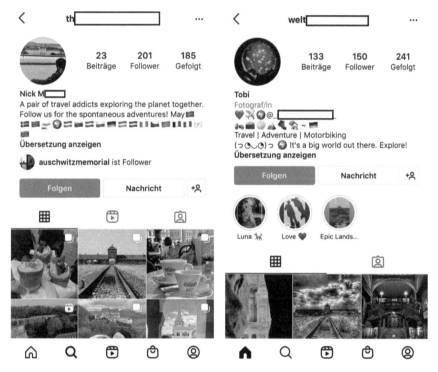

Abb. 3, Abb. 4: Einbindung von Reisefotografien der Gedenkstätte Auschwitz-Birkenau in den Reiseverlauf (Abb. 3 abgerufen am 06.05.2022, Abb. 4 abgerufen am 15.03.2022 jeweils über iOS)

Die Kommunikation über touristische Aneignungen von Gedenkstätten vollzieht sich dabei in einem Wechselspiel zwischen in der Regel ästhetischen Fotografien, Captions und Praktiken des Teilens, womit visuelle Aneignungen der Gedenkstätte und folglich neue Formen konnektiver Zeugenschaft einhergehen (Nuy/

Scheicher 2020). Die mit persönlichen Reiseblogs interagierende Gedenkstätte Auschwitz-Birkenau legitimiert die zirkulierenden touristischen Bilder in Reiseblogs, zum Beispiel durch das Folgen des Accounts in Abb. 3 oder ein Like für die Fotografie der Gedenkstätte in Abb. 4. Charakteristische Fotografien – wie die des Torhauses – werden damit als angemessene visuelle Darstellung im Gedenken an die Shoah in Reiseblogs, zwischen Bildern von Architektur, Kaffee und Gebäck, diskursiv stabilisiert, wobei zugleich die Authentizität durch die Aufladung mit persönlichen Emotionen öffentlich zugänglich wird.

Allgemein geht es bei den Darstellungen von Reisen in Blogs weniger um die Reflexion von fremden Orten und Kulturen und die Ausstellung von Fremdheitserfahrungen (Klemm 2016, S. 48). Im Mittelpunkt der Blogs stehen vielmehr die Persönlichkeitsbildung und die damit verbundenen Wandlungsprozesse auf Reisen, die häufig auch in den Beschreibungen der Profile (»Explore!«, siehe Abb. 5) zum Ausdruck kommen. Innerhalb der Blogs geht die Visualisierung der Entdeckung von *traumatischen Orten* (Assmann 2006) wie Auschwitz in der Regel mit der Re-Inszenierung der ikonischen Fotografie des Torhauses in Auschwitz-Birkenau sowie weiteren stereotypen Bildmotiven (Eingang in das Stammlager, Relikte der Lager, Baracken, Stacheldraht oder Wachtürme) und normativen Aussagen einher, die sich beispielsweise in Hashtags (#neveragain) wiederfinden.

Die Beiträge sind auf den jeweiligen Profilen in den Reiseverlauf und in Bilderserien zwischen weiteren »Sehenswürdigkeiten« eingebettet. Die Erzählungen der Reisebloggerinnen und -blogger sind dabei auf Publizität angelegt; die Berichte werden dramaturgisch durch (persönliche) Alleinstellungs- und damit Unterscheidungsmerkmale angereichert. Die ästhetische Ausgestaltung harmoniert meist mit den Kurzbeschreibungen der Profile, um ein möglichst hohes Maß an Authentizität in den Präsentationen zu erreichen: eine vierköpfige Familie bereist Europa mit dem Reisemobil, wobei die Fotografien Teil eines nicht öffentlichen Chats sein könnten und häufig die Mitglieder der Familie zeigen (Abb. 5). Der Versuch der Erzeugung einer emotionalen und sozialen Teilhabe an den Reiseerlebnissen zeigt sich im abgebildeten Beispiel auch bei dem Besuch von Auschwitz-Birkenau, da entgegen der sonst typischen Selbstdokumentation mit dem Einbezug der Mitreisenden auf den Fotografien die Personen in (fast) menschenleeren Fotografien visuell ausgeschlossen werden (Abb. 6). Die Captions bestätigen den ästhetischen Bruch (»Les enfants étant trop jeunes, j'y suis allé seul«).

Die Fotografien des Torhauses veranschaulichen, dass die Selbstdarstellungen in der Regel emblematischen Bildformeln in der Erinnerung der Shoah folgen und diese damit stabilisieren. Die bekannten Bilder in Reiseblogs offenbaren so mittels optischer Medien und der Bearbeitung einen gegenwärtigen Einblick in die Wahrnehmung von Besucherinnen und Besuchern und eröffnen auf Insta-

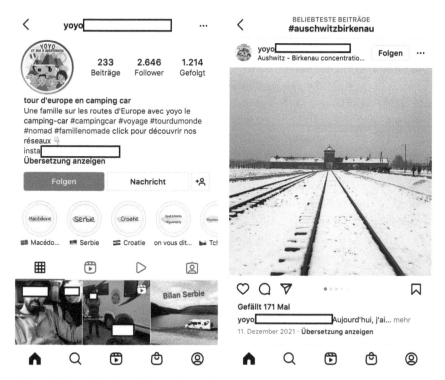

Abb. 5, Abb. 6: Selbstdarstellung und Reisefotografien (abgerufen am 15.03.2022 jeweils über iOS)

gram eine erinnerungskulturelle Sehordnung von Reisen zu Gedenkorten der Shoah. Mit der Distribution der Bilder wird die Wahrnehmung der Orte und das Erleben der Bloggerinnen und Blogger nicht nur dokumentiert, sondern auch durch deren Reflexion des eigenen alltäglichen Handelns auf Reisen intensiviert (Klemm 2016, S. 58).

Die Entstehung der Bilder und Beiträge ist durch Aneignungsprozesse im Rahmen von Besichtigungen und die Bewegung im Raum geprägt: Die Besucherinnen und Besucher sind mobil, sie erlaufen sich die Erinnerung an Geschehnisse und ihre Motive auf ihren Reisen. Für die Historikerin Angela Schwarz folgt daraus eine affektiv aufgeladene Rezeption von Geschichte: »Zwischen Körper und Raum entsteht dabei eine Beziehung, die sinnlich, affektiv, emotional ist und (…) eine wesentliche Strategie der touristischen Aneignung von Orten darstellt: die Herstellung von Authentizität durch Aufladung mit persönlichen Emotionen« (Schwarz 2019, S. 36). Die Beziehung zwischen Körpern und Raum ist jedoch keine freie, sondern durch die Vorgaben der jeweiligen Institution gesteuert, da diese durch die Besucherführung – sei es durch einen empfohlenen Rundgang oder durch einen (Audio-)Guide – Blickrichtungen und Handlungspraxen medial regulieren. Die in Blogs geteilten Beiträge sind folglich ebenfalls emotionalisierend, wobei das Storytelling vergleichbar ist mit dramaturgischen Strategien von Social Media-Influencerinnen und -Influencern, die versuchen, durch das Erzählen von (persönlichen) Geschichten Empathie und Aufmerksamkeit hervorzurufen, und sei es durch ein Abenteuer auf Reisen.

Eine andere Form der Aufmerksamkeitserzeugung findet sich in Entertainment-Strategien. Um Reiseerzählungen unterhaltend zu gestalten, haben sich bei Instagram verschiedene Bildmuster etabliert, die sich entweder über Hashtags oder sogenannte Challenges – Reisen von Gartenzwergen oder Plüschtieren – organisieren: am bekanntesten ist hier vielleicht das Bildmotiv, in dem eine knallgelbe Gummiente (unterschiedlicher Größe) vor einer bekannten Sehenswürdigkeit fotografiert wird. Was aber ist, wenn jemand diese Gummiente vor dem Torhaus Auschwitz-Birkenau platziert? »What if someone who travels with a rubber duck & uses it as an artistic Instagram convention arrives at @AuschwitzMuseum?« (Twitter/@auschwitzmemorial 2019).

Diese Frage stellte die Gedenkstätte im November 2019 auf ihrem Twitter-Account und präsentierte Instagram-Bilder mit besagter Gummiente. Gezeigt wurde eine Collage aus zwölf Fotografien sowie ein Bild des Torhauses in Auschwitz-Birkenau. Im Vordergrund ist auf allen abgebildeten Fotografien die gelbe Gummiente zu sehen, im Hintergrund sind leicht verschwommen »Sehenswürdigkeiten« zu erkennen (Twitter/@auschwitzmemorial 2019). Die Sehenswürdigkeit im engeren Sinne ist hier jedoch die Ente, die in mehrfacher Hinsicht mit der Gedenkstätte konfrontiert wird. Diese reagiert nämlich auf den Beitrag und fragt in einem Tweet bei den Userinnen und Usern nach, ob es respektlos sei, die Ente an dem Erinnerungsort zu platzieren oder ob es sich um einen Nebeneffekt touristischer und visueller Praxis handle, den man ignorieren könne (»Is the rubber duck in front of the Gate of Death disrespectful – even unintentionally? Or is it a side effect of the visual world we should accept/ ignore?«). Gleichzeitig wird als Information für die eingeforderte Diskussion ergänzt, dass sich die Person, die den Beitrag veröffentlicht habe, der Bedeutung des Ortes bewusst sei, wobei die dem ursprünglichen Post zugehörigen Captions veröffentlicht werden. Die Twitter-Userinnen und -User kommentieren die Bilder mehrheitlich als »disrespectful«, »not acceptable« oder »insensitive and tasteless«. In einem dritten Tweet legt @AuschwitzMuseum dar, dass die postende Person über die öffentlich in sozialen Medien geführte Diskussion informiert wurde. Der ursprüngliche Beitrag wurde in der Folge aus dem Account gelöscht und zugleich wird eine Entschuldigung der postenden Person über den Account der Gedenkstätte distribuiert, die dadurch ihren Experten-Status festigt. Als Kommunikationsplattform hat die Gedenkstätte damit einerseits Aushandlungsprozesse hinsichtlich einer Ethik von Erinnerung im visuellen Zeitalter direkt gesteuert, andererseits scheint, wenn nicht die Einsicht in korrekte und weniger korrekte touristische Bildmotive, so doch ein Wissen um sozial erwünschte Verhaltensweisen kollektiv vorhanden zu sein.

6. Fazit

Gedenkstätten und Museen agieren in sozialen Medien als »anerkannte Experten und Repräsentanten für den Ort und seine Geschichte« (Groschek 2020a, S. 115) und können, wie der Diskurs um die Fotografien mit der Gummiente zeigt, zu einer Reflexion angebrachter und unangebrachter visueller touristischer Praktiken anregen. Diese Anregungen können analog zu Besucherordnungen oder der Kuratierung von Ausstellungen sowie der Wahrnehmung des Ortes in touristischen Führungen durch Guides verstanden werden, wenn also Gedenkstätten als Institutionen eine unverzichtbare Gedächtnisarbeit leisten und zugleich Aufgaben der Bildung und Forschung erfüllen.

Die in diesem Beitrag unternommene Betrachtung von Gedenkstätten als »Kommunikationsplattformen« folgte einem kritischen Verständnis von Tourismus. Diese Perspektive ermöglichte nicht nur die Erforschung des Agierens von Erinnerungsorten in sozialen Medien, sondern auch die Thematisierung unterschiedlicher Bildpraktiken innerhalb von Reiseblogs auf Instagram, sodass diese als Erinnerungsmedien verstanden werden können.

Die Betrachtung exemplarischer öffentlicher Beiträge auf Instagram veranschaulicht dies, da hier fotografische Konventionen von Reiseblogs und die Ortsgebundenheit der visuellen Souvenirs und Erzählungen untersucht wurden, die gemäß der Plattformlogiken partizipatorisch gestaltet und chronologisch auf den Profilen organisiert sind. Vorzufinden ist in den Beiträgen und auf den Blogs sowohl ein intendiertes wie ein nicht-intendiertes Erinnern an die Shoah mittels unterschiedlicher Medienpraktiken. Touristisch motiviertes und intendiertes Erinnern beschreibt bewusst entlang der Reiseaktivitäten die besuchten Orte durch emblematische Bildformeln, die nicht nur durch die Plattformen, sondern auch durch einen *tourist gaze* präfiguriert sind. Nicht-intendiertes Erinnern von Reisenden (die also eher zufällig die Gedenkstätte aufsuchen) erfolgt durch die öffentliche Thematisierung der Emotionalisierung, die mit der Wahrnehmung von Erinnerungsorten an die Shoah einhergeht.

Vergleichbar mit weiteren Beiträgen in sozialen Medien eröffnen die Reiseblogs auf Instagram »eigene Erinnerungs- und Gedenkwelten« (Groschek 2020b, S. 84). Dabei folgt die Darstellung innerhalb der Blogs den touristischen Erwartungen, dass Reisen mit Erlebnissen verbunden ist, einhergehend mit dem Wunsch nach einem möglichst »emotionalen Erleben« (Groschek 2020a, S. 116) eines Besuchs von Gedenkstätten und Erinnerungsorten. Dieses Erleben wird innerhalb von Reiseblogs durch die Rezeption und folglich die Aneignung des Ortes fortgeschrieben. Die sinnliche, affektive und emotionale Wahrnehmung der Orte in Form der touristischen Aneignung zeigt sich innerhalb der Beiträge der Blogs. Wie prägend die Erfahrung des Besuches der Gedenkstätte Auschwitz-Birkenau war, wird beispielsweise an einer Rückblende innerhalb eines Accounts deutlich: Die Person beschreibt, dass die nunmehr fünf Jahre zurückliegende Erfahrung des Ortes herzzerreißend gewesen sei und körperliche Reaktionen hervorgerufen habe und fordert zugleich zur Nachahmung des Besuchs auf (Abb. 7, Abb. 8).

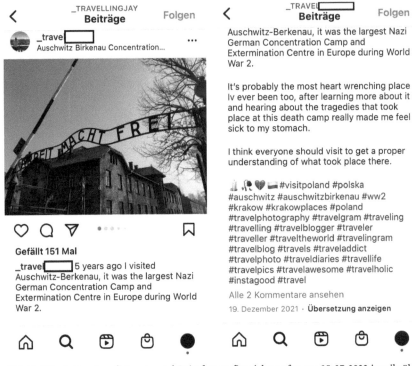

Abb. 7, Abb. 8: Emotionalisierung und Reisefotografien (abgerufen am 05.07.2022 jeweils über iOS)

Die Authentizität des Empfindens der bloggenden Person kann hier nicht beurteilt werden, doch selbst wenn nur öffentlich gewünschte Reaktionen – zum Beispiel: Trauer, Schock, Scham – reproduziert werden, zeigt der Post doch, dass Besucherinnen und Besucher unabhängig von individuellen Motiven und Wahrnehmungen, Gedenkstätten mit hohen emotionalen Erwartungen verknüpfen und sich folglich auch an ihr emotionales Erleben erinnern.

Der vorliegende Beitrag hatte es sich zur Aufgabe gemacht zu untersuchen, wie und in welcher Form sich Reiseblogs auf Instagram als Erinnerungsmedien konstituieren. Mittels Veröffentlichung durch die Reisebloggerinnen und -blogger zeigt sich auf Instagram das *Wie* in einer transnational vernetzten Erinnerung an die Shoah, die durch einen touristischen Blick geprägt ist, Erinnerung öffentlich bewahrt und zugleich Wissen weitergibt. Die exemplarischen Analysen von Reiseblogs konnten über die verwendete Form Auskunft geben, wobei mit Instagram ein präfigurierendes soziales Netzwerk ausgewählt wurde, das verkürzte, visualisierte Reiseblogs ermöglicht. Innerhalb der Accounts und über Hashtags und Geo-Tags auffindbar werden hier mittels einzelner Bilder (-serien) Reisen – auch an Erinnerungsorte an die Shoah – durch die Bloggerinnen und Blogger rekapituliert und kommentiert. Zwar kann die Präsentation als Teil eines Eindrucksmanagements gesehen werden, die das eigene Selbstbild in den Mittelpunkt stellt, doch durch die transnationale Perspektive sozialer Netzwerke wird eine Reflexion erforderlich – und sei sie noch so verdichtet auf einzelne Wörter oder Emojis.

Mittels einer meist individualisierten Praxis der Reiseerfahrung wird eine Narrativierung der Orte innerhalb der Dokumentationen von Reisen in sozialen Medien öffentlich geteilt. Die in den Blogs kommunizierten Erfahrungen sind neben der Präfiguration durch die Plattform Instagram durch eine weitere Präfiguration geprägt: den *tourist gaze*, der sich in eine Aneignung der Orte mittels emblematischer Fotografien übersetzt. Diese Medialisierungen von Wahrnehmungen auf Reisen beeinflussen in der Folge weitere Reisen an Erinnerungsorte der Shoah. Die Darstellungen innerhalb der Blogs können als eine Form medialer Zeugenschaft, besser noch als eine konnektive Zeugenschaft verstanden werden. Die geteilten Bilder innerhalb der Blogs bilden ein gegenwärtiges Archiv der Rezeption von Reisen an Erinnerungsorte der Shoah und bestätigen zugleich die Existenz der Gedenkorte durch multiple und touristische Perspektiven. Damit wird Erinnerung stabilisiert und Wissen über die Shoah mittels eines touristisch geprägten Blicks in der Gegenwart weitergegeben.

Literatur

Assmann, Aleida (2006): Erinnerungsräume. Formen und Wandlungen des kulturellen Gedächtnisses. 3. Aufl. München.

Carmichael Aitchison, Cara (2006): The critical and the cultural: Explaining the divergent paths of leisure studies and tourism studies. Leisure Studies 25 (4), S. 417–422.

Das Gupta, Oliver/Sandkuhl, Irina (2019): Aus Sorge und Interesse. Die Besucherzahlen an den Gedenkorten für NS-Opfer sind in den vergangenen Jahren deutlich gewachsen.

https://www.sueddeutsche.de/politik/holocaust-kz-gedenkstaette-schoa-konzentratio
      nslager-2-weltkrieg-1.4306921, zuletzt abgerufen am 07.07.2022.
Gerling, Winfried/Holschbach, Susanne/Löffler, Petra (2018): Bilder verteilen. Fotografi-
      sche Praktiken in der digitalen Kultur. Bielefeld.
Groebner, Valentin (2013): Touristischer Geschichtsgebrauch. Über einige Merkmale neuer
      Vergangenheiten im 20. und 21. Jahrhundert. Historische Zeitschrift 296 (2), S. 408–428.
Groschek, Iris (2020a): KZ-Gedenkstätten und Social Media. In: Groschek, Iris/Holst,
      Christian (Hrsg.), Kultur in Interaktion: Co-Creation im Kultursektor. Wiesbaden,
      S. 105–118.
Groschek, Iris (2020b): Tweetup und Instaswaps an KZ-Gedenkstätten. In: Bajohr, Frank/
      Drecoll, Axel/Lennon, John (Hrsg.), Dark Tourism. Reisen zu Stätten von Krieg, Mas-
      sengewalt und NS-Verfolgung. Berlin, S. 80–96.
Instagram/@auschwitzmemorial (2017): Over 25 thousand people already follow our
      @instagram account. Thank you for remembering with us through images. https://
      www.instagram.com/p/BU7VXssF2JO/, zuletzt abgerufen am 07.07.2022.
Instagram/@auschwitzmemorial (2019): Auschwitz I. Visitors. https://www.instagram.com
      /p/B6EQ0fwpXgO/, zuletzt abgerufen am 15.08.2022.
Kicksta (2022): 500 Trending Instagram Hashtags In 2022. https://blog.kicksta.co/trending
      -instagram-hashtags/, zuletzt abgerufen am 07.07.2022.
Klemm, Michael (2016): »Ich reise, also blogge ich«. Wie Reiseberichte im Social Web zur
      multimodalen Echtzeit-Selbstdokumentation werden. In: Hahn, Kornelia/Schmidl,
      Alexander (Hrsg.): Websites & Sightseeing. Tourismus in Medienkulturen. Wiesbaden,
      S. 30–62.
Morgan, Nigel/Pritchard, Annette (2015, 2020). Critical tourism studies. In: Jafari, Jafar/
      Xiao, Honggen (Hrsg.), Encyclopedia of tourism. Cham.
Müller, Susanne (2016): Über den Blick auf das Bekannte: Touristisches Sehen und Rei-
      semedien. In: Hahn, Kornelia/Schmidl, Alexander (Hrsg.), Websites & Sightseeing.
      Tourismus in Medienkulturen. Wiesbaden, S. 167–182.
Nuy, Sandra/Scheicher, Mathias (2020): Fotografie auf Reisen. Digitale Medienpraktiken
      der Erinnerung an die Shoah. merz wissenschaft. Erinnern in und mit digitalen Medien
      (6), S. 75–86.
Reading, Anna (2009): Memobilia: The mobile phone and the emergence of wearable
      memories. In: Garde-Hansen, Joanne/Hoskins, Andrew/Reading, Anna (Hrsg.), Save
      as…Digital memories. Basingstoke, S. 81–95.
Scheicher, Mathias (2021): »Like=Remember«: Online-Erinnerungskulturen an die Shoah.
      (Re-)Konfigurationen von Erinnerung und Vergessen durch Medienpraktiken. Wies-
      baden.
Schwarz, Angela (2019): Pastness in the making: Von der Touristifizierung der verräum-
      lichten Zeit in der Vergangenheit. In: Schwarz, Angela/Mysliwietz-Fleiß, Daniela
      (Hrsg.), Reisen in die Vergangenheit. Geschichtstourismus im 19. und 20. Jahrhundert.
      Wien, Köln, Weimar, S. 25–46.
Skriebeleit, Jörg (2019): Von Auschwitz nach Austerlitz. Dark Tourism und ehemalige
      Konzentrationslager. In: Drecoll, Axel/Schaarschmidt, Thomas/Zündorf, Irmgard
      (Hrsg.), Authentizität als Kapital historischer Orte? Gedenkstätten, Dokumentations-
      zentren und die Sehnsucht nach dem unmittelbaren Erleben im Stadtraum. Göttingen,
      S. 105–122.

Skriebeleit, Jörg (2020): Dark Tourism, Massentourismus oder Bildungsreise? Ehemalige Konzentrationslager zwischen Horror, Würde und Erkenntnis. In: Bajohr, Frank/ Drecoll, Axel/Lennon, John (Hrsg.), Dark Tourism. Reisen zu Stätten von Krieg, Massengewalt und NS-Verfolgung. Berlin, S. 20–34.

Smechowski, Emilia (2019). Konzentrationslager Auschwitz: Ein Ausflug ins Grauen. In: ZEITmagazin 2019, 23.01.2019 (5), S. 15–24.

Sontag, Susan (1977): In Platos Höhle. In: Sontag, Susan, Über Fotografie. (= On photography). Ins Deutsche übersetzt von Mark W. Rien und Gertrud Baruch. Frankfurt am Main, S. 9–30.

Stone, Phillip R. (2006): A dark tourism spectrum: Towards a typology of death and macabre related tourist sites, attractions and exhibitions. Tourism. An Interdisciplinary International Journal 54 (2), S. 145–160.

Twitter/@AuschwitzMuseum (2019): What if someone who travels with a rubber duck & uses it as an artistic Instagram convention arrives at @AuschwitzMuseum. https://twitter.com/AuschwitzMuseum/status/1192165956849717248/photo/1, zuletzt abgerufen am 07.07.2022.

Urry, John/Larsen, Jonas (2011): The tourist gaze 3.0. London.

Wolf, Antje/Matzner, Claudia (2012): Arten und Motive des *Dark Tourism*. In: Quack, Heinz-Dieter/Steinecke, Albrecht (Hrsg.), Dark Tourism. Faszination des Schreckens. Paderborn, S. 89–100.

Gustav Bergmann[*]

Wie wa(h)r es wirklich? Wie wird es gewesen sein? Über Erinnerung und Entwicklung

Keiner hat nichts gewusst. Immer. Alles wird erinnert, aber häufig nicht bewusst. Jedes intensive Erlebnis wird in unserem Gedächtnis abgespeichert, nur das meiste bleibt im Unbewussten und bestimmt von dort aus unsere weitere Entwicklung und unser weiteres Leben. Zwei Thesen werden in diesem Essay verhandelt:

(1) Die fehlende oder verfälschte Erinnerung hemmt jegliche Entwicklung, sowohl bei einzelnen Menschen wie auch bei Kollektiven bis hin zu Gesellschaften. Das Entrinnen aus der gefälschten Erinnerung eröffnet neue Möglichkeiten.

(2) Die Demokratie, der Dialog und die Mitwirkung aller an der Ermittlung der Wahrheit gewährleisten eine (wahre) Erinnerung, die Entwicklung ermöglicht. Die autoritären Systeme und insbesondere ihre Machthaber verfälschen und verhindern die Erinnerung, lassen Geschichten erfinden und hemmen dadurch eine substanzielle Weiterentwicklung. Es wird dann »His Story« erzählt, wie ironisch anzumerken wäre. Stattdessen wäre es eine Befreiung aus den Fesseln der Vergangenheit, eine Lösung aus der falschen Erinnerung, in dem man dazu beiträgt, die Wahrheit ans Licht zu bringen. »Ich weiß, dass ist nicht weiß«, lautet die Kurzfassung des Spruchs des Philosophen Sokrates. Weil wir es alle nicht wissen, Sokrates aber auch nicht vorgaukeln wollte, zu wissen, hielt er es für weiser, mitzuteilen, nicht zu wissen. So könnte man damit sagen, dass die Wahrheit und die Weisheit nur gemeinsam zu erlangen sind, auch wenn der Zweifel weiter besteht. In den Sternen erkennt der Mensch die Zukunft, sieht aber in Wirklichkeit in die Vergangenheit. Auch auf dem Orakel von *Delphi* stand: »Erkenne Dich selbst«. Wahre Erinnerung kann also Zukunft bedeuten, während die Fälschung diese verbaut.

---

* Univ.-Prof. Dr. Gustav Bergmann, Universität Siegen, Fakultät III (Wirtschaftswissenschaften – Wirtschaftsinformatik – Wirtschaftsrecht), Lehrstuhl Innovations- und Kompetenzmanagement.

1. Über individuelle und kollektive Erinnerung

Es kann sein, dass der Mensch etwas nicht wahr haben will, nicht zur Kenntnis nimmt oder verklärt und historisch erfindet, aber es existiert Wahrheit, die immer ihre Wirkung entfaltet, nur vielfach mit Verzögerung. Wir können mit der Unwahrheit leben, aber dann können wir uns kaum weiterentwickeln. Besonders Lebenslügen verhindern unsere Weiterentwicklung und unsere Glaubenssätze hemmen diese. Lebenslügen wie Glaubenssätze haben durchaus eine Funktion. Sie können das Überleben gesichert haben, geholfen haben, mit Leid und Zurücksetzung, Schmach und Scham zurechtzukommen und weiterhin damit zu leben. Doch um einen weiteren Schritt in der Entwicklung einzuleiten, sind diese Hemmnisse zu überwinden und die innere Wahrheit offenzulegen.

Kollektive Unwahrheit kann ganze Kulturen oder Länder in ihrer falschen Erinnerung erstarren lassen. Es passieren immer dieselben Phänomene, trotz großer Bemühungen tut sich fast nichts. In seinem erkenntnisreichen Buch *Radikale Hoffnung* berichtet der US-amerikanische Philosoph Jonathan Lear (2020) über das Ende der traditionellen Kultur der Crow. Aufgrund der Vernichtung der indigenen Kulturen, der Ausrottung der Büffel und der Beendigung der nomadischen Lebensweise, waren die Crow, wie alle anderen Stämme der First Nations, gezwungen, sich zu ändern und ihre Kultur neu zu bestimmen, wenn sie nicht vollends untergehen wollten. Nach der Zeit der Unterdrückung deklamierte der Häuptling Plenty coups: »Als die Büffelherden verschwanden, fielen die Herzen meiner Leute zu Boden und sie konnten sie nicht mehr aufheben. Danach ist nichts mehr geschehen.« Nichts, was ihre Kultur ausmachte, war mehr möglich. So musste eine neue Basis gefunden werden. Dies gilt für alle Kulturen, die bestimmte »Wahrheiten« nicht erinnern und nicht anerkennen wollen. Sie rotieren im Gegenwärtigen und ihre Kultur wird obsolet und zerfällt.

Wenn Lebenslügen weiter bestehen, wenn nicht gemeinsam erinnert werden kann an Unrecht und Missstände, dann wird gerade dadurch eine weitere Entwicklung behindert. Es besteht die Gefahr, dass immer wieder in alte Muster zurückgekehrt wird. Entwicklung wird hier verstanden als eine Erweiterung der Handlungsmöglichkeiten, als ein Zuwachs an Fähigkeiten.

Doch was ist, wenn nichts geschieht? In Samuel Becketts (1952/1971) Stück *Warten auf Godot*, wird das »Nichts zu machen« zum Leitmotiv derjenigen, die warten und nichts unternehmen, damit das Leid, die Ausbeutung und der Tod anderer ein Ende finden. Mehrfach wird die Aufforderung, zu gehen, geäußert, doch gleich wieder kassiert: »Wir gehen? – Gehen wir! Sie gehen nicht von der Stelle.« Es wird gewartet und vielleicht gehofft, aber es tut sich nichts. Besonders der Protagonist Estragon möchte immer wieder die Veränderung ins Spiel bringen und vergisst es dann aber wieder. Mangelnde Erinnerung wird so erinnert. Abwechslung erzeugen der Herr Pozzo und sein Diener Lucky, doch es bleibt beim Intermezzo. Das Stück schließt mit dem anhaltenden Warten und damit der Verweigerung, sich zu erinnern und die kollektiven Traumata zu bearbeiten.

Ein anderes Beispiel. Wie war es mit Troja? Hat der Krieg um Troja überhaupt stattgefunden? Dennoch hat das doch alles Wirkung bis heute, es ist Teil unserer Erzählung und bestimmt zuweilen das Leben. Auch ist es ein kulturelles Erbe. Homer hat in der *Ilias* die Sinnlosigkeit der gewaltvollen Auseinandersetzung verdeutlicht. Troja wurde zehn Jahre belagert und bekämpft. Wie sollte jemals eine positive Erwartung daran geknüpft werden? Die Belagerten werden niemals einsehen, sich unterzuordnen. Das Widerstreben wird ewig währen und sogar vererbt. Nur durch einen Trick konnte Troja schließlich erobert werden. Kassandra hatte es prophezeit. Das Danaergeschenk entpuppte sich als Invasion. Aber warum sollten Menschen andere bekämpfen, unterjochen, zur eigenen Meinung überreden oder zwingen? Ach ja, Helena wurde unrechtmäßig entführt, aber war das der einzige Grund für den Krieg? War das wirklich der Anfang und hätte sie nicht anders befreit werden können? Was soll jemals dabei herauskommen als ein andauernder, latenter, dann offensichtlicher Streit und Kampf? Die Konflikte und insbesondere gewaltsame Auseinandersetzungen führen zu Unheil für alle Seiten, es gibt nur Verlierer und die Vernunft erleidet eine herbe Niederlage. Transformation und Entwicklung gelingen über die gemeinsame Verständigung, die Eröffnung von Möglichkeiten für alle Seiten. Die dialogische Auflösung von Konflikten, die gemeinsame Erinnerung der Wahrheit (auch in Wahrheitskommissionen), so wie der zivile Ungehorsam, die friedliche Revolte und die Ausbreitung von kollektiver Vernunft führen zum Gelingen.

Ein weiteres Beispiel: Als der indigene Bewohner das erste Mal einen Weißen sah, reichte er den Ankömmlingen eine ortstypische Frucht dar. Diese Freundlichkeit wurde nicht erwidert, wie wir heute wissen. Seine Nachfahren, wenn es welche gibt, schuften heute als Plantagenbauern. Auf Haiti gab es nach der Französischen Revolution einen Aufstand, weil sich die Menschen dort als französische Staatsbürger sahen, die sich aus der Sklaverei und der Drangsal befreien wollten und sich dabei auf die erkämpften Menschenrechte bezogen. »Die Menschen werden frei und gleich an Rechten geboren und bleiben es«. So lautete der erste Artikel der Erklärung der Menschen- und Bürgerrechte 1789. Für die Anerkennung seiner Eigenständigkeit musste sich Haiti unter Androhung einer neuerlichen Invasion und der Reaktivierung der Sklaverei bereit erklären, den immensen Betrag von 150 Millionen Goldfrancs an »Reparationen« zu leisten, und zwar für den Verlust von Land und das verlorene »Humankapital«, die Sklaven. Die Auswirkung war verheerend für das Land, das heute noch zu den ärmsten der Welt zählt. Bis heute ist dieser zentrale Widerspruch von hehren Ideen der Freiheit, Gleichheit und Geschwisterlichkeit auf der einen und den weiter bestehenden imperialen Abhängigkeiten nicht aufgelöst und Haiti konnte sich nicht wirklich entwickeln und befreien.

In den drei Beispielen finden wir mangelnde Erinnerung und mangelnde Entwicklung vor: Bei *Godot* das Nicht-Hinsehen und die Verweigerung der Erinnerung, bei *Troja* die Verweigerung der Erinnerung, dass Gewalt zu nichts führt, und bei Haiti die fehlende Erinnerung an die unaufgelösten Widersprüche.

Die Deutungshoheit der Erinnerung haben die mächtigen Gruppen in der Gesellschaft. In einer Demokratie, die ja die Teilung der Gewalten und die Machtbegrenzung ermöglicht, bestehen immer Chancen für einen Diskurs über die Geschichte und die Erinnerung. In Autokratien kann die Unwahrheit aufrechterhalten werden, weil Widerspruch nicht möglich ist. Dies ist aber ironischerweise auch der Anfang des Untergangs jeder Diktatur. Im öffentlichen Raum wird mit Denkmälern beispielsweise Bedeutung zugeordnet und die Ehrung bestimmter historischer Figuren vorgenommen. Es erscheint verständlich und nachvollziehbar, dass Menschen Denkmäler kritisieren oder sogar stürzen wollen, wenn darauf Personen glorifiziert werden, die ihre Vorfahren drangsaliert haben. Denkmäler werden in der Regel von den Mächtigen aufgestellt und bleiben häufig stehen, obwohl sie aus der Zeit gefallen sind. In Russland finden sich noch viele Statuen und Büsten von Lenin, ja sogar von Stalin, einem der schlimmsten Terrorherrscher der Weltgeschichte. In Deutschland wird am häufigsten Bismarck gewürdigt, obwohl er Anti-Demokrat war und die SPD bekämpft hat. In den USA stehen noch zahlreiche Reiterstandbilder von der Konföderierten die von Nachfahren der Sklaven als Verhöhnung empfunden werden. In China bleibt der Gewaltherrscher Mao Tse-tung in Ehren und der Nachfolger baut sich als Kultfigur auf. Xi Jingping, ein früherer Verstoßener der KP, hat sich durch die Diktatur nach oben gearbeitet. Heute baut er einen Überwachungsstaat im Orwell-Format 4.0 aus und verantwortet die brutale Unterdrückung der Uiguren, der Tibeter und der Demokraten in Hongkong.

2.   Wahrheit, Wirklichkeit, Realität

Auch der radikalste Konstruktivist bestreitet nicht, dass es Wahrheit gibt. Wahr sind Ereignisse und Dinge, die stattgefunden haben. So steht in Deutschland zurecht unter Strafe, die Shoa, den Holocaust, zu leugnen. Einzig streiten kann mensch sich über die Gründe, wie es dazu gekommen ist und welche Auswirkungen das auf unser heutiges Leben hat. Vielleicht kann mensch sich auch streiten über die Form der Erinnerungskultur. Aber diese singuläre Form organisierten Grauens hat stattgefunden. Wenn ein Mensch behauptet, die Erde sei eine Scheibe, und andere daran erinnern, dass sie eher eine Kugelform aufweist, dann liegt der Kompromiss nicht darin, dass die Erde die Form eines Diskus' hat.

Genauso ist kein Kompromiss zu finden mit Rassisten. Das Ergebnis ist dann nicht die Angemessenheit von ein wenig Rassismus, sondern die Wahrheit bleibt: Rassismus ist eine Erfindung von Rassisten, denn es gibt keine menschlichen Rassen, nur die Menschheit. Alle Menschen stammen von Vorfahren aus dem heutigen Ostafrika ab. Ebenfalls eine Wahrheit ist, dass Frauen und Männer gleichberechtigt sind. Wer noch nicht so weit ist, hat ein Problem. Es ist leider wahr, dass es Sklaverei gegeben hat und teilweise noch gibt. Sklaverei war immer böse und verachtungswürdig. Menschen erbarmungslos auszubeuten und durch Arbeit zu vernichten, war, ist und bleibt grobes Unrecht.

Die Realität kann als die vereinbarte Wirklichkeit betrachtet werden. Es ist real, was als Wahrheit zugelassen wird. Max Frisch hat gemahnt: »Man sollte die Wahrheit dem anderen wie einen Mantel hinhalten, daß er hineinschlüpfen kann – nicht wie ein nasses Tuch um den Kopf schlagen.« Zur Verständigung über die Wahrheit gehört auch eine Portion Geschick oder Dosierung. Wirklichkeit, noch so ein schillernder Begriff, den Meister Eckardt im Mittelalter treffend beschrieben hat: Wirklichkeit ist das, was Menschen auf sich wirken lassen, was wirksam ist. Insofern kann auch die Unwahrheit »wirklich« sein. Dabei ist immer davon auszugehen, dass Menschen allein wegen ihrer Herkunft, ihrer Biografie, ihren Erfahrungen unterschiedliche Sichtweisen entwickeln, die nur in einem Dialog und Diskurs abgehandelt werden können. Die Vernunft, erkannte Jürgen Habermas (1988), entsteht aus der »Vielheit der Stimmen«. Hannah Arendt schrieb aus Anlass der Staatsgründung Israels 1948:

> »Einhellige Meinungen sind eine bedrohliche Erscheinung und gehören zu den Kennzeichen unseres modernen Massenzeitalters. Sie zerstören das gesellschaftliche wie das persönliche Leben, das auf der Tatsache beruht, dass wir von Natur aus und von unseren Überzeugungen her verschieden sind.« (Arendt 2019, S. 244)

Bei Kant (1781/1998) muss das Meinen mit Wissen gepaart sein, ohne Verknüpfung mit der Wahrheit landet der Mensch in der »Erdichtung« und muss mit den Folgen leben. Leider auch andere. So ähnlich hat es auch Hannah Arendt (Arendt/Bormuth 2016) formuliert, die reine Meinungen (Doxa) nicht für ausreichend für den Diskurs hält, denn es müssen Argumente dazukommen, die wiederum im Dialog angreifbar sind und dann den Erkenntnisgewinn ermöglichen. Schon Francis Bacon wusste:

> »Hat der menschliche Verstand einmal an etwas Gefallen gefunden (es sei nun, weil er es einmal so glaubt und angenommen hat, oder weil es ihm Vergnügen macht), so zieht er alles Übrige mit Gewalt hinein, damit zusammenzustimmen. Und wenn auch für das Gegentheil weit bessere Beweise sich anbieten, so übersieht er sie oder verkennt ihren Wert, oder schafft sie durch Spitzfindigkeiten bei Seite, nicht ohne die größten, schädlichsten Vorurteile; Alles, um nur die Autorität seiner ersten Annahme ungeschmälert zu erhalten.« (Bacon 1561–1626)

Der Mensch umgibt sich auch gerne mit Menschen, die seine Ansichten teilen. Bestätigung und Zustimmung, mag es auch zu wirren Gedanken sein, verleiht gute Gefühle. Wir lieben also kohärente Erlebnisse und glauben gerne, was uns passt. Ein absurdes Beispiel: Der US-Amerikaner Peter McIndoe skandierte auf einer Pro-Trump-Demonstration »Birds aren't real«. McIndoe behauptete: Jeder einzelne Vogel am Himmel ist eine Drohne und er selbst sei Teil einer Gegenbewegung, die seit 50 Jahren existiere. Videos gingen in den sozialen Netzwerken viral und bald wurde ernsthaft berichtet, dass alle Vögel in den USA Überwachungsdrohnen und alle echten Vögel zwischen 1959 und 2001 beseitigt worden seien. Zwei Jahre später offenbarte McIndoe seine fake news und will damit die Leichtgläubigen der Lächerlichkeit preisgeben.

Der Rückzug in eine identitäre Hülle fördert zunächst das Wohlbefinden. Allerdings nur so lange, wie die erfundene Wahrheit einem keine Probleme bereitet. Die Bauern im mittleren Westen der USA können nur solange die Klimakrise leugnen, bis ihre Felder ausgetrocknet und wertlos sind. Macht kann die »(Un)-Wahrheit« bestimmen, doch mit der Zeit, bröckelt die Zustimmung. »Die Wahrheit ist die Tochter der Zeit, nicht der Autorität«, sagte der Philosoph Francis Bacon (1620/1990). Demokratie ist vor allem ein Verfahren zur Gewaltenteilung und Machtbegrenzung und kann so zur »wirklichen« Wahrheitsfindung erheblich beitragen. Dem Orkan der Wahrheit ins Auge zu sehen, erzeugt viel Aufregung und Risikobereitschaft, doch vermeidet diese aktive Haltung die eigene Energie, in der Abwehr der Wahrheit zu vergeuden und zu verlieren. Es ist aufwendig, zu verdrängen und zu leugnen, und am Ende wird es sinnlos.

3.   Theorie und Praxis des Gedächtnisses

In der Wissenschaft wird zwischen Gedächtnis und Erinnerung nur insofern unterschieden, dass das Gedächtnis Erinnerung erst ermöglicht. Nun wissen wir alle, dass uns unser Gedächtnis täuscht, dass wir schon bald nach einem Ereignis alles durcheinanderbringen können. Forensik-Fachleute können das bestätigen: Zeugenaussagen differieren auch innerhalb einer Person, je nachdem, wann und wie die Befragung stattfindet (Loftus 1997; Shaw 2016). Unsere autobiografische Wahrnehmung ist geprägt von unseren Erlebnissen und Erfahrungen, die zu einem großen Teil unbewusst gespeichert werden. Besonders im episodischen Gedächtnis wird ein mentales Wiedererleben möglich. Doch immer sortieren wir unser Gedächtnis in eine für uns passende, lesbare Form. Auch Geschichte wird erfunden, subjektiv verändert, häufig passend gemacht. Besonders Jan Assmann (1992) und Harald Welzer haben betont, dass Erinnerungen Form und Ausdruck von Kommunikationen sind. Die Erinnerung kann so rituell verfestigt und verfälscht werden, wenn die Kommunikation nur strategisch von einflussreichen

Kräften bestimmt wird. Deshalb wird in autoritären Systemen auch die spezifische Erinnerung chronifiziert und Mythen und Legenden gebildet oder es wird die Erinnerung vergessen (gemacht). Erinnerungen können sich jedoch verändern (Welzer 2002, S. 153). Somit kommt es darauf an, die kommunikative Verständigung auch hierarchiefrei und plural zu gestalten. Ansonsten kommt es zu Märchenerzählungen und konservierenden Ritualen der Unwahrheit.

3.1   Das individuelle Unbewusste

Die Psychologie spricht von Verdrängung, Sublimierung oder Abspaltung. Alle Erfahrungen gehen in unser Unbewusstes ein und bestimmen damit über unser weiteres Verhalten und unsere Entscheidungen. Ohne das Unbewusste könnten wir keinen Tag überleben, nicht die Straße überqueren, nicht einmal gehen. Denn hier sind die Erfahrungen gespeichert, die unser Überleben ermöglichen. Die meisten Erlebnisse sind ja positive Lernerfahrungen. Wir vergessen deshalb nie, wie wir mit dem Fahrrad fahren, Klavier spielen oder tanzen, wenn wir es einmal gelernt haben. Nur die traumatischen Erfahrungen sind die verdrängten, abgespaltenen, die mühsam in Therapiesitzungen, durch Meditation oder andere Methoden wieder hervorgeholt werden, um sie »verarbeiten« und die Prägung des eigenen Verhaltens aufzuheben und uns wieder davon lösen zu können. Es sind Spurungen, die unsere Entwicklung, also die Erweiterung der Handlungsmöglichkeiten, verhindern. Erfahrungen von Gewalt, Ausgrenzung, Missbilligung und Ungerechtigkeiten können dadurch das ganze weitere Leben beherrschen. Dies gilt in unterschiedlichem Maße sowohl für Opfer als auch für Täter.

Der Sozialpsychologe Erich Fromm kritisierte, dass mit dem Begriff »das Unbewusste« eine Eigenschaft zu einem handhabbaren Instrument gemacht werde. Das Unbewusste ist aber ein Teil unserer ganz normalen Erinnerung und unseres Gedächtnissystems, das auch kein Mysterium in sich trägt. Unbewusste Prozesse überwiegen in unserem Gehirn. Sie sind auch als das schnelle Gehirn zu bezeichnen, welches unsere Entscheidungen, unser Denken und Fühlen maßgeblich steuert. Daniel Kahneman (2012) unterscheidet das schnelle (unbewusste) und langsame Denken (logisch analysierende, bewusste) und meint damit etwas Ähnliches. Unbewusste Prozesse sind wohl 10.000-mal schneller als bewusste. Sie »… beeinflussen unsere Beziehungen, Entscheidungen und Lebenspläne und regen kreative Prozesse an, die besonders auch in Kunst und Musik ihren Ausdruck finden können« (Haslinger 2019, S. 13–14). Im Unbewussten sind unsere erlernten Verhaltensmuster abgespeichert, die unser Leben prägen, was zuweilen sehr anachronistische, obsolete Verhaltensmuster evoziert, die in einer zurückliegenden Situation vielleicht adäquat waren, aber immer erst erinnert werden müssen, um sie renovieren zu können. Es gibt in Familien die

intergenerationale Muster, die, weil nicht bearbeitet, fortwirken und die Befähigung und Entwicklung erheblich stören können. So zurren besonders Ge-
walterfahrungen in der »Geschichte« einer Familie den Menschen fest. Erst, wenn
diese Geschehnisse offenbart werden, wenn sie erzählt und eingestanden werden,
sind die Traumatisierungen aufzulösen. Besonders die Familien- und Organi-
sationsaufstellungen haben sich hier als öffnende Verfahren wirksam erwiesen.
Bei aller notwendigen Vorsicht bei diesem Vorgehen werden jedoch zahlreiche
Hinweise und Möglichkeiten offenbart, die vorgeprägten, hemmenden Bahnen
zu verlassen. Die Systemaufstellungen sind wegen ihrer Wirksamkeit auch kritisch zu betrachten. Wie viele psychotherapeutische Verfahren benötigen sie eine
kritische Reflexion und ein rahmendes therapeutisches Konzept (Weinhold et al.
2014). Die kontroverse Diskussion um Systemaufstellungen kann hier nicht beschrieben werden. Besonders ein Begründer, Bert Hellinger, hat sich relativ
selbstherrlich betätigt und damit auch Unheil angerichtet. Erhellend sind in
diesem Zusammenhang die kritischen Einwürfe von Stefan Kühl (1998; 2009) mit
dem besonderen Hinweis auf die vernachlässigte Machtproblematik.

3.2   Das kollektive und gesellschaftliche Unbewusste

Die unbewussten Prägungen sind nicht nur in Familien wirksam, sondern auch
in weiteren Systemen wie Organisationen, wo sich die familiären Muster zum Teil
erweitern und sogar vertiefen können. Traumatisierte Personen suchen soziale
Umgebungen auf, die ihre Muster verstärken oder zumindest wiederholen, also
wieder aktualisieren. Das gesellschaftliche System spielt die Rahmenhandlung.
Wenn in einer Gesellschaft bestimmte Ereignisse verdrängt oder nicht erinnert
werden dürfen, wirken diese in die Familien hinein und auf die Individuen
zurück. So können die verdrängten Wahrheiten nicht nur einzelne, direkt Betroffene, sondern auch Kollektive bis hin zu ganzen Gesellschaften von ihrer
wirklichen Entwicklung abhalten. Sie führen dann immer zu Konflikten, Gewalt
und Ungerechtigkeit. Im gesellschaftlichen Bereich dienen Gedenken, Zeitzeu-
genberichte, Wahrheitskommissionen, Wiedergutmachungen und Sühnezei-
chen der Heilung. Das Unheil, die Gewalt, das Unrecht sind nicht wirklich aufzuheben. Es ermöglicht jedoch ein Weiterleben, wenn die Wahrheit ausgesprochen wird, wenn sich versöhnt wird und grundsätzliche, strukturelle und
gesellschaftliche Konflikte und Widersprüche aufgedeckt werden, wenn analysiert wird, was die Wahrscheinlichkeit für Gewalt und Erstarrung erhöht und
was sie senkt. Wir können aus der Geschichte lernen, und wir können lernen,
daraus zu lernen. Der deutsch-amerikanische Psychoanalytiker und Philosoph
Erich Fromm prägte den Begriff des »gesellschaftlichen Unbewussten«, womit er

darauf aufmerksam machte, dass es viel unbewusste Gemeinsamkeiten sind, die die Menschen in einer Gesellschaft verbinden:

> *»Das andere Verbindungsglied ist die Tatsache, dass eine jede Gesellschaft bestimmt, welche Gedanken und Gefühle ins Bewusstsein gelangen dürfen und welche unbewusst bleiben müssen. Genauso wie es einen Gesellschafts-Charakter gibt, gibt es auch ein ›gesellschaftliches Unbewusstes‹.«* (Fromm 1962, S. 96)

> *»Dieses bildet sich durch die gemeinsame Verdrängung etwa von Aggressivität, Aufbegehren, Abhängigkeit, Einsamkeit, Kummer und Langeweile, die dadurch als eigene Impulse unbewusst bleiben und durch Ideologien ersetzt werden.«* (Fromm 1965, S. 408)

Ein Beispiel aus der Wissenschaft soll die gesellschaftliche Wahrheitsfindung und auch die Versuche der Leugnung und Verdrängung verdeutlichen.

Wissenschaft und Forschung dienen der Erkenntnisgewinnung. Es wird nicht Wahrheit oder Wahres produziert, sondern es werden mögliche Lösungen vorgestellt, zuweilen falsifiziert. Es wird um Wahrheit gerungen, der immer näher gerückt wird. Insbesondere geht es um bedingte Aussagen und um die Abschätzung von Wahrscheinlichkeiten, nicht um die Erzeugung von Gewissheiten. Es erscheint sowieso befremdlich, wenn in ungewissen, kontingenten Zeiten, klare Gewissheiten formuliert werden. In der Wissenschaft geht es also um ein Ringen um die Wahrheit, um die bessere Erkenntnis und das überzeugendere Argument. Problematisch wird es erst, wenn es eine erdrückende Evidenz gibt, aber dennoch diese Erkenntnisse mit Desinformation geleugnet und verdreht werden: Die Klimakrise sieht schon seit Jahrzehnten nach einer unbequemen Wahrheit aus. Die Wahrheit ist, dass die Menschen selbst ihre eigenen Lebensgrundlagen gefährden und zunehmend ruinieren. Die Komplexität der Thematik führte dazu, dass die Wissenschaft, wie immer, erst Erkenntnisse sammeln und auswerten muss und um die Wahrheit gerungen wird. Deutliche Hinweise auf einen Zusammenhang zwischen der (imperialen) Lebens- und Wirtschaftsweise und der Klimakrise gibt es schon seit etwa 45 Jahren und schon seit langem haben 97,5 % der Klimaforschungsinstitute auf die dramatische Situation und Entwicklung hingewiesen. Die restlichen Institute sind nachweislich von einflussreichen Kräften ins Leben gerufen und alimentiert worden, die sich Vorteile versprechen, wenn die Klimakrise geleugnet wird. Heute weiß man, dass sich alle unabhängigen Institute leider nicht geirrt haben – genau nachzulesen bei Michel E. Mann (2021) und den Klimarettern (2018). Nun sind wir an einen Punkt geraten, der kaum noch Handlungsmöglichkeiten zulässt und einen radikalen Wandel der Wirtschafts- und Lebensweise erfordert. Die durch Menschen bewirkte Klimakrise und der dramatische Artenschwund, die Vergiftung und Verschmutzung der Welt nähern sich den Kipppunkten und drohen, irreversibel zu werden.

Es bleiben die existenziellen Fragen, wie wir einmal erinnert werden wollen und eventuell aber auch, ob wir noch erinnert werden können? Noch ziehen die Wohlstandsmenschen mit ihrem Ökonomiesystem Spuren der Verwüstung durch die Welt. Wir, die Einflussreichen und Mächtigen der Welt, sind wenig wahrhaftig, verdrängen die Wahrheit und sind bisher nicht sichtlich bereit, eine mitweltgerechte Ökonomie zu entwickeln. Was, wenn wir unsere Existenz aus-löschen? Nichts mehr bleibt? Alles dem Markt zu überlassen erscheint proble-matisch, da so Entscheidungen nach Machteinfluss getätigt werden. Es wird keine gemeinsame, demokratische Entscheidung gefunden. Es kann kaum als vernünftig gelten, einzelnen Akteuren überragende Macht, Verfügungsrechte und Vermögen zu gewähren, während die meisten Menschen auf unserem Hei-matplaneten darunter leiden. Ein Konzept der »GleichFreiheit« (Balibar 2012) wäre orientiert an dem Gedanken, Freiheit von Zwang, von Drangsal, von Aus-grenzung und von Zumutungen zu organisieren, anstatt nur eine Freiheit ohne Verantwortung zu propagieren.

3.3   Glaubenssätze und Spurungen

Gerade gesellschaftlich, vom sozialen Kontext werden der Entwicklung von Menschen und Systemen enge Grenzen gesetzt. Hier gilt es, die Selbstermäch-tigung der Akteure zu fördern und die Kompetenzen zu entdecken. Es ist häufig der soziale Kontext, die Entourage, die Menschen in Bann hält: entweder ins Unbewusste abgetauchte Festlegungen, Glaubenssätze, oder aber auch gegen-wärtige Zuschreibungen und Spurungen. Entwicklung und Befähigung sind nur zu realisieren, wenn es Menschen mit ihrem sozialen Umfeld vereinbaren oder diesen vielleicht nicht förderlichen Kontext verlassen. Menschen haben keine feststehenden Eigenschaften und Fähigkeiten, denn diese sind sozial attribuiert und können aktiviert werden, wenn Menschen es selbst für sich zulassen und andere zur Mitwirkung gewinnen können. Der Systemforscher Rolf Arnold (2009) hat diese Spurungen besonders anschaulich beschrieben, die verlassen werden können, wenn wir uns diese bewusst machen und in einem geschützten Rahmen neue Verhaltensweisen erproben können. Wiederum sind diese Spu-rungen und Glaubenssätze auch gesellschaftlich wirksam, weil Menschen als gesellschaftliche Wesen immer korrespondieren mit den Systemen, die sie um-geben. So werden Narrative auch bewusst erzeugt, um die Bevölkerung eines Landes auf eine bestimmte Geschichte einzustimmen. Dazu zählen insbesondere die Hegemonialstategien einflussreicher Gruppierungen: Wir sind die Erben des Osmanischen Reiches, das Narrativ von Großrussland, »Make America great again« etc. pp.

4.   Erinnerung zwischen Individuum und Gesellschaft: Autofiktionale Literatur

Eine erkenntnisreiche Form der Erinnerung stellen die Beiträge der autofiktionalen Literatur dar. Diese wird als vornehmlich erinnerndes Schreiben begriffen, bei dem die eigene, persönliche Geschichte vor dem Hintergrund der gesellschaftlichen Situation entwickelt wird. Diese Literatur wirkt insofern als Nahtstelle zwischen Gesellschaft und Individuum, zwischen kollektiver und individueller Erinnerung. Es geht um die Themen der Aussöhnung, der Versöhnung, der gemeinsamen Aufarbeitung, und es geht um die Entwicklung von Menschen in Bezug auf die oft unentrinnbaren gesellschaftlichen Kontexte.

Die Soziologin Angela Keppler (1995) hat die Erinnerungskommunikation in Familien am Beispiel von Tischgesprächen empirisch erforscht. Es existiert nicht eine große Erzählung, die mit den historischen Ereignissen übereinstimmt, sondern es sind diverse Familienmitgliedern zugeschriebene entlastende Erzählungen. So wurde der Großvater in mancher Familie als eine Art »kleiner Schindler« beschrieben, seine Persönlichkeit verklärt, obwohl er, wie später klar wurde, früh in die NSDAP eintrat. Die »schlimme Zeit« kam über die Familie, die alle irgendwie Opfer waren. Geschichten der Erinnerung werden »erfunden« und mit eigenem Sinn versehen beziehungsweise auf Teilaspekte reduziert. Das autofiktionale Erzählen kann als Schreibtherapie nicht nur der eigenen Entwicklung der Nachfahren dienen, sondern auch anderen Menschen, den Lesenden, Aufklärung und Sinn vermitteln. Auf diese Weise können dann gemeinsame Veränderung eingeleitet werden. Wie jeder Mensch auch die soziale Entourage braucht, um sich verändern zu können. Das autofiktionale Schreiben ist im Gegensatz zu Memoiren kein Versuch der Aufzeichnung des eigenen Lebens, sondern eher ein literarisches Spiel. Zuweilen wird eine Romanfigur noch indiziert, häufig aber das Ich in den Mittelpunkt gestellt. Die Autorin Lauren Fournier (2021, S. 28) beschreibt: »Memory is associated with the genre of memoir, while performative writing approaches memory with a reflexive sense of instability and play.« Lauren Fournier entwirft eine Autotheorie der Kunst, wobei das Ich zum Ausgangspunkt genommen wird. Besonders in der feministischen Literatur US-Amerikas hat dieses Genre seinen neuerlichen Anfang genommen: Autorinnen wie Chris Kraus, Maggie Nelson, Rachel Cusk, Claudia Rankine sind hier zu nennen. Einige weitere Beispiele sollen hier kurz beschrieben werden:

Didier Éribon (2016) hat mit *Rückkehr nach Reims* seine Herkunft aus der Unterschicht in der Provinz Frankreichs reflektiert und dabei eine Gesellschaftsanalyse betrieben. Er ist dem Schicksal, dass häufig durch die Herkunft bestimmt scheint, entronnen. Damit ist das Unwahrscheinliche passiert. Éribon wird nicht nur in Armut geboren, sondern ist homosexuell, was in der Gesellschaft der 1960er Jahre noch arg diskriminiert wurde, sich jedoch in Paris damals als paradoxer »Vorteil« herausstellte. So waren einige seiner Dozenten selbst homosexuell, wie zum Beispiel Michel Foucault, der offen mit seiner sexuellen Orientierung umging. Éribon (2016) beschreibt in seinem Buch, dass seine Karriere nur durch Zufall möglich war und ihn seine Herkunft vielfach wieder begrenzte. Damit weist er im Anschluss an Pierre Bourdieu (1979/1982) darauf hin, wie sich die Klassengesellschaft vor allem über das Bildungssystem und die soziale Distinktion selbst reproduziert. In segregierten Gesellschaften erlernen die Eliten die Kunst, kleine Unterschiede zu machen, die, wie wir mit Gregory Bateson (1981, S. 582) wissen, große Unterschiede erzeugen können. In seinem zweiten in Deutschland bekannt gewordenen Buch *Gesellschaft als Urteil* (2017) weist Éribon nach, dass die Gesellschaft uns Plätze zuweist. Die Herkunft spricht Urteile aus, denen wir uns nicht entziehen können, sie errichtet Grenzen und bringt Individuen und Gruppen in eine hierarchische Ordnung. Auch dieses Buch ist eine radikale Selbst-Introspektion, eine Selbsterinnerung und ein Versuch, die eigene Scham zu überwinden, indem man sie offenlegt. Éribon paraphrasiert auch die Literatur von Annie Ernaux, deren autofiktionales Schreiben ein ganzes Genre eröffnet hat – zumindest für mich.

Annie Ernaux verbindet in ihrem Roman *Die Jahre* (2018) die persönliche Lebensgeschichte mit Betrachtungen zur gesellschaftlichen Situation. Auch sie arbeitet ihre Scham auf, die aus ihrer Herkunft resultiert. Sie stammt aus sehr einfachen Verhältnissen und wird als hochbegabte Schülerin zwar in die höheren Bildungsinstitutionen vorgelassen, aber wiederkehrend beschämt durch die Eloquenz, das elitäre Selbstbewusstsein ihrer aus den oberen Schichten stammenden Mitschülerinnen und Kommilitoninnen. Ihr Buch liest sich wie eine Zeitgeschichte, die die Wirkungen des gesellschaftlichen Kontextes auf die Individuen verdeutlicht. Es wird offenbar, wie sehr die individuelle Entwicklung von der sozialen Herkunft und den herrschenden Verhältnissen bestimmt wird.

Bei Tove Ditlevsen bekommen wir einen Einblick in die widersprüchlichen Entwicklungslinien Dänemarks in der Mitte des 19. Jahrhunderts, das sich heute zu einem vorbildlichen Sozialstaat entwickelt hat. Ditlevsen beschreibt in ihrer Trilogie (1967–1971/2021) recht offen ihren Weg aus dem Kopenhagener Arbeitermilieu (mit vierzehn Jahren verließ sie die Schule und mit siebzehn Jahren ihr Elternhaus. Sie wurde zunächst Dienstmädchen und Bürogehilfin) zur anerkannten Schriftstellerin, aber auch das Scheitern, ihre Depression und Drogenabhängigkeit. Alle diese Krisen und Probleme stehen in einem Zusammenhang mit der Familie, der unmittelbar sozialen aber auch der gesellschaftlichen Situation und Kultur.

Hast du uns endlich gefunden lautet der Titel eines 2021 erschienenen Buches von Edgar Selge. Das Buch erzählt autobiografisch die Geschichte des 12-jährigen Edgar, der seine Jugend in der ostwestfälischen Provinz zwischen Gefängnis und

Hochkultur erlebt. Sein Vater leitete die Strafanstalt in Herford und veranstaltete als begabter Musiker auch klassische Konzertabende für die Insassen. Selge fand in diesem literarischen Debüt zu einem reflektierenden, oft humorvollen Text, der die Widersprüche von Gewalt und Hochkultur, von Strenge und Liebe offenbart. Es überrascht, dass der bedeutende Charakterdarsteller erst im hohen Alter zu dieser wohl notwendigen Verarbeitung der Gewalterfahrung in der Lage war. Auch hier wird die persönliche Entwicklung mit der gesellschaftlichen in Beziehung gesetzt.

Der Roman *Ferne Gestade* von Abdullahrazeh Gurnah (2022) ist eine vielschichtige Erinnerung an die eigene Geschichte, die Migration aus Sansibar nach England dicht verwoben mit der Kolonialgeschichte, dem Imperialismus, aber auch dem Ost-Westkonflikt. Er erzählt Familiengeschichten, von Verwicklungen, Stillstand, Wiederkehr des Immergleichen. Er zeigt aber auch, dass bei der vielschichtigen Erinnerung aus verschiedenen Perspektiven eine Entwicklung und Befreiung ausgelöst werden kann. Erzählt wird die Geschichte von *Saleh Omar*, einem alten Mann, geflohen aus Sansibar, der in London Asyl sucht, mit niemanden spricht, außer mit dem Dolmetscher Latif Mahmud, den er noch aus Sansibar kennt, als beide in eine Familienfehde verstrickt waren. Die beiden Männer, gleichermaßen belesen und im Gespräch oft Bezug nehmend auf Melvilles *Bartleby*, versuchen sich über die gemeinsame Erinnerung an Jugend, Kolonialerziehung und Flucht auszusöhnen.

Der französische Schriftsteller Joseph Ponthus hat mit dem Roman *Am Laufenden Band* (2021) seine Erlebnisse in der Leiharbeit verarbeitet. Als ausgebildeter Sozialarbeiter mit Literaturstudium war er in der Bretagne auf diese Form der Erwerbsarbeit angewiesen. Mitten in einem Wohlstandsland werden Menschen dazu gezwungen, menschenverachtende Arbeit zu verrichten. Ponthus arbeitete in der Fleisch- und Fischindustrie und hat abends nach der Arbeit die Erlebnisse schreibend reflektiert. Es ist damit ein erhellender Einblick in die Ausbeutungsmaschinerie dieser Industrie und insgesamt eine nachvollziehbare Sozialstudie gelungen.

Christian Kracht fährt in *Eurotrash* (2021) mit seiner Mutter durch die Schweiz, erinnert die Ereignisse und Weggabelungen seiner Kindheit und Jugend und reflektiert die Geschichte seiner Familie. Der Roman zeugt von einer Erinnerungs-Kunst, die darin besteht, die dunklen Ecken der Familiengeschichte geschickt mit Fiktion zu kaschieren, zu parodieren und dennoch nachvollziehbar das eigene Schicksal zu offenbaren.

Die tschechische Schriftstellerin Radka Denemarková hat ihren Roman *Stunden aus Blei* (2022) als ihr Lebenswerk bezeichnet. Schauplatz ist das heutige China. Dort treffen Ost und West, vergangene und bestehende Diktaturen aufeinander, da die Autorin beides erlebt hat: die Jahre in der ČSSR nach dem »Prager Frühling« und das totalitaristische China, wo aus Denemarkovás Sicht das Schlimmste des Kapitalismus und das Schlimmste aus dem Kommunismus zusammenfinden. Die Autorin macht deutlich, wie den Möglichkeiten zur eigenen Entfaltung in den autoritär-diktatorischen Staaten enge und starre Grenzen gesetzt wurden.

Es hat aber auch Vorläufer gegeben, die Tradition reicht weit zurück, wie es Isabell Graw und Brigitte Weingart (2019) beschreiben. Zu denken wäre an die *Bekenntnisse* von Rousseau, die *Meditationen* von Descartes, die *Essais* von Montaigne und viele mehr. Jüngere Beispiel wie der Schriftsteller Richard Yates werden wieder entdeckt. Er erzählt in *Easter Parade (2007)* von der »Hölle auf Erden«, die zwei Schwestern erleben. Lakonisch entsteht ein Bild der amerikanischen Gesellschaft, das den Mythos der freien und offenen, allen unbegrenzte Möglichkeiten eröffnenden Gesellschaft deutlich korrigiert. Yates beschreibt, wie zwei Schwestern ihrer Vergangenheit entrinnen wollen, aber immer wieder in derselben Situation enden. Ihre Erinnerung wird verdrängt und nicht aufgelöst. Yates verarbeitet hier offensichtlich auch seine eigene Geschichte, er erinnert sich im Schreiben und deutet mehrere Auswege an. So versuchen sich die beiden Schwestern Emily und Sarah in der literarischen Reflexion und zum Ende wird angedeutet, dass die nächste Generation manche Verstrickung aufgelöst hat.

Hier wurden einige Beispiele der individuellen Entwicklung aufgezeigt, die durch den gesellschaftlichen Kontext erschwert wurden. So soll im Folgenden auf die fehlende und verzerrte gesellschaftliche Erinnerung und deren negative Folgen eingegangen werden.

5. Gesellschaftliche Erinnerungsfälschung und fehlende Aufarbeitung

An einigen Beispielen soll der Zusammenhang von fehlender Erinnerung und dadurch behinderter Entwicklung aufgezeigt werden.

5.1 Die USA – Große Demokratie mit großen Erinnerungslücken

Die US-amerikanische Demokratieentwicklung begleiten zahlreiche Widersprüche seit der Gründung und diese sind bis heute nicht wirklich aufgearbeitet: die Vernichtung der indigenen Bevölkerung, die Sklaverei und der Rassismus, die gewaltvollen Kriege in aller Welt, die Verstöße gegen Menschenrechte. Die Folge ist die deutliche Demolierung der Demokratie, die strukturelle Gewalt, die von Ungleichheit ausgeht und zu sozialen Verwerfungen sowie zu politischer Radikalisierung führt. So kam ein Antidemokrat an die Macht, der auch nicht wieder abtreten wollte und einen Staatsstreich provozierte. Trump, der so viele Lügen produzierte, dass die mediale Pipeline damit verstopft war. Kein Faktencheck der Welt kann in dieser Geschwindigkeit die Wahrheit herausfinden. Die Entwicklung wird gehemmt durch ein wütendes Gegeneinander. Gesellschaftliche Gegensätze, Segregation, Freiheitsideologie und American Dream, die Freiheit der Mächtigen – schon die Gründerväter der USA waren in ihrem Verhalten widersprüchlich. Thomas Jefferson und Abraham Lincoln hielten selbst Sklaven und setzen sich für ein Ende der Sklaverei ein. Geschichten wie John Steinbecks *Früchte des Zorns* (1939/1940) haben die Widersprüche offenbart und auf die soziale und ökologische Krise aufmerksam gemacht. Präsident Roosevelt fand den Ausweg mit dem New Deal aus der Misere in den 1930er und 1940er Jahren, verhinderte eine Drift in gesellschaftliche Instabilität und legte mit seinem Sozialstaatsmodell wahrscheinlich eine passende Grundlage für die Entwicklung der (im Übrigen durch den Krieg hoch verschuldeten) USA. Aber auch in dieser großartigen Demokratie braucht es zuweilen Mut, die Wahrheit zu sagen. Erinnert sei hier an die Verfolgung von Menschen, die Missstände offenbaren. Whistleblower leben gefährlich: Julian Assange, Edward Snowden und Edward Manning seien genannt, die wahre Missstände aufgezeigt haben. Der materielle Wohlstand basiert zu einem Großteil auf der Ausbeutung von Mensch und Natur in und insbesondere außerhalb der USA. Der amerikanische Traum ist eine moralische Verbrämung der krassen Ungleichheit. Wie schon Karl Polanyi (1944) aufzeigte, besteht immer die Gefahr, dass eine ungleiche, zur reinen Marktgesellschaft tendierende Kultur in den Faschismus umschlägt, auch weil die soziale Verbundenheit bedroht wird und soziale Instabilität entsteht. Eingeständnisse, wahre Erinnerungen dieser Widersprüche und der dunklen Seiten könnten sicher Möglichkeiten zu einer weiteren Kultivierung eröffnen und die Demokratie revitalisieren.

5.2　Erinnerung als erfundene Wirklichkeit: Putin, der imperiale Märchenerzähler

Wie man jetzt leider deutlich vor Augen geführt bekommt, gilt die Nicht-Entwicklung und sukzessive Reaktion für Russland, das seit Jahrhunderten in autoritär-reaktionären Strukturen verharrt und sich nicht entwickeln kann. Nun driftet der Staat in eine Diktatur mit Einschüchterung und Gewalt nach innen und außen. Der erbarmungslose, durch nichts zu rechtfertigende und unfassbare Angriffskrieg auf eine Demokratie in der Ukraine war die Folge. Wahrheit braucht Mut. Proteste wie im Staatsfernsehen oder bei Demonstrationen führen zu Verhaftungen, Folter und Bedrohung des Lebens. Eine Verwirrung ist nur dadurch entstanden, dass, wo Kommunismus draufstand, nie welcher darin enthalten war. Die Ideologie des Leninismus und Stalinismus führte in eine grausame Diktatur. Ähnliches gilt für alle weiteren realkommunistischer Versuche, die die vorherrschenden autoritären Strukturen nur mit einem neuen Kleid versahen. Heute ist das Regime Putin als proto-faschistisch zu bezeichnen. Das diese Bezeichnung nicht übertrieben ist, klärt Putin selbst: Er bezieht sich auf den russischen Philosophen Iwan Iljin (1883–1954). Vor der Annexion der Krim stattete er seine Beamten mit Iljins Aufsatzband *Unsere Aufgaben* aus, in dem eine reaktionär-autokratische Staatsform präferiert wird. Weil er die europäischen Republiken dem Untergang geweiht sah, hielt er die Demokratie für schädlich für Russland. Es müsse stattdessen eine »erzieherische und wiedergebärende Diktatur« eingerichtet werden. Gegenstände der »nationalen Erziehung« in dieser Aristokratie sollten neben Geschichte, Armee, Territorium und Wirtschaft auch Gebete, Märchen und Heiligenlegenden sein. Putins Reden zeugen zudem von dem Denken des reaktionären »Philosophen« Alexander Dugin, der eine anti-demokratische und anti-freiheitliche Ideologie konzipiert hat. Der Politologe Timothy Snyder (2018) hat deutlich gemacht, wie sehr Putin von diesen autoritär-nationalistischen Autoren inspiriert wurde und wird. Auch der Historiker Andreas Kappeler (2021) entdeckt in den Reden Putins die Bezugnahme auf die Ideologie eines großrussischen Reiches.

Wahr ist doch zum Beispiel, dass Wladimir Putin der Präsident der Russischen Föderation ist. Wahr ist auch, dass er notorisch, taktisch und strategisch lügt, oder vornehmer ausgedrückt, die Unwahrheit sagt, wenn es in sein Kalkül passt. So müssen alle mit Lügen weiterleben und diese werden kurioserweise zum Teil der Wahrheit.

Putin ist ein Erfinder der Unwahrheit und hat vor Jahren seine verklärende Erzählung über die großrussische Geschichte erfunden. Er versucht damit, die Schmach des Niedergangs der UDSSR oder GUS zu überwinden. Die gewaltsame Invasion, der Angriffskrieg gegen die Ukraine war im Prinzip voraussagbar, wenn man denn Putin nur geglaubt hätte. Es gibt ein merkwürdiges Verhältnis zwischen den aktuellen Lügen und der Verklärung der Historie, der gefälschten Erinnerung oder der erlogenen Geschichte, die man aktuell glauben sollte. Die Gewaltherrscher erklären häufig ihre geplanten Taten schwarz auf weiß oder Wort für Wort. Der Mensch ist ja meistens, dass was er tut und nicht, was er sagt. So hat das russische Regime unter dem Diktator Putin schon eine Reihe grenzenlos grausamer Gewaltakte begangen und nun folgte der Überfall auf die Ukraine. Merkwürdigerweise glaubte man seinen Taten und seinen Ankündigungen nicht, aber seinen Worten. Nun kennt man auch seine Schriften und in großer Geschwindigkeit kamen radikalisierte Äußerungen hinzu. Putins Wut, auch nach dem großen Widerstand in der Ukraine, lässt ihn in kurzer Zeit immer heftiger formulieren. Er scharrt sogar Gläubige um sich, die zu einem großen Parteitag im Stadien jubeln müssen. Gewalt resultiert in den meisten Fällen aus

Wut und Angst, den großen negativen emotionalen Treibern des Menschen. Gewalttaten resultieren häufig aus gefühlter Zurücksetzung, Schmach, aus Wut und Angst. Auch in dieser Geschichte existieren zahlreiche Ursachen. Meines Erachtens sind die »westlichen Staaten« Mitverursacher der Krise. Russland wurde nicht wirklich respektvoll behandelt, sondern zum »billigen« Rohstofflieferanten und als Regionalmacht degradiert. Die *Dialektik der Aufklärung* (Horkheimer/ Adorno 1947) benennt viele dieser Widersprüche. Noch verwickelter ist die Kontroverse zwischen der Debatte um den Postkolonialismus und dabei das Verhältnis von Rassismus, Imperialismus und Antisemitismus.

5.3   Antisemitismus–Rassismus-Debatte

Geschichte setzt sich wie ein Mosaik aus unterschiedlichen Teilen zusammen. Die Wahrheit ist dabei aber keine Ansichtssache, sondern nur lediglich aus unterschiedlichen Perspektiven zu ermitteln – so beispielhaft zu erkennen an der aktuellen Debatte zur Antisemitismusforschung und zum Postkolonialismus. In diesem Disput zeigt sich eine Kontroverse mit Potenzial zu herben Missverständnissen. Der Holocaust ist ein singuläres historisches Ereignis des grenzenlosen Grauens, das sich nicht wiederholen darf. Aus der Sicht der ehemaligen Kolonialstaaten stehen allerdings die Leiden der Sklaven und aller gepeinigten und ermordeten Menschen aus der Kolonialzeit im Vordergrund. Der heutige Staat Israel wird aus dieser (kolonialen) Perspektive anders gesehen. Die Israelis erkennen darin aber eine Bedrohung des Existenzrechts ihres Staates, des ersten Staates, den sie ihre Heimat nennen können. Der Disput um die Ähnlichkeit von Antisemitismus und Rassismus gerät dann schnell in einen fundamentalen und wenig erkenntnisfördernden Streit. In Deutschland hat man sich nach der restaurativen Phase der 1950er Jahre spät zu einer bisweilen anerkannten Erinnerungskultur der Shoa und des Vernichtungskrieges durchgerungen. Doch bis heute gibt es keine vollständige Aufarbeitung der Vernichtung der Nama und Herero in der damaligen deutschen Kolonie Deutsch-Südwestafrika (heute: Namibia). Es war der erste Genozid des 20. Jahrhunderts. Lange scheute der deutsche Staat die Schuldanerkenntnis und daraus folgende Reparationszahlungen. Erst im Jahre 2021 wurde sich offiziell für das »unermessliche Leid« entschuldigt und eine »Wiederaufbauhilfe« versprochen, aus der sich aber keine Entschädigungsansprüche ableiten lassen. Es brauchte also 120 Jahre, bis das Unrecht ansatzweise aufgearbeitet und die Wahrheit anerkannt wurden. Die Diskussion um den südafrikanischen Philosophen Michel Mbembe, der Apartheid in dem Verhalten der Israelischen Regierung erkennt, muss aus deutscher Perspektive mit Vorsicht gehandhabt werden, aus israelischer und allgemein jüdischer Seite wirkt die Einschätzung von Mbembe hingegen als Bedrohung. Im

Buch *Fluchtpunkte der Erinnerung* des irsraelischen Historikers Natan Sznaider (2022) kann ein vielschichtiger Diskurs nachgelesen werden, der exemplarisch die Entwicklung der Wahrheit aus unterschiedlichen Hintergründen, Sichtweisen und Erfahrungen aufzeigt. Auch Meron Mendes (2022), Professor für transnationale Soziale Arbeit und Direktor der Forschungsstätte Anne Frank, macht im Streit um die *documenta15* 2022, konzipiert von der indonesischen Künstlergruppe ruangrupa, deutlich, dass eigentlich in Dialog getreten werden müsste. Doch gerade dieses Vorhaben »we need to talk« wurde gestrichen. Mendes weist darauf hin, dass es in Indonesien schwierig ist, sich proisraelisch zu verhalten und ruangrupa nicht als antisemitisch zu bezeichnen ist. Auch – so *Mendes* – werden bei anderer Gelegenheit israelische Akteure ausgeladen, die sich kritisch zur israelischen Politik gegenüber den Palästinensern äußern.

Neben vielen ehemals imperialistischen und kolonialistischen Ländern hat besonders Belgien bis heute keine wirkliche Erinnerungskultur bezüglich der eigenen Kolonialgeschichte entwickelt. Die belgische Kolonialgeschichte kann als ein Grauen unermesslichen Ausmaßes bezeichnet werden. Wahrscheinlich sind bis zu zehn Millionen Tote zu beklagen. Millionen von Sklaven schufteten im Kongo für den Reichtum der Belgier, besonders des Königs Leopold II., der das Land zu seinem Privatbesitz erklärte. Für 50 Millionen Franc verkaufte er es 1908 an den belgischen Staat. Heute gibt es ein öffentliches Bedauern, aber keine Entschuldigung. Es lähmt die belgische Gesellschaft auch, dass immer noch keine Aufarbeitung geschah und mitten in Brüssel ein großes Reiterstandbild Leopolds II. direkt vor dem Königlichen Palast steht. Die Wahrheit wird also immer noch nicht vollständig anerkannt und die Folgen sind auch heute noch tragisch zu nennen. Das reichste Land der Erde wird ausgeplündert und ruiniert, Generationen von Menschen leiden unter den widrigen Verhältnissen. Belgien müsste wie andere Kolonialstaaten die Schuld anerkennen und den Kongo aktiv unterstützen und Reparationen zahlen, statt weiter einen Freihandel zu betreiben, der die koloniale Geschichte nur mit anderen Mittel und eingekleidet in eine neue Erzählung fortführt.

So kann in vielen Ländern die Verklärung der Erinnerung, die Leugnung der Wahrheit beobachtet werden. In autoritären Regimen ist das Teil der Politik. In Demokratien sind es eher Hemmnisse, sich wirklich weiter zu kultivieren und Macht- und Informationsasymmetrien abzubauen. So ergibt es Sinn, nochmals die zögerliche Aufklärung und falsche Erinnerung in der deutschen Geschichte nach dem Zweiten Weltkrieg zu betrachten.

5.4   Falsche Erinnerung der deutschen Geschichte

Im Jahre 2022 leben wir in einer Übergangszeit. Die Zeitzeugen der dunkelsten Seite der deutschen Geschichte sterben aus. Bald gibt es niemanden mehr, die oder der vom erlebten Schrecken erzählen kann. Wie soll man die singulären Verbrechen im Nazideutschland so in Erinnerung halten? Bisher galt die deutsche Erinnerungskultur bei vielen Beobachtern insbesondere aus dem Ausland als recht vorbildlich, wenn sie auch erst mit großer Verspätung nach dem Zweiten Weltkrieg eingesetzt hat. Dazu später. Der britische Historiker Timothy Snyder behauptet nun in einem Interview, dass der Holocaust im Rahmen eines kolonialen Kriegs stattgefunden hat und immer noch nicht wirklich aufgearbeitet wurde. Die Deutschen – so Snyder – haben nur deutsche und keine jüdischen Quellen verwendet, weil sie diese für zu »emotional« hielten:

> »Hätte der öffentliche Diskurs den Holocaust bis in die Ukraine, Belarus und die baltischen Staaten zurückverfolgt, hätten die Deutschen vielleicht das ganze Ausmaß ihres Kolonialismus begriffen… Was hat Deutschland stattdessen getan, in seinem noch immer imperialen Mindset? Es hat mit der anderen Imperialmacht geredet. Mit der, unter der die Ukraine gelitten hat: Russland.« (Snyder 2022, S. 10)

Noch deutlicher wird die Unterlassung wahrer Erinnerung in dem Leugnen des Geschehenen. Dabei wäre wichtig gewesen, zu erinnern, was war.

Die Schriftstellerin Anna Haag (2021) kann als eine typische Zeitzeugin gelten, die in den 1940er Jahren in ihrem Tagebuch (1940–1945) die Gräueltaten der Nazis genauso wie den alltäglichen Rassismus und Antisemitismus der Durchschnittsbevölkerung in ihrer Heimatstadt Stuttgart festgehalten hat. Sie dokumentiert damit auch, dass alle erhebliches Wissen auch über die Shoa haben konnten. Eine Ausrede im Sinne von »wenn ich das gewusst hätte« ist deshalb deutlich unwahr. Ein paar Zitate sollen das verdeutlichen:

> 11.5.1940 Tagebucheintrag: Wozu ein Mozart, ein Beethoven, ein Goethe gelebt haben und ihre Werke geschaffen, wenn wir Heutigen nichts anderes wissen als töten und zerstören?

> 4.9.1942 Die Massenmorde in Polen, in Russland, an den Juden, die unbarmherzige Verteilung von Frauen und Kindern aus ihrer Behausung, das Plündern, das Prellen: offenbar verträgt sich das mit der »soldatischen Ehre« der Deutschen?

> 15.2.1942 Was unser Führer am liebsten hätte, wurde ich heute gefragt, worauf ich sagte: dass er sein Volk mit Tabletten ernähren und auf Hühner und Kühe und Sonne und Gott pfeifen könnte. Tabletten müssten da sein, die Übermuskeln zu züchten, im selben Maße aber Denk- und Gefühlsvermögen einschrumpfen lassen. Wir würden keine Zeit mehr brauchen für Mahlzeiten und keinen Funken Kraft, um etwas zu denken oder zu fühlen. Heil Hitler!

Von 1995 bis 1999 evozierte die *Wehrmachtsaustellung* des Hamburger Instituts für Sozialforschung eine vehemente Diskussion in Deutschland. Viele Wehrmachtsangehörige oder Epigonen wollten nicht wahr haben, welche Verbrechen das deutsche Militär im Zweiten Weltkrieg beging. Die Brisanz des Themas löste Gegenwehr aus und die Ausstellung musste gestoppt werden, weil kleinere Fehler in der Bildzuordnung und bei Titelunterschriften unterlaufen waren. Eine unabhängige Kommission zur Wehrmachtsausstellung (2000) stellte doch fest, dass die grundlegenden Aussagen alle belegbar waren.

Unbewusste Erinnerung in Form der Verleugnung und Verdrängung, eben die mangelnde Erinnerung der Entstehungsursachen von Faschismus sowie der späteren Gräueltaten hat zunächst zu Forderungen der Aufarbeitung und des Eingeständnisses, dann, nach der vielfachen Verweigerung und Sprachlosigkeit zwischen den Generationen auch zum Ausbruch von weiterer Gewalt geführt. Es kam zur unheilvollen Entwicklung der anfänglich nachvollziehbaren Wut gegenüber den Reaktionären, der brutalen, strukturellen und kriegerischen Gewalt. Bis heute wird das problematische Zusammenwirken von reaktionären politischen Kräften und einigen Akteuren des Großkapitals unzureichend thematisiert. Lange Zeit wurden die Untaten in der Nazizeit, die grausame Gewalt unserer verbündeten Freunde in Korea und Vietnam, die im kompletten Widerspruch zu den »westlichen Werten« standen, die versuchte, auch atomare Wiederaufrüstung der Bundeswehr wenig kritisch betrachtet. Als ein Beispiel für die aus Verleugnung und Verdrängung resultierende Verzweiflung der jüngeren Generation kann die Radikalisierung mancher zunächst nur fragender, dann protestierender, dann aufbegehrender Menschen gesehen werden. So begann die Journalistin Ulrike Meinhof mit scharfer, sprachlicher Kritik, schloss viele Jahre Gewalttaten mit möglichen Opfern vollends aus, kritisierte auch die Niederschlagung des *Prager Frühlings* durch die UdSSR und endete doch als Terroristin. Nicht aufgearbeitete Geschehnisse, Grundwidersprüche in der restaurativen Politik, Bündnisse mit Despoten und Diktaturen, aktualisierten die Gewalt.

So hat der hoch verehrte erste Bundeskanzler Konrad Adenauer sicher viele Verdienste vorzuweisen, so die Verständigung mit Frankreich und insgesamt mit der westlichen Welt. Doch auch bei ihm offenbart die Geschichte einige Wahrheiten, die seine Größe relativieren. Erst kürzlich wurde deutlich, dass er damals die SPD durch den BND ausspionieren ließ. Geleitet wurde die Behörde durch den ehemaligen Nazigeheimdienstler Richard Gehlen, der bis 1968 BND-Chef blieb. Adenauer umgab sich auch mit weiteren Nazigrößen: So leitete Hans Josef Maria Globke, der während der Nazizeit im Reichsinnenministerium tätig war, von 1953 bis 1963 das Kanzleramt von Konrad Adenauer. Er ist eines der prominentesten Beispiele für die Kontinuität der Verwaltungseliten vom Nationalsozialismus bis in die frühe Bundesrepublik. Globke war Mitverfasser und Kommentator der Nürnberger Rassegesetze und verantwortlicher Ministerialbeamter für die Namensänderungsverordnung von 1938, durch die jüdische Mitbürgerinnen und Mitbürger als solche erkennbar gemacht und stigmatisiert wurden. Dies hatte er schon in der Zeit der Weimarer Republik vorbereitet. In der Regierungszeit von Konrad Adenauer war Globke als engster Vertrauter des Kanzlers verantwortlich für Personalpolitik, Kabinettsarbeit, die Einrichtung und Kontrolle von BND und dem Verfassungsschutz. Zu seinen Lebzeiten wurde sein Einsatz für die Nazi-Diktatur nur teilweise bekannt. Im In- und Ausland wurde er deshalb immer wieder scharf angegriffen, von Adenauer, dem BND und der CIA aber stets geschützt. (Bevers 2009).

Die gefälschte Erinnerung hat sicher viel dazu beigetragen, dass es erst spät zu einer wirklichen Öffnung der deutschen Gesellschaft und einer weiteren Liberalisierung kam. Ein Minister im Kabinett war Franz Josef Strauß, der wohl mehr Skandale und Affären überstanden hat als jeder andere deutsche Nachkriegspolitiker. Fragwürdige Rüstungsgeschäfte, Schmiergeldzahlungen und die Spiegel-Affäre seien hier als Gipfel der Skandalbilanz genannt. Er hat mit finsteren Gestalten in der ganzen Welt zusammengearbeitet und vielfach die Unwahrheit gesagt. Die kritiklose Verehrung dieses fragwürdigen Politikers beschert die substanzielle Weiterentwicklung seiner Partei bis heute.

Noch lange haben ehemalige Nazis hohe Ämter in der Justiz, der Verwaltung und in vielen einflussreichen Positionen bekleiden dürfen. So wurde ein SS-Offizier sogar Bundeskanzler, ein Marinerichter, der für Todesurteile gegen Deserteure verantwortlich war, Ministerpräsident von Baden-Württemberg. Die verzögerte und mangelnde Aufarbeitung der finsteren Zeit zwischen 1933–45 hat in Deutschland große Konflikte heraufbeschworen, die auch in entsetzlicher Gewalt des Terrorismus der RAF mündete. Hier liegt insofern ein typisches Beispiel für eine Rückentwicklung oder Erstarrung aufgrund fehlender Erinnerungskultur vor.

5.5   Narrative der Fälschung: Von Büchern in der elterlichen Bibliothek

Mit drei Beispielen soll im Folgenden die Erinnerungsfälschung aufgezeigt werden. Drei populäre Bücher der 1950er bis 1970er Jahre zu ganz unterschiedlichen Sachverhalten fanden sich in vielen Bibliotheken der höheren Mittel- und Oberschicht in Deutschland. So auch im elterlichen Bücherschrank des Autors.

Meister der Verklärung. Albert Speer war ein Meister der Verdrehung und Verklärung. Er hat es zeitweilig fertiggebracht, als »Freund« Hitlers, vom Grauen nichts gewusst zu haben, was er selbst mit organisierte. Er hat in einem Buch *Erinnerungen* (1969) die Wahrheit elegant gefälscht. Albert Speer war Großbauinspektor und Rüstungsminister des Dritten Reichs und dennoch gelang es ihm erfolgreich, sich als der »gute Nazi« zu verkaufen. Albert Speer wird 1966 entlassen und publiziert 1969 seine »Erinnerungen«, die zu einem großen Verkaufserfolg wurden. Er inszenierte sich als unpolitischen Technokraten, der von den Verbrechen nichts gewusst habe. Diese mythische Märchenerzählung griffen Hollywood und das US-Fernsehen unkritisch auf. Die Mini-Serie *Inside the Third Reich* lief ab 1982 erfolgreich auf dem US-Sender ABC und gewann mehrere Emmys, obwohl die Verfilmung hauptsächlich auf den verfälschenden Angaben von Speer selbst beruhten. Was aber ist die Wahrheit über Albert Speer? In seiner Biografie kommt der Historiker Magnus Brechtken zu dem Schluss, dass Speers *Erinnerungen* mit einer Weltauflage von nahezu drei Millionen Exemplaren als scheinbar authentischer Zeitzeugenbericht das Geschichtsbild von einer kleinen Verbrecherclique um Hitler geprägt habe. Diese sei für Krieg, Holocaust und Sklavenarbeit zuständig gewesen, während Speer selbst davon nichts gewusst haben wollte und »die Fabel vom unbedarften Bürgersohn« präsentierte, »der sich plötzlich von unappetitlichen braunen Typen umgeben sieht« (Brechtken 2017, S. 399). Speer behauptete, er sei nur Architekt gewesen. In Wahrheit forderte er Himmlers Arbeitssklaven für den Ausbau der Konzentrationslager an. Er entwarf eine kostensparende Primitivbauweise für die Insassen. Er hat Auschwitz-Birkenau »ausgebaut«. In seinen Erinnerungen rühmt er sich sogar damit, dass er durch seine geschickte Organisation der Armeelogistik die Wehrkraft der deutschen Armee gestärkt hat (Speer 1969, S. 525). In Wahrheit war Albert Speer ein grausamer Täter, der im Nachkriegsdeutschland zu einem Bestsellerautor avancierte. Letztlich hat er durch seine *Erinnerungen* die wahre Geschichte weiter verklärt.

Friedensnobelpreisträger mit Erinnerungslücken. Der amerikanische Außenminister Henry Kissinger füllte zwei Folianten mit seinen Erinnerungen: *Memoiren 1968–1973* (1979) und *Memoiren 1973–1974* (1982). Später kamen noch viele tausend Seiten dazu. In der Schule und im Freundeskreis diskutierten wir damals intensiv über die Widersprüche amerikanischer Politik. Es kam zu scharfen Kontroversen auch in der eigenen Familie. Die USA oder Kissinger waren einfach nicht zu kritisieren, weil sie ja unsere »Freunde« sind. Bereits seit 1963 hatte die CIA in Chile versucht, die Wahl des Sozialisten Salvador Allende zum Staatspräsidenten zu verhindern. Nachdem dennoch Allende 1970 Präsident geworden war, versuchten die USA, die chilenische Regierung zu destabilisieren und die Voraussetzungen für den Militärputsch vom 11. September 1973 zu schaffen. Im Zuge der CIA-Operationen kam es zur Ermordung des verfassungstreuen und zu Allende loyalen Generalstabschefs René Schneider, der dem Putsch im Weg stand. Der demokratisch gewählte Präsident Allende wurde gewaltsam in den Tod getrieben. Wahr ist wohl, dass er sich umbrachte, wahr ist heute aber auch, dass Kissinger den gewaltsamen Umsturz anordnete und dazu beitrug, dass eine Diktatur unter Pinochet errichtet wurde. Genauer gesagt, war das auch schon damals wahr, es ist nur erst viel später zur historischen Tatsache geworden, weil auch Kronzeugen das Vorgehen stolz bestätigten. In den Memoiren von Kissenger steht dazu nichts. Auf die eigenwillige Geschichtsschreibung Kissingers über seine Rolle in Osttimor, Vietnam, Kambodscha, Argentinien usw. soll hier nicht weiter eingegangen werden. Fest steht, dass er bis heute – im Alter von 99 Jahren – seine Akten unter Verschluss hält.

Der Wunderheilige. Wohlstand für alle von Ludwig Erhard (1957) ist ein Beispiel für erfolgreiche Mystifizierung und Legendenbildung. Weder heute noch damals gibt es Wohlstand für alle und schon gar nicht für alle auf der Welt. Wunder soll es immer wieder geben, aber das Wirtschaftswunder war sicher keines. Nicht nur für meinen Vaters erscheint Erhards Buch als Bauanleitung der Marktwirtschaft und der wirtschaftlichen Aufstiegs. Das Buch strotzt jedoch vor apodiktischen Aussagen. Es ist eher ein Pamphlet mit geringen Anteilen an wirklicher Argumentation, beispielsweise:

>*»Das erfolgversprechendste Mittel zur Erreichung und Sicherung jeden Wohlstandes ist der Wettbewerb. Er allein führt dazu, den wirtschaftlichen Fortschritt allen Menschen, im Besonderen in ihrer Funktion als Verbraucher, zugutekommen zu lassen, und alle Vorteile, die nicht unmittelbar aus höherer Leistung resultieren, zur Auflösung zu bringen. (…) Auf dem Wege über den Wettbewerb wird – im besten Sinne des Wortes – eine Sozialisierung des Fortschritts und des Gewinns bewirkt und dazu noch das persönliche Leistungsstreben wachgehalten.«* (Erhard 1957, S. 7–8)

Allein in diesem kurzen Abschnitt sind viele nicht argumentierte, sondern einfach behauptete Zusammenhänge enthalten. Also verdienen die mehr in der sozialen Marktwirtschaft, die mehr leisten? Kein Wort dazu, was er unter Leistung versteht. Auch erinnert sich *Erhard* falsch, wenn er von gleichen Startbedingungen nach dem Krieg, die von ihm bewirkte Einführung der Deutschen Mark und vieles mehr berichtet. Er erinnert sich auch nicht an seine Äußerungen und Tätigkeiten während der Naziherrschaft. So schreibt die Wirtschaftsjournalistin Ulrike Herrmann in Bezugnahme auf zugängliche Quellen: »Erhard war ein Profiteur des NS-Regimes und hat hochbezahlte Gutachten für Gauleiter und Himmler-Behörden verfasst. Erhards NS-Vergangenheit ist historisch bestens dokumentiert, wird aber bis heute tatkräftig verschwiegen. Das neue Ludwig-Erhard-Museum in Fürth behauptet etwa, dass er die NS-Diktatur ›in einer Art Nische‹ überstanden hätte« (TAZ vom 23.09.2019). Ein weiteres Beispiel:

>*»… Es ist sehr viel leichter, jedem einzelnen aus einem immer größer werdenden Kuchen ein größeres Stück zu gewähren als einen Gewinn aus einer Auseinandersetzung um die Verteilung eines kleinen Kuchens ziehen zu wollen, weil auf solche Weise jeder Vorteil mit einem Nachteil bezahlt werden muß.«* (Erhard 1957, S. 10)

Auf hochdeutsch: Egal wie ungleich Einkommen und Vermögen sind, Hauptsache der Kuchen wird größer – eine Frühform der Trickle-Down-Ideologie und

der maßlosen Unterschätzung negativer Folgen sozialer Ungleichheit und Ungerechtigkeit. Erhards Buch und die verklärenden Narrative, die es bis heute
ausgelöst hat, können als ein Grundstein der neoliberalen Mythen- und Märchenerzählung gelten, die es heute auch so erschwert, eine notwendige Transformation des Ökonomiesystems einzuleiten.

6.   Demokratie, Dialoge und Diskurs – Wege zur Wahrheit

Demokratie und Dialog sind die Wege zur Wahrheit. Wenn Bedingungen zum
freien Austausch der Argumente, der Sichtweisen und Erinnerungen gegeben
sind, dann gibt es eine Chance, gemeinsam die Wahrheit herauszufinden. Dies ist
bedeutsam, weil nur bei wahrer Erinnerung eine Veränderung und Entwicklung
möglich wird. Andernfalls verharren wir im Banne der Falschheit. Die Erinne-
rungsfälscher finden sich besonders bei den Autoritären und Reaktionären.
Dialog und fairer Austausch im persönlichen Verhältnis ermöglichen die Ver-
strickungen und die Lähmungen der eigenen Geschichte aufzulösen. In der
Gesellschaft erscheint es wichtig, die Demokratie in alle Bereiche und Ebenen
hineinzutragen, sie zu erweitern und wirklich alle Menschen teilhaben zu lassen.
Demokratie zu schützen gelingt erst, wenn man sie kontinuierlich weiterentwi-
ckelt. Natürlich müssen Feinde der Demokratie davon abgehalten werden, die
Demokratie zu beschädigen, ihre Organe auszunutzen, um die Macht zu errin-
gen. Aber die gelebte Einbindung in Entscheidungen, die würdevolle Behandlung
aller Menschen, ihre Anerkennung und der Schutz ihrer Rechte sind wesentliche
Beiträge zur Vitalisierung der Demokratie. Der beste Beitrag zur Erhaltung und
zur Verteidigung der Demokratie wäre die deutliche Ausweitung und die Ver-
wirklichung einer gemeinsamen Mitweltgestaltung. Die Attraktivität demokra-
tischer Gesellschaften müsste eigentlich unstrittig sein. Wenn Menschen sich frei
entscheiden können, werden sie immer eine demokratisch egalitäre Gesell-
schaftsform präferieren. Die demokratischen Revolten in Belarus, in Kasachstan,
in Myanmar und vielen weiteren Ländern, wo Menschen auch unter Lebensgefahr versuchen, mehr demokratische Freiheitsrechte zu erkämpfen, können hier
als deutlicher Beleg gelten. Die autoritären Regime und ihre retropolitischen
Akteure verleugnen fast alle die anthropogene Klimakrise, stutzen die Rechte der
Frauen und verwehren ihnen Bildungschancen, erweisen sich als homophob,
xenophob und meistens als korrupt, da sie alle Kritik und Gewaltenteilung verhindern. Sie verweigern eine offene Erinnerungskultur, verklären die nationale
Kultur und reduzieren die Entwicklungsfähigkeit des jeweiligen Landes auf
mittlere bis langfristige Sicht. Dennoch steht die Demokratie nicht überall und
schon gar nicht bei machtvollen Akteuren hoch im Kurs.

Die Demokratie hatte schon in der Antike viele Gegner und wurde als Pöbelherrschaft desavouiert. Heute, selbst in Ländern, die sich vom Joch der Autokratie und Diktatur befreien konnten, die sich in lebhafte Demokratien verwandelten, werden wiederum Regierungen gewählt, die die Demokratie gezielt und systematisch abbauen. Die Solidarność-Bewegung hat viel zur Demokratisierung beigetragen und eine Demokratisierung in Polen ertrotzt. Heute regiert dort eine Regierung, die die Gewaltenteilung aufhebt und die Pressefreiheit ruiniert. In Ungarn und der Türkei sind ebenfalls solche autokratischen Tendenzen beobachtbar. Den Autokraten schwebt eine »illiberale Demokratie« vor, die damit versuchen, ihre Herrschaft zu chronifizieren.

Lange Zeit dominierte das Narrativ der »freien« Welt: marktwirtschaftliche Ordnung mit sozialem Korrektiv, verbunden mit einer parlamentarischen Demokratie. Kapitalismus und Demokratie gehören zusammen, hieß es. Auffällig war schon seit Langem, dass gerade die Demokratien des Westens, angeführt von den USA, keineswegs demokratische Entwicklungen unterstützten, sondern sogar gezielt demokratisch gewählte Regierungen stürzten und mithalfen, diktatorische Regime zu etablieren. Die USA selbst haben sich nach der durch Roosevelt eingeleiteten Phase der Sozialstaatlichkeit wieder in eine Plutokratie zurückentwickelt, deren demokratische Institutionen sich als gerade noch stark genug zeigten, einen Antidemokraten zu überstehen. Dennoch steht die Demokratie dort auf tönernen Füßen, weil die radikalisierte Form der Marktgesellschaft, wie Karl Polanyi uns schon (1944) lehrte, autokratischen, reaktionären (bis faschistischen) Entwicklungen den Vorschub leistet. Auch einige libertinären Ökonomen schwebt eher eine eingeschränkte, wenn nicht eigentlich autoritäre Staatsform vor.

Die ganze Geschichte dazu kann man bei Grégoire Chamayou (2019) nachlesen. Dieser Autor hat die autoritären Libertären (die in den USA und Großbritannien besondere Resonanz erfuhren) zum Sprechen gebracht, also mittels treffender Zitate die anti-demokratischen und autoritären Strömungen deutlich gemacht und ihre Vertreterinnen und Vertreter damit als anti-liberale Ideologinnen und Ideologen entlarvt. Er zeigt auf, wie in einer Rolle rückwärts die Errungenschaften des Sozialstaates und der Arbeitnehmerrechte, der Gemeinwirtschaft, der Marktregulierung und Umverteilung in einem ideologischen Machtkampf zurückgedreht wurden. Auch die weit verbreitete Dominanz von weltumspannenden Konzernen, insbesondere des Plattformkapitalismus, gefährdet die Demokratie. Einige Investoren halten sogar Demokratie nicht mit ihrem Konzept von Freiheit vereinbar. Die Digitalkonzerne basteln an einem Metaverse, in dem alles Leben in ein unternehmerisches Konzept verwandelt wird. Jeder Mensch, ehemals Staatsbürger, wird zum Informanten wider Willen, zum Erzeuger von Datenspuren. Jeder Mensch muss sich bedeutungsvoll präsentieren und vermarkten, wenn er oder sie Einfluss nehmen will. Alle staatlichen

Institutionen werden letztlich privatisiert und effektiv, scheinbar zum Vorteil aller organisiert. Die Ökonomie dominiert über die demokratische Politik, obwohl sie als *Oikoniómia* eigentlich eine dienende Funktion haben sollte.

Heute sehen wir uns weltweit mit verschiedenen Varianten der kapitalistischen Wirtschaftsordnung konfrontiert. Der Kapitalismus hat sich fast ohne Ausnahme in allen Ländern der Erde etabliert. So herrscht in China eine als kommunistische Partei getarnte Oligarchenclique über das ganze Land und betreibt brutale Ausbeutung von Mensch und Natur nach rein kapitalistischen Prinzipien. Der wachsende Mittelstand wird mit Konsummöglichkeiten besänftigt, während es in keinem Land einen größeren Anstieg der Ungleichheit gibt. Politisch werden diktatorische Mittel eingesetzt, alle auf Kurs zu halten und zur maßlosen Arbeit anzutreiben. Die Minderheit der Uiguren wird brutal unterdrückt, Tibet wurde gewaltsam annektiert, die Demokratie in Hongkong abgeschafft. Zudem wird unverhohlen Taiwan mit einem Überfall gedroht, welches sich aus einer Diktatur zu einem demokratischen Gemeinwesen entwickelte und eine eigene Kultur indigenen Ursprungs aufweist. Wie internen Papieren zu entnehmen ist, wird vor Demokratie, Meinungsfreiheit, der Stärkung der Zivilgesellschaft und Menschenrechten als Problemen gewarnt und die Begriffe sollen keinerlei Erwähnung finden, weil sie das Prinzip der Harmonie stören. Das interne *Dokument No. 9* wurde 2013 durch einen Leak der chinesischen Journalistin Gao Yu an die Öffentlichkeit gebracht, welche in Folge zu sieben Jahren Haft verurteilt wurde. Eine andere Variante ist Russland, wo das Gesundheits- und das Bildungssystem ruiniert wurden, es keine wirkliche Entwicklung gibt und die Oligarchen um den Regierungschef die Ressourcen versilbern und mit Großmachtphantasien und militärischer Macht von ihren Schwächen ablenken.

7.   Fazit

Die multiplen Krisen in der Welt lassen sich nur gemeinsam lösen. Individuen wie Kollektive und Gesellschaften benötigen eine offene Aufarbeitung ihrer Herkunft, ihrer historischen Irrwege und Fehler, sie bedürfen einer dialogischen Erinnerungskultur, um die Weiterentwicklung zu ermöglichen. Mit Demokratie, Dialog und Diskurs sind dazu die notwendigen Wege aufgezeigt.

Die zahlreichen und vielfältigen Beispiele zeigen auf, dass in Autokratien die Geschichte verklärt und die Erinnerung verschleiert wird. In Demokratien hingegen besteht zumindest die Möglichkeit, der Wahrheit im Diskurs näher zu kommen.

Wir bedürfen nun einer deutlichen Ausweitung der Demokratie als »Regierung des Volkes, durch das Volk und für das Volk«, wie es Abraham Lincoln beschrieb, wir brauchen eine deutliche Begrenzung von sozialer Macht und

Ungleichheit und wir brauchen eine stärkere Berücksichtigung des Schutzes der menschlichen Lebensgrundlagen. Der Autor dieses Essays hat Ansätze zu einer demokratischen Mitweltökonomie entwickelt (Bergmann 2022) und hofft, damit einen kleinen Beitrag zur Auflösung dieses Widerspruchs zu leisten. Damit wir uns schnell und wahrheitsgemäß erinnern können, braucht es eine Kultur des Dialogs, des Diskurses und der Demokratie in allen Ebenen, Bereichen und Winkeln der Gesellschaft. In Schulen und in Familien wäre ein herrschaftsfreier Dialog zu erlernen, in Organisationen und Unternehmen wäre mehr Demokratie ein großer Gewinn, weil dann bessere Entscheidungen getroffen werden, die Wahrheit schnell ans Licht kommt und alle sich für das Gemeinsame engagieren. Demokratie wirkt dann als spürbare Mitgestaltung, als Ermöglichung der wahren Erinnerung, der Aufarbeitung von Schattenseiten und Verfehlungen, die nicht wieder gut gemacht werden können, jedoch eine Versöhnung ermöglichen, die die Basis von Weiterentwicklung ist. Mit Jürgen Habermas kann vom »zwanglosen Zwang des besseren Arguments« gesprochen werden. Das Offenbaren der Geschichte und eine wahre Erinnerung führen zur Schaffung neuer Möglichkeiten, zur Herauslösung aus Zwängen und zu Chancen einer kultivierten Entwicklung. Wenn wir aufhören, die Erinnerung zu fälschen, könnten wir mit einer positiven Erzählung beginnen und statt verklärender Narrative eine Geschichte der Möglichkeiten schreiben.

Literatur

Arendt, Hannah (1948/2019): Zur Rettung der jüdischen Heimstätte ist es nicht zu spät (1948). In: Knott, Marie Luise/Lutz, Ursula (Hrsg.), Wir Juden. Schriften 1932–1966. München, S. 240–258.

Arendt, Hannah/Bormuth, Matthias (2016): Sokrates. Apologie der Pluralität. Berlin.

Arnold, Rolf (2009): Seit wann haben Sie das? Grundlagen eines Emotionalen Konstruktivismus. Heidelberg.

Assmann, Jan (1992): Das kulturelle Gedächtnis. Schrift, Erinnerung und politische Identität in frühen Hochkulturen. München.

Bacon, Francis (1561–1626): Aphorismen von der Auslegung der Natur und der Herrschaft des Menschen, Teil 46.

Bacon, Francis (1620/1990): Neues Organum der Wissenschaften, Darmstadt. Original: Novum Organum, 1620.

Balibar, Etienne (2012): Gleichfreiheit. Politische Essays. Berlin.

Bateson, Gregory (1981): Ökologie des Geistes. Anthropologische, psychologische, biologische und epistemologische Perspektiven. Frankfurt am Main.

Beckett, Samuel (1952/1971): Warten Auf Godot. Frankfurt am Main.

Bergmann, Gustav (2022): Radikale Zuversicht – Wege in eine Muße- und Mitweltgesellschaft. München.

Bevers, Jürgen (2009): Der Mann hinter Adenauer. Hans Globkes Aufstieg vom NS-Juristen zur Grauen Eminenz der Bonner Republik. Berlin.

Bourdieu, Pierre (1979/1982): Die feinen Unterschiede. Kritik der gesellschaftlichen Urteilskraft. Frankfurt am Main (La distinction. Critique sociale du jugement. Paris 1979).

Brechtken, Magnus (2017): Albert Speer, Eine deutsche Karriere. Biografie. München.

Chamayou, Grégoire (2019): Die unregierbare Gesellschaft – Eine Genealogie des autoritären Liberalismus. Berlin.

Denemarkova, Radka (2022) Stunden aus Blei. Hamburg.

Ditlevsen, Tove (1967–1971/2021): Kindheit. Jugend, Abhängigkeit Teil 1–3 der Kopenhagen-Trilogie. Berlin.

Erhard, Ludwig (1957): Wohlstand für alle. Berlin.

Éribon, Didier (2016): Rückkehr nach Reims. Berlin.

Éribon, Didier (2017): Gesellschaft als Urteil. Klassen, Identitäten, Wege. Berlin.

Ernaux, Annie (2018): Die Jahre. Berlin.

Fournier, Lauren (2021): Autotheory as feminist practice in art, writing, and criticism. Boston, MA.

Fromm, Erich (1962/2014): Jenseits der Illusionen. Die Bedeutung von Marx und Freud, 1962. In: Erich-Fromm-Gesamtausgabe (GA) Band IX, S. 96, Kapitel 9: Das gesellschaftliche Unbewusste.

Fromm, Erich (1965): Die Anwendung der humanistischen Psychoanalyse auf die marxistische Theorie, 1965. In: Erich-Fromm-Gesamtausgabe (GA) Band V.

Graw, Isabelle/Weingart, Brigitte (2019): Entre nous. Ein Briefwechsel über Autofiktion in der Gegenwartsliteratur zwischen Isabelle Graw und Brigitte Weingart. Texte zur Kunst (115). www.textezurkunst.de/115/entre-nous, zuletzt abgerufen am 01.08.2022.

Gurnah, Abdulrazak (2022): Ferne Gestade. München.

Haag, Anna (2021): Denken ist überhaupt nicht mehr in Mode. Tagebuch 1940–1945. Stuttgart.

Habermas, Jürgen (1981): Die Theorie des kommunikativen Handelns, Band 1: Handlungsrationalität und gesellschaftliche Rationalisierung. Band 2: Zur Kritik der funktionalistischen Vernunft. Frankfurt am Main.

Habermas, Jürgen (1988): Die Einheit der Vernunft in der Vielheit ihrer Stimmen. Merkur 42 (467), S. 1–14.

Hamburger Institut für Sozialforschung (2021): Verbuchen der Wehrmacht Dimensionen des Vernichtungskrieges. Hamburg.

Haslinger, Bernard (2019): Einleitung. In: Haslinger, Bernhard/Janta, Bernhard (Hrsg.), Der unbewusste Mensch. Zwischen Psychoanalyse und neurobiologischer Evidenz. Gießen, S. 13–18.

Horkheimer, Max/Adorno, Theodor W. (1947): Dialektik der Aufklärung. Amsterdam.

Kahneman, Daniel (2012): Schnelles und Langsames Denken. München.

Kant, Immanuel (1781/1998): Kritik der reinen Vernunft. Hamburg.

Kappeler, Andreas (2021): Revisionismus und Drohungen – Vladimir Putins Text zur Einheit von Russen und Ukrainern, in: Zeitschrift OSTEUROPA, 71. Jg., 7/2021, S. 67–76.

Keppler, Angela (1995): Tischgespräche. Über Formen kommunikativer Vergemeinschaftung am Beispiel der Konversation in Familien. Frankfurt am Main.

Kissinger, Henry (1979): Memoiren 1968–1973. München.

Kissinger, Henry (1982): Memoiren 1973–1974. München.

Klimaretter (2018): Klimawandel: »97-Prozent-Studie« bestätigt. http://www.klimaretter.in fo/forschung/nachricht/21052-klimawandel-97-prozent-studie-bestaetigt, zuletzt abgerufen am 12.06.2018.

Kommission zur Wehrmachtsausstellung (2000): Kommissionsbericht zur Überprüfung der Ausstellung Bericht der Kommission zur Überprüfung der Ausstellung »Vernichtungskrieg. Verbrechen der Wehrmacht 1941 bis 1944«, S. 25, 33, 79, 85 unten, 92 (PDF) (Memento vom 12. Juni 2015 im Internet Archive).

Kracht, Christian (2021): Eurotrash. Köln.

Kühl, Stefan (1998): Wenn die Affen den Zoo regieren. Die Tücken der flachen Hierarchien. Frankfurt am Main, New York, NY.

Kühl, Stefan (2009): Die blinden Flecken der systemischen Beratung. https://pub.uni-biele feld.de/download/1857401/2917585/K%C3%BChl%2C_Stefan%2C_2009%2C_Die_bli nden_Flecke_der_systemischen_Beratung.pdf, zuletzt abgerufen am 01.08.2022.

Lear, Jonathan (2020): Radikale Hoffnung. Ethik im Angesicht kultureller Zerstörung. Berlin.

Loftus, Elizabeth (1997): Creating false memories. Scientific American 277 (3), S. 70–75.

Mann, Michel E. (2021): Propagandaschlacht ums Klima. Wie wir die Anstifter klimapolitischer Untätigkeit besiegen. Erlangen.

Mendes, Meron (2022): Der Hammer. Süddeutsche Zeitung, 10.06.2022, S. 5.

Polanyi, Karl (1944): The Great Transformation. New York, NY, Toronto.

Ponthus, Joseph (2021): Am laufenden Band. Berlin.

Selge, Edgar (2021): Hast Du uns endlich gefunden. München.

Shaw, Julia (2016): Das trügerische Gedächtnis: Wie unser Gehirn Erinnerungen fälscht. München.

Snyder, Timothy (2018): Der Weg in die Unfreiheit. Russland – Europa – Amerika. München.

Snyder, Timothy (2022): Warum so wütend, Herr Snyder? Interview in Die ZEIT 21, 19.05. 2022, S. 10.

Speer, Albert (1969): Erinnerungen. Frankfurt am Main, Berlin.

Steinbeck, John (1939/1940): Früchte des Zornes (The Grapes of Wrath). Zürich.

Sznaider, Natan (2022): Fluchtpunkte der Erinnerung – Über die Gegenwart von Holocaust und Kolonialismus. München.

Weinhold, Jan/Bornhäuser, Annette/Hunger, Kristina/Schweitzer, Jochen (2014): Dreierlei Wirksamkeit. Die Heidelberger Studie zu Systemaufstellungen. Heidelberg.

Welzer, Harald (2002): Das kommunikative Gedächtnis. Eine Theorie der Erinnerung. München.

Yates, Richard (2007): Easter Parade. München.

Andreas Zeising[*]

Erinnerungstopografie. Der Bismarckturm in Fröndenberg bei Unna

Der Erinnerungsort, um den es im Folgenden geht, werden nur wenige Leserinnen und Leser aus eigener Anschauung kennen. Es ist eine landschaftliche Anhöhe bei Unna, gelegen zwischen den beiden Ortschaften Frömern und Strickherdicke, die wiederum zur Kleinstadt Fröndenberg gehören. Nicht unbedingt Orte, die man kennen muss. Hier, an der landschaftlichen Grenze zwischen dem Ruhrgebiet und dem Sauerland, befindet sich ein im Jahr 1900 eingeweihter Bismarckturm – ein Erinnerungszeichen, das nicht, wie viele andere Denkmäler, im belebten städtischen Umfeld, sondern in der freien Natur errichtet wurde (Burgemeister 2005) (Abb. 1, Abb. 2). Die landschaftliche Anhöhe bietet einen reizvollen Blick ins Ruhrtal und das nahegelegene Sauerland. Und so ist dieses Denkmal denn auch in der schönen Jahreszeit ein viel besuchter Treffpunkt für Spaziergänger, Biker und Poser aller Art (Abb. 3). Auch ein Ausflugsrestaurant für eine Pause bei Kaffee und Kuchen gibt es hier, wenn nicht gerade Corona ist. Und wer denkt da schon groß darüber nach, was es mit dem seltsamen Turm eigentlich auf sich hat, der sich in seiner altertümlichen Anmutung wie ein Relikt aus ferner Zeit ausnimmt. Dass das Ganze etwas mit dem zu tun hat, was der Kunsthistoriker Martin Warnke »politische Landschaft« genannt hat (Warnke 1992), eine Form von symbolischer Erinnerung, die sich dem Naturraum eingeschrieben hat, vermittelt sich auch im Namen der landschaftlichen Anhöhe, die zu Ehren der preußischen Hohenzollern die Bezeichnung Wilhelmshöhe trägt. Aber so genau weiß das hier heute kaum noch jemand.

Als der Turm errichtet wurde sah das noch ganz anders aus. Zur Zeit der Jahrhundertwende kannte buchstäblich jedes Kind den Namen Bismarck, den »Helden« der Reichsgründung, den ein Gemälde von Ludwig Radow aus dem Jahr 1890, das im Deutschen Historischen Museum aufbewahrt wird, umgeben von Allegorien der Germania, des Ruhmes und der Geschichte zeigt, während ihm Vertreter aller Stände und Berufe zujubeln (Lemo Online 2022). Rund

* PD Dr. Andreas Zeising, bis April 2022 Akademischer Rat, Universität Siegen, Fakultät II (Bildung – Architektur – Künste), Department Kunst und Musik – Kunstgeschichte.

Abb. 1: Bismarckturm bei Fröndenberg, errichtet 1899–1900 nach Entwurf von Bruno Schmitz
(Foto: Zeising)

zwanzig Jahre nach der Kaiserproklamation im Schloss Versailles war das, jener
folgenreichen Episode der deutschen Geschichte, dem militärischen Sieg über die
Franzosen, an den sich im Deutschen Reich eine vielgestaltige Erinnerungskultur
heftete (Epkenhaus 2020), und an den sogar ein Feiertag erinnerte, der Sedanstag
am 2. September, an dem im ganzen Land die nationale Einheit gefeiert wurde.
Sicherlich auch in Unna, am östlichen Rand des Ruhrgebiets, wo damals die
Industrialisierung gerade mächtig Fahrt aufgenommen hatte, was man ganz sicher sehen konnte, wenn man von der idyllischen Wilhelmshöhe aus den Blick
schweifen ließ hinab ins Ruhrtal, oder auch zur anderen Seite in Richtung
Dortmund, wo der schwarze Rauch der Stahlwerke in den Himmel stieg. Und da
war man dann sicherlich recht stolz, dass aus dem Deutschen Reich eine so
mächtige Industrienation geworden war, die den Vergleich mit anderen Nationen nicht scheuen musste und stimmte selbstzufrieden ein in das Ehrenlied des
Kaisers, »Heil Dir im Siegerkranz«, wo es so schön hieß: »Heilige Flamme, glüh,
glüh und erlösche nie fürs Vaterland!«

Abb. 2: Blick von der Fröndenberger Wilhelmshöhe ins Ruhrtal (Foto: Zeising)

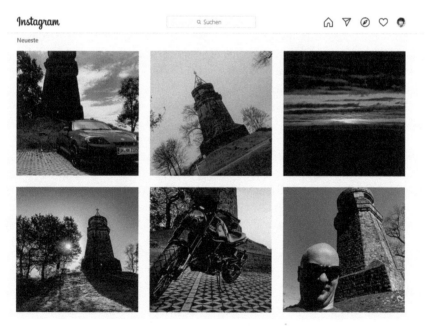

Abb. 3: Postings mit dem Fröndenberger Bismarckturm auf der Social Media Plattform Instagram: Das historische Denkmal als Kulisse für technik- und selbstverliebte Inszenierungen (© Instagram/Meta Platforms 2022)

Wichtigste Bezugsfigur für das Gefühl nationaler Identität war neben dem Kaiserhaus der Hohenzollern vor allem Otto von Bismarck – der »Eiserne Kanzler«, der seine schützende Hand über das junge Pflänzchen Deutschland gehalten und der die Feinde von außen wie die Gegner im Innern bekämpft hatte, namentlich die vaterlandslosen Gesellen der Sozialdemokratie. Bismarck der »Reichsschmied«, wie man gerne sagte, der mit »Blut und Eisen« die Nation zusammengeschweißt hatte. Überraschenderweise war der verdiente Reichseiner jedoch 1890 von Kaiser Wilhelm II., einem jugendlichen Stürmer und Dränger, sang- und klanglos aus seinen Ämtern entlassen worden, was viele patriotisch denkende Bürgerinnen und Bürger nicht hatten nachvollziehen können. Bismarck selbst reagierte verbittert und zog sich auf seinen Alterssitz in Friedrichsruh zurück, wo er 1898 hochbetagt starb. Spätestens mit seinem Ableben wurde aus dem Politiker und Menschen Bismarck in der Erinnerung eine Legende, ein mythischer Volksheld, ja ein Heros, der einen Ehrenplatz nicht nur in den Geschichtsbüchern verdiente, sondern auf ewig in den Herzen aller Menschen, die wahrhaft deutsch empfanden – so dachte man damals (Machtan 1994). Die Formen des Bismarck-Kults, der nun Fahrt aufnahm, reichten von staatsoffiziellen Ehrenbekundungen bis zum trivialen Alltagskitsch, von Schiffstaufen und Straßenbenennungen bis hin zum Glanzbildchen, zum Bismarck-Hering oder auch zur Bismarck-Eiche, wie sie die Bürger der Stadt Siegen im Todesjahr 1898 aus Dankbarkeit und Ehrgefühl bei der Nikolaikirche am Neumarkt pflanzten (Abb. 4). Selbstverständlich ein Exemplar »Aus dem Sachsenwalde«, wie die Inschrift auf dem steinernen Ring verkündet, der den Baum bis heute einfasst (Umweltabteilung der Universitätsstadt Siegen 2008, S. 23).

Der allerbeste Weg, seine warmherzigen Gefühle auszudrücken, war nach damaliger Ansicht allerdings die Denkmalskunst. Und Bismarck-Denkmäler gab es viele: Schon um 1900 besaß fast jede größere Stadt eines (Seele 2005). Wie aber sollte und konnte ein Erinnerungszeichen für Bismarck eigentlich aussehen? Sollte es den Menschen Bismarck als Privatmann zeigen? Oder lieber den Politiker, so wie das von Friedrich Reusch geschaffene Denkmal im Innenhof des Unteren Schlosses in Siegen (Abb. 5), in der Uniform, die Bismarck gerne bei seinen Auftritten im Reichstag trug? Apropos Reichstag: Vor dem Berliner Reichstagsgebäude errichtete man nach langem Hin und Her ein riesiges Bismarck-Nationaldenkmal, das sämtliche Register der traditionellen Denkmalskunst zog (Sünderhauf 2010). Neben der Figur auf dem Sockel fanden sich hier Allegorien aller Art, die Bismarcks segensreiches Wirken illustrierten, daneben eine Darstellung der Germania und einen schwertschmiedenden Siegfried. Doch die Meinungen waren geteilt: Vielen erschien das nicht nur allzu konventionell und künstlerisch überholt, sondern auch in der Sache unangemessen. Die Zeitschrift *Kunst für Alle*, damals eine Autorität, mahnte schon in der Planungsphase kritisch an, ein Erinnerungsmal für Bismarck müsse sich vor allem durch

Abb. 4: Bismarck-Eiche am Neumarkt in Siegen, errichtet 1898 (aus: Umweltabteilung der Universitätsstadt Siegen 2008, S. 23)

Abb. 5: Bismarckdenkmal in Siegen, errichtet 1900 nach Entwurf von Friedrich Reusch (zeitgenössische Bildpostkarte)

Schlichtheit auszeichnen. Im Übrigen sei das Machtzentrum der preußischen Hohenzollern dafür der falsche Ort:

> *Wir könnten uns vorstellen, daß man vielleicht ganz absähe von einer Porträtstatue und irgendwo in der Mitte Deutschlands einen gewaltigen Turm errichtete, der weit über die*

Lande schaut und überallhin sichtbar in mächtigen goldenen Lettern den einen Namen
›*Bismarck*‹ *trüge.*« (Anonymus 1898, S. 60)

Auch diese Idee war nicht ganz neu, denn landschaftlich gelegene Denkmal-
bauten gab es hier und da bereits (Tittel 1981). Exemplarisch kann das ein Jahr
nach Reichgründung erbaute Denkmal für den preußischen Reformer Freiherr
vom Stein in Nassau an der Lahn genannt werden (Abb. 6). Das Erinnerungszeichen an einen »Retter Deutschlands aus der Schmach unglückseliger
Fremdherrschaft« (zitiert nach Hemmerich 2019), also die Zeit der napoleoni-
schen Besatzung, war auf Fernsicht konzipiert und bestand aus einem porträt-
plastischen Standbild und einem architektonischen Baldachin in vaterländisch-
neugotischen Formen, um die vermeintliche Kontinuität von neudeutschem
Reich und mittelalterlichem Kaisertum anzudeuten. Die Eröffnung gestaltete
sich 1872 »wahrhaft erhebend« in Anwesenheit seiner Majestät Wilhelms I. und
höchstrangiger Adelsprominenz (Kuh 1872, S. 1). In der exponierten landschaftlichen Lage des Denkmals, unterhalb der Ruine der Familienstammburg,
verdichteten sich schon damals patriotischer Kult, Nationalgeschichte, Heimat-
geografie und Landschaftstourismus zu einer komplexen Erinnerungstopogra-
fie.

Abb. 6: Freiherr vom Stein-Denkmal in Nassau an der Lahn, errichtet 1868–72 nach Entwurf von
Johannes Pfuhl und Eduard Zais (Illustration aus »Die Gartenlaube«, 1868)

Doch ging es den Verfechtern der Bismarckturm-Idee noch um mehr. Das zeigt
vor allem eine Initiative aus dem Umfeld der akademischen Jugend. 1898 ver-
fasste der Zusammenschluss der Deutschen Studenten (wie man noch ganz

selbstverständlich sagte, denn weibliche Studierende gab es ja kaum), eine Art Interessenverband der nationalkonservativen Corps und Burschenschaften, einen deutschlandweiten Aufruf zur Schaffung von Bismarck-Denkmälern. Darin hieß es unter anderem:

> »Wie vor Zeiten die alten Sachsen und Normannen über den Leibern ihrer gefallenen Recken schmucklose Felsensäulen auftürmten, deren Spitzen Feuerfanale trugen, so wollen wir unserem Bismarck zu Ehren auf allen Höhen unserer Heimat, von wo der Blick über die herrlichen deutschen Lande schweift, gewaltige granitene Feuerträger errichten. Überall soll, ein Sinnbild der Einheit Deutschlands, das gleiche Zeichen entstehen, in ragender Größe, aber einfach und prunklos [...]. Keinen Namen soll der gewaltige Stein tragen, aber jedes Kind wird ihn dem Fremden deuten können: ›Eine Bismarcksäule!‹« (Ausschuß der deutschen Studentenschaft 1899, S. 14)

Hier ging es nicht um volkstümliche Standbilder oder Aussichtstürme, sondern darum, Erinnerungsorte zu schaffen, um sich der nationalen Einheit im Erlebnis einer gemeinsamen Feier zu versichern, kurzum: Die »Idee« Bismarcks und mit ihr die Idee der Nation religiös zu verklären und ins Mythische zu erheben. Aus dem Wettbewerb mit über dreihundert Einsendungen ging damals der erst 26-jährige Architekt Wilhelm Kreis (1873–1955) als Sieger hervor (Mai 1994). Seine Entwurfszeichnung mit dem Titel »Götterdämmerung« war in gewisser Weise genial, da sie konventionelle Vorstellungen von Denkmalskunst völlig verwarf (Abb. 7). Was Kreis in dramatischer Inszenierung ins Bild setzte, war eine Fantasiearchitektur aus tonnenschweren Granitblöcken, bestehend aus einem turmartigen Bündel gedrungener Säulen über einem quadratischem, abgetrepptem Sockel. Auf dem schweren Architrav lagert eine riesige Feuerschale, die das Monument zu einer Art gigantischem Altar macht. Kreis' Entwurf sah als einzigen architektonischen Schmuck ein Relief mit einem Adlerwappen vor. Ansonsten fehlt dem Bauwerk jedwede erläuternde Symbolik. Hier sollte es um Dinge gehen, die sich rein über das Gefühl erschlossen: Über eine als urdeutsch, ja urgermanisch empfundenen »Wucht« des Materials, die Assoziationen von überzeitlicher Dauer, Ewigkeit und irgendwie auch von roher Gewalt vermittelte.

Die Anregung zur Errichtung der Feuersäulen fand begeisterte Aufnahme. Dutzend-, ja hundertfach wurde der Entwurf von Wilhelm Kreis umgesetzt (Seele 2005). Auch in Nordrhein-Westfalen gibt es bis heute eine ganze Reihe von Turmbauten beziehungsweise Bismarcksäulen, die nach diesem Siegerentwurf errichtet wurden, etwa in Hagen, Herford, Lüdenscheid und Wuppertal. Außerdem errichtete man in den Jahren bis zum Ersten Weltkrieg in unzähligen weiteren Städten Bismarcktürme (Bielefeld/Büllesbach 2014; Bielefeld o. J.), die sich mehr oder weniger an Kreis' Entwurf anlehnten, zum Teil aber auch künstlerisch völlig davon abwichen. Ein Kuriosum besonderer Art ist die erst 1911 fertiggestellte Bismarcksäule in Bad Berleburg nach dem Entwurf »Göt-

Abb. 7: Wilhelm Kreis: Entwurf »Götterdämmerung«, Erster Preis im Wettbewerb für einen Bismarckturm der Deutschen Studentenschaft, 1898

terdämmerung«, die eine Höhe von lediglich sechs Metern aufweist. Doch das war durchaus kein Makel. Monumentalität bemaß sich nicht allein an äußerer Größe, sondern am unbedingten inneren Wollen, das Bismarcks Übermenschentum entsprach.

In Unna, ebenfalls eine kleine, aber aufstrebende Industriestadt, umgeben von idyllischer Natur, kamen am 21. Februar 1899 im Café-Hotel Niemeyer eine Reihe patriotisch gesonnener Bürger zusammen, um über den Denkmalsaufruf der Deutschen Studentenschaft zu beraten. Konnte es einen besseren Ort für so ein Denkmal geben als jene Anhöhe bei Fröndenberg, in der stolzen Grafschaft Mark, die seit langem den Namen Friedrich-Wilhelmshöhe trug und damit an die preußischen Hohenzollern und die Befreiungskriege gegen Napoleon erinnerte? Wie bis heute üblich, gründete man zunächst mal einen Verein, um die Dinge voran zu bringen. Das Denkmalskommitee brachte nach und nach die finanziellen Mittel zum Bau des Turmdenkmals durch Spenden zusammen, wobei, wie es in solchen Fällen meistens geschah, das nationalliberal und konservativ eingestellte Bürgertum, speziell die Industrieunternehmerschaft, den Hauptanteil der Kosten übernahm. Das hinderte später niemanden daran, von einem Denkmal zu sprechen, das Ausdruck der patriotischen Einheit aller Schichten der

Bevölkerung war. Es ging um symbolische Politik, die nicht zuletzt integrativ wirken sollte.

In der Gestaltungsfrage kam das Denkmalskommitee indes zu einem überraschenden Votum. In bemerkenswerter Einigkeit entschied man sich nämlich gegen den populären Siegerentwurf von Wilhelm Kreis. Stattdessen gab man dem Entwurf »Keiner war wohl treuer, reiner« des Architekten Bruno Schmitz den Vorzug (Yeats 2020, S. 327–328), der ebenfalls zum Wettbewerb der Studentenschaft eingereicht, aber nicht berücksichtigt worden war. Schmitz (1858–1916) galt damals als eine Art Spezialist für vaterländische Erinnerungsarchitektur. Von ihm stammen eine ganze Reihe monumentaler Denkmäler aus der Zeit des Deutschen Kaiserreichs, darunter das damals im Bau befindliche Völkerschlachtdenkmal in Leipzig, das Kyffhäuserdenkmal im Harz, das Kaiser-Wilhelm-Denkmal am Deutschen Eck in Koblenz und das Kaiser-Wilhelm-Denkmal an der Porta Westfalica, das man heute vom ICE aus sehen kann (Abb. 8). Allesamt wurden erbaut in einem megalomanen Trutzstil, der typisch ist für die Epoche des Wilhelminismus. Die Frage, ob Schmitz dennoch als Vertreter einer – womöglich konservativen beziehungsweise gemäßigten – Moderne gelten kann, führt mitten hinein in historische Bewertungsfragen, die längst nicht abgeschlossen sind (Jefferies 2009).

Abb. 8: Kaiser-Wilhelm-Denkmal an der Porta Westfalica, erbaut 1892–96 nach Entwurf von Bruno Schmitz (Foto: Zeising)

Nach Schmitz' Entwurf wurde der Bismarckturm bei Unna in kurzer Bauzeit aus märkischem Sandstein errichtet, der aus dem nahen Frömern herbeigeschafft wurde. Im Oktober 1900 wurde das Monument mit allerlei patriotischem Pomp

und unter Einsatz des örtlichen Lehrergesangsvereins der Bevölkerung überge-
ben. Nicht nur die äußere Gestalt, sondern auch die gesamte landschaftliche
Anlage hat sich bis heute weitgehend unverändert erhalten (siehe Abb. 1). Noch
immer findet man das knapp zwanzig Meter hohe Monument abseits der Stadt,
in idyllischer Lage. Die Architektur ist schlicht und einfach, zugleich aber höchst
symbolträchtig. Der gedrungene, düster wirkende Turm, der aus grob behauenen
Steinquadern errichtet wurde, erhebt sich auf einem hügelartigen Unterbau und
ist aus der Ferne durch seine Silhouettenwirkung weithin sichtbar. Das moderne
Bauwerk wirkt paradoxerweise uralt, wie aus ferner Vorzeit, ja geradezu »zy-
klopenhaft«, wie man seinerzeit gesagt hätte. Die Symbolik war nach damaliger
Lesart klar: Hier grüßte der mythische Reichsschmied aus weiter Ferne und
wachte über sein Werk, die schöne deutsche Landschaft, wo Handel und Gewerbe
friedvoll blühten.

Aus der Nähe tritt der Turm der Besucherin / dem Besucher mit einer archi-
tektonisch abweisenden und einschüchternden Geste entgegen. Einziger figu-
raler Schmuck des gesamten Bauwerks ist ein Bismarckwappen über dem gruft-
artigen Eingang. Ansonsten überwiegt der Eindruck des Kolossalen, Wuchtigen
und Rohen. Der hohe, geböschte Sockel erinnert, wie das Monument überhaupt,
an Wehrarchitekturen des Mittelalters. In diesen Eindruck fügt sich auch der
sich nach oben verjüngende Turmschaft auf achteckigem Grundriss, der anstelle
von Fenstern lediglich an jeder Seite schlitzartige Öffnungen aufweist, die an
Schießscharten erinnern. Den oberen Abschluss bildet ein schwerer steinerner
Architrav, auf dem eine mächtige Feuerschale platziert ist. Früher wurde sie dann
und wann zu patriotischen Anlässen mit Holz und Petroleum befeuert, und dann
kündete die wabernde Lohe weithin vom ewigen Ruhm des »Deutschesten der
Deutschen«, wie es bei der Einweihung hieß (zitiert nach Burgemeister 2005,
S. 25). Die Nationalsozialisten sollten später an solche pseudoreligiösen Kulte
anknüpfen und machten denn auch reichlich Gebrauch von der Unnaer Bismarcksäule für Aufzüge und Feierlichkeiten. Heute ist die Feuerschale selbstverständlich nicht mehr in Gebrauch, sondern durch eine Metallkonstruktion
ersetzt, die als Referenzpunkt für geografische Vermessungen dient. Im Inneren
des Turmes befindet sich lediglich eine Wendeltreppe, die auf eine Aussichts-
plattform führt, welche unterhalb der Feuerschale positioniert ist.

Alles in allem ist der Bismarckturm bei Unna ein ebenso bemerkenswertes wie
problematisches Monument; bemerkenswert, weil er als Erinnerungsort nicht
nur einfach Daten der deutschen Geschichte aufruft, sondern in seiner Form und
Materialität die seltsame Denk- und Empfindungsweise der Epoche, aber auch
die Konflikte und Widersprüche des wilhelminischen Zeitalters veranschaulicht
und erlebbar macht. Einer Zeit, die einerseits den Blick nach vorn richtete und in
der Deutschland als moderner Industriestaat wirtschaftlich und in der Wissenschaft eine weltweit führende Rolle einnahm. Die aber andererseits durch Klas-

senkampf und soziale Widersprüche tief gespalten war und diese Spaltung durch einen Rückbezug auf verklärte Vorstellungen von ewigem Volkstum und nationaler Überlegenheit zu kompensieren suchte. Ausdruck dieser Kompensation war der Kult um den »Reichsschmied« Bismarck, der in Denkmälern wie dem Unnaer Turmbau seinen sprechenden Ausdruck fand, ein Denkmal, das nach dem Willen seiner Initiatoren, wie es wörtlich hieß, der Nachwelt einen »Inbegriff von deutscher Kraft, von deutschem Mut und deutscher Art, von deutscher Treue bis ins Mark« vermitteln sollte (zitiert nach Burgemeister 2005, S. 24).

Das alles waren gefühlte Werte, die sich nach damaliger Überzeugung nicht naturalistisch veranschaulichen, sondern nur als abstrakte »Stimmungsmacht« vermitteln ließen, wie der Architekt Fritz Schumacher es um 1900 ausdrückte: »Gerade Bismarck gegenüber wird es klar, wie wenig wir bei solchen großen Aufgaben zu sagen vermögen mit porträthafter Treue oder aber mit beziehungsreicher Allegorie.« (Schumacher 1907, S. 82 u. 108). Was es brauchte, war eine Architektur, die den Betrachter mit schierer Größe überwältigte und durch Material- und Massenwirkung diffuse, ja primitive Vorstellungen von Macht, Wehrhaftigkeit und Ewigkeit evozierte: »Keine andere künstlerische Sprache vermag den Ausdruck zu übertönen, der in trotzig gefügten Massen liegt.« (Schumacher 1907, S. 110). Was sich im ästhetischen Erleben ereignen sollte, war ein Heraustreten aus der Individuation in den kollektiven Willen einer nationalen Gemeinschaft, die im religiösen Erinnerungskult ihrer selbst gewahr werden sollte.

Wie gesagt, ein problematisches Monument. Wie gehen wir heute damit um? Die Frage ist berechtigt. Denn einerseits wissen die allermeisten Menschen ja ganz einfach viel zu wenig über die geschichtlichen Ereignisse, um den Sinn des Denkmals überhaupt zu verstehen. Andererseits leben wir in einer Zeit, die hoch sensibilisiert ist für Fragen der Political Correctness und in der politische Herrschaftszeichen der Vergangenheit zunehmend hinterfragt werden. Im Zusammenhang der *Black Lives Matter*-Proteste wurden seit 2020 in den USA und in Europa zahllose Denkmäler demontiert, zum Teil auch gewaltsam zerstört, die im Zusammenhang mit kolonialer Unterdrückung standen und damit – aus der Sicht von Aktivisten – Rassismus und der Unterdrückung von Minderheiten auch weiterhin Vorschub leisteten. Längst ist dabei auch Bismarck in den Fokus geraten (Schwarzer 2020). Denn der »Eiserne Kanzler« war nicht nur ein aggressiver Außenpolitiker und ein innenpolitisch höchst rabiater Akteur, der unerwünschte Meinungen rücksichtslos unterdrückte. Er leistete nach anfänglichem Zögern auch dem reichsdeutschen Imperialismus und der europäischen Kolonialpolitik Vorschub. Bezeichnungen wie der Bismarckarchipel in Papua-Neuguinea oder die Bismarckberge in Namibia erinnern noch daran. Wahrlich kein Ruhmesblatt deutscher Geschichte.

Grund genug, so meinen manche, die Bismarck-Verehrung endlich auf dem Schuttplatz der Geschichte zu entsorgen. In der gegenwärtigen Debatte geht es dabei nicht nur um Umbenennung von Plätzen, Stadtteilen oder auch von Bismarckstraßen, die es ja fast in jeder Stadt gibt, sondern eben auch um Denkmäler. Es ist nur eine Frage der Zeit, da muss man kein Prophet sein, bis der Fall flächendeckend aufgerollt wird. Dass vielerorts an den heute noch zahllos vorhandenen Bismarck-Denkmälern nicht das kleinste Hinweisschild zu finden ist, das auf historische Zusammenhänge verweist, muss in der Tat verwundern. Ob diese Enthaltsamkeit als Indiz für einen verkappten Nationalismus oder eine diffuse Sehnsucht nach Autorität zu werten ist, wie eine Hamburger Initiative »Decolonize Bismarck« unterstellt, wäre zu prüfen.

In Hamburg richtet sich der Zorn der Aktivisten auf das prominenteste der erhaltenen Bismarck-Denkmäler, den martialischen Bismarck-Roland über dem Hamburger Hafen (Schilling 2006) (Abb. 9). Errichtet im Jahr 1906, ist das Monument in der Tat bildlicher Ausweis einer Zeit, in der das Hamburger Großbürgerbürgertum mit Stolz auf seine koloniale Handelsbilanz und die neudeutsche Weltgeltung blickte (Trautwein 2020; Todzi/Zimmerer 2021). Aktuell ist das in die Jahre gekommene Monument wieder einmal Gegenstand hitziger Kontroversen: Soll es wirklich für mehrere Millionen Euro saniert oder nicht besser gleich abgerissen werden? »Decolonize Bismarck« fordert einen neuen Umgang mit dem Denkmal, nämlich es zu kommentieren, zu ergänzen oder auch künstlerisch zu konterkarieren, sodass es seinem Namen Ehre macht, das heißt zu einem Erinnerungsort wird, der zum Denken animiert, Auseinandersetzungen anregt und Kritik ermöglicht (Initiative Decolonize Bismarck 2020). Kritik, die es übrigens auf früher schon gegeben hat: Bereits 1914 urteilte Wilhelm Hausenstein über den Hamburger Bismarck kopfschüttelnd, dass es »nur einer von allen künstlerischen Geistern verlassenen Öffentlichkeit« in den Sinn kommen konnte, dergleichen zu errichten (Hausenstein 1914, S. 220).

Im abgeschiedenen Fröndenberg sind solche Grundsatzdiskussionen um die Zukunft der Erinnerung bisher noch nicht angekommen. Die NRW-Stiftung finanzierte 2009 die aufwendige Sanierung des Bauwerks. Seither engagiert sich hier ein privater Förderverein, stellt Informationen für Besucher bereit und ermöglicht die Besichtigung des Turms für Ausflügler oder Schulklassen der Umgebung. Ob diese denkmaldidaktischen Bemühungen in Zukunft ausreichen, wird sich erweisen.

Abb. 9: Bismarckdenkmal auf der Hamburger Elbhöhe, errichtet 1902–06 nach Entwurf von Hugo Lederer und Emil Schaudt (zeitgenössische Bildpostkarte)

Literatur

Anonymus (1898): Denkmäler. Kunst für Alle 13, S. 60–62.

Ausschuß der deutschen Studentenschaft (Hrsg.) (1899): Dreißig Entwürfe der engeren Wahl aus dem Wettbewerb zu den Bismarck-Säulen. Bonn.

Bielefeld, Jörg (o. J.): www.bismarcktuerme.net, zuletzt abgerufen am 01.06.2022.

Bielefeld, Jörg/Büllesbach, Alfred (2014): Bismarcktürme. Architektur, Geschichte, Landschaftserlebnis. München.

Burgemeister, Katja (2005): Die Bismarcksäule bei Unna. Ein Nationaldenkmal für die Region? Unveröffentlichte Bachelor-Arbeit der Fakultät für Geschichtswissenschaft an der Ruhr-Universität Bochum.

Epkenhaus, Michael (2020): Der Deutsch-Französische Krieg in der Erinnerung. Denkmäler, Feiertage und Ansprachen. In: Bauer, Gerhard/Protte, Katja/Wagner, Armin

(Hrsg.), Krieg Macht Nation. Wie das deutsche Kaiserreich entstand. Ausstellungskatalog Militärhistorisches Museum der Bundeswehr. Dresden, S. 248–257.

Hausenstein, Wilhelm (1914): Die bildende Kunst der Gegenwart. Stuttgart, Berlin.

Hemmerich, Evelyn (2019): Stein-Denkmal war nationales Großprojekt. Vortrag im Geschichtsverein Nassau, in: Rhein-Lahn-Zeitung, 08.12.2019.

Initiative Decolonize Bismarck (2020): Dekolonisierung des öffentlichen Raums: Das Hamburger Bismarck-Denkmal ist auch ein Kolonialdenkmal. 20.06.2020). http://www.afrika-hamburg.de/PDF/hamburgbismarckdekolonial.pdf, zuletzt abgerufen am 06.01.2022.

Jefferies, Matthew (2011): Wilhelminischer Monumentalismus. Zur politischen und kulturellen Rolle der Architektur im Wilhelminismus. In: Müller, Sven Oliver/Torp, Cornelius (Hrsg), Das Deutsche Kaiserreich in der Kontroverse. Göttingen, S. 233–245.

Kloss, Günter/Seele, Sieglinde (1997): Bismarck-Türme und Bismarck-Säulen. Eine Bestandsaufnahme. Petersberg.

Kuh, Karl (1872): Heinrich Friedrich Karl Freiherr vom und zum Stein, des Guten Grundstein, des Bösen Eckstein, des Deutschen Edelstein, und sein Denkmal zu Nassau an der Lahn. Eine Festgabe zur Enthüllungsfeier des Stein-Denkmals am 9. Juli 1872. Nassau.

Lemo Online (2022): »Bismarck-Apotheose«, Gemälde von Ludwig Rudow; https://www.dhm.de/lemo/bestand/objekt/bismarck-apotheose-1890.html, zuletzt abgerufen am 09.08.2022.

Machtan, Lothar (Hrsg.) (1994): Bismarck und der deutsche Nationalmythos. Bremen.

Mai, Ekkehard (1994): Die Denkmäler im Kaiserreich. In: Mai, Ekkehard/Nerdinger, Wilfried (Hrsg.), Wilhelm Kreis. Architekt zwischen Kaiserreich und Demokratie 1873–1955. München, Berlin, S. 28–43.

Schilling, Jörg (2006): Distanz halten. Das Hamburger Bismarckdenkmal und die Monumentalität der Moderne. Göttingen.

Schumacher, Fritz (1907): Denkmalskunst. In: Schumacher, Fritz (Hrsg.), Streifzüge eines Architekten. Jena, S. 79–110.

Schwarzer, Anke (2020): Bye-bye, Bismarck: Auch die deutschen Otto- und Wilhelm-Denkmäler ehren Kolonialisten. 02.07.2020. https://jungle.world/artikel/2020/27/bye-bye-bismarck, zuletzt abgerufen am 06.01.2022.

Seele, Sieglinde (2005): Lexikon der Bismarck-Denkmäler: Türme, Standbilder, Büsten, Gedenksteine und andere Ehrungen. Eine Bestandsaufnahme in Wort und Bild. Petersberg.

Sünderhauf, Esther Sophia (Hrsg.) (2010): Begas – Monumente für das Kaiserreich. Eine Ausstellung zum 100. Todestag von Reinhold Begas (1831–1911). Ausstellungskatalog Deutsches Historisches Museum. Berlin, Dresden.

Tittel, Lutz (1981): Monumentaldenkmäler von 1871 bis 1918. Ein Beitrag zum Thema Denkmal und Landschaft. In: Mai, Ekkehard/Waetzold, Stephan (Hrsg.), Kunstverwaltung, Bau- und Denkmal-Politik im Kaiserreich. Berlin, S. 215–275.

Todzi, Kim Sebastian/Zimmerer, Jürgen (2021): Bismarck in Hamburg. Deutschlands höchstes Kolonialdenkmal. In: Todzi, Kim Sebastian/Zimmerer, Jürgen (Hrsg.), Hamburg. Tor zur kolonialen Welt. Erinnerungsorte der (post-)kolonialen Globalisierung. Göttingen, S. 445–462.

Trautwein, Annabel (2020): Muss der olle Bismarck weg? Hinz & Kunzt. Das Hamburger Straßenmagazin, Bd. 330, S. 16–19.

Umweltabteilung der Universitätsstadt Siegen (2008): Alte Bäume. Ortsbildprägende und historisch bedeutsame Bäume in Siegen. Siegen.

Warnke, Martin (1992): Politische Landschaft. Zur Kunstgeschichte der Natur. München, Wien.

Yeats, Johanna (2020): Bruno Schmitz (1858–1916): Reformarchitekt zwischen Historismus und beginnender Moderne. Berlin.

Tom Pinsker / Milan Weber*

Auf (Zeit-)Reisen durch Böhmens Wälder – Zur Erinnerung an das populäre Mittelalter im digitalen Spiel *Kingdom Come: Deliverance*

1. Einleitung: Woran man sich erinnert – Das »Mittelalter« im medialen kulturellen Gedächtnis

Prinzessinnen, die in Burgen leben und von edlen Rittern beschützt werden, das klösterliche Leben voller Einkehr und lateinischer Liturgie, Hexenverfolgungen, Kreuzzüge oder Seuchen wie die Pest – unabhängig davon, welche exakten Assoziationen der Begriff des »Mittelalters« weckt, entscheidend ist, *dass* er sie hervorruft. Das Mittelalter als Epochenbeschreibung für die Zeitspanne von etwa 500 bis 1500 nach Christus ebenso wie als Reservoir an Bildern und Vorstellungen über die Vergangenheit ist fest im heutigen Verständnis und der Erinnerung verankert.

Ein Teil des Wissens über die Epoche des Mittelalters ist zweifelsohne der schulischen und universitären Wissensproduktion und -weitergabe zuzurechnen. Man denke etwa an die berühmte Lehnspyramide aus dem Geschichtsunterricht, an deren Beispiel Generationen von Schülerinnen und Schülern das Gesellschafts- und Wirtschaftssystem des Mittelalters vermittelt wurde und wird, oder an die zahlreichen Sachbücher über die Epoche aus der Feder von Fachleuten.

Mindestens ebenso bedeutsam, wenn nicht gar bedeutsamer als diese Interpretationen des Mittelalters sind allerdings die populären Vorstellungen, Bilder und Topoi, die im aktuellen, jederzeit und für alle zugänglichen Medienangebot zu finden sind. Mitunter integrieren sie die wissenschaftliche Forschung und schulische Weitergabe historischen Wissens, aber häufiger bestehen sie ohne diese als populäre Konstruktionen, die akademische Vorstellungen erweitern und kontrastieren. Der Spielfilm, die Serie, die Dokumentation, der Roman

---

* Tom Pinsker, M.A., Universität Siegen, Fakultät I (Philosophische Fakultät), Geschichte – Neuere und Neueste Geschichte, SFB 1472 »Transformation des Populären«.
  Milan Weber, M.A., Universität Siegen, Fakultät I (Philosophische Fakultät), Geschichte – Neuere und Neueste Geschichte, SFB 1472 »Transformation des Populären«.

tragen mit ihren jeweiligen medialen Eigenschaften und ihrer im Vergleich zu wissenschaftlichen Darstellungen weitreichenden Rezeption maßgeblich zum »Mittelalter-Boom« (Buck 2020, S. 515) unserer Zeit bei und liefern so einen wesentlichen Input zur Konstruktion eben jener Assoziationen, die der Begriff hervorruft (Hassemer 2013/2014, S. 42; Erll 2017, S. 135).

Neben den filmischen und literarischen Medien tritt in diesem Feld inzwischen noch ein anderes Medium auf. Seit rund drei Jahrzehnten hat es stetig an Popularität gewonnen und sich dadurch in den Diskurs um die Erinnerung an das Mittelalter eingespeist: das digitale Spiel. Laut einer aktuellen Hochrechnung des Branchenverbandes GAME spielen rund 58 % der Deutschen zumindest gelegentlich digitale Spiele. Der Gesamtumsatz der globalen Spieleindustrie wird für das Jahr 2020 auf rund 180 Milliarden US-Dollar geschätzt (Melzer 2020, S. 183; GAME 2021; Zwingmann 2021). Digitale Spiele, die sich eines historischen Settings wie des Mittelalters bedienen, bilden seit Anbeginn des Mediums einen inhaltlichen Schwerpunkt und erfreuen sich bis heute einer großen Beliebtheit (Schwarz 2012, S. 10–14). Als relativ junger *Player* im populären Medienverbund wirken sie maßgeblich an der Popularisierung von Geschichte mit und werden so zu einem interessanten Analyseobjekt im Kontext der Verbreitung, Inszenierung und Repräsentation populärer Geschichte (Schwarz 2021, S. 568).

Ziel der Untersuchung ist es, anhand eines exemplarisch ausgewählten digitalen Spiels, das ein »mittelalterliches« Setting zum Inhalt hat, zunächst die im Spiel selbst inszenierte »mittelalterliche« Welt in den Blick zu nehmen und anschließend zu klären, wie die Spielenden als Rezipientinnen und Rezipienten die vom Spiel angebotene Version des »Mittelalters« aufnehmen und verarbeiten. Hierbei wird von der These ausgegangen, dass digitale Spiele bereits bestehende, allgemein bekannte Geschichtsbilder und -vorstellungen über das Mittelalter übernehmen, diese allerdings gemäß ihren medialen Eigenschaften neu inszenieren und akzentuieren. Durch diesen besonderen Zugriff auf bereits Bestehendes und ihre massenhafte Verbreitung werden sie zu einem populärkulturellen Motor der Erinnerung an das Mittelalter im 21. Jahrhundert. Zweitens wird angenommen, dass die Spielenden die angebotenen Bilder und Vorstellungen vor dem Hintergrund ihrer individuellen Vorstellungen zum Mittelalter selektiv rezipieren. Die Selektion entspricht persönlichen Interessen und Bedürfnissen, die wiederum von populären Medien eingeschliffenen Vorstellungen folgen. Beide Aspekte stehen also in einem Zusammenhang mit Prozessen und Funktionen medialer Ausdrucksformen der Erinnerung an das »Mittelalter«.

Um Missverständnissen vorzubeugen: Im alltäglichen Sprachgebrauch wird Erinnerung als ein Prozess des individuellen Sich-Vergegenwärtigens eines früheren Erlebnisses verstanden. Menschen erinnern sich an ihren letzten Urlaub, ihre Kindheit, schöne und negative Erlebnisse, die ihr Leben geprägt haben. Historikerinnen und Historiker sowie die Kulturwissenschaften hingegen beschäftigen seit rund achtzig Jahren Fragen danach, wie sich mehrere Menschen an das gleiche erinnern können, besonders wenn die erinnerte Zeit mehr als fünfhundert Jahre zurückliegt. Im Zentrum steht, wie Erinnerung kollektiv und über die Lebensspanne des Individuums hinausgedacht werden kann. Nur sekundär von Interesse sind individuelle Erinnerungen an die jüngste Vergangenheit, vielmehr sind es die Vorstellungen, Narrative und Fixpunkte in der Vergangenheit einer Gruppe, die über einen langen Zeitraum hinweg wirken und zum Teil bis heute Bestand haben, auf die die Fachwissenschaft schaut (Moller 2010). Die interdisziplinären Zugänge zum Feld der Erinnerung ebenso wie die lange Zeitspanne ihrer Erforschung haben indes zu einem kaum zu überblickenden Fundus an Theorien und Begriffen geführt, von denen das Konzept des »kulturellen Gedächtnisses« des deutschen Kulturwissenschaftlers und Ägyptologen Jan Assmann (1992) die breiteste Rezeption erfahren hat (Erll 2017, S. 4–5, 24).

Laut Assmann sind es als sinnstiftend empfundene Fixpunkte in der Vergangenheit einer Gruppe, die in ihrer Gegenwart durch kulturelle Artefakte wie Texte, Riten und Denkmäler sowie institutionalisierte Kommunikation und Wiederholung wachgehalten werden, die Erinnerung strukturieren. Das kulturelle Gedächtnis bildet demnach die Vergangenheit nicht ab, vielmehr hebt es solche vergangenen Momente, Ereignisse und Personen hervor, die für eine Gruppe in ihrem gegenwärtigen Bezugsrahmen und Selbstbild als relevant und erinnerungswürdig erachtet werden und deshalb grundsätzlich aktualisierbar und interpretatorisch wandelbar sind. Was faktisch geschehen ist, spielt für die Erinnerung an die Vergangenheit daher auch nur eine untergeordnete Rolle, viel wichtiger ist die Bedeutung der Vergangenheit für die Identitätskonstruktion der sich erinnernden Gruppe als Verweis auf ihre historisch gewachsene Eigenart. Aufgrund der steten Wiederholung der Erinnerung und ihrer gruppenspezifisch ausgehandelten und normativ aufgeladenen Inhalte entstehen kollektiv geteilte Bilder der Vergangenheit, die als sinnstiftend, relevant und verbindlich betrachtet werden (Assmann 1992, S. 48–55; 2012, S. 175–183).

Eben diese Bilder sind es, die bei vielen Menschen auftauchen, wenn das Wort »Mittelalter« fällt. Denn bei der populären Deutung des Begriffs handelt es sich weniger um eine objektiv feststellbare oder fix verortbare historische Zeit als vielmehr um einen diskursiv ausgehandelten, imaginierten Ort der Erinnerung und Vorstellung, dessen Konstruktion und Bewertung bereits im 15. Jahrhundert begann, dessen Reflexion jedoch erst während der Aufklärung des 18. Jahrhunderts eine Breitenwirkung in den westeuropäischen Kulturräumen entfalten konnte. Laut Reinhart Koselleck wurde das Mittelalter als vergangene Zeit während der Aufklärung »erfunden«, als Menschen begannen, ihre Vergangenheit nicht mehr als Ergebnis eines göttlichen Plans oder mythisch zu deuten, sondern ihr eine eigene, aus sich selbst heraus erklärbare Ordnung und Abfolge zu verleihen (Koselleck 1987, S. 177–179).

Das Mittelalter entwickelte sich ab der Aufklärung so zu einer »Referenzgeschichte der Moderne« (Buck 2020, S. 513), einer Art Gegenwelt, die das »nächste Andere« (Oexle 2013, S. 1) der fortschrittsorientierten Gegenwart darstellte und zugleich als Imaginations-, Sehnsuchts- und Abgrenzungsort diente: Während die Vertreter der Aufklärung keinen Hehl daraus machten, dass sie das Mittelalter als Zeit der Unmündigkeit, Knechtschaft und des Aberglaubens ansahen, die überwunden werden musste, diente es im Verlauf des 19. Jahrhunderts zunehmend als positive Folie einer besseren Welt des »unbeschwerten Genusses, der Lebenslust, Spontanität und Unmittelbarkeit« (Oexle 1992, S. 11) sowie als Identitätsmarker historisch gewachsener, nationaler Eigen- und Besonderheiten und damit als politischer Abgrenzungsbegriff (Groebner 2008, S. 38–62). Der Mediävist Otto Gerhard Oexle spricht in diesem Zusammenhang vom »entzweiten Mittelalter« (Oexle 1992, S. 7) und meint hiermit vereinfacht ausgedrückt, dass das Mittelalter im Denken und der Erinnerung der Moderne sowohl positiv als auch negativ gewertet wird.

Diese Wertung des Mittelalters ist dabei in hohem Maße abhängig von der Bewertung der eigenen Zeit. Deutungen des Mittelalters beziehen sich laut Oexle weniger auf die historische Epoche zwischen etwa 500 und 1500 nach Christus, sondern vielmehr auf das Selbstbild und die Bedürfnisse der modernen Gesellschaft, die diese Deutungen vornimmt (Oexle 1992, S. 12).

Das Mittelalter wird hierdurch gleichzeitig nah und fern, unzivilisiert und naturwüchsig, zügellos und spontan, unfrei und geordnet – abhängig davon, wie die modernen Betrachterinnen und Betrachter ihre eigene Zeit interpretieren. Es wird eine räumlich weite, zeitlich offene und inhaltlich individuell wie kollektiv befüllbare »Wunschmaschine« (Groebner 2008, S. 9) für das jeweils Interessante und Erinnerungswürdige.

Ein wirkmächtiger Träger des Befüllens dieses »Mittelalters« mit überindividuell geteilten Bildern, Assoziationen, Topoi und Vorstellungen sind die leicht verfügbaren und vielfach rezipierten Medien der Populärkultur. Sie nehmen eine Vermittlerrolle zwischen den Inhalten des kulturellen Gedächtnisses und der sich erinnernden Gruppe ein, wodurch kollektive Erinnerung stetig neu konstruiert, verändert und angepasst wird (Erll 2017, S. 135). Nach Erll sind Medien allerdings keine neutralen Träger einer kollektiven Erinnerung, sondern hinterlassen bei jeder Botschaft immer auch ihre eigene, medieninhärente Spur, weshalb grundsätzlich von einer »Medienabhängigkeit und -geprägtheit der Erinnerung« (Erll 2017, S. 137) ausgegangen werden muss. Daher sollten zunächst einige zentrale medieninhärente Eigenheiten des digitalen Spiels als relativ junges Medium im Reigen der Populärkultur vorgestellt werden.

Digitale Spiele sind als einziges Medium wirklich interaktiv, was bedeutet, dass die Rezipientinnen und Rezipienten die inszenierte Vergangenheit in den Grenzen des zugrundeliegenden Regelsystems in ihrem Sinne ausgestalten können. Daneben beziehen sie sich als recht junges Medium vermehrt auf bereits bestehende mediale Angebote, sind also intermedial. Durch beide Aspekte werden neue Formen der Darstellung ebenso wie der Wahrnehmung und Wirkung von Geschichte und Erinnerung in populären Medien ermöglicht (Friedrich/Heinze/Milch 2020, S. 262–263). Letztlich sind digitale Spiele ein globales Phänomen. Sie werden von multinationalen Teams entwickelt, weltweit vertrieben und von Spielenden rezipiert.

Für Spiele mit historischen Settings bedeutet dieser letzte Punkt, dass die in ihnen inszenierte Geschichte potenziell überall auf der Welt verständlich sein muss, damit sie auf diesen Märkten Erfolg haben können (Köstlbauer et al. 2018, S. 7–8). Dies führt bei äußerst populären und weltweit gespielten Titeln tendenziell zu einem *historical mainstreaming,* also einem Prozess des Herunterbrechens und Simplifizierens der Vergangenheit auf einige wenige Topoi, Narrative, Bilder und Stereotype, die weltweit erkenn- und verstehbar sind (Schwarz 2020, S. 27). In Bezug auf das Mittelalter sind dies häufig die bereits angesprochenen Bilder von Rittern, Burgen, Kreuzzügen, Hexen oder stereotype Eigenschaften, die bestimmten Völkern zugerechnet werden (Buck 2020, S. 518).

Gleichzeitig jedoch hat die Möglichkeit der kostengünstigen, rein digitalen Vermarktung von digitalen Spielen über das Internet dazu geführt, dass sich in den letzten Jahren Spiele am internationalen Markt etablieren konnten, die dezidiert die Geschichte einer Gruppe, beispielsweise einer Nation, einem sozialen Milieu oder Personen verschiedener sexueller Orientierungen und geographischer Herkunft porträtieren und so neue Wege der historischen Inszenierungen beschreiten können.

In Bezug auf die Inszenierung und Rezeption des Mittelalters in populären Medien und der Erinnerung daran betrachtet der Artikel im Folgenden ein digitales Spiel näher, das beide Stränge der historischen Darstellungsformen zwischen Mainstreaming und Diversifizierung miteinander verbindet. Das Spiel *Kingdom Come: Deliverance* aus dem Jahr 2018 entwirft eine »mittelalterliche« Welt Böhmens zu Beginn des 15. Jahrhunderts und inszeniert aus der Sicht eines fiktiven Schmiedesohns namens Heinrich den dynastischen Konflikt zwischen Wenzel IV. und seinem Halbbruder Sigismund um die böhmische und römisch-deutsche Krone in der Nachfolge Kaiser Karls IV. Das Spiel ist als Action-Adventures angelegt, was bedeutet, dass das Erleben einer interaktiven Geschichte im Vordergrund des Spielerlebnisses steht. Alle Interaktionen zwischen Spielenden und Spiel sind auf das Voranschreiten in der Narration gerichtet, wobei die Spielenden häufig frei entscheiden können, in welcher Reihenfolge und mit welchem Ergebnis sie die Erzählung des Spiels voranbringen. Das in Prag ansässige, vergleichsweise kleine Studio *Warhorse* entwickelte *Kingdom Come: Deliverance* und vertrieb das Spiel anschließend weltweit. Schon in der ersten Woche nach der Veröffentlichung verkaufte es sich mehr als eine Million Mal. In der zweiten Woche gehörte es zu den meistverkauften Spielen in vielen europäischen Ländern, darunter Deutschland. Es genoss also bereits mit Verkaufsstart eine verglichen mit seinen Produktionsbedingungen unerwartet hohe Popularität (Bostal 2019, S. 384). Vom Studio selbst als »historisch korrekt«, realistisch, sogar authentisch beworben (Huss 2018), konnte es nicht nur große Teile der spielejournalistischen Presse überzeugen, sondern wurde darüber hinaus näher von (geschichts-)wissenschaftlicher Seite aus besprochen (Nolden 2019, S. 51–53, 71, 176; Lowe 2018, S. 308–310).

Was macht das Spiel nun mit dem Mittelalter? Wie wird die Epoche inszeniert? Finden sich in ihm Aspekte der Erinnerung an das »entzweite Mittelalter« nach Oexle? Finden sich eventuell sogar spezifische Elemente eines nationaltschechischen kulturellen Gedächtnisses? Wie wirkt sich die Inszenierung mit ihrer Prägekraft auf die Rezeption des Mittelalters im Spiel aus? Welche Aspekte der Inszenierung werden von den Spielenden in ihre Rezeption integriert, welche nicht? Welche Gründe lassen sich für das selektive Aufgreifen des Erinnerungsangebots ausmachen?

2. Authentische »Erinnerung«? – Zur Inszenierung des Mittelalters in *Kingdom Come: Deliverance*

Die Handlung des Spiels beginnt im Jahr 1403 im kleinen Dorf Skalitz rund vierzig Kilometer südöstlich von Prag. Es ist ein warmer Frühlingsmorgen, die Bewohnerinnen und Bewohner des Dorfes gehen ihren alltäglichen Arbeiten nach, geschäftiges Treiben herrscht auf dem Marktplatz, der am Fuße der zentralen Burg des Dorfes liegt. Der Schmiedesohn Heinrich, die steuerbare Figur der Spielenden, erwacht alkoholtrunken aus seinem Schlaf. Seine Mutter ist wütend, weil er es immer wieder versäumt, seinem Vater bei der Arbeit in der Schmiede zu helfen. Dieser fertigt ein Schwert für den Herrn des Dorfes, Radzig von Kobyla, und Heinrich soll Kohle für die Esse besorgen. Hierbei trifft er seine Freunde und besucht die örtliche Schenke. In der ersten Spielstunde entwirft *Kingdom Come: Deliverance* das Bild einer dörflichen Idylle, in der jeder und jede abgekoppelt vom Rest der Welt unter strahlendem Himmel seinem und ihrem Tagwerk nachgeht.

Diese Idylle wird jedoch sogleich gestört, als eine von Sigismund von Ungarn geführte Armee am Horizont erscheint, das Dorf niederbrennt und die meisten Bewohnerinnen und Bewohner tötet. Auch Heinrichs Eltern sterben während des

Überfalls, er selbst kann sich nur mit äußerster Not in die nahegelegene Burg Talmberg retten. Der Überfall Sigismunds, des Anwärters auf die böhmische und deutsche Krone, markiert für Heinrich den Beginn seiner an mittelalterliche Âventiure-Vorstellungen angelehnten Heldenreise vor dem Hintergrund des dynastischen Konflikts zwischen König Wenzel IV. und dem Thronprätendenten Sigismund (Ascher 2021, S. 94–101). Heinrich verdingt sich im weiteren Verlauf des Spiels als Knappe seines ehemaligen Herrn Radzig, untersucht Banditen-überfälle, deckt einen Münzfälscherring auf und verhindert schließlich die Ver-schwörung eines ungarischen, im Dienst Sigismunds stehenden Adligen, der sich die Region einverleiben will. Am Ende seiner Abenteuer erfährt Heinrich zuletzt, dass er kein einfacher Mann, sondern als Radzigs illegitimer Sohn Teil des böhmischen Adels ist.

Die Spielenden steuern Heinrich während des gesamten Spiels aus der Ego-Perspektive, also einer das menschliche Blickfeld simulierenden Sicht auf das Geschehen, durch eine offene und frei begehbare Spielwelt, die um reale Burgen, Dörfer und Städte Mittelböhmens aus der Zeit des 15. Jahrhunderts herum de-tailreich entworfen wurde (Bostal 2019, S. 385). Die noch heute existierende Stadt Rataje (deutsch: Rattay), die als eines der Zentren der Spielwelt fungiert, besteht beispielsweise aus einem Marktplatz samt Pranger, ungepflasterten Straßen, Fachwerk- und strohgedeckten Häusern sowie zwei steinernen Burgen und einer die Stadt umringenden Mauer. Die Figuren, die die Stadt bevölkern, darunter Händler und Marktschreier, tragen Leinenkleidung in gedeckten Farben.

Diese Figuren dienen zum einen als Statistinnen und Statisten, um die Welt zu beleben, zum anderen können die Spielenden mittels ihres Avatars Heinrich während dessen Reise mit vielen von ihnen interagieren. Während der Gespräche mit Heinrich reflektieren die Figuren ihren Stand und ihre Rolle in der Gesell-schaft, tun ihre Meinung über politische und religiöse Fragen kund, und wenn keine Interaktion mit ihnen stattfindet, folgen sie einem durch das Spielsystem festgeschriebenen Alltag. Beispielsweise berichtet ein Schinder, auf den Heinrich während seiner Arbeit trifft, dass er nicht nur für Begräbnisse, sondern auch für die Entsorgung der Fäkalien zuständig sei, weshalb der Rest des Dorfes ihn meide. Die Wirte in den zahlreichen Schenken der Spielwelt dienen als Liefe-ranten von relevanten Neuigkeiten oder Aufträgen. Nahezu alle Figuren bedie-nen sich einer äußerst einfachen und mit Schimpfwörtern angereicherten Sprache, die ebenso wie die Berufe oder Kleidung der Figuren der historischen Verortung dient.

Sowohl die bildliche Darstellung der materiellen Kultur des Mittelalters als auch die charakterliche Gestaltung der Figuren als Repräsentanten verschiedener sozialer Gruppen und Wertvorstellungen schafft eine in sich geschlossene his-torische Kulisse, die kulturell tradierte Codes und erkennbare Bilder und Topoi über das Mittelalter transportiert (Heinze 2012, S. 182; Schwarz 2020, S. 27).

Hierzu gehören eine vorindustrielle und vormoderne Einfachheit der Objekte ebenso wie die Undurchlässigkeit sozialer Hierarchien und die Direktheit zwischenmenschlicher Interaktion (Schneider-Ferber 2009, S. 7–11, 121–131). Blickt man aus der Vogelperspektive auf das audiovisuelle Design des Spiels und die diversen kleinen Geschichten, die sich aus den Interaktionen zwischen Spielenden und Spiel entwickeln, kommt man allgemein zu dem Schluss, dass *Kingdom Come: Deliverance* abseits einiger Abweichungen vor allem die romantisierte und idealisierte Darstellung eines Mittelalters nach Vorstellungen des 19. Jahrhunderts bedient.

Verlässt man allerdings die Vogelperspektive und schaut sich die Inszenierung im Spiel genauer an, differenziert sich das Bild. Anhand dreier ausgewählter Aspekte, der Rolle christlicher Religion und Kirche, der Konstruktion von Feindbildern und der Darstellung weiblicher Figuren, lässt sich zeigen, wie sich in *Kingdom Come: Deliverance* beide Vorstellungen des »entzweiten Mittelalters« sowie Aspekte des nationaltschechischen kulturellen Gedächtnisses miteinander vermischen und zu einem neuen Bild zusammensetzen.

2.1   Religion und Kirche

In verschiedenen populären Medien, die auf die kollektive Erinnerung nordamerikanisch-europäischer Gesellschaften zurückgreifen, wird das Mittelalter grundsätzlich als eine Zeit präsentiert, die religiös durchdrungen, gleichzeitig aber auch durch das Christentum eingeschränkt war (Schneider-Ferber 2009, S. 166–178; Hassemer 2013/2014, S. 285–286). Tatsächlich war das Mittelalter als historische Epoche in weiten Teilen Europas eine christlich geprägte Zeit (Kuchenbuch 2012, S. 464–465). In populären Inszenierungen des Mittelalters herrscht jedoch oft eine ambivalente Deutung vor: Während Religion und Gebet den »einfachen« Menschen Halt und Trost in einer von Entbehrung geprägten Zeit spenden, nutzt die Institution Kirche ihre Macht und ihren Einfluss, um das »gemeine Volk« in Unwissenheit und Unterdrückung zu halten (Enseleit 2017, S. 23; Hassemer 2013/2014, S. 283). Diesen Deutungen folgt auch *Kingdom Come: Deliverance*.

Zunächst dient das »Volks«-Christentum über den gesamten Spielverlauf hinweg als Identitätsmarker der Figuren und Kulissenfragment der inszenierten Welt. Schon zu Beginn des Spiels, wenige Spielminuten nach seiner Flucht vor Sigismund, kehrt Heinrich in sein Heimatdorf zurück, um seinen getöteten Eltern ein würdiges Begräbnis nach christlichem Ritus zu ermöglichen, obwohl ihn diese Aktion in Lebensgefahr bringt. Beginnt Heinrich im weiteren Spielverlauf ein Gespräch mit einer beliebigen Figur, begrüßt sie ihn mit christlichen Floskeln wie »Gelobt sei Jesus Christus« und verabschiedet ihn mit den Worten »Gott

schütze dich«. Befreit Heinrich eine Figur aus einer misslichen Lage oder über-
bringt schlechte Neuigkeiten, so bekreuzigt sie sich. Weiterhin ist die gesamte
Spielwelt gesäumt mit Sühnekreuzen und Bildstöcken, die als Wegmarker dienen
und den Spielenden die Möglichkeit bieten, eine kurze Pause einzulegen. Haben
die Spielenden alle Kreuze und Bildstöcke entdeckt, schalten sie einen Erfolg
namens »Pilger« frei. Im Verlauf einer späteren Mission muss Heinrich einen
Bußgang durch die halbe Spielwelt antreten und an jedem Sühnekreuz, das er
passiert, anhalten, um ein Gebet zu sprechen. Während einer weiteren Mission ist
es Heinrichs Aufgabe, sich als Novize des Benediktiner-Ordens auszugeben, um
in einem Kloster Nachforschungen anzustellen. Damit er seine Tarnung nicht
verliert, nimmt er für einige Zeit am Klosteralltag teil und lernt etwas über die
Regeln und Geschichte des Ordens. Wie Heinrich alsbald feststellt, folgen die
Mönche allerdings weniger den Ordensregeln als vielmehr ihren eigenen Bedürfnissen nach Machterhalt und -ausbau und frönen dem Alkohol. Das Kloster
wandelt sich von einem Ort der Religiosität zu einem der politischen Intrige, an
dem jeder Mönch sich selbst der Nächste ist.

Die Darstellung eines Teils der Benediktiner-Mönche reiht sich wiederum
nahtlos ein in eine abwertende Darstellung von Kirchenvertretern: Nachdem
Heinrich vom Begräbnis seiner Eltern zurückkehrt, entgegnet ihm ein Kleriker,
dass seine Eltern nun trotzdem im Fegefeuer seien, weil er sie nicht in geweihter
Erde begraben habe. Der für Skalitz zuständige Pfarrer wird indes als Feigling
porträtiert, da er sich weigert, nach dem Überfall ins Dorf zurückzukehren, um
dort den Überlebenden zu helfen. Die Bestechung ist ein Mittel, ihn vom Gegenteil zu überzeugen. In einer Nebenmission sucht ein dogmatischer Vikar nach
Ketzern der Waldenser, ohne Heinrich und damit den Spielenden zu erklären,
worin die vom Standpunkt der katholischen Orthodoxie vorgebrachten Ankla-
gepunkte gegen die Gruppe liegen.

Lediglich zwei Personen können dieses Muster durchbrechen: Zum einen der
trinkfeste und mit der Nutzung des Schwerts gut vertraute Dorfpfarrer Godwin,
der nur widerwillig ein klerikales Amt ausübt, mit einer Frau zusammenlebt und
die Kirche wegen ihres Reichtums, ihrer Sittenlosigkeit und ihrem apodiktischen
Festhalten an sinnlosen Regeln kritisiert, und zum anderen der als tschechischer
Nationalheiliger geltende Theologe und Kirchenreformer Jan Hus (Just 2013,
S. 641–647). Er taucht zwar nicht als Person im Spiel auf, doch wird in Gesprächen
auf ihn Bezug genommen. Pfarrer Godwin ist begeistert von Hus' Predigten, die
dieser auf Tschechisch hält, und gibt Heinrich einige Abschriften, damit er sie
lesen kann. Hus stelle sich laut Godwin gegen die »Prälaten und Kleriker, die die
Armen bestehlen« (Kingdom Come: Deliverance 2018), weshalb er und seine
Anhänger die Kirche bald in ihren Grundfesten erschütterten. Und auch eine
Freundin Heinrichs, die Müllerstochter Theresa, spricht von Hus als einem
charismatischen und gutaussehenden Prediger, dem sie gerne zuhöre.

Religion dient in der »mittelalterlichen« Welt von *Kingdom Come: Deliverance* also gleichzeitig als Integrations- und Abgrenzungsmerkmal einer klar fixierten Unterscheidung zwischen dem Volksglauben auf der einen und der institutionellen Kirche auf der anderen Seite, wobei das Spiel eine klare Wertung vornimmt, indem es den Volksglauben für die Spielenden interaktiv nutzbar zum Ziel verschiedener Aufgaben erhebt und als romantisiertes Kulissenfragment nutzt, Kirchenvertreter allerdings fast ausnahmslos als charakterschwach, missgünstig und religiös verbrämt charakterisiert. Sowohl Pfarrer Godwin als auch Jan Hus müssen hierbei als Vertreter der ersten in den Gewändern der zweiten Kategorie verstanden werden (Hassemer 2013/2014, S. 285).

2.2   Feindbilder

Auch für die Beantwortung der Frage, wie Feindschaft in der »mittelalterlichen« Welt von *Kingdom Come: Deliverance* konstruiert wird, spielen religiöse Distinktionsmarker eine entscheidende Rolle, wenngleich sie sich mit nationalen und sprachlichen Antagonismen vermischen.

Neben Banditen, Vagabunden und Vigilanten sind die im Gefolge Sigismunds reitenden Kumanen der am häufigsten anzutreffende und zu bekämpfende Gegnertyp im Spiel. Die Kumanen sind es, die Skalitz niederbrennen und Zivilistinnen und Zivilisten ermorden. Daneben überfallen sie Heinrich regelmäßig, während dieser durch die Spielwelt streift. Auch im weiteren Verlauf der Erzählung trifft Heinrich immer wieder auf sie und muss sie im Namen des böhmischen Adels bekämpfen, um die Region zu befrieden. Aus historischer Perspektive handelt es sich bei den Kumanen um Menschen aus den eurasischen Steppenregionen, die zu Beginn des 13. Jahrhunderts aufgrund des mongolischen Drucks nach Osteuropa, vor allem nach Ungarn, migrierten. Sie verdingten sich als Söldner in diversen europäischen Konflikten, nahmen größtenteils das Christentum an und gingen ab etwa 1400 nach und nach in der ungarischen Gesellschaft auf (Bártfei 2018). Im Spiel stellen sie jedoch als Gefolgsleute der Antagonisten das feindliche »Andere« dar.

Von Heinrich und anderen Figuren werden sie als »Barbaren«, »Heiden« und »Hurensöhne« bezeichnet, als eine unzivilisierte Gruppe, die nichts als rauben und morden könne. Daneben sprechen sie Ungarisch, das nicht übersetzt, sondern im Original wiedergegeben wird, sodass weder Heinrich noch die meisten Spielenden sie verstehen können. Zwar kann Heinrich sich mit Deutschen und Ungarn unterhalten und im Spielverlauf Latein erlernen, eine Übernahme der von den Kumanen genutzten ungarischen Sprache ist jedoch vom Spielsystem nicht vorgesehen. Außerdem sind die kumanischen Rüstungen so gestaltet, dass die Gesichter der Krieger häufig gänzlich verdeckt sind. Selbst in einem der vielen

Bücher, die die Spielenden in der Welt finden und lesen können, werden die Kumanen als eindeutig bestimmbares, homogenes Kollektiv dargestellt, das »einer wilden und grausamen Kultur entsprungen« (Kingdom Come Deliverance 2018) sei. Es ist ein orientalistischer Diskurs, der sich über die Darstellungen der Kumanen in das Spiel und damit in das porträtierte Mittelalterbild einschreibt: Eine gesichtslose, kulturunfähige, durch Religion und Sprache als »anders« markierte, von Despoten befehligte und feindlich gesinnte Horde aus dem Osten fällt in ein von gläubigen Christen bewohntes und zivilisiertes Gebiet ein, um Chaos zu verbreiten (Trattner 2018, S. 31–33).

Die beiden Despoten, die die Kumanen nach Böhmen und damit in die Spielwelt führen, stehen für zwei weitere relevante Feindbilder: Der Oberbefehlshaber Sigismunds, ein gewisser Markward von Aulitz, der Heinrichs Vater eigenhändig tötet und dem Heinrich über das Ende des Spiels hinaus Rache schwört, wird als »Deutscher« dargestellt. Konfliktsituation wie diese führen nationale Antagonismen zwischen »Tschechen« und »Deutschen« innerhalb des Heiligen Römischen Reiches in das Spiel ein, ohne die Hintergründe des alltäglichen Zusammenlebens in einer mittelalterlichen Gesellschaft zu historisieren, in der nationale Kategorien in der Fremd- und Selbstwahrnehmung eine eher ungeordnete Rolle spielten (Groebner 2008, S. 56–57). Gleiches gilt für Ungarn als Land, das von Sigismund regiert wird und aus dem auch der Adlige Istvan Toth stammt. Dieser entpuppt sich im Verlauf der Erzählung als dritter Antagonist neben von Aulitz und Sigismund. Geographisch sind die Feinde, derer sich Heinrich und seine hauptsächlich aus dem böhmischen Adel stammenden Verbündeten erwehren müssen, also breit von Osten nach Westen verteilt. Hierdurch ergibt sich das Bild einer eingekesselten Gruppe Gleicher, umringt von »Anderen«: das Bild einer »endangered nation surrounded by enemies trying to steal it's sovereignty« (Pfister 2020, S. 62). Auf diese Weise bringen die Entwicklerinnen und Entwickler des Spiels eine identitätskonstruierende und proto-nationalistische Perspektive auf das Mittelalter in das Spiel ein, wie sie für das 19., 20. und Teile des 21. Jahrhundert(s) konstitutiv war und ist, die mit der Lebenswelt mittelalterlicher Menschen jedoch nicht in Verbindung steht (Groebner 2008, S. 56–57).

Neben der religiösen Konfliktlinie, die die Erinnerung an das Mittelalter in *Kingdom Come: Deliverance* prägt, eröffnet das Spiel also eine zweite zwischen einem tschechischen Zentrum und einer deutsch-ungarisch-heidnischen Peripherie, wobei beide Parteien als homogene Gruppen mit divergierenden Interessen und Lebenswelten dargestellt werden. Verstärkt wird diese zweite Konfliktlinie darüber hinaus dadurch, dass ethnische und religiöse Minderheiten wie Jüdinnen und Juden sowie Sinti und Roma im Spiel abseits des spielinternen Kodex schlicht nicht erwähnt werden, obwohl zum Beispiel eine jüdische Gemeinde in Prag während der Regierungszeit Wenzels IV. historisch verbürgt ist

(Hoensch 2000, S. 199–201). In Kontrast zur Bewerbung des Spiels, wonach eine historisch korrekte Welt geschaffen werden soll, offenbart gerade die Nicht-Erwähnung mittelalterlichen jüdischen Lebens eine deutliche Leerstelle.

2.3   Frauen

Ein weiterer beachtlicher Aspekt in der simulierten mittelalterlichen Welt in *Kingdom Come: Deliverance* bildet die Darstellung weiblicher Charaktere im Spiel. Generell folgt es nämlich der aus anderen populären Medien bekannten Inszenierung des Mittelalters als Welt der klaren Geschlechterhierarchie mit ihren festgeschriebenen Rollen. Im Unterschied zu anderen Medien wie etwa dem historischen Roman problematisiert es diese Hierarchien allerdings nicht. Sind es dort oft weibliche Hauptfiguren, die sich in einer ungerechten Män-nerwelt behaupten müssen, schafft *Kingdom Come: Deliverance* das Bild einer Gesellschaft, in der Frauen zufrieden sind mit ihrer sozialen Stellung (Hassemer 2013/2014, S. 283). Das Spiel folgt somit – wie viele andere erfolgreiche Spiele – dem in der Forschung seit langem überholten Narrativ historischer männlicher Überlegenheit und weiblicher Unterordnung. Gerade in den letzten Jahren sind vermehrt digitale Spiele erschienen, die die strikte Geschlechter- und Rollen-trennung aufbrechen und weiblichen Figuren Handlungsräume und -macht in ihren inszenierten Welten zugestehen (Knoll-Jung 2012, S. 185–186). *Kingdom Come: Deliverance* stellt sich also dieser Tendenz klar entgegen.

Sofern weibliche Figuren nicht nur als Statistinnen in Form von Händlerinnen oder Kräuterkundigen fungieren, sondern auch etwas zur Erzählung des Spiels beitragen, erfüllen sie in *Kingdom Come: Deliverance* grundsätzlich drei Funk-tionen: der Krankenschwester und Fürsorgerin, des Objekts sexueller Interessen oder der »Jungfrau in Nöten«.

So ist es die Müllerstochter Theresa, die Heinrich über Wochen gesund pflegt, nachdem dieser während der Beerdigung seiner Eltern überfallen und schwer verwundet wurde. Johanka, eine weitere Überlebende aus Skalitz, übernimmt im Sasauer Kloster, das auch Heinrich während des Spiels besucht, die Rolle der Krankenschwester für die Verwundeten. Daneben dient eine lange Aufgaben-Reihe, die sich über mehrere Etappen zieht, dem Ziel des sexuellen Kontakts zwischen Theresa und Heinrich. Die dritte und letzte Frau, die eine größere Rolle in der Erzählung des Spiels einnimmt, ist Herrin Stefanie von Talmberg, die Heinrich nach seiner Flucht auf der Burg ihres Mannes willkommen heißt. Mit ihr kann Heinrich ebenfalls ein kurzes Verhältnis eingehen, woraufhin die Spielenden den Erfolg »Casanova« erhalten. Herrin Stefanie ist es auch, die während der finalen Schlacht des Spiels von Istvan Toth gefangengenommen und dann von Heinrich und seinen Gefährten gerettet wird. Letztlich kann Heinrich während des gesamten Spiels als »Zuberdirnen« bezeichnete Prostituierte besuchen. Nach dem Sexualakt erhält er einen Bonus auf seine Charisma-Fähigkeit, wodurch er sein Gegenüber in Gesprächen eher von seiner Meinung überzeugen kann. Der sexuelle »Erfolg« Heinrichs wird also direkt in die Spielerfahrung übersetzt und erleichtert es den Spielenden, teils nur schwer zu meisternde Herausforderungen einfacher zu bewältigen.

Zwar erschien im Mai 2019, also ein gutes Jahr nach der Veröffentlichung von *Kingdom Come: Deliverance,* eine Erweiterung des Spiels, in der die Spielenden in die Rolle von Theresa schlüpfen und aus ihrer Perspektive den Überfall auf Skalitz erleben können. Die Übernahme eines weiblichen Avatars änderte allerdings nichts an der Rollenzuschreibung der weiblichen Figuren. Denn die Nebenmissionen, die die Spielenden als Theresa vor dem Überfall absolvieren können, bestehen darin, für ihre Freundinnen passende Männer zu finden oder bereits bestehende Partnerschaften durch Geschenke zu festigen. Ein Aufbegehren Theresas gegen ihre weibliche Rollenzuschreibung findet einzig in einer Situation statt, in der ihr Vater sie mit einem alten, aber wohlhabenden und einflussreichen Mann verheiraten möchte. Dieses Aufbegehren wird im weiteren Verlauf des Spiels jedoch nicht mehr aufgegriffen, wodurch es als losgelöste Szene abgekoppelt vom Rest der Narration fast schon untergeht. Frauen wird in der »mittelalterlichen« Welt des Spiels demnach keine oder nur wenig Handlungsmacht zugesprochen, sie bleiben Objekte männlichen Interesses und verharren scheinbar zufrieden in den ihnen zugeschriebenen Geschlechterhierarchien, unabhängig davon, ob die Spielenden die Welt durch die Augen eines männlichen oder weiblichen Avatars erleben.

Bemerkenswerterweise entspann sich hinsichtlich der abwertenden Darstellung der Kumanen und der starren Geschlechterrollenklischees bereits vor der Veröffentlichung des Spiels eine breite Diskussion, die weit über die Gaming-Community hinausgeführt wurde. Der Studiogründer und Lead Designer des Spiels Daniel Vávra stand im Verdacht, der Ideologie der *White Supremacy* sowie Verschwörungstheorien anzuhängen. Kritikerinnen und Kritiker warfen Vavra und seinem Studio vor, ein lang überholtes Geschichtsbild zu propagieren und ihre rechtspopulistischen politischen Ansichten lediglich in ein »mittelalterliches« Gewand zu kleiden (Huss 2018). Obwohl die Kritik in ihrer Verallgemeinerung zu kurz greift, hat die wissenschaftliche Analyse doch gezeigt, dass das Spiel gerade in Bezug auf die Konstruktion von Gegnerschaft als vielfach anschlussfähig an aktuelle, rechtspopulistische Positionen gelten kann.

Jenseits der politischen Dimension des Spiels ergab die Analyse, dass das »Mittelalter« in *Kingdom Come: Deliverance* mit Oexle gesprochen als eine »Gegenwelt« zur Moderne entworfen wird, wobei beide Elemente des »entzweiten Mittelalters« im Spiel aufgegriffen werden (Oexle 1992, S. 24): Das »Mittelalter« ist gleichzeitig einfach, naturwüchsig und direkt, in vielen Bereichen aber ebenso gesetzlos, brutal und ungerecht. Es ist gleichzeitig romantisiert als eine Zeit der Abenteuer und Romanzen und dämonisiert als eine Zeit der Gefahr und Gewalt (Bostal 2019, S. 384). Hierbei folgt *Kingdom Come: Deliverance* vielen bereits existierenden und durch andere populäre Medien eingeschliffenen Erinnerungen an das Mittelalter, prägt sie gleichzeitig aber auch neu, indem es existierende Bilder mit alternativen Zugängen vermischt und sich gegenwärtigen Tendenzen populärkultureller Inszenierungen entgegenstellt. Hierzu gehört etwa, dass das Mittelalter als kulturhomogener Raum inszeniert wird, dessen Inneres von religiöser sowie ethnischer Uniformität geprägt ist.

Neben diesen allgemeinen Themen der Mittelalterrepräsentation finden sich im Spiel außerdem Reflexionen über die kulturelle Identität und das kulturelle Gedächtnis der modernen tschechischen Nation (Pfister 2020, S. 62). Zu nennen wäre beispielsweise die durchweg positive Darstellung von Jan Hus und die Inszenierung des »mittelalterlichen« böhmischen Landstrichs als von Feinden umringtes Gebiet. Hier reflektieren die Entwicklerinnen und Entwickler von *Warhorse Studios* weniger kulturelle Codes über das Mittelalter, sondern eher der jüngsten tschechischen Geschichte des 20. und zum Teil des 21. Jahrhunderts, in denen die Erfahrung nationalsozialistischer (also deutscher) Besatzung und kommunistischer (also »östlicher«) Eingliederung großen Raum einnehmen.

3. »Man hat das Gefühl, wirklich aktiv Geschichte erleben zu können« – Zur Rezeption des »Mittelalters« in *Kingdom Come: Deliverance*

Und wie wirkt all das? Was machen Spielende gerade außerhalb akademischer Kontexte mit den verschiedenen Angeboten dieses populären Mittelalters? Was sehen und suchen sie und welche der angebotenen Mittelalterbilder des Spiels bleiben ihnen im Gedächtnis?

Die grundlegende These bei der Betrachtung der Wirkung geht davon aus, dass das Mittelalterbild des Spiels selektiv rezipiert wird, damit es zu bestehenden Vorstellungen und Bedürfnissen in Bezug auf das »Mittelalter« passt. Um dem auf den Grund zu gehen, wurden Interviews mit deutschsprachigen Personen zu ihren Erinnerungen an Spielerlebnisse mit *Kingdom Come: Deliverance* sowie Fragebögen einer laufenden Interviewstudie und Online-Umfrage zu Popularität und Rezeption von digitalen Spielen mit historischen Inhalten analysiert, die im Rahmen einer größer angelegten Studie zur Rezeption populärer Geschichte in digitalen Spielen durchgeführt wird (weitere Informationen zum Projekt und seinen Beteiligten: Universität Siegen/SFB 1472 o. J.). Exemplarisch wurden für das Folgende drei Interviews und vier Fragebögen ausgewählt. Die Namen wurden zur Anonymisierung alle verändert.

Obschon die befragten Personen *Kingdom Come: Deliverance* in erster Linie als ein Unterhaltungsmedium verstehen, dessen Gameplay, also die Interaktionsmöglichkeiten zwischen Spielenden und Spiel, funktionieren und Spaß machen soll, wird das Spiel gleichzeitig als eine Möglichkeit angesehen, sich mit »dem Mittelalter« zu beschäftigen. Für alle Interviewten war ein zentraler Kaufgrund das »mittelalterliche« Setting (Projektinterview, AC 20220218–1: Min. 01:18:44–01:20:48; Projektinterview, AC 20220302–1: Min. 00:13:29–00:15:14; Projektinterview, AC 20220221–1: Min. 00:15:03–00:15:59) und die spezifische Inszenierung, durch die »man das Gefühl hat, wirklich aktiv Geschichte erleben zu können« (Projektinterview, AC 20220221–1: Min. 00:23:22–00:25:07), wie es der 37-jährige Altenpfleger Sebastian Griebel beschreibt. Durch die mediale Eigenschaft der Interaktivität bieten digitale Spiele im Gegensatz zu anderen Medien wie dem Film den Spielenden die Chance, selbst Teil einer historischen Inszenierung zu sein. Diese Form der Rezeption eines Mediums wird von ihnen ausdrücklich gesucht. Aber welche Bilder des Mittelalters sind es genau, die in der Inszenierung gesucht, erkannt und »erlebt« werden? Was von den zuvor genannten politischen, sozialen und kulturellen Elementen der Spielwelt, vor allem Religion, Feindbilder, Frauenrollen, wirken auf die Spielenden ein und lassen für sie das Setting als »mittelalterlich« erscheinen?

Grundsätzlich lässt sich feststellen, dass die Zuschreibung des Mittelalterlichen über Spielelemente erfolgt, mit denen während des Spielens häufig eine Interaktion stattfindet. Es sind zugleich jene, die für das spezifische Genre des Action-Adventure zentral sind: die Kulissen, Objekte und Nicht-spielbaren-Charaktere. Andere Spielelemente wie Menüs, Karten, Geräuschkulissen oder Musik tauchen in der Erinnerung nicht auf, selbst wenn sie, wie sich vermuten lässt, zum Gesamteindruck des inszenierten Mittelalters beitragen.

In den Interviews werden die Inszenierungen der materiellen Kultur des Mittelalters in Form populärer Gegenstände und Gebäude am häufigsten genannt: Fachwerkhäuser, steinerne Stadtmauern, Wehrtürme, Burgen, schlammige Wege und vor allem unterschiedliche Waffen und Rüstungen markieren eine Szenerie als mittelalterlich. »Ringpanzer«, »Schwerter«, »Topfhauben«, in der populären Vorstellung ist es das Rüstzeug des Ritters, des Symbols des Mittelalters schlechthin (Buck 2020: 518), das besonders präsent ist:

»I: Und welches historische Setting hat Kingdom Come würdest du sagen?

P: Ja, definitiv Mittelalter. Also…

I: Woran erkennt man das?

P: […] An den Ritterrüstungen, an den Schwertern, an ja den Burgen, in denen die Leute zu den Zeiten noch gelebt haben und dass es eben keine Ruinen waren, die du vielleicht aus der Ferne siehst, genau. Daran würde ich das grundlegend festmachen.« (Projektinterview, AC 20220218–1: Min. 01:27:33–01:29:20)

Ähnliche Aussagen wie diese des Studenten Paul Götz, 29 Jahre, finden sich auch in anderen Interviews (Projektinterview, AC 20220221–1: Min. 00:15:59–00:20:39; Projektinterview, AC 20220302–1: Min. 00:39:30–00:48:30). Auch in Umfragebögen findet sich auf die Frage nach besonders gelungenen Umsetzungen von »Geschichte« in digitalen Spielen der Verweis auf *Kingdom Come: Deliverance* und die detaillierte Audiovisualisierung von Rittern als gerüstete Krieger, wenn beispielsweise die Fechttechniken im Spiel beschrieben werden als den »echten Duelltechniken des 15. Jahrhunderts nachempfunden« (Online-Umfrage, Signatur: AC 1213375788: Frage FT), oder das »aussehen [sic] der waffen [sic] und Rüstungen« sich »an der damaligen Zeit orientiert« (Online-Umfrage, Signatur: AC 292051548: Frage FT).

Ein weiterer Aspekt der zeitlichen Verortung, der sich in allen Interviews finden lässt, ist die vorindustrielle und vormoderne Einfachheit der Objekte und Kulissen sowie die Wertung dieser Einfachheit als Ausdruck technologischer Rückständigkeit (Projektinterview, AC 20220221–1: Min. 01:04:14–01:06:22). Diese Art der Rückständigkeit als ein wichtiges Merkmal des »Mittelalters« spiegelt sich auch in der allgemeinen Deutung wider, wenn zum Beispiel Eduard Leitmeyer diese Epoche im Interview dadurch charakterisiert, »[…] dass man eigentlich schon mal eine ziemliche Hochzivilisation [in der Antike] war, das irgendwo verschwunden ist und dann im Mittelalter sich alles wieder so von der Kloake auf entwickelt hat« (Projektinterview, AC 20220302–1: Min. 00:48:42–00:50:35). Bei dieser Charakterisierung des Mittelalters als »Kloake«, als eine »dunkle Zeit«, in der ein verlorengegangener Zivilisationsgrad wiederlangt werden musste (Projektinterview, AC 20220221–1: Min. 01:09.02–01:10:12), wird deutlich, aus welcher Perspektive das Mittelalter gedacht wird, nämlich aus der der gegenwärtigen Gesellschaft, die sich selbst als »modern«, »fortschrittlich« und »komplex« definiert und für die das Mittelalter durch seine scheinbare technologische Rückständigkeit daher als Abgrenzungsort dient (Buck 2020, S. 515).

Gleichwohl funktioniert das »Mittelalter« in dieser Vorstellung als Sehnsuchtsort, eine Welt eines einfachen und entschleunigten und vielleicht auch zufriedeneren Lebens als der Gegenwart des 21. Jahrhunderts (Buck 2020, S. 524). Dieses Bild der entschleunigten Gesellschaft vermag gerade auch *Kingdom Come: Deliverance* zu erzeugen. So beschreibt es etwa Eduard Leitmeyer, als er darüber spricht, wie er die Spielfigur Heinrich entweder zu Fuß oder zu Pferd durch die frei begehbare Spielwelt gesteuert hat:

»Also zum Beispiel ist das Thema, wenn man von einer Ortschaft zur nächsten läuft und dort beträgt die Entfernung beispielsweise zehn Kilometer, dann ist man da [...] eine Anderthalbstunde [...] in Echtzeit unterwegs, und das kann dann dort auch durchaus passieren, wenn man so eine weite Strecke laufen will, dass man dort stundenlang unterwegs ist, weil es einfach auch die Geschwindigkeit widerspiegelt, wie sie damals sozusagen war. Es ging nicht schneller.« (Projektinterview, AC 20220302-1: Min. 00:16:52–00:17:22)

Von den verschiedenen Gameplay-Elementen erscheint ihm dieses besonders erwähnenswert und »mittelalterlich«, obwohl man dasselbe über jede Epoche bis zur Erfindung und Verbreitung der Eisenbahn ab den 1830er Jahren sagen könnte. Bei dem Bild des Mittelalters als eine vorindustrielle, vormoderne Zeit, wird dies zwar als technologische Rückständigkeit gedeutet, aber gleichzeitig auch als entschleunigter Ort ersehnt, wenn beispielsweise Sebastian Griebel beim Spielen besonders das Reisen »[...] durch Böhmens Wälder sei es auch als Steinpilzsucher oder halt als edler Ritter [...]« (Projektinterview, AC 20220221-1: Min. 00:06:10–00:06:51) zur Entspannung geschätzt hat.

Spielende suchen offenbar das populäre, romantische Bild des Mittelalters als eine Zeit, die sich noch mehr als andere Epochen durch eine vorindustrielle und vormoderne Einfachheit auszeichnete, finden es dort bestätigt, und sehen darin einen wichtigen Beleg dafür, die Spielwelt als »mittelalterlich« wahrnehmen zu können.

Die religiöse, konkret christliche Durchdringung der Spielwelt bildet einen weiteren prägnanten Marker für das »Mittelalter«. Besonders bleibt in dem Kontext die sprachliche Markierung haften, wie sich der Altenpfleger Sebastian Griebel erinnert:

»Also, dass zum Beispiel dann immer noch mit einem ›Amen‹ geendet wird, weil die Leute einfach viel religiöser sind und natürlich den Ritualen und Gebräuchen ihrer Lebenszeit natürlich auch oder ihres Zeitalters unterworfen sind. Also wo einfach heutzutage in einer modernen Sprache solche Sachen gar nicht auftauchen, aber da sagt man halt noch ›Gott sei Dank‹ oder ›Amen‹ oder ›Gott, steh uns bei,‹ [...].« (Projektinterview, AC 20220221-1: Min. 01:03:05–01:04:22)

In diesem Zusammenhang ist es wieder eine verbreitete Vorstellung, die erkannt und in Gegensatz zur eigenen Gegenwart gesetzt wird, in der beispielsweise Sprache weniger von religiösen Elementen durchdrungen sei. Die Zuschreibung des »Mittelalters« als besonders religiöse Epoche kann im deutschsprachigen Raum deshalb als populär gelten, weil sie sich zur Selbstorientierung in der aktuellen Realität eignet (Buck 2020, S. 522–523).

Auffällig bei Religiosität als Erkennungsmerkmal für das »Mittelalter« ist, dass immer nur vom Glauben des einfachen Volkes als Merkmal des Spiels gesprochen wird. Die Mission im Kloster und die Begegnungen mit intriganten Mönchen sind zwar obligatorische Momente im Spiel, tauchen aber in der Erzählung über die eigene Spielerfahrung nicht auf. In Bezug auf Religion sind es die populären Bilder des romantisierten Mittelalters, die besonders präsent sind, während das Bild der korrupten Institution Kirche als Symbol des finsteren Mittelalters oder die Konfliktlinie zwischen Vertretern der Kirche und den »einfachen« Leuten nicht erwähnt werden.

Dagegen erscheinen Repräsentationen von bewaffneter Gewalt und von Rechtslosigkeit besonders prominent. Ein Spielmoment, der von den Interviewten als besonders »authentisch« beschrieben wurde, war die bereits erwähnte Anfangssequenz des Spiels. Auf Nachfrage, was diese Szene denn so »authentisch« gemacht habe, antwortete Sebastian Griebel:

> »[...] man erlebt eigentlich hautnah mit oder zumindest wie war es im Mittelalter zu leben oder wie war es für die Menschen zu dieser Zeit zu leben und diese Ränkespiele und ja Machtpolitik der Reichen und Mächtigen praktisch mitzubekommen. Also, was hat das für Auswirkungen auf Bürger, sei es jetzt kriegerische Aspekte, dass Ortschaften verwüstet werden, Gräueltaten passieren, [...].« (Projektinterview, AC 20220221-1: Min. 00:08:05–00:08:40)

Dies wird als typisch für das »Mittelalter« angesehen, weil sich diese Zeit durch »[...] sehr, sehr viele Kriege [...]« ausgezeichnet habe (Projektinterview, AC 20220221-1: Min. 01:09:04–01:10:44). Besonders »epochentypisch« wird es durch die Wahrnehmung des Krieges als einen entgrenzten Krieg, der sich gegen Zivilistinnen und Zivilisten richtet. Er wird als Produkt der Herrschaft von Adligen und des Feudalsystems erklärt, nicht etwa als Folge wirtschaftlicher oder anthropologischer Gegebenheiten.

Kingdom Come: Deliverance erweist sich darin als Teil eines Medienverbunds, in dem dieselben Bilder des Mittelalters als gewaltsamen, rechtslosen Raum durch andere populäre Medien wie Filme oder Historienromane remediatisiert werden und sich gegenseitig verstärken. So verweist der erwähnte Student Paul Götz bei der Beschreibung des Mittelalters als eine Zeit, »die sehr von Krieg geprägt ist, die sehr von Armut geprägt ist, die sehr von Menschenrechtsverletzungen geprägt ist [...]« (Projektinterview, AC 20220218-1: Min. 01:33:25–01:36:52), auf den Historienroman *Die Säulen der Erde* von Ken Follett, der dieses Mittelalterbild omnipräsenter ungerechter, archaischer Grausamkeit und adliger Willkürherrschaft reproduziert (Hassemer 2013/14, S. 109).

Das sind Mittelalterbilder in *Kingdom Come: Deliverance*, die Spielende aus der Nutzung des Titels mitnehmen. Aber was taucht in der Erinnerung an das Spielerlebnis nicht auf? Beispielsweise wird die Geschichte im Spiel zwar teilweise als Regionalgeschichte des Landstrichs Böhmens wahrgenommen, aber die Aspekte einer nationaltschechischen Mikrogeschichte haben keinen Platz in der Erinnerung deutscher Spielerinnen und Spieler. Die verschiedenen Nationalitäten im Spiel, deren Inszenierung nach einem Freund-Feind-Schema Ausdruck eines nationalen tschechischen Selbstbildes ist, werden von den befragten Spielenden kaum auseinandergehalten. Aus den Kumanen als feindliche »Andere« werden bei den Studierenden Paul Götz und Eduard Leitmeyer mal Osmanen (Projektinterview, AC 20220302-1: Min. 00:12:13–00:12:35), mal Polen (Projektinterview, AC 20220218-1: Min. 01:25:19–01:26:20), ohne dass deren Symbolik als »östliche« Angreifer auf die tschechisch-böhmische Identität und Idylle erkannt würde. Auch die Deutung des Predigers Jan Hus als eine tschechische Nationalfigur wird nicht bemerkt. Stattdessen tauchen die Hussiten nur gelegentlich in den Interviews auf, etwa in der Erinnerung von Sebastien Griebel, der aufgrund der geographischen Lage seines Wohnortes in der bayrischen Oberpfalz der historischen Persönlichkeit Jan Hus eine regionalgeschichtliche, aber eben nicht tschechisch-nationale Bedeutung für Böhmen und die Oberpfalz zuschreibt (Projektinterview, AC 20220221-1: Min. 01:53:18–02:00:51). Die Codes und Topoi des kulturellen Gedächtnisses eines modernen tschechischen Nationalismus sind den Interviewten aus Deutschland nicht vertraut und können somit gar nicht erst identifiziert werden. Für die befragten Spielenden ist es »das« Mittelalter, vielleicht noch ein böhmisches, aber auf keinen Fall ein tschechisches.

Komplizierter gestaltet sich die Rezeption der frauenfeindlichen Spielwelt in *Kingdom Come: Deliverance*, die trotz ihrer Omnipräsenz in den Aussagen kaum thematisiert wird, nicht einmal als Erkennungsmarker für das »Mittelalter« oder Gradmesser bei der Bewertung der Inszenierung. Das ist insofern verwunderlich, als dass hierarchische Geschlechterrollen generell als ein Marker des »Mittelalters« und etwas Negatives ausgemacht werden, aber für das Gefühl des »hautnahen Erlebens« des »Mittelalters« in *Kingdom Come: Deliverance* offenbar keine Rolle gespielt haben.

Ausnahmen bilden hier zwei Aussagen, in denen sich Spieler an der Darstellung von Frauen gestört haben. In einem Umfragebogen wird »[…] die Darstellung der Frauen, die reichlich unterkomplex daherkommt […]« kritisiert als Ausdruck eines sexistischen Blickes auf das »Mittelalter« bei den Entwicklern (Online-Umfrage, Signatur: AC 1213375788: Frage FU). Ähnliches findet sich in einem Interviewausschnitt mit dem 37-jährigen Altenpfleger Sebastian Griebel, der es schön gefunden hätte, »[…] wenn ein, zwei oder drei [Frauen in Waffen in *Kingdom Come: Deliverance*] dabei gewesen wären« (Projektinterview, AC 20220221-1: Min. 02:24:41–02:25:51). Die beiden Interviewten scheinen sich aber nicht an der Frauenfeindlichkeit der Welt zu stören, sondern eher daran, dass diese vom Spiel nicht problematisiert wird. Dies hätte nach Griebel beispielsweise dadurch geschehen können, zumindest einige Frauenfiguren die Geschlechterordnung in Frage stellen und durch das Nutzen von Waffen an einer männlich gedachten Sphäre des bewaffneten Kriegertums teilnehmen zu lassen. Generell stellen Momente, in denen Geschlechterrollen im Spiel thematisiert werden, bei der Rezeption des Spiels allerdings die Ausnahme dar. Dies könnte zusätzlich damit erklärt werden, dass sämtliche Aussagen aus den hier exemplarisch verwendeten Interviews und Umfragebögen von männlichen Personen stammen und diese die Darstellung von Frauen beim Spielen stärker ausblenden oder weniger dafür sensibilisiert sind.

Diese Leerstelle führt zur nächsten Frage: Warum spielen die Befragten *Kingdom Come: Deliverance*, wenn sie das »Mittelalter« »erleben« wollen? Was genau ist das für ein »Mittelalter«, das sie erleben wollen?

Den Befragten bekannte Marker eines »finsteren Mittelalters«, so wie sie Spiel erscheinen, werden in der Erinnerung größtenteils nicht aufgenommen oder treten hinter romantischere Versionen wie der von einer entschleunigten Zeit oder der vom einfachen Volksglauben als Zeichen einer christlich durchdrungenen Welt zurück. Gleichzeitig ist in der Erinnerung an die Inszenierung das finstere Mittelalter nicht vollkommen abwesend. Archaische Grausamkeit und adlige Willkürherrschaft werden zwar gesehen, rücken aber eher in den Hintergrund. Dass Themen wie Gewalt, Machtmissbrauch, sexuelle Gewalt und menschliches Leid allgemein nicht so rezipiert werden, könnte aber auch mit der Interview-/Umfragesituation zusammenhängen, in der sich die Befragten nicht zu sensiblen Gegenständen äußern möchten. Eine eventuelle Faszination für ein »finsteres Mittelalter« oder die Einnahme einer »Täterrolle« im Spiel, wenn die Spielenden als Heinrich in voller Plattenrüstung mit dem Streitkolben Bauern ausrauben und erschlagen, ist nichts, was gegenüber Unbekannten, die das Gesagte dokumentieren, ohne weiteres preisgegeben wird.

Trotzdem bleibt insgesamt der Eindruck, dass in der Rezeption von *Kingdom Come: Deliverance* die Bilder des populären romantischen Mittelalters vorherrschen. Dies ist ein Hinweis auf die primäre Funktion des virtuellen Mittelalters für die Befragten: nämlich die des Eintauchens in eine idyllische Vergangenheit, eben ein romantisiertes Mittelalter mit edlen Helden und züchtigen Edelfräulein. Alle Inszenierungen des Mittelalters, die vom Spiel angeboten werden, die dieses Bild stören könnten, werden kaum rezipiert. Das »Mittelalter« wird so zu einem Rückzugsort, nicht unbedingt mit dem Ziel, der Gegenwart zu entfliehen, kann das Spiel doch ebenso eine Form der Auseinandersetzung mit der eigenen Realität darstellen (Ziegler 2020, S. 492). Die Inszenierung des Mittelalters wird so rezipiert, dass sie in Abgrenzung zur eigenen Gegenwart als Selbstverortung dienen kann (Ziegler 2020, S. 489). Besonders deutlich hat dies der 26-jährige Student des Studiengangs Konservierung und Restaurierung Eduard Leitmeyer ausgesprochen:

>*Ich leite […] auch so ein paar Perspektiven für das eigene Leben ab. Dass man sich ein*
>*bisschen auch bewusst wird, in was für einer Kultur wir mittlerweile leben und dass so*

alltägliche Dinge wirklich damals nicht alltäglich waren. [...] Heutzutage wird ein Block auf einen Lkw geladen und los gehts. Das war früher nicht der Fall. Früher wurde das erstmal aufwendig geflößt irgendwohin. Durch solche Spiele bekommt man da irgendwie mehr Einlebungsgefühl für die Historie.« (Projektinterview, AC 20220302–1: Min. 00:19:24–00:21:00)

Die systematische Analyse der Wirkungen, die die in populären digitalen Spielen inszenierte Geschichte auf die Spielerinnen und Spieler hat, steht noch am Anfang. Was die exemplarische Auswertung erster Materialien aber auf jeden Fall schon erkennen lässt: Bei *Kingdom Come: Deliverance* – und vermutlich den meisten anderen Titeln – findet in Bezug auf Geschichtsbilder keine *top-down-*Vermittlung statt. Vielmehr macht das Spiel unterschiedliche Angebote, die auf Seiten der vielgestaltigen Spielendenschaft ebenso vielfältig angenommen, verworfen, modifiziert und übernommen werden können. Das Aufgreifen von Topoi eines gleichzeitig romantischen und dämonischen Mittelalters legt eben diese Deutung nahe. Aber wie dieses Angebot im Einzelnen und in den Teilaspekten angenommen wird, hängt von den Vorstellungen und Bedürfnissen jedes einzelnen Spielenden ab. Selbst wenn die Spielenden sich nicht von den durch andere populäre Medien eingeschliffenen Bildern vom Mittelalter lösen und diese in der virtuellen Geschichte von *Kingdom Come: Deliverance* rezipieren, so treffen sie doch jedes Mal eine Auswahl, die ihren Bedürfnissen entspricht. Und das ist die Sehnsucht nach dem Erlebnis des romantischen Mittelalters.

4.   Fazit: Das europäische »Mittelalter« als globales Produkt

Für den Freiburger Historiker Thomas Martin Buck ist keine historische Epoche so sehr von ihrer »Wirkungs- und Rezeptionsgeschichte überwölbt« (Buck 2020, S. 513) wie die des Mittelalters. In modernen nordamerikanischen-europäischen Gesellschaften überwiegen die Zuschreibungen als finstere, barbarische und abergläubische Zeit, die als Abgrenzungsmerkmal fungiert ebenso wie die einer romantisierten, direkten und »natürlicheren« Zeit, die als Sehnsuchtsort und Beweis bestimmter Eigenschaften dient, die sich eine Gruppe zuschreibt.

Die abwertende und sehnsüchtige Erinnerung an das Mittelalter wird in der Populärkultur des 21. Jahrhunderts hauptsächlich durch Medien wie die des digitalen Spiels rezipiert, rekonstruiert und durch die Beachtung durch viele popularisiert. Digitale Spiele halten im Verbund mit anderen populären Medien die »entzweite« Erinnerung an das Mittelalter wach und treiben sie voran.

Kingdom Come: Deliverance ist trotz der vom Studio beanspruchten historischen Genauigkeit ein hervorragendes Beispiel für die Zweit- und Drittverwertung von Versatzstücken eines populären Mittelalters im Medienverbund. Abseits einzelner, sehr spezifischer Akzentsetzungen reiht es sich nahtlos in die

»entzweite« kollektive Erinnerung ein. Das audiovisuelle Design des Spiels und die verschiedenen Interaktionsmöglichkeiten zwischen Spiel und Spielenden gerade in der ersten Spielstunde und abseits der Haupterzählung zeigen eine einfache, idyllische und religiös strukturierte Welt, die nicht frei von romantisierten Zuschreibungen ist. Im Verlauf der Narration wird dieses Bild allerdings zunehmend kontrastiert, wenn religiöse, nationale und sprachliche Konfliktlinien porträtiert werden, die hauptsächlich das Ziel verfolgen, das Freund-Feind-Schema eines volksreligiösen, männlichen und ethnisch homogenen »Wir« gegenüber einem heidnischen, intriganten und machthungrigen »Die« zu konstruieren. Die Entwicklerinnen und Entwickler von *Warhorse Studios* rezipieren hier nicht nur bereits Bekanntes, sondern schreiben mittels dieser eindeutig bewerteten Unterscheidung aktuelle gesellschaftliche und politische Diskurse in die Vergangenheit ein.

Da es sich bei *Kingdom Come: Deliverance* sowohl um ein weltweit vertriebenes Unterhaltungsprodukt handelt, das Spaß machen soll, als auch um ein Wirtschaftsgut, das sich verkaufen muss, werden im Spiel jene Topoi der Erinnerung an das Mittelalter aufgegriffen, die im Sinne eines *historical mainstreaming* potenziell global oder zumindest sehr weitreichend anschlussfähig sind. Daneben jedoch wird im Spiel auf das kulturelle Gedächtnis der modernen tschechischen Nation rekurriert, also die kollektive Erinnerung einer abgrenzbaren Gruppe angesprochen. In diesem Zusammenhang sind wohl weniger wirtschaftliche Überlegungen, als vielmehr der Anspruch des Entwicklungsstudios ausschlaggebend gewesen, eine spezifische Perspektive tschechischer Erinnerungskultur zu popularisieren. Daniel Vávra bekräftigte das während der Produktion des Spiels in einem Interview: »I would call myself a patriot. I love Czech history and the landscape, and rarely do you see its story told in video games« (Cook 2016). Für die Vermutung spricht weiter, dass die Spielenden als Rezipientinnen und Rezipienten von *Kingdom Come: Deliverance* diesen Teil des Erinnerungsangebots nicht im Vorfeld erwarten oder in ihre Spielerfahrung integrieren, er also keine Auswirkungen auf die Kaufentscheidung hatte.

Vielmehr suchen Spielende in *Kingdom Come: Deliverance* offenbar eher die allgemein erkennbare Inszenierung einer romantisierten Sicht auf das »Mittelalter«. Das tun sie, weil diese mit ihren weiter gefassten Vorstellungen und Vorannahmen über die Epoche übereinstimmt und für sie die Funktion eines Sehnsuchts- und Fluchtortes besitzt. Sowohl in den Interviewaussagen als auch den Angaben in den Umfragebögen wurde deutlich, dass die vom Spiel übermittelten Angebote der Erinnerung an das Mittelalter nur selektiv und mit diesem eindeutigen Fokus in die individuelle Erinnerung der Spielenden übertragen wurden. Gleichzeitig deuten vereinzelte Aussagen darauf hin, dass auch das Erinnerungsnarrativ des »finsteren Mittelalters« und die mit ihm einhergehende Frauenfeindlichkeit, Technikferne und Gewalt anschlussfähig ist.

Im Vordergrund des Spielerlebnisses steht für die Rezipientinnen und Rezipienten jedoch, als Steinpilzsucher oder edler Ritter durch Böhmens Wälder zu streifen und so die »mittelalterliche« Welt des Spiels interaktiv erleben, in »Geschichte« eintauchen zu können. Unklar bleibt hierbei, ob es sich bei der Suche nach dem romantisierten Mittelalter um eine typische Rezeption des Mediums handelt und ob konkret der Aspekt der Interaktivität die Übertragung von Elementen aus dem Spiel in die individuellen Geschichtsbilder der Spielenden verstärkt, vielleicht sogar strukturiert. Das können erst vergleichende Rezeptionsstudien feststellen, die sich noch mehr darauf konzentrieren, wie digitale Spiele als Produkte und Produzenten gesamtgesellschaftlicher Erinnerung an die Vergangenheit funktionieren und wirken.

Literatur

Ascher, Franziska (2021): Erzählen im Imperativ. Zur strukturellen Agonalität von Rollenspielen und mittelhochdeutschen Epen. Bielefeld.

Assmann, Jan (1992): Das kulturelle Gedächtnis. Schrift, Erinnerung und politische Identität in frühen Hochkulturen. München.

Assmann, Jan (2012): Kollektives Gedächtnis und kulturelle Identität. In: Obertreis, Julia (Hrsg.): Oral History. Basistexte. Stuttgart [1988], S. 175–187.

Bártfei, Imre (2018): Cumans in Kingdom Come: Deliverance. https://www.medievalists.net/2018/02/cumans-kingdom-come-deliverance/, zuletzt abgerufen am 05.04.2022.

Bostal, Martin (2019): Medieval video games as reenactment of the past: A look at Kingdom Come: Deliverance and it's historical claim. Acociación de Historia Contemporánea. Congreso.

Buck, Thomas Martin (2020): Das Mittelalter – ein »erkalteter Erinnerungsort« der vormodernen europäischen Geschichte. In: Hinz, Felix/Körber, Andreas (Hrsg.), Geschichtskultur – Public History – Angewandte Geschichte. Geschichte in der Gesellschaft: Medien, Praxen, Funktionen. Göttingen, S. 513–532.

Cook, Adam (2016): Kingdom Come: Deliverance's kickstarter milestone. https://www.redbull.com/int-en/kingdom-come-deliverance-dan-vavra-interview, zuletzt abgerufen am 04.05.2022.

Enseleit, Tobias/Peters, Christian (2017): Einleitung: Bilder vom Mittelalter. Medium – Sinnbildung – Anwendung. In: Enseleit, Tobias/Peters, Christian (Hrsg.), Bilder vom Mittelalter. Vorstellungen von einer vergangenen Epoche und ihre Inszenierung in modernen Medien. Münster, S. 1–45.

Erll, Astrid (2017): Kollektives Gedächtnis und Erinnerungskulturen. Eine Einführung. Stuttgart.

Friedrich, Jörg/Heinze, Carl/Milch, Daniel (2020): Digitale Spiele. In: Hinz, Felix/Körber, Andreas (Hrsg.), Geschichtskultur – Public History – Angewandte Geschichte. Geschichte in der Gesellschaft: Medien, Praxen, Funktionen. Göttingen, S. 261–282.

GAME. Branchenverband der deutschen Games-Branche (2021): 6 von 10 Deutschen spielen Games. https://www.game.de/6-von-10-deutschen-spielen-games/, zuletzt abgerufen am 10.03.2022.

Groebner, Valentin (2008): Das Mittelalter hört nicht auf. Über historisches Erzählen. München.

Hassemer, Simon Maria (2013/14): Das Mittelalter in der Populärkultur. Medien – Designs – Mytheme. Dissertation Universität Freiburg i. Br.

Heinze, Carl (2012): Mittelalter, Computer, Spiele. Zur Darstellung und Modellierung von Geschichte im populären Computerspiel. Bielefeld.

Hoensch, Jörg K. (2000): Die Luxemburger. Eine spätmittelalterliche Dynastie gesamteuropäischer Bedeutung 1308–1437. Stuttgart.

Huss, Nicolas (2018): Ist das Mittelalter oder kann das weg? Zur Debatte um Authentizität in Kingdom Come: Deliverance. Paidia. Zeitschrift für Computerspielforschung. https://www.paidia.de/ist-das-mittelalter-oder-kann-das-weg-zur-debatte-um-authentizitaet-in-kingdome-come-deliverance/, zuletzt abgerufen am 29.04.2022.

Just, Jiri (2013): Jan Hus. In: Bahlcke, Joachim/Rohdewald, Stefan/Wünsch, Thomas (Hrsg.), Religiöse Erinnerungsorte in Ostmitteleuropa. Konstitution und Konkurrenz im nationen- und epochenübergreifenden Zugriff. Berlin, S. 637–649.

Knoll-Jung, Sebastian (2012): Geschlecht, Geschichte und Computerspiele. Die Kategorie »Geschlecht« und die Darstellung von Frauen in Historienspielen. In: Schwarz, Angela (Hrsg.), »Wollten Sie auch immer schon einmal pestverseuchte Kühe auf ihre Gegner werfen?« Eine fachwissenschaftliche Annäherung an Geschichte im Computerspiel. Münster, S. 185–213.

Koestlbauer, Josef/Pfister, Eugen/Winnerling, Tobias/Zimmermann, Felix (2018): Einleitung: Welt(weit) spielen. In: Koestlbauer, Josef/Pfister, Eugen/Winnerling, Tobias/Zimmermann, Felix (Hrsg.), Weltmaschinen. Digitale Spiele als globalgeschichtliches Phänomen. Wien, S. 7–27.

Koselleck, Reinhart (1987): Moderne Sozialgeschichte und historische Zeiten. In: Rossi, Pietro (Hrsg.), Theorie der modernen Geschichtsschreibung. Frankfurt am Main, S. 173–191.

Kuchenbuch, Ludolf (2012): Reflexive Mediävistik. Textus – Opus – Feudalismus. Frankfurt am Main.

Lowe, Eric (2018): Video game rReview: Kingdom Come Deliverance. History in the Making 11 (Article 20), S. 306–316.

Melzer, André (2020): Von Pong zur Panik? Videospiele als gesellschaftlich relevantes Forschungsthema. In: Amann, Wilhelm/Sieburg, Heinz (Hrsg.), Spiel-Werke. Perspektiven auf literarische Spiele und Games. Bielefeld, S. 183–205.

Moller, Sabine (2010): Erinnerung und Gedächtnis. In: Docupedia-Zeitgeschichte, 12.04.2010. DOI: http://dx.doi.org/10.14765/zzf.dok.2.323.v1.

Nolden, Nico (2019): Geschichte und Erinnerung in Computerspielen. Erinnerungskulturelle Wissenssysteme. Berlin, Boston, MA.

Oexle, Otto Gerhard (1992): Das entzweite Mittelalter. In: Althoff, Gerd (Hrsg.), Die Deutschen und ihr Mittelalter. Themen und Funktionen moderner Geschichtsbilder im Mittelalter. Darmstadt, S. 7–29.

Oexle, Otto Gerhard (2013): Die Gegenwart des Mittelalters. Berlin.

Pfister, Eugen (2020): Why history in games matters. Historical authenticity as a language for ideological myths. In: Lorber, Martin/Zimmermann, Felix (Hrsg.), History in games. Contingencies of an authentic past. Bielefeld, S. 47–73.

Schreiber-Ferber, Karin (2009): Alles Mythos! 20 populäre Irrtümer über das Mittelalter. Stuttgart.

Schwarz, Angela (2012): Computerspiele – ein Thema für die Geschichtswissenschaft? In: Schwarz, Angela (Hrsg.), »Wollten Sie auch immer schon einmal pestverseuchte Kühe auf Ihre Gegner werfen?« Eine fachwissenschaftliche Annäherung an Geschichte im Computerspiel. Münster, S. 7–35.

Schwarz, Angela (2020): Quarry – playground – brand. Popular history in video games. In: Lorber, Martin/Zimmermann, Felix (Hrsg.), History in games. Contingencies of an authentic past. Bielefeld, S. 25–47.

Schwarz, Angela (2021): Geschichte im digitalen Spiel. Ein »interaktives Geschichtsbuch« zum Spielen, Erzählen, Lernen? In: Oswalt, Vadim/Pandel, Hans-Jürgen (Hrsg.), Handbuch Geschichtskultur im Unterricht. Frankfurt am Main, S. 565–613.

Trattner, Kathrin (2018): Digitale Orientalismen. Imaginationen des War on Terror in Kriegsspielen. In: Köstlbauer, Josef/Pfister, Eugen/Winnerling, Tobias/Zimmermann, Felix (Hrsg.), Weltmaschinen. Digitale Spiele als globalgeschichtliches Phänomen. Wien, S. 27–47.

Universität Siegen/SFB 1472 (o. J.): Populäre Geschichte in digitalen Spielen zwischen Mainstreaming und Diversifizierung. https://sfb1472.uni-siegen.de/forschung/populari sierung/populaere-geschichte-in-digitalen-spielen-zwischen-mainstreaming-und-dive rsifizierung, zuletzt abgerufen am 01.08.2022.

Ziegler, Béatrice (2020): Geschichte als sozialer Fluchtort. In: Hinz, Felix/Körber, Andreas (Hrsg.), Geschichtskultur – Public History – Angewandte Geschichte. Geschichte in der Gesellschaft: Medien, Praxen, Funktionen. Göttingen, S. 485–496.

Zwingmann, Dominik (2021): Spielemarkt: Gaming übertrifft Umsatz von Musik, Film und Sport im Jahr 2020. https://www.pcgames.de/Spielemarkt-Thema-117280/News/Gami ng-Umsatz-2020-1371808/, zuletzt abgerufen am 10.03.2022.

Quellen

Kingdom Come (2018): Deliverance. Warhorse Studios/Deep Silver/Koch Media.

Projektinterview vom 18.02.2022, Spieler, 26 Jahre, Student. In: Archiv des Lehrstuhls für Neuere und Neueste Geschichte der Universität Siegen, Bestand: Populäre Geschichte in digitalen Spielen zwischen Mainstreaming und Diversifizierung (SFB 1472, TP B05), Projektinterviews, Signatur: AC 20220218–1.

Projektinterview vom 21.02.2022, Spieler, 37 Jahre, Altenpfleger. In: Archiv des Lehrstuhls für Neuere und Neueste Geschichte der Universität Siegen, Bestand: Populäre Geschichte in digitalen Spielen zwischen Mainstreaming und Diversifizierung (SFB 1472, TP B05), Projektinterviews, Signatur: AC 20220221–1.

Projektinterview vom 02.03.2022, Spieler, 29 Jahre, Student. In: Archiv des Lehrstuhls für Neuere und Neueste Geschichte der Universität Siegen, Bestand: Populäre Geschichte in digitalen Spielen zwischen Mainstreaming und Diversifizierung (SFB 1472, TP B05), Projektinterviews, Signatur: AC 20220302–1.

Online-Umfrage 01.10.2021–31.12.2022, Spieler, 28 Jahre, Archiv-Objektnummer: 1213375788. In: Archiv des Lehrstuhls für Neuere und Neueste Geschichte der Universität Siegen, Bestand: Populäre Geschichte in digitalen Spielen zwischen Mainstreaming und Diversifizierung (SFB 1472, TP B05), Online-Umfrage, Signatur: AC 1213375788.

Online-Umfrage 01.10.2021–31.12.2022, Spieler, 23 Jahre, Archiv-Objektnummer: 292051548. In: Archiv des Lehrstuhls für Neuere und Neueste Geschichte der Universität Siegen, Bestand: Populäre Geschichte in digitalen Spielen zwischen Mainstreaming und Diversifizierung (SFB 1472, TP B05), Online-Umfrage, Signatur: AC 292051548.

Claus Grupen / Hans-Jürgen Meyer[*]

Die kalte Koalition. Erinnerungen an den Ursprung einer technologischen Innovation

Tausend fleiß'ge Hände regen,
helfen sich in munterm Bund,
und in feurigem Bewegen
werden alle Kräfte kund.
(Friedrich Schiller, Das Lied von der Glocke)

Wenn etwas Großes entstehen soll, müssen die Besten aller Zünfte eng und vertrauensvoll zusammenarbeiten. Das gilt insbesondere für die konzeptionell und konstruktiv anspruchsvollen Projekte der Grundlagenforschung. Eines der bekanntesten Projekte dieser Art ist die Mondlandung von 1969, an der neben der NASA und tausenden Wissenschaftlern auch Motorola, IBM, General Motors und McDonnell Douglas beteiligt waren.

Ein weiteres Beispiel ist die Quantenmechanik. Als Heisenberg, Schrödinger und Dirac in den 1920er Jahren die Quantenmechanik entwickelten, haben sie nicht daran gedacht, dass gegenwärtig in hochentwickelten Industrienationen circa 30 % des Bruttoinlandproduktes auf der Quantenmechanik beruhen würden (Computer, Handy, Solaranlagen, Sensorsysteme oder CD-Player, um nur einige zu nennen). Noch weniger hatte Albert Einstein vor über 120 Jahren bei der Entwicklung der Allgemeinen Relativitätstheorie geahnt, dass seine hochkomplizierte Theorie für das genaue Funktionieren von Navigationssystemen in Pkws wesentlich sein wird. Auch das Verständnis der Kernfusion in Sternen durch Weizsäcker und Bethe kann vermutlich die Lösung zum Schlüssel der Lösung des Energieproblems auf unserem Planeten sein, wenn es technologisch gelingt, das Sonnenfeuer auf die Erde zu holen (Amaldi 1999).

---

[*] Univ.-Prof. em. Dr. Claus Grupen, Universität Siegen, Fakultät IV (Naturwissenschaftlich-Technische Fakultät), vormals Physik.
Dr. Hans-Jürgen Meyer, Gesellschafter-Geschäftsführer der A.M.S. Software GmbH für Messtechnik und Informatik, Quickborn.

1.   Das PLUTO-Experiment

Ein weniger bekanntes, aber nicht weniger instruktives Beispiel für die produktive Zusammenarbeit von Wissenschaft und Privatwirtschaft ist der PLUTO-Magnet. PLUTO meint dabei weder den sonnenfernen Planetoiden noch den römischen Gott der Unterwelt, sondern ein 1972, vor genau 50 Jahren, am Deutschen Elektronensynchrotron DESY in Hamburg durchgeführtes physikalisches Experiment. Ziel des PLUTO-Experiments war die Untersuchung der kleinsten geladenen Elementarteilchen. Die von Einsteins berühmter Formel $E = mc^2$ inspirierte Hypothese lautete: Bei der Kollision von Elektronen mit ihren Antiteilchen, den Positronen, könnten neue, bis dahin unbekannte Teilchen entstehen. Vom Nachweis und der Erforschung solcher Teilchen versprachen sich die DESY-Forscher Aufschluss über den Zusammenhalt der Materie und den Ursprung des Universums.

Das Herzstück des PLUTO-Experiments war ein innovativer, besonders starker Magnet, der die Impulse und Energien eventueller neuartiger Teilchen vermessen sollte. Um den Impuls eines geladenen Teilchens zu bestimmen, muss man dessen Ablenkwinkel in einem Magnetfeld kennen. Da die Impulse recht groß sein können, muss das Magnetfeld möglichst stark sein. Magnetfelder kommen in der Natur vor, aber man kann sie mit Hilfe stromdurchflossener Spulen auch künstlich erzeugen. Starke Magnetfelder erfordern hohe Ströme, so dass hohe Stromkosten entstehen. Um das Budget des Experiments zu schonen, mussten die Physiker des PLUTO-Teams einen stromstarken Magneten bauen, der möglichst wenig Energie verbraucht und möglichst geringe Stromkosten verursacht. Dabei wollten die Forscher sich die Supraleitung zu Nutze machen, eine Entdeckung des Niederländers Heike Kamerlingh Onnes (1911). Onnes hatte in seinem kryogenischen Labor an der Universität Leiden festgestellt, dass Quecksilber bei sehr niedrigen Temperaturen (-269 Grad Celsius, also knapp über dem absoluten Nullpunkt von -273,15 Grad Celsius) einen elektrischen Strom völlig verlustfrei leitet. Heike Kamerlingh Onnes erhielt für seine Entdeckung 1913 den Nobelpreis für Physik.

Dieses Phänomen sollte im PLUTO-Experiment großtechnisch angewendet werden. Konkret sollte der PLUTO-Detektor (Abb. 1) den ersten großen elektromagnetisch supraleitenden Zylindermagneten der Welt enthalten (Criegee/ Knies 1982). Die Supraleitung war 1972, also über 60 Jahre nach ihrer Entdeckung, zwar gut erforscht, aber die großtechnische Anwendung, wie das PLUTO-Team sie anstrebte, war Neuland. Um diese Aufgabe zu meistern, arbeiteten die Forscher eng mit Spezialisten aus der Industrie zusammen, darunter aus der Vacuumschmelze Hanau, aus der Firma Linde, die für die Kühlung zuständig war, und aus der Firma Siemens, der die Konstruktion der gewaltigen Zylinderspule oblag. Die Spule hatte einen Durchmesser von 140 cm und eine Länge von 115 cm. Sie wurde von einem Strom mit einer Stärke von 1.200 Ampere durchflossen. Das ist etwa das Hundertfache der Stromstärke, für die normale Sicherungskästen in Privathaushalten ausgelegt sind. Um den Zustand der Supraleitung zu erzeugen und aufrechtzuerhalten, wurde die Spule mit flüssigem Helium gekühlt. Zur Kühlung der Spule wurde lediglich eine Leistung von 97 Watt benötigt, was etwa der Leistungsaufnahme eines handelsüblichen Fernsehers entspricht. Mit dem so erzeugten Strom wurde ein Magnetfeld der Stärke von etwa 1,5 Tesla erzeugt (Parsch et al. 1972). Das entspricht der dreißigtausendfachen Stärke des Erdmagnetfelds (50 Mikrotesla).

Wenn der PLUTO-Magnet eingeschaltet war, durfte man keine eisenhaltigen Teile wie Schlüssel oder Münzen in seiner Nähe herumliegen lassen, weil die sonst zu gefährlichen Geschossen werden konnten. Das Magnetfeld war so stark, dass es kaum möglich war, eine eisenhaltige Münze, damals etwa eine 10-Pfennig-Münze, mit der Muskelkraft eines Menschen darin zu drehen (Criegee/Knies 1982).

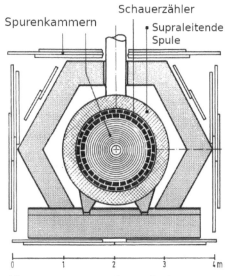

Abb. 1: Der 1972 entworfene und gebaute PLUTO-Detektor mit dem großen supraleitenden Magneten. Um die Spuren geladener Teilchen rekonstruieren und deren Energien bestimmen zu können, wurden spezielle Schauerzähler und Spurenkammern installiert (Criegee/Knies 1982)

Nachdem der PLUTO-Magnet fertiggestellt war, musste er getestet werden. Der Magnet, eingebaut in einen Spurdetektor, sollte am Hamburger Doppelring-speicher DORIS und später am Ringbeschleuniger PETRA eingesetzt werden. Allerdings war DORIS zum damaligen Zeitpunkt aufgrund eines »Upgrades« für den Gluon-Nachweis noch nicht wieder einsatzbereit. Um keine Zeit zu verlieren, beschloss das PLUTO-Team, den Detektor mit seinem neuen Magneten in einem

Höhenstrahlexperiment zu testen. So waren sie nicht auf die Zerfallsprodukte künstlich herbeigeführter Kollisionen von Elementarteilchen angewiesen, sondern konnten die natürlich vorkommende kosmische Strahlung als Teilchenquelle nutzen. Das PLUTO-Team arbeitete dabei mit dem Kieler Institut für Reine und Angewandte Kernphysik zusammen. Die Kieler Physiker hatten viel Erfahrung auf dem Gebiet der kosmischen Strahlung und waren nur zu gerne bereit, den neuen Detektor zur Untersuchung kosmischer Myonen einzusetzen. Das 1936 entdeckte Myon ist ein Elementarteilchen, das dem Elektron in vielen Eigenschaften ähnelt.

Anfangs lief der Höhenstrahltest auch erfolgreich, aber dann ging die Supraleitung an einer Nahtstelle des Supraleiters plötzlich in die Normalleitung über. Dabei entstand enorme Wärme, die das ultrakalte, flüssige Helium zur Explosion brachte und die Spule zerstörte. Siemens war zwar bereit, die defekte Spule zu reparieren, aber es dauerte eine Weile, bis der Magnet wieder zur Verfügung stand. Als er wieder in Betrieb genommen wurde, trat leider ein neues Problem auf: Die beiden Zuleitungen der reparierten Spule, die ja einen sehr starken Strom aushalten mussten, lagen zu dicht nebeneinander, so dass ein Lichtbogen zwischen den beiden Leitern entstand – ein Kurzschluss. Die Folgen waren fatal. Die Spule, die wichtigste Komponente des PLUTO-Magneten, wurde abermals zerstört.

Den Kieler Forschern, die zwischenzeitlich zum Teil an die Universität Siegen abgewandert waren, stellte das DESY einen konventionellen Magneten zur Verfügung, so dass sie ihre Myonenmessungen fortführen und die darauf aufbauenden Diplomarbeiten abschließen konnten. Aber für die vorgesehenen Messungen an den Hamburger Teilchenbeschleunigern DORIS und PETRA war die Zerstörung des PLUTO-Magneten eine Katastrophe. Für einen weiteren Reparaturversuch fehlte das Geld. Die Physiker redeten mit Engelszungen auf die Verantwortlichen bei Siemens ein und beschworen sie, den Magneten nicht aufzugeben. Supraleitende Spulen, so argumentierte das PLUTO-Team, hätten großes Potenzial für die Anwendung in der medizinischen Bildgebung, zum Beispiel im Bereich der Magnetresonanztomographie (MRT). Wenn es gelänge, am DESY den zuverlässigen Betrieb einer großen supraleitenden Spule nachzuweisen, wäre es gewiss leichter, Investoren und Kunden für kommerzielle Anwendungen zu finden.

Schließlich ließen die Siemens-Manager sich breitschlagen, die Spule erneut zu reparieren und deren Konstruktion zu optimieren. Zur allseitigen Erleichterung gelang der dritte Anlauf. Der PLUTO-Detektor mit der optimierten Spule wurde sehr erfolgreich an den DESY-Speicherringen DORIS (Abb. 2) und PETRA eingesetzt. Die Spule lief 15 Jahre lang, bis zum Ende der Messperiode, ohne Probleme. Der wissenschaftliche Ertrag war gewaltig. Unter anderem gelang den Physikern mit Hilfe des bahnbrechenden Magneten 1979 die Entdeckung des

Gluons (Grupen 1981; Stella/Meyer 2011; Ellis 2014), das für den Zusammenhalt der Atomkerne eine wichtige Rolle spielt.

Abb. 2: Einbau des supraleitenden Magneten in den PLUTO-Detektor am Doppelringspeicher DORIS. Der Magnet ist umgeben von einem großen Eisenjoch, das zur Rückführung des starken magnetischen Flusses dient. Die vielen Kabel werden zur Auslese der Spurenkammern und der Schauerzähler benötigt (mit freundlicher Genehmigung von Dr. Thomas Zoufal, Deutsches Elektronen-Synchrotron DESY, Hamburg)

Auch für Siemens dürfte sich die Zusammenarbeit mit dem PLUTO-Team letztlich gelohnt haben. Die wiederholte Reparatur der Magnetspule mag ein Zuschussgeschäft gewesen sein, aber die dabei gewonnenen Erkenntnisse begünstigten tatsächlich die Entwicklung innovativer Tomographen, wie sie heute in aller Welt zur Diagnose einer Vielzahl von Erkrankungen eingesetzt werden (Westbrook/Talbot 2019).

2.   PLUTO als Startpunkt medizintechnischer Innovation

In früheren medizinischen Abbildungsverfahren wurde häufig die Röntgentechnik eingesetzt. Schon nach dem ersten Weltkrieg war es ein Standardverfahren, Geschosse in verwundeten Soldaten durch Röntgen zu lokalisieren und so Operationen zu vereinfachen. Röntgenaufnahmen liefern aber nur einen Schattenwurf. Man kann beispielsweise nicht darauf erkennen, ob hinter einem Knochen ein weiteres Problem vorliegen könnte. Eine Mehrschichtaufnahme aus mehreren Winkeln zur Patientin beziehungsweise zum Patienten, also eine Computer-Tomographie (CT), oder genauer eine CAT (computer-aided tomography), liefert mit Hilfe von dreidimensionalen Schichtbildern exakte räumliche Informationen. Das leistet etwa auch die Positronen-Emissions-Tomographie (PET), die allerdings komplizierte Detektorsysteme erfordert (Grupen 2000). Aber sowohl CT als auch PET führen zu einer recht hohen Strahlenbelastung. Eine genaue Untersuchung des Kopfes mit CT mit einer Vielzahl von Teilaufnahmen, die für die Bildrekonstruktion nötig ist, führt derzeit zu einer 50-mal höheren Strahlenbelastung (ca. 5 mSievert) als eine Röntgen-Thorax Aufnahme (Grupen/Buvat 2012).

Beste Ergebnisse – ohne jede Strahlenbelastung für den Patienten – werden mit der MRT-Methode (Magnet-Resonanz-Tomographie) erhalten (Siemens o. J.). Und hier fällt einem sofort die schon 1972 technologisch entwickelte PLUTO-Spule wieder ein. Die Erinnerung an diese für damalige Zeit innovative Methode zur Impulsmessung elektrisch geladener Teilchen in einem starken Magnetfeld macht einem immer wieder bewusst, wie eine Neugier auf bestimmte Fragen zu Quarks und Gluonen, aus denen unsere Welt und wir bestehen, auf ganz anderen Gebieten wesentliche Impulse liefern kann. Starke Magnetfelder benötigt man, um kleine Strukturen aufzulösen und zu erkennen. PLUTO mit seinem starken Magnetfeld von 1,5 Tesla konnte genau dieses leisten. Ein solch starkes Feld erforderte aber den Einsatz der damals großtechnisch noch nicht sehr bekannten Kryogenik; das heißt, eine Kühlung der Spule auf Temperaturen des flüssigen Heliums (-269 Grad Celsius). Patientinnen und Patienten oder selbst auch Ärztinnen und Ärzte werden sich im Hinblick auf die erforderliche Kryogenik und hohe Magnetfeldstärke beim MRT kaum daran erinnern, dass der Grundstein für dieses neue medizinische Abbildungsverfahren seinen Ursprung in der experimentellen Teilchenphysik hatte. Eine Physikerin und ein Physiker dagegen, die eine MRT benötigen, werden sich vermutlich mehr oder weniger gerne daran erinnern, dass dieses Verfahren auf einer Methode beruht, die ursprünglich für ganz andere Zwecke gedacht war. Mit dieser Erinnerung wird es ihnen viel leichter fallen, die unbequemen Begleitumstände einer MRT-Untersuchung hinzunehmen.

Außerdem erlaubt es die weiter entwickelte fMRT (funktionelle Magnet-Resonanz-Tomographie), orts- und zeitabhängige Funktionen und Vorgänge im Innern des Körpers dreidimensional darzustellen. Damit werden zum Beispiel auch zeitaufgelöste Untersuchungen des Herzens möglich (Jezzard/Matthews/Smith 2001).

Jüngste Forschungsergebnisse geben Anlass zu der Hoffnung, dass mit Magnetresonanztechnik in Zukunft schwer zugängliche Krebsgeschwüre, etwa im Gehirn, nicht nur diagnostiziert, sondern sogar operiert werden können (University College London 2022).

Abb. 3: CAT- und PET Scans (Grupen 2022)

Literatur

Amaldi, Ugo (1999): Spin-offs of high energy physics to society. International Europhyiscs Conference on High Energy Physics, Finland.

Criegee, Lutz/Knies, Gerhard (1982): e+e– physics with the PLUTO detector. Physics Reports 83 (1982), S. 153–280.

Ellis, John (2014): The discovery of the gluon. International Journal of Modern Physics A 29 (31), 1430072.

Grupen, Claus (1981): Experimental evidence for the Υ-decay into 3 gluons: Three Gluons: Results from the Pluto detector. American Institute of Physics Conference Proceedings 68, S. 689–691.

Grupen, Claus (2000): Tumor therapy with particle beams. American Institute of Physics Conference Proceedings 538, Issue 1.

Grupen, Claus (2022), Medical Cartoons. Düren.

Grupen, Claus/Buvat, Irène (Hrsg.) (2012): Handbook of particle detection and imaging. Berlin, Heidelberg.

Jezzard, Peter/Matthews, Paul M./Smith, Stephen M. (Hrsg.) (2001): Functional MRI: An introduction to methods. Oxford, UK.

Onnes, Heike Kamerlingh (1911): The resistance of pure mercury at helium temperatures. Communications from the Physical Laboratory of the University of Leiden 122, S. 13–15.

Parsch, C. P./Bartosch, E./Böhm, F./Horlitz, G./ Knust, G./Wolf, S./Stephan, A./Hauck, D. (1972): The 1.4 m/2.2T superconducting detector magnet PLUTO for the electron-positron storage ring at DESY. 4th International Conference on Magnet Technology, Upton, NY, S. 275–286.

Siemens (o. J.): Magnetresonanztomographie. https://www.siemensineers.com/de/magnetic-resonance-imaging, zuletzt abgerufen am 31.01.2022.

Stella, Bruno R./Meyer, Hans-Jürgen (2011): Y (9.46) and the gluon discovery (a critical recollection of PLUTO results). European Physical Journal H 36, S. 203–243.

University College London (2022): MINIMA, (minimally invasive image-guided ablation). https://www.ucl.ac.uk/news/2022/feb/magnetic-seeds-used-heat-and-kill-cancer, zuletzt abgerufen am 05.08.2022.

Westbrook, Catherine/Talbot, John (2019): MRI in Practice. 5. Aufl. Hoboken, NJ., Chichester, UK.

Danksagung

Die Autoren danken Cornelius Grupen für seine Mitarbeit an diesem Artikel.

Nils Kopal / Bernhard Esslinger*

Wie wir unser geheimes Erbe entschlüsseln

1. Einleitung

Wenn Adel und Klerus in der Vergangenheit über weitere Strecken kommunizierten, so geschah dies mit Briefen und Depeschen, die per Kurier versendet wurden. Damit »der Feind« die übermittelten geheimen Nachrichten und ihre häufig politisch brisanten Inhalte nicht lesen konnte, wurden die Schriften verschlüsselt. Solche historischen Dokumente von Päpsten, Kaisern, aber auch niederen Adeligen und Beamten findet man daher heute in Archiven über ganz Europa verteilt. Werden derartige Dokumente dann nach Jahrhunderten von Historikern entdeckt, können sie diese meistens nicht lesen, da sie diese nicht entschlüsseln können.

Um den Historikern in solchen Fällen zu helfen, entwickeln Forschende innerhalb des DECRYPT-Forschungsprojekts Methoden und Software, die solche Dokumente möglichst automatisiert entschlüsseln. Das DECRYPT-Projekt (Megyesi et al. 2020) ist ein internationales und interdisziplinäres Projekt, in dem Historiker, (Computer-)Linguisten, Philologen, Informatiker und Kryptologen aus Deutschland, Frankreich, Großbritannien, Israel, den Niederlanden, der Slowakei, Spanien und Ungarn unter der Leitung von Uppsala (Schweden) zusammenarbeiten. An der Universität Siegen beschäftigen wir uns in DECRYPT primär mit der Kryptoanalyse dieser Dokumente.

In diesem Artikel möchten wir zunächst die von uns in DECRYPT (mit-) entwickelten Tools erläutern. Dann präsentieren wir anhand von zwei interessanten Forschungsergebnissen, die unsere europäische Vergangenheit betreffen, wie lange verloren gegangene Erinnerungen wieder ins Bewusstsein zurückgebracht werden konnten: die Analyse historischer päpstlicher Chiffren und die

* Dr. Nils Kopal, Universität Siegen, Fakultät III (Wirtschaftswissenschaften – Wirtschaftsinformatik – Wirtschaftsrecht), Projektleiter des CrypTool 2-Projekts.
Hon.-Prof. Bernhard Esslinger, Fakultät III (Wirtschaftswissenschaften – Wirtschaftsinformatik – Wirtschaftsrecht), Lehrstuhl für Datenschutz und IT-Sicherheit sowie Gesamtprojektleiter des Open-Source-Projekts CrypTool.

Kryptoanalyse verschlüsselter Briefe von Kaiser Maximilian II. Danach stellen wir kurz ein verschlüsseltes Tagebuch vor, bei dem nicht nach Jahrhunderten, sondern schon innerhalb eines Menschenlebens die Erinnerung (an den geheimen Schlüssel und das Verfahren) verloren ging.

Siegen trägt zur Entwicklung des frei und kostenlos erhältlichen Open-Source-Programms CrypTool 2 (CT2) bei (Kopal 2018). CT2 ist ein E-Learning-Windows-Programm, mit dem man Kryptografie und Kryptoanalyse lehren kann, das aber auch zum Selbstlernen eingesetzt wird. Es enthält sowohl moderne als auch klassische Verfahren und wird sowohl in Schulen und Hochschulen als auch in Firmen und Behörden zur Cybersecurity-Awareness eingesetzt (Abb. 1). Die CrypTool-Programme werden pro Monat über 10.000-mal heruntergeladen. Die Mehrheit lädt die englische Version herunter.

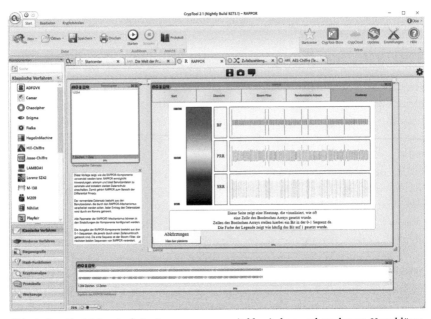

Abb. 1: CrypTool 2 ist ein freies Lernprogramm mit klassischen und modernen Verschlüsselungsverfahren und mit Verfahren, diese zu brechen. Hier im Bild wird mit RAPPOR ein modernes Verfahren aus dem Bereich Differential Privacy visualisiert (Quelle: eigene Darstellung)

Das CrypTool-Projekt besteht aus fünf Teilprojekten (Tab. 1) und dient der Verbesserung der Lehre und der Förderung des Interesses an MINT-Fächern. Mit CrypTool bekam die Uni Siegen zum ersten Mal die Auszeichnung als Ort bei »Deutschland – Land der Ideen«.

CrypTool-Online (CTO) erläutert und visualisiert kryptografische Inhalte, so beispielsweise AES, RSA, Faktorisierung von Moduli in ihre Primzahlen oder Privacy-Funktionen der Corona-Warnapp (CrypTool-Online 2020a; 2020b;

Universität Siegen 2020), und beinhaltet auch DECRYPT-Forschungsergebnisse aus dem Bereich des maschinellen Lernens. Unter anderem bietet es die Möglichkeit, Chiffren-Typen mittels neuronaler Netze zu erkennen. Dies ist der erste Schritt bei der Kryptoanalyse. Daneben setzt CTO modernste Webtechnologien, unter anderem WebAssembly, ein, welches es besonders attraktiv für Informatik-Studierende macht.

Teilprojekte	Webseite
CrypTool 1 (seit 1998)	https://www.cryptool.org/de/ct1/
CrypTool 2 (seit 2008)	https://www.cryptool.org/de/ct2/
JavaCrypTool (seit 2008)	https://www.cryptool.org/de/jct/
CrypTool-Online (seit 2010)	https://www.cryptool.org/de/cto/
MysteryTwister (seit 2010)	https://www.mysterytwister.org/

Tab. 1: Übersicht über die Teilprojekte des CrypTool-Projekts

Internationale Open-Source-Projekte wie CrypTool bieten Studenten sehr gute Möglichkeiten, Erfahrungen in größeren Projekten zu sammeln, agile Entwicklung kennen zu lernen, Technologien abzuwägen und etwas bis zur Produktreife umzusetzen. Das ist ein gewaltiger Mehrwert gegenüber den in der Lehre sonst gängigen Übungsaufgaben und Prototypen.

In DECRYPT nutzen wir CT2 für die Entschlüsselung von historischen Chiffren. Dafür bietet CT2 eine Menge starker Analyseverfahren, von denen wir primär die »Homophone Substitutionsanalyse« verwenden, da homophone Chiffren in der historischen Vergangenheit am häufigsten eingesetzt wurden. Bei diesen Chiffren werden einzelne Klartextbuchstaben oder auch einzelne Buchstabenkombinationen durch eines von mehreren möglichen Geheimtextzeichen, den Homophonen, ersetzt. Man kann auch sagen, dass das Geheimtext-Alphabet größer ist als das Klartext-Alphabet. Je mehr Homophone pro Buchstaben eingesetzt werden desto schwieriger gestaltet sich die Entschlüsselung.

Bevor wir allerdings überhaupt einen Geheimtext entschlüsseln können, muss dieser gefunden, digitalisiert und transkribiert werden. Für das Sammeln (Fotografieren oder Scannen) gehen unsere Historiker-Kolleginnen und -Kollegen in die europäischen Archive und laden dann die von ihnen digitalisierten Dokumente in die DECODE-Datenbank (Megyesi/Blomqvist/Petterson 2019). Dadurch ist die DECODE-Datenbank die mittlerweile weltweit umfangreichste digitale Sammlung von verschlüsselten Manuskripten. Sie enthält knapp 3.500 Dokumente (Schlüssel und Geheimtexte). So ein Geheimtext-Dokument kann nur eine Seite lang sein oder auch ein ganzes Buch. Da Kryptoanalyse-Tools nicht direkt mit digitalen Bildern arbeiten können, muss außerdem zunächst eine Transkription erstellt werden. Bei dieser müssen alle Zeichen in computerverarbeitbaren Text umgewandelt werden. Dafür arbeiten wir in DECRYPT zum

einen manuell, wobei jedes Zeichen einzeln von einem Menschen markiert oder
abgetippt werden muss. Zum anderen arbeiten aber auch Kolleginnen und
Kollegen aus Spanien an neuen Bildverarbeitungsverfahren mit maschinellem
Lernen, um den Transkriptionsprozess zu semi-automatisieren. Da die von uns
analysierten Dokumente häufig einige hundert Jahre alt sind, stellt dies die
Kollegen und ihre Algorithmen vor besondere Herausforderungen: Das Papier
kann kaputt sein, die Tinte ausgeblichen oder verschmiert. Auch unterschiedliche und vor allem alte Handschriften erschweren die automatische Transkription. Manchmal sind die Zeichen nicht mehr eindeutig zu entziffern und oft kam
es auch vor, dass die Schreiber schon beim Verschlüsseln Fehler machten (das
kommt nicht vor, wenn wir heute mit modernen Verschlüsselungsverfahren und
Computern verschlüsseln). Ebenso haben die Schreiber häufig nicht gerade geschrieben, Korrekturen eingefügt, und übereinander geschrieben. Dies stellt den
Computer bei der Erkennung von Textzeilen bei der automatischen Transkription vor Probleme. Um einen Eindruck der Dokumente, die in DECRYPT be- und
verarbeitet werden, zu geben, zeigt Abb. 2 ein Faksimile eines Teils eines verschlüsselten Briefs von Kaiser Maximilian II. Bei der folgenden Entschlüsselung
unterstützen uns Linguistinnen und Linguisten, die sich mit den alten Sprachen
und Dialekten auskennen und den inhaltlichen Kontext (Orte, Namen, Beziehungen) herstellen können. Ist ein Dokument erfolgreich entschlüsselt, sichten
dann Historikerinnen und Historiker den Inhalt und suchen nach neuen, ge-
schichtswissenschaftlich interessanten Informationen.

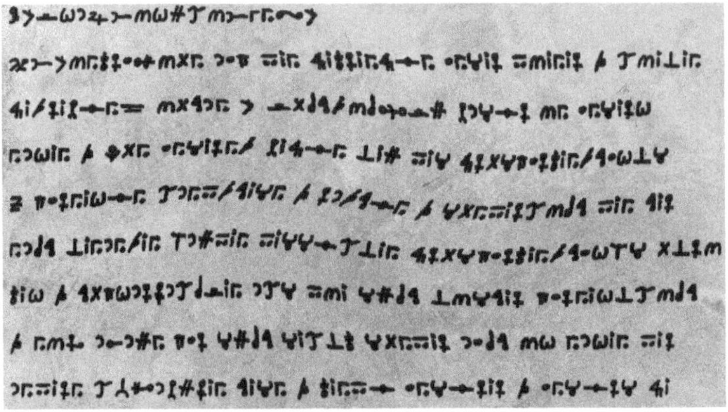

Abb. 2: Faksimile des ersten Abschnitts des ersten verschlüsselten Briefs von Maximilian II. Im
Brief wurden die Buchstaben durch verschiedene alchemistische, astrologische und Fantasiezeichen ersetzt (Quelle: eigene Darstellung)

Die Benutzung von CT2 möchten wir an dieser Stelle noch etwas ausführli-
cher vorstellen. CT2 bietet die Möglichkeit, unterschiedliche Kryptografie-Ver-
fahren (z.B. für Verschlüsselung, Authentisierung oder Analysen) mittels Kom-

ponenten und einer grafischen Programmiersprache auf einem virtuellen Arbeitsplatz (dem »Workspace«) miteinander zu verbinden und auszuprobieren. Dafür besitzt jede Komponente (»Box«) Ein- und Ausgänge, die den Datenfluss zwischen diesen ermöglichen. Abb. 3 zeigt, wie eine einfache Verschiebe-Chiffre mit der Caesar-Komponente in der Mitte und mit einer Texteingabe-Komponente (Klartext) und einer Textausgabe-Komponente (Geheimtext) realisiert werden kann.

Abb. 3: Eine Verschlüsselung mit einer Caesar-Chiffre in CrypTool 2 mittels Texteingabe-, Caesar- und Textausgabe-Komponente (Quelle: eigene Darstellung)

Der geheime Schlüssel, der für die Verschlüsselung benötigt wird, kann als Parameter in den Einstellungen der Caesar-Komponente festgelegt werden oder mit einer weiteren Eingabe-Komponente zugeführt werden. Im abgebildeten Beispiel ist der Schlüssel auf 10 eingestellt, was eine Verschiebung der Buchstaben (Verschlüsselung) zum Beispiel von »D« auf »N« bewirkt. Damit die Verschlüsselung durchgeführt wird, muss das grafische Programm in CT2 mit einem Klick auf den Startbutton ausgeführt werden. Während das Programm läuft, kann man den Klartext ändern und sieht live, wie der Geheimtext entsprechend neu generiert wird.

2.   Kryptoanalyse und CrypTool 2

Neben Komponenten für die Kryptografie beinhaltet CT2 auch Komponenten für die Kryptoanalyse – also zum Beispiel dem Brechen von Chiffren. Die oben angesprochene homophone Substitutionsanalyse ist in Abb. 4 dargestellt.

Diese Analyse-Komponente ist hier im »Vollbild« dargestellt und entschlüsselt eine verschlüsselte Nachricht des berühmt-berüchtigten Zodiac-Killers. Viele der Komponenten in CT2 besitzen eine »Präsentation«, welche den Benutzerinnen und Benutzern beispielsweise ermöglichen, den Analyseprozess einzusehen oder sogar zu beeinflussen. Die in der dargestellten Abbildung markierten blauen Buchstaben sind von der Komponente in einem Wörterbuch gefunden und für die weitere Analyse genutzt worden. Die grünen Buchstaben sind solche, die schon als »korrekt« und daher »fix« eingestuft wurden. Noch weiße Buchstaben können während der weiteren Analyse noch verändert werden. Der obere

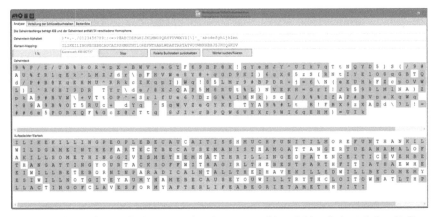

Abb. 4: Die homophone Substitutionsanalyse in CT2 entschlüsselt hier die berüchtigte Zodiac-408-Nachricht (verschlüsselter Brief des Zodiac-Killers; Quelle: eigene Darstellung)

Textblock ist der Geheimtext und der darunter dargestellte Textblock ist der resultierende Klartext. Um verschlüsselte Texte vollautomatisch zu brechen, sind in der Analyse State-of-the-Art-Heuristiken (Hill-Climbing und Simulated Annealing) implementiert. Damit die Analyse die Sprache »kennt«, sind aktuell 15 verschiedene Sprachmodelle (unter anderem Deutsch, Englisch, Französisch und Latein) in CT2 integriert. Neben der vollautomatischen Analyse kann der Benutzer auch jederzeit die Zuordnung von Klartext- zu Geheimtextbuchstaben manuell ändern, falls der automatische Algorithmus diese nicht korrekt ermittelte. Diese Analyse-Komponente wurde im zweiten der beiden folgenden Fallbeispiele genutzt.

3. Fallbeispiele

3.1 Beispiel 1: Vatikanische Kryptografie – Erst Weltklasse, dann nur noch Mittelmaß

Im ersten Fallbeispiel geht es um die umfangreiche Analyse der Verschlüsselungstechnik des Vatikans vom 16. bis einschließlich 18. Jahrhundert (Lasry/Megyesi/Kopal 2021). Innerhalb des DECRYPT-Forschungsprojekts wurden viele verschlüsselte Texte im Geheimarchiv des Vatikans gesammelt, digitalisiert und dann analysiert. Viele dieser Texte waren davor noch nicht entschlüsselt worden. Obwohl die päpstlichen Sekretäre, vor allem Giovanni Battista Argenti und später auch sein Neffe Matteo, im 16. Jahrhundert Vorreiter in der Kryptografie waren, verblasste die Krypto-Expertise des Vatikans in den darauffolgenden Jahrhunderten. Die Argentis entwickelten unterschiedliche, fast ausschließlich auf Ziffern basierende Chiffren, die die besten ihrer Zeit waren. So wurden Texte in Folgen von Ziffern verschlüsselt, wobei ein oder mehrere Buchstaben durch eine oder auch mehrere Ziffernkombinationen verschlüsselt wurden. Abb. 5 zeigt einen Auszug eines vatikanischen Schlüssels des 16. Jahrhunderts.

a	*b*	*c*	*et*	*con*
21	24	25	16	19
212	42	52	69	76
2		75	55	

Abb. 5: Auszug eines vatikanischen Schlüssels aus dem 16. Jahrhundert

20817093782682248470581345310582507155269831058

Abb. 6: Beispielzeile einer vatikanischen Chiffre aus dem 16. Jahrhundert

Die Kryptoanalyse der Chiffren ist erschwert, dass hierbei nicht ersichtlich ist, wann ein Geheimtextzeichen (kurze Ziffernfolge) anfängt oder aufhört. In Abb. 6 ist eine Beispielzeile einer solchen Ziffern-Chiffre dargestellt. Hier könnte die »2« am Anfang für ein Geheimtextzeichen stehen. Genauso könnte die »20« oder die »208« für ein Geheimtextzeichen stehen. Die größte Herausforderung in der Analyse der Chiffren war es daher, die Ziffernkolonnen entsprechend in ihre richtigen zusammengehörigen Elemente zu zerlegen – man spricht hier von »Tokenisierung«. Damit dies erfolgreich durchgeführt werden konnte, wurden verschiedene Parser entwickelt, also Programme, welche die Tokenisierung automatisch vornehmen. Dafür waren viel Trial-and-Error und manuelle Handarbeit notwendig. Am Ende konnten, bis auf zwei, alle der 21 verschiedenen, in der DECODE-Datenbank gefundenen, homophonen Vatikan-Verschlüsselungsverfahren gebrochen werden. Zu jeder dieser Chiffren befinden sich zwischen einem und 54 verschiedene Textdokumente in der DECODE-Datenbank. Neben der Verschlüsselung einzelner oder mehrerer Buchstaben wurden auch ganze Wörter mittels eines sogenannten Nomenklators, einer Code-Tabelle, verschlüsselt. Wichtige Namen von Personen und Orten bekamen eine eindeutige Ziffernfolge. Ist diese Folge nicht bekannt, so kann das entsprechende Element nur durch Kontextwissen erahnt oder leider gar nicht entschlüsselt werden. Viele der Chiffren setzten auf so einen Nomenklator.

Die Entschlüsselung dieser Chiffren im DECRYPT-Projekt zeigte einen deutlichen Niedergang der Krypto-Expertise auf. Waren die Chiffren im 16. Jahrhundert die besten ihrer Zeit, waren sie im 17. und 18. Jahrhundert höchstens noch Mittelmaß. Waren zur Zeit der Argentis komplexe homophone Chiffren Standard und eine hohe Diversität an Chiffren verfügbar, wurden im 17. und 18. Jahrhundert die Chiffren vereinfacht. Dadurch wurden diese aber auch unsicherer.

3.2 Beispiel 2: Briefe Kaiser Maximilians II und die Wahl zum Polnisch-Litauischen König

Im zweiten Fallbeispiel geht es um verschlüsselte Briefe (Kopal/Waldispühl 2021a; 2021b) des Habsburger Kaisers Maximilian II, welcher von 1562 bis 1576 Kaiser des »Heiligen Römischen Reiches Deutscher Nation« war. Den ersten verschlüsselten Brief hatten DECRYPT-Kollegen im Haus-, Hof- und Staatsarchiv (HHStA) in Wien gesammelt (siehe Faksimile in Abb. 2). Der Brief besteht aus mehreren Seiten, die gefüllt sind mit astrologischen, alchemistischen und Fantasiezeichen. Markiert war das Dokument in der Datenbank mit dem Hinweis, dass es vermutlich aus dem 17. Jahrhundert stammt. Absender, Empfänger und Inhalt waren unbekannt; eine Transkription gab es noch nicht. Deshalb mussten wir diese zunächst erstellen. Nach einiger Fleißarbeit hatten wir mehrere Seiten transkribiert und konnten diese mittels CT2 analysieren. Wir vermuteten, dass der Klartext in Französisch oder Spanisch geschrieben war. Jedoch lieferte keine dieser Sprachen bei der automatischen Kryptoanalyse eine brauchbare Entschlüsselung. Auch Latein lieferte kein Ergebnis. Wider Erwarten lieferte die homophone Substitutionsanalyse mit Deutsch einige Wortfetzen. Der Text war also in Deutsch verfasst worden. Angespornt von der partiellen Entschlüsselung der Maschine, verbesserten wir diese Analyse manuell und konnten mehr und mehr Text lesen. Unsere Kollegin Waldispühl, die mittlerweile in die Kryptoanalyse eingestiegen war und Expertin für altes Deutsch ist, verbesserte unsere bisherige Entschlüsselung. So konnten wir nach einiger Analyse endlich den bis dahin unbekannten Namen des Absenders entschlüsseln, der zwischen vielen »Nullen« (Zeichen ohne Bedeutung) versteckt war: Kaiser Maximilian II. Auch die korrekte Datierung vom 17. ins 16. Jahrhundert konnte erst nach der erfolgreichen Entschlüsselung durchgeführt werden, da das Absende-Datum (das Jahr 1575) zwar im Klartext geschrieben, aber auch zwischen vielen »Nullen« versteckt war. Die von Maximilian und seinen Sekretären eingesetzte Chiffre war, wie auch die Vatikan-Chiffren, eine homophone Chiffre, allerdings mit nur zwei möglichen Geheimtextzeichen für ein Klartextzeichen. Dadurch war diese deutlich einfacher zu lösen als die Argenti-Chiffren des Vatikans. Abb. 7 zeigt die homophone Substitutionsanalyse mit einem Teil der fertigen Entschlüsselung.

   Inhaltlich ging es in diesem ersten Brief um die anstehende »Freie Wahl« von 1576, bei der der neue Polnisch-Litauische König von allen polnischen und litauischen Adeligen gewählt wurde. Als wir den Brief teilweise entschlüsselt hatten, fanden wir auch den zugehörigen originalen Schlüssel in der DECODE-Datenbank. Dieser war, da die DECODE-Datenbank hunderte digitalisierte Schlüssel beinhaltet, erst durch die teilweise Entschlüsselung der Chiffre zu identifizieren. Dadurch, dass wir den originalen Schlüssel fanden, konnten wir auch Nomenklator-Elemente (Codewörter), deren Bedeutung uns vorher un-

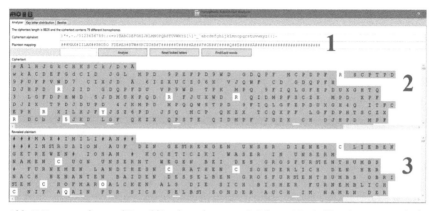

Abb. 7: Kryptoanalyse und Entschlüsselung des ersten Briefs von Maximilian II von 1575 mittels der Homophonen Substitutionsanalyse in CrypTool 2: (1) Schlüssel, (2) Geheimtext, (3) entschlüsselter Klartext (Quelle: eigene Darstellung)

bekannt war, entschlüsseln. Diese Elemente tauchen im Brief als »unverschlüsselte« lateinische Codewörter auf, die in den sonst kryptischen Geheimtextzeichen sogar optisch hervorstechen. Ein Beispiel für so ein Codewort ist »Benignus«, welches für den Erzherzog Ernst steht, ein Sohn Maximilians. Neben dem originalen Schlüssel konnten wir noch zwei weitere verschlüsselte Dokumente in der DECODE-Datenbank identifizieren, die auch von beziehungsweise an Maximilian geschrieben waren und denselben Schlüssel nutzten. Außerdem fanden wir noch zwei weitere, sehr ähnlich aussehende Dokumente, die mit einem anderen Schlüssel verschlüsselt waren. Auch diese behandelten die »Freie Wahl«. Insgesamt entschlüsselten wir fünf Briefe von beziehungsweise an Maximilian II. In der gesamten Korrespondenz versuchte Maximilian, die Wahl zu seinen Gunsten oder zu der seines Sohns Ernst zu beeinflussen. Neben Bestechungsgeldern, die in Aussicht gestellt wurden, wurde ebenso mit Krieg bei einer Wahlniederlage gedroht. Alle Mühen Maximilians waren allerdings vergebens, denn obwohl er von einem Teil des Adels zum Sieger der Wahl erklärt wurde, gewannen am Ende seine Konkurrenten Stephan Báthory und Anna Jagiellonica den polnisch-litauischen Thron, da diese vor Maximilian zur Krönung erschienen. Kurz nach der Wahlniederlage verstarb Maximilian II unerwartet auf dem Reichstag in Regensburg im Jahr 1576.

4.   Alte und weniger alte Erinnerungen

Während die Dokumente aus den historischen Archiven einige Jahrhunderte alt sind, kann auch innerhalb eines Menschenlebens der Inhalt eines Dokuments verloren gehen. Hiermit ist nicht gemeint, dass jemand das Passwort seines Wallets vergisst und nicht mehr an seine Bitcoins kommt. In diesem dritten Fallbeispiel geht es um das Kriegstagebuch des italienischen Partisanen Antonio Marzi. Er kämpfte 1944/45 in der italienischen Stadt Udine gegen deutsche Truppen. Als Spion funkte er verschlüsselte Kriegsbeobachtungen an Kontaktpersonen. Statt die Nachrichten nach dem Verschicken gleich zu vernichten, bewahrte er sie in seinem Kriegstagebuch verschlüsselt auf. Nach dem Krieg hatte er den genutzten Schlüssel und das Verfahren vergessen. Er wandte sich 2003 an den Kryptografie-Experten Filippo Sinagra aus Venedig. Dieser übergab das Rätsel dann dem Münchner Informatiker und IT-Sicherheitsexperten Tobias Schrödel (Schrödel 2010; Schmeh/Schrödel 2013), welcher das Marzi-Rätsel 2010 bei »MysteryTwister« (MTC3) veröffentlichte (Ruhr Universität Bochum 2020). MTC3 ist ein vom CrypTool-Projekt gemeinsam mit der Uni Bochum organisierter Kryptografie-Wettbewerb, bei dem auch ungelöste originale Chiffren veröffentlicht werden. Nachdem die Aufgabe als Level-X-Challenge (ungelöste Chiffre) in MTC3 aufgenommen wurde, dauerte es nochmal zwei Jahre, bis der Informatiker Armin Krauss das Rätsel löste und das Buch entschlüsselte. Ein faszinierendes Dokument der Zeitgeschichte war nach rund 70 Jahren wieder lesbar. Leider verstarb Marzi schon 2003, ohne die Lösung noch einmal gesehen zu haben.

5.   Fazit

Im DECRYPT-Projekt konnten bisher knapp 3.500 verschiedene originale historische Dokumente aus diversen europäischen Archiven gesammelt werden, die dann alle in der DECODE-Datenbank digitalisiert gespeichert wurden. Neben verschlüsselten Manuskripten sind auch Ver- und Entschlüsselungsschlüssel und Verschlüsselungs-Anweisungen in der Datenbank gespeichert. Viele der Dokumente sind mittlerweile auch in transkribierter Form vorhanden, was eine (semi-)automatische Kryptoanalyse ermöglicht. Dieser Artikel stellte zunächst die Software CrypTool 2 vor, welche wir an der Universität Siegen im DECRYPT-Projekt weiterentwickeln und auch für die Kryptoanalyse historischer Chiffren nutzen. Hierfür nutzen wir primär die CT2-Komponente »Homophone Substitutionsanalyse«, aber auch andere Komponenten, wie die »Substitutions«-Komponente, die nur der Ver- und Entschlüsselung und nicht der Analyse dient. Mit ihr verbessern wir einen bereits teilweise korrekten Schlüssel iterativ und manuell. Dann wurden zwei spannende Sub-Projekte des DECRYPT-Projekts vorgestellt. Zum einen wurden viele vatikanische Chiffren gesammelt und analysiert. Hierbei zeigte sich, dass die vatikanische Kryptografie im 16. Jahrhundert die beste ihrer Zeit war, allerdings im 17. und 18. Jahrhundert deutlich schlechter wurde und nur noch höchstens Mittelmaß war. Ein weiteres hier vorgestelltes Sub-Projekt war die Kryptoanalyse von fünf verschlüsselten Briefen von und an Kaiser Maximilian II aus den Jahren 1575 und 1576. Hier konnten alle Briefe erfolgreich entschlüsselt sowie die originalen Schlüssel in der Datenbank gefunden und für die finale Verbesserung der Verschlüsselung genutzt werden. Maximilians eingesetzte Chiffren waren, verglichen mit den vatikanischen Chiffren der Argentis aus derselben Zeit, deutlich unsicherer und daher wohl schon in ihrer Zeit brechbar. Auch zeigte sich, dass Maximilian alles daransetzte, die Wahl zum Polnisch-Litauischen König für sich oder seinen Sohn Ernst zu sichern. Selbst Krieg schien ihm als Mittel recht.

Die Arbeit des DECRYPT-Projekts ermöglicht Forschenden, die verschlüsselte Manuskripte in Archiven finden, diese zu entschlüsseln. Dies hilft, bisher »vergessene« Ereignisse wieder sichtbar also »erinnerbar« zu machen. Die Inhalte von verschlüsselten Dokumenten geben häufig einen klareren ungefilterten Blick auf die Geschichte. Sie zeigen die Intentionen von Päpsten, Kaisern und anderen Personen unserer Geschichte. Geht man davon aus, dass 1 % aller Dokumente in unseren Archiven verschlüsselt sind, und ein Großteil davon noch nicht entschlüsselt ist, bietet dies Forschenden eine »schier endlose« Anzahl an Dokumenten, die noch analysiert werden können. DECRYPT läuft noch bis Ende 2024. Alle darin entwickelten Tools werden frei und Open-Source auf der DECRYPT-Webseite und der CrypTool-Webseite veröffentlicht.

Die bisherigen Ergebnisse dieser Forschung wurden nicht nur in Fachmagazinen (unter anderem in Cryptologia) veröffentlicht, sondern auch populärwissenschaftlich im größten deutschen Computerfachmagazin, der c't, für die breite Öffentlichkeit zugänglich gemacht (Kopal/Esslinger 2021; Kopal/Megyesi 2022; Kopal/Waldispühl 2022).

Literatur

CrypTool-Online (2020a): Datenschutzfreundliche Tracing-Apps. https://corona-tracing.c ryptool.org/, zuletzt abgerufen am 01.08.2022.

CrypTool-Online (2020b): Corona-Tracing: Demonstration des kryptografischen Protokolls DP-3T. https://www.cryptool.org/de/cto/corona-tracing, zuletzt abgerufen am 01.08.2022.

Kopal, Nils/Esslinger, Bernhard (2018): CrypTool 2 – Ein Open-Source-Projekt zur Kryptologie für Lehre, Forschung, Selbststudium und Experimentieren. D.A.C.H Security.

Kopal, Nils/Esslinger, Bernhard (2021): Krypto ganz unkryptisch – Mit CrypTool 2 moderne Kryptografie ausprobieren und verstehen. c't (15), S. 142.

Kopal, Nils/Megyesi, Beáta (2022): Die Kryptografen des Papstes: Entschlüsselt: Geheime Nachrichten aus dem Vatikan. c't (3), S. 134.

Kopal, Nils/Waldispühl, Michelle (2021a): Deciphering three diplomatic letters sent by Maximilian II in 1575. Cryptologia 46 (2), S. 103–127.

Kopal, Nils/Waldispühl, Michelle (2021b): Two encrypted diplomatic letters sent by Jan Chodkiewicz to Emperor Maximilian II in 1574–1575. International Conference on Historical Cryptology.

Kopal, Nils/Waldispühl, Michelle (2022): Kryptische Propaganda. Entschlüsselt: Briefe von Kaiser Maximilian II. c't (4), S. 130.

Lasry, George/Megyesi, Beáta/Kopal, Nils (2021): Deciphering papal ciphers from the 16th to the 18th Century. Cryptologia 45 (6), S. 479–540.

Megyesi, Beáta/Blomqvist, Nils/Pettersson, Eva (2019): The DECODE database: Collection of historical ciphers and keys. The 2nd International Conference on Historical Cryptology, HistoCrypt 2019, June 23–26 2019, Mons.

Megyesi, Beáta/Esslinger, Bernhard/Fornés, Alicia/Kopal, Nils/Láng, Benedek/Lasry, George/de Leeuw, Karl/Pettersson, Eva/Wacker, Arno/Waldispühl, Michelle (2020): Decryption of historical manuscripts: The DECRYPT project. Cryptologia 44 (6), S. 545–559.

Ruhr Universität Bochum (2020): MysteryTwister. https://informatik.rub.de/cits/infos/mystery-twister/, zuletzt abgerufen am 01.08.2022.

Schmeh, Klaus/Schrödel, Tobias (2013): Der Spion, der sich selbst überlistete. https://www.spiegel.de/geschichte/geheimes-tagebuch-aus-dem-zweiten-weltkrieg-entschluesselt-a-951102.html, zuletzt abgerufen am 01.08.2022.

Schrödel, Tobias (2010): Aufzeichnungen eines italienischen Soldaten. https://mysterytwister.org/challenges/level-x/aufzeichnungen-eines-italienischen-soldaten, zuletzt abgerufen am 01.08.2022.

Universität Siegen (2020): Wie funktionieren Corona-Warn-Apps? https://www.uni-siegen.de/start/news/oeffentlichkeit/905115.html, zuletzt abgerufen am 01.08.2022.

Marius Albers[*]

Erinnerung und Dialekt am Beispiel des Dialektatlas Mittleres Westdeutschland (DMW)

1.   Einleitung

Eine der Einstiegsfragen bei den Erhebungen zum *Dialektatlas Mittleres West-deutschland* (DMW) lautet: »Haben Sie Ihren Dialekt an die nächste Generation weitergegeben?« In einem Interview jüngeren Datums antwortete der interviewte Dialektsprecher (männlich, 80 Jahre alt, aus dem Westwaldkreis) darauf das Folgende (aus Gründen der Lesbarkeit weitgehend an die Schriftsprache ange-passt):

> *»Ja, die Tochter, die spricht gut Platt. Aber auch nicht mit diesen speziellen Ausdrücken mehr, die ich noch drauf habe, wenn ich so sagen will. [...] Viele Ausdrücke sind ja schon so gut wie verschwunden. Ich hab da mal so vieles aufgeschrieben. [...] Ich hab meist einen Zettel in der Hose und einen Bleistift, weil das fällt einem nur so sporadisch ein, wenn das sich aus was ergibt. [...] Na ja, unter den Älteren, die reden alle Platt. Und dann wird das aber immer ein bisschen weniger. Die Kinder heute, da ist das kaum noch.«* (GP 1240)

Was diese Gewährsperson (im Folgenden GP) hier beschreibt, ist typisch für viele Regionen in Deutschland: Es ist ein Rückgang der traditionellen dialektalen Sprechweisen zu attestieren, gerade mit Blick auf jüngere Generationen (z.B. Gewering 2018, S. 359). Dieser Rückgang ist allerdings kein neues Phänomen: Für das Westfälische etwa können bereits im 18. Jahrhundert Warnungen vor dem Verfall des Dialekts gefunden werden (Gewering 2018, S. 359). Bemerkenswert ist jedoch der Umgang der GP mit dieser Situation: Sie hat eine Kladde dabei, in der sie Ausdrücke aus dem Platt des Ortes dokumentiert, die ansonsten »so gut wie verschwunden« seien. Sie werden dokumentiert, um diese Ausdrücke nicht dem Vergessen anheimfallen zu lassen, um sich an sie zu erinnern und um so den Dialekt zu erhalten, denn: »Eine Sprache, an die sich niemand ›erinnert‹, [...] ist eine tote, [...] eigentlich gar keine Sprache« (Kastl 2021, S. 6).

---

[*] Marius Albers, M.A., Universität Siegen, Fakultät I (Philosophische Fakultät), Germanistik – Linguistik.

Sprache (und damit auch Dialekt) und Erinnerung sind auf vielfältige Weise miteinander verwoben. Man kann beispielsweise die folgenden Beziehungen betrachten: Die Sprache selbst ist etwas, das beim Gebrauch Erinnerung erfordert: »Auch in der eigenen Sprache muss man Wörter und die Regeln ihrer Kombination erwerben, sich an sie und ihren Gebrauch ›erinnern‹, und auch hier kann man Wörter und Wendungen ›vergessen‹, Mühe haben, sie sich wieder ins Gedächtnis zu rufen« (Kastl 2021, S. 6). Weiterhin dient Sprache dazu, Erinnerungen zu codieren, zu speichern und abzurufen: »Wir kleiden unsere Erinnerungen in Worte, bevor wir sie beschwören; es ist die Sprache und das ganze System der damit verbundenen gesellschaftlichen Konventionen, die uns jederzeit die Rekonstruktion unserer Vergangenheit gestattet« (Halbwachs 1985, S. 368–369, zitiert nach Kastl 2021, S. 4). Schließlich werden bestimmte Formen von Sprache – in diesem Fall Dialekte – in jüngerer Zeit auch als Erinnerungsorte betrachtet (Claßen 2019, Gewering 2018). Mit dem Terminus »Erinnerungsort« werden sowohl »konkret lokalisierbare Orte […] mit herausragender Bedeutung« als auch »abstraktere ereignis- und themenbezogene Bezugspunkte (Streiks, Kultur, Kunst, Theater) mit hohem Erinnerungswert für das regionale Gedächtnis« bezeichnet (Geiß-Netthöfel 2019, S. 15). Unter Letzteres fallen dabei (regional verankerte) Arten des Sprechens. Sie haben als Erinnerungsorte dann entsprechende Funktionen, wie beispielsweise das Ruhrdeutsche: »Mit dem Zerfall der gemeinsamen Lebens- und Arbeitswelt stiftet nun der Erinnerungsort Ruhrdeutsch Gemeinschaft und entwickelte sich zum identitätsbildenden Faktor« (Claßen 2019, S. 645).

Außerdem gilt, dass der »abstrakte« Erinnerungsort des Dialekts in verschiedener Weise »materialisiert« werden kann, beispielsweise durch die Nutzung von Dialekt in bestimmten Kontexten: So wird es etwa als eine Aufgabe von niederdeutscher Mundartliteratur angesehen, »die Erinnerung an das Plattdeutsche in einer bereits durch das Hochdeutsche bestimmten Alltagswelt wach zu halten« (Tophinke/Wallmeier/Merten 2021, S. 27). Auch in kulturellen Veranstaltungen wie Theater, Kabarett oder Gottesdienst kann Dialekt Verwendung finden, so dass solche Sprachformen präsent gehalten werden (z. B. Claßen 2019).

Dies zeigt die besondere Rolle, die solche Sprachformen für die Menschen einer bestimmten Region einnehmen. Vor dem Hintergrund des bereits erwähnten Dialektschwunds ist es daher wichtig, Dialekte zu erhalten. Dieses Interesse manifestiert sich auf verschiedenen Ebenen: Der Dialektforscher Christian Gewering berichtet beispielsweise über eine große Zahl an Dialektwörterbüchern, die in jüngerer Zeit im westfälischen Raum von sprachinteressierten Personen und Organisationen verfasst wurden und deren Anliegen er folgendermaßen umreißt:

>*Diese Tätigkeiten verweisen nicht nur auf ein gesteigertes Interesse an den westfälischen Mundarten, sondern sind gleichzeitig ein Indiz für den Rückgang der Sprache. Denn hinter den Wörterbüchern steckt oftmals die Motivation, den Wortbestand eines Ortes oder einer Region mit den letzten noch lebenden Sprechern zusammenzutragen und so für die Ewigkeit festzuhalten.*« (Gewering 2018, S. 365)

Die Erstellung von Dialektwörterbüchern bildet in gewisser Weise eine Brücke zur institutionalisierten sprachwissenschaftlichen Beschäftigung mit Dialekten, denn auch hier ist die Dokumentation des Wortschatzes eine wichtige Aufgabe (Lenz/Stöckle 2021). Daneben gibt es weitere Formen der wissenschaftlichen Dokumentation von Dialekten; diese sollen in Abschnitt 3 genauer erläutert werden. Anschließend wird am Beispiel des DMW ein aktuell laufendes Forschungsprojekt vorgestellt, zu dessen Zielen es gehört, die noch fassbaren Bestände der Dialekte beziehungsweise der maximal standardfernsten Sprechweisen zweier Sprechergenerationen im mittleren Westen Deutschlands systematisch zu dokumentieren, zu analysieren und zu vergleichen. Ein zentraler Punkt ist dabei die Präsentation der erhobenen Daten in allgemein zugänglichen sprechenden Karten. Das primäre Interesse des Beitrags ist es also, die Möglichkeiten der Konservierung von Dialekten darzustellen. Die dabei entstehenden Produkte – hier stellvertretend der DMW – können fortan als Orte der Erinnerung an die dort gesammelten Sprechweisen dienen. Insofern kann hier von einer Voraussetzung für die Erinnerung an Dialekte gesprochen werden. Daneben spielt das individuelle Erinnern an dialektale Formen bereits bei der Erstellung des DMW eine wichtige Rolle. Darauf wird ebenfalls in Abschnitt 4 eingegangen. Zunächst soll jedoch in einem kurzen sprachgeschichtlichen Abriss erläutert werden, welche sprachhistorischen Momente in den Dialekten konserviert sind.

2. Woran Dialekte uns erinnern können: Kurze Sprachgeschichte

Dialekte können als »ursprüngliche« Sprachformen an sprachliche Verhältnisse der Vergangenheit erinnern. Im deutschen Sprachgebiet lassen sie sich zu zwei großen Gruppen zusammenfassen: niederdeutsche Dialekte im Norden und hochdeutsche im Süden (Abb. 1). »Hochdeutsch« steht hier nicht für die allgemein übliche Standardsprache, sondern als Sammelbegriff für die südlichen Dialekte des Deutschen. Die Grenze zwischen beiden Gebieten wird Benrather Linie genannt. Es handelt sich dabei um eine gedachte Linie, die von Westen kommend durch den heutigen Düsseldorfer Stadtteil Benrath bis nach Frankfurt/Oder im Osten das deutsche Sprachgebiet durchzieht.

Die Benrather Linie markiert das Auslaufen der sogenannten 2. Lautverschiebung, ein Bündel von Veränderungen auf der lautlichen Ebene, die sich von

Abb. 1: Einteilung der deutschen Dialektgebiete mit Benrather Linie (Tophinke/Wallmeier/
Merten 2021, S. 16; Kartograph Dirk Frerichmann)

circa 500–800 n. Chr. ausgehend von Südosten über den deutschen Sprachraum
ausbreiteten (Vogel 2012, S. 9). Von dieser Lautverschiebung sind in erster Linie
die Konsonanten *p*, *t* und *k* betroffen: Im südlichen hochdeutschen Gebiet
wurden diese zu *f/pf*, *s/z* und *ch* verschoben, während sie im niederdeutschen
unverändert blieben. Den Unterschied kann man an folgenden Beispielwörtern
gut erkennen (Tab. 1).

Niederdeutsch	Hochdeutsch
Wapen	*Waffe*
Appel	*Apfel*
Water	*Wasser*
Tung	*Zunge*
maken	*machen*

Tab. 1: Beispiele für die 2. Lautverschiebung (nach Vogel 2012, S. 8)

Diese Unterschiede stellen nur die prominentesten dar. Tatsächlich gibt es zwischen den hoch- und niederdeutschen Dialekten, ebenso innerhalb der beiden Gruppen noch zahlreiche Unterschiede (z. B. Wiesinger 1983). Selbst ohne deren Auflistung fällt aber zweifellos direkt auf, dass die Lautung in den hochdeutschen Formen dem entspricht, was heute als Standarddeutsch gilt. Die Standardsprache entwickelte sich nämlich aus dem Hochdeutschen, ist aber eine vergleichsweise junge Erscheinung: Erst ab dem 16. Jahrhundert begann sich diese überregionale Verkehrssprache herauszubilden. Bis dahin waren die regionalen dialektalen Sprechweisen das alltägliche Kommunikationsmittel, und sie blieben es noch für längere Zeit: »Noch bis in die Mitte des 20. Jahrhunderts war die ersterworbene [Sprach-]Variante meist ein Dialekt« (Vogel 2012, S. 1).

Durch eine größere Mobilität und weitere gesellschaftliche Veränderungen wurden die Dialekte nach und nach zurückgedrängt. Am Beispiel des Niederdeutschen ist das besonders gut erkennbar: Die Standardsprache entwickelte sich wie gesagt aus hochdeutschen (genauer: vor allem ostmitteldeutschen) Dialekten. Die niederdeutschen Dialekte wurden im Zuge der Herausbildung der Standardsprache im 16./17. Jahrhundert zunächst als Schreibsprache, im 20. Jahrhundert dann auch als alltägliche Sprechsprache vom Hochdeutschen verdrängt (Tophinke/Wallmeier/Merten 2021, S. 18–21). In anderen Regionen wurden die ursprünglichen Dialekte ebenfalls nach und nach abgebaut und unter anderem durch großräumigere Regiolekte (Mischungen von Dialekt und Standardsprache) wie das Ruhrdeutsche oder die Standardsprache mit verschiedenen regionalen Färbungen ersetzt (Vogel 2012, S. 1).

Mit dem Schwund der Dialekte setzte ein Interesse an deren Bewahrung ein. So spricht der Dialektforscher Heinrich Löffler (2003, S. 15) beispielsweise im Zuge des Rückgangs des Niederdeutschen vom »Aufkommen eines konservierenden, spracherhaltenden Interesses, gerade auf Seiten der Bildungsbürger, nicht im Sinne eines unbedingten Rettungsversuchs oder gar Wiederauflebenlassens der Mundart, sondern eher eines liebevollen Sammelns und musealen Konservierens«. Anstrengungen dieser Art blieben aber nicht nur auf den niederdeutschen Raum beschränkt, sondern finden sich außerdem für verschiedene hochdeutsche Dialekte (Löffler 2003, S. 16).

3.   Wie man sich an Dialekte erinnern kann: Möglichkeiten und Methoden der Dokumentation von Dialekten

Die Dokumentation von Dialekten und regionalen Sprechweisen hat eine lange Tradition (Niebaum/Macha 2014, S. 23). Ein zentrales Problem ist dabei die primär mündliche Erscheinungsform der Dialekte und damit ihre Flüchtigkeit. Um die Mundart »über einen einmaligen Sprechakt hinaus festhalten und wiederholbar machen« (Löffler 2003, S. 17) zu können, sind daher verschiedene Ansätze und Methoden entwickelt worden, die sich im Laufe der Zeit allerdings – nicht zuletzt aufgrund des technischen Fortschritts – gewandelt haben.

Selbstredend ist die schriftliche Fixierung zuerst zu nennen, wobei die Präsentationsformen je nach Anlass und Zielsetzung variieren: Bereits seit dem 14. Jahrhundert wurden (zunächst überwiegend religiöse) Texte in ihren mundartlichen Varianten in Sammlungen zusammengestellt. Ab dem 19. Jahrhundert wurden solche Textsammlungen dann zusätzlich mit dem Ziel »der Bereitstellung von Dialektmaterial zu Forschungs- (und Lehr-) Zwecken« verbunden (Niebaum/Macha 2014, S. 25). Klassisch ist die Konservierung mundartlicher Sprache in Form von Wörterbüchern und Idiotika, die seit dem späten 17. Jahrhundert betrieben wird (Löffler 2003, S. 15–16). Hieraus entwickelte sich ein zeitweilig besonders blühender Zweig der Dialektologie: Zu Beginn des 20. Jahrhunderts schlossen sich zahlreiche der damals aktiven Wörterbuchprojekte zum sogenannten »Wörterbuchkartell« zusammen, das 1934 in die »Reichsgemeinschaft deutscher Volksforschung« eingegliedert wurde. Aufgrund dieser Verstrickung in den Nationalsozialismus werden die Verbindungen zum Wörterbuchkartell heute kaum – nicht einmal von den daran beteiligten Projekten – benannt (Ehlers 2010, S. 211–212). Ein Ergebnis der damals auch finanziell großzügigen Förderung besteht darin, dass zwischen 1934 und 1939 in bis zu 20 Wörterbuchkanzleien gleichzeitig gearbeitet wurde. Die gezielte Initiation von weiteren Projekten durch den Leiter Walther Mitzka sorgte dafür, dass das gesamte Gebiet des Deutschen Reiches in den Grenzen von 1937 abgedeckt werden konnte (Ehlers 2010, S. 200–216; für eine Übersichtskarte vgl. Niebaum/Macha 2014, S. 43). Eine Übersicht der heute in Arbeit befindlichen großlandschaftlichen Dialektwörterbücher des Deutschen geben die Beiträge in Lenz/Stöckle (2021).

Neben dieser schriftbezogenen Form der Dialektrepräsentation ist die visuelle Darstellung auf Karten ein zentrales Verfahren der Dialektologie. Die Idee, (regionale) Sprache in Kartenform festzuhalten, kam im 19. Jahrhundert auf (Bubenhofer 2020, S. 139). Dialektkarten erlauben eine geographische Verortung von regionalen Sprechweisen und können verschiedene Aspekte in den Fokus rücken, etwa die Verbreitung bestimmter Wörter oder Lautungen. Einen Überblick

über die zahlreichen Möglichkeiten der Dialektkartierung geben Niebaum/
Macha (2014, S. 28–34). Zusammengehörigkeit beziehungsweise Abgrenzung
wird dabei durch Grenzlinien, sogenannte Isoglossen, verzeichnet. Die Benrather
Linie (Abb. 1) ist eine solche Isoglosse. Natürlich sind diese Grenzen nicht so
scharf, wie die Linien es suggerieren: Es gibt immer Übergangsbereiche und
»Ausreißer« (Tophinke/Wallmeier/Merten 2021, S. 33–34).

Die Zusammenstellung mehrerer Dialektkarten für eine bestimmte Region
wird als Sprachatlas bezeichnet. Mittlerweile sind große Teile des deutschen
Sprachgebietes von Sprachatlanten flächendeckend erfasst (Schmidt et al. 2019,
S. 31). Sprachatlanten des Deutschen sind aufs Engste mit dem Namen Georg
Wenker verbunden. Der Marburger Sprachwissenschaftler führte zwischen 1876
und 1887 in verschiedenen Etappen Fragebogenerhebungen zu den deutschen
Dialekten durch, die als Basis für eine umfassende Kartierung der deutschen
Dialektgebiete dienten. Noch heute fungiert sein *Deutscher Sprachatlas* als ein
zentrales Referenzwerk dialektologischer Forschung. Zur Gewinnung der Daten
nutzte Wenker Sätze wie den folgenden: *Im Winter fliegen die trockenen Blätter
durch die Luft herum.* Die Sätze der unterschiedlichen Fragebogenerhebungen
sowie die ausgefüllten Wenkerbögen sind online auf dem Portal regionalspra-
che.de abrufbar (REDE 2020 ff.). Wenker versandte 40 Sätze an die Schulorte des
Deutschen Reiches und ließ sie dort in die ortsübliche Mundart übertragen. Wie
die bisher genannten Methoden nutzte er die Verschriftung dialektaler Aussprache. Auf den Bögen zur Erhebung 1879/80 im Norden und in der Mitte des
Deutschen Reiches notierte Wenker dazu sechs Hinweise für die Lehrer (Wenker
spricht explizit nur »Herren« an), von denen die Punkte 2 und 3 mit Blick auf die
Verschriftungspraxis aufschlussreich sind (Wiedergabe in der Originalschrei-
bung):

> *2. Bei so umfassenden Sammlungen von Material, wie sie den Karten zu Grunde liegen
> werden, kommt es nicht auf eine Darstellung der feinsten Schattirungen der mundart-
> lichen Aussprache an, sondern es ist auch eine scheinbar unvollkommene Fixirung der
> einzelnen Laute im Zusammenhang mit den Uebersetzungen aus den Nachbarorten stets
> sehr werthvoll und daher willkommen.*

> *3. Möglichst ungesuchte und ungezwungne Schreibweise ist stets die beste!*

Eine praktikable Alternative dazu gab es seinerzeit nicht, obwohl der Versuch,
dialektale (und dabei häufig lautliche) Merkmale schriftlich und ohne eine
standardisierte Lautschrift von vielen verschiedenen Personen schreiben zu
lassen, natürlich problematisch bleibt (Tophinke/Wallmeier/Merten 2021, S. 36).

Um der gesprochensprachlichen Realität der Mundarten bei deren Dokumentation Rechnung zu tragen, forderte der Germanist Rudolf von Raumer
schon Mitte des 19. Jahrhunderts einen Apparat, »der das Gesprochene ebenso
treu auffasste und auf dem Papier befestigte wie das Daguerrotyp das Gesehene«

(von Raumer 1857, S. 392, zitiert nach Niebaum/Macha 2014, S. 26). Zentrale technische Voraussetzungen dazu schufen etwa die Erfindung des Phonographen und der Schallplatte (Niebaum/Macha 2014, S. 26) sowie des Kondensatormikrofons und des Niederfrequenzverstärkers (Stift/Schmidt 2014, S. 360). So war es bereits zu Beginn des 20. Jahrhunderts möglich, Sprache – und damit auch Dialekte – in ihrer gesprochenen Form zu konservieren. Es entstanden entsprechende Archive und Sammlungen wie etwa das »Deutsche Spracharchiv«, das heute als »Archiv für gesprochenes Deutsch« (AGD) am Leibniz-Institut für deutsche Sprache (IdS) in Mannheim angesiedelt ist. Bedeutende Vorteile der akustischen Aufnahme von Sprachdaten liegen in der authentischen und detaillierten Wiedergabe der akustischen Sprachsignale, die einerseits schriftlich festgehaltene Transkriptionen überprüfbar macht und ergänzt (Tophinke/Wallmeier/Merten 2021, S. 37), andererseits darin, dass diese akustischen Sprachdaten außerhalb der Forschung als niedrigschwelliges und zugleich interessantes Angebot für Interessentinnen und Interessenten aller Art zur Verfügung gestellt werden können. Das ist Teil des Konzepts des DMW.

4.   Erinnerung mit und im Dialektatlas Mittleres Westdeutschland (DMW)

Der Dialektatlas Mittleres Westdeutschland (DMW) entsteht in einem von der Nordrhein-Westfälischen Akademie der Wissenschaften und der Künste geförderten Forschungsprojekt, das 2016 an den Universitäten Siegen, Bonn, Münster und Paderborn gestartet wurde. In der geplanten Laufzeit von 17 Jahren ist es das Ziel, die Dialekte beziehungsweise standardfernsten Sprechweisen im mittleren Westen Deutschlands zu dokumentieren, zu analysieren und zu präsentieren. Im Folgenden soll das Projekt in Grundzügen vorgestellt werden. Eine detaillierte Darstellung von Methodik, Akquise, Exploration und Analyse im DMW bieten Carstensen et al. (2020) und Gehrke et al. (2020).

Zunächst zu einigen Rahmendaten: Das Erhebungsgebiet des DMW umfasst auf politischer Ebene ganz Nordrhein-Westfalen sowie einige angrenzende Regionen in Niedersachsen und Rheinland-Pfalz. Aus dialektologischer Sicht befinden sich auf diesem Gebiet vor allem westfälische, nieder- und moselfränkische sowie ripuarische Dialekte (Abb. 2). Damit umfasst der DMW sowohl nieder- als auch hochdeutsche Dialekte, was aufgrund der in Abschnitt 2 skizzierten Differenzen eine besondere Herausforderung darstellt.

In diesem Gebiet erfolgen Erhebungen in etwa 1.000 Orten (zwischen 500 und 8.000 Einwohnerinnen und Einwohner), die in der Regel Teil der Wenker-Erhebungen sein sollen, um dialektale Veränderungen seit dem späten 19. Jahrhun-

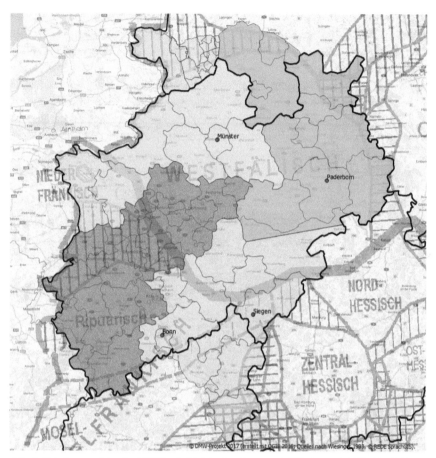

Abb. 2: Erhebungsgebiet des DMW mit Dialekteinteilung nach Wiesinger (1983). Die farbigen
Flächen zeigen die Erhebungsbereiche der Standorte: Bonn (lila), Münster (gelb), Paderborn
(grün) und Siegen (blau)

dert dokumentieren zu können. Pro Ort werden dazu jeweils zwei Personen im
Alter von mindestes 70 Jahren interviewt. Darüber hinaus kommt in rund der
Hälfte der Orte jeweils eine GP zwischen 30 und 45 Jahren hinzu, um den ge-
genwärtigen generationsübergreifenden Wandel in den Dialekten abzubilden.
Für die Gewährspersonen gilt, dass sie möglichst ortsfest sein sollen, im Idealfall
also ihr ganzes Leben, wenigstens aber ihre (sprachliche) Sozialisation bis zum
16. Lebensjahr im Ort verbracht haben. So soll sichergestellt werden, dass noch
möglichst »viel« und »reiner« Dialekt erhoben wird (zu den Anforderungen an
Gewährsleute Niebaum/Macha 2014, S. 13, für eine Kritik an dieser »klassischen«
Methode der Dialektologie im Gegensatz zur modernen Regionalsprachenforschung Schmidt/Herrgen 2011, S. 14–15).

Die Erhebungen erfolgen vor Ort bei den Gewährspersonen. Dabei werden mithilfe eines Fragebuchs computergestützt rund 700 Wörter, Wendungen und Sätze abgefragt, die als Audiodateien aufgenommen werden. Nach der Erhebung werden die Tondokumente aufbereitet und transkribiert. Große Teile davon können im Anschluss über das Karteninterface, das Herzstück des DMW, auf gezielte Anfrage der Nutzerinnen und Nutzer auf sprechenden Preview-Karten abgebildet werden. Die mannigfaltigen Darstellungsmöglichkeiten, die die Preview-Karten erlauben, können hier nicht dargestellt werden; es lohnt in jedem Fall der Blick in den Atlas (www.dmw-projekt.de; zur Konzeption der Preview-Karten vgl. Carstensen i. E.). In einer späteren Projektphase erfolgt schließlich die detaillierte linguistische Auswertung und kartographische Darstellung der erhobenen Phänomene.

Es folgt ein Blick in das Karteninterface des DMW. Abb. 3 zeigt den aktuellen Stand (Juni 2022) der bereits bearbeiteten und transkribierten Daten für das Wort *Hund*.

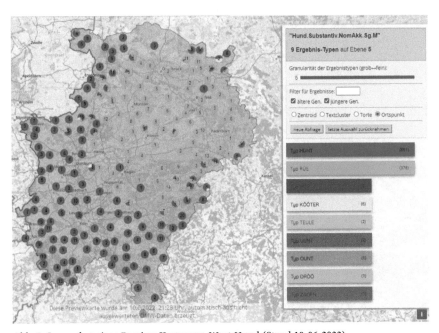

Abb. 3: Screenshot einer Preview-Karte zum Wort Hund (Stand 10.06.2022)

Neben einigen selteneren Varianten zeigt Abb. 3, dass im Erhebungsgebiet zwei Formen überwiegen: Auf der einen Seite findet sich das Standardwort *Hund* (gesprochen HUNT), das mit verschiedenen Aussprachevarianten, etwa HONT oder HUNGK, vor allem im Süden und Westen des Erhebungsgebietes verbreitet ist, auf der anderen Seite RÜE (mit verschiedenen Aussprachevarianten wie RUJE oder RÖÖN) in großen Teilen des westfälischen Raums. Trotz des beschriebenen Dialektrückgangs im Westfälischen (Gewering 2018) kann man also sehen, dass die dialektale Form noch häufig gekannt und/oder verwendet wird.

Wie oben skizziert, bietet der DMW die Möglichkeit, die aufgenommenen Audiodateien anzuhören. Das ist durch Klicken auf einen Ortspunkt möglich, was die in Abb. 4 dargestellte Ansicht erzeugt.

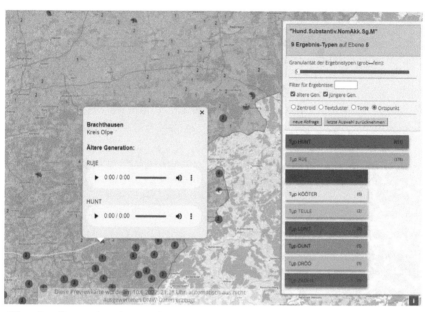

Abb. 4: Detailscreenshot einer Preview-Karte zum Wort Hund (Stand 10.06.2022)

Abb. 4 zeigt die Daten zu *Hund* aus Brachthausen im Kreis Olpe, einem Ort, der direkt an der Benrather Linie (gelbe Linie) liegt und damit an der Grenze von niederdeutschem Westfälisch zu hoch- beziehungsweise mitteldeutschem Moselfränkisch. Eine der GP nennt nur RUJE, also die niederdeutsche Variante, während die andere GP als spontane Antwort HUNT nennt. Eine solche Variation in einem Ort kann verschiedene Ursachen haben, die im Zuge einer detaillierten Auswertung analysiert werden können. Für den Moment lassen sich folgende Hypothesen aufstellen: Einerseits könnte es ein Reflex der geographischen Lage an der Dialektgrenze sein und eine Verschiebung andeuten. Auch ein teilweiser Rückgang des Dialekts kann die Ursache für den Wechsel zum standarddeutschen Begriff sein. Andererseits könnte es sich hier um eine sprechergebundene Erscheinung handeln: So kann der GP ein dialektaler Ausdruck möglicherweise gar nicht bekannt sein oder in der Erhebungssituation nicht einfallen. Das ist ein typisches Phänomen bei den Erhebungen, wie Gehrke et al. (i. E.) zeigen:

> »Einige Sprecher zeigen in der Exploration zudem Tendenzen des Spracherinnerns, was sich daran belegen lässt, dass sie im Laufe der Erhebung deutlich sicherer und besser (im Sinne von ›dialektaler‹) werden (z. B. PA54, MU1232). Einzelne Fälle des Sprachvergessens werden von den GPen in der Exploration teils markiert, indem sie etwa angeben, dass es da noch etwas gab, oder ihnen ein Lexem wie z. B. Hitte ›Ziege‹ auf Vorgabe hin noch bekannt ist (u. a. SI1004).«

Ein etwas genauerer Blick auf die letztgenannte GP 1004 zeigt, dass hier ein generationenbedingter Wandel vorliegt: Die Gewährsperson (weiblich, 43 Jahre, aus dem Hochsauerlandkreis) nennt das auf einer Bildkarte gezeigte Tier zunächst spontan *Ziege*. Wenig später kommt es bei der Frage zum Wort *Schaf* zu folgender Situation: Die Exploratorin fragt nach, ob auch die Variante *Hitte* bekannt ist:

> GP 1004: Ja, das kenne ich aber auch, ja Hitten. Ja, ich weiß jetzt schon, solche Sachen, wenn ich das später meiner Mutter erzähle, dann sagt die »Das sind doch Hitten.« [...] Doch, das ist mir auch geläufig, aber solche Wörter verlier ich dann schonmal, ich merke das auch jetzt bei den Kindern, wenn ich denen dann die Tiere erkläre, dass mir sowas fehlt.

> Exploratorin: Das ist dann aber nicht mehr der Begriff, den Sie verwenden?

> GP 1004: Ne, genau, ich benutze jetzt Ziegen. Bei Schafe sage ich Schope, aber bei Ziegen habe ich schon überlegt, da wäre ich selber nicht drauf gekommen.

Die Gewährsperson hat also im alltäglichen Sprechen das Standardwort übernommen, kann sich aber auf Nachfrage noch an den dialektalen Begriff erinnern. Sie zeigt damit ein typisches Verhalten von »Sprachvergessern«, bei denen die Sprachkompetenz zwar vorhanden, aber (in einer bestimmten Situation) »verschüttet« ist (Wirrer 2009, S. 137). Die Information ist dadurch nicht zwingend verloren, sondern kann »wiedergefunden« werden:

> »Vergessen heißt Zuschütten von Zugangswegen, Sich-Erinnern heißt demzufolge Wiedereröffnen oder Neueröffnen von Zugangswegen. [...] Oft bedarf es nur eines Stichworts, einer bildlichen Vorstellung, eines Hör- oder eines Geruchseindrucks, ja eines taktilen Reizes, um uns den Zugang zu einer lang vergessenen Information wieder oder neu zu eröffnen.« (Wirrer 2009, S. 137)

Wie dieses Beispiel zeigt, ist die Erhebung der Dialektdaten für die Gewährspersonen häufig selbst eine Art Erinnerung, weil sie teilweise nicht mehr regelmäßig Dialekt sprechen und die Formen daher nicht immer präsent sind (zu einer exemplarischen Analyse der verschiedenen Sprechertypen im DMW Gehrke et al. (i. E.)).

Der im soeben besprochenen Fall gezeigte generationenbedingte Wechsel eines Ausdrucks ist eine typische Erscheinung im Erhebungsgebiet des DMW. Um solche Aspekte bei der Auswertung zu berücksichtigen, werden Anmerkungen der Gewährspersonen aufgezeichnet und bei der Bearbeitung vermerkt. Auf diese Weise ist es möglich, ältere Formen zu dokumentieren, die heute nicht mehr in Gebrauch sind. Diese werden von den GPs teilweise einfach zeitlich »früher« verortet, können aber beispielsweise generationsgebunden sein. Die Unterschiede sind dabei sowohl lexikalischer (andere Wörter) als auch lautlicher Art (andere Aussprache), wie dies einige Beispiele in Tab. 2 zeigen.

Wort	GP	Anmerkung der GP
Dorf	465	früher eher Kaff statt Dörp
Sieb	745	Vater hat Siff gesagt
Taube	4	die alten Leute sagen immer Dauf
Hässlich	848	neuerdings gibt es das Wort HESSLICH im Plattdeutschen
Eichhörnchen	711	Katekadche sagt sein Vater, GP sagt Eichhörnchen
Arbeit/Maloche	833	veralteter Ausdruck, der heute weniger gebraucht wird

Tab. 2: Beispiele für generationsbedingte Ausdruckswechsel

5.   Fazit

Ziel dieses Beitrags war es, am Beispiel des Dialektatlas Mittleres Westdeutschland (DMW) Dimensionen des Verhältnisses von Dialekt und Erinnerung zu beleuchten. Ein kurzer Gang durch die deutsche Sprachgeschichte zeigte zunächst, dass die Dialekte an frühere Sprachstände erinnern. Da die Dialekte insbesondere aufgrund gesellschaftlicher Veränderungen immer weiter abgebaut werden, aber dennoch eine wichtige Rolle die die Sprecherinnen und Sprecher spielen, besteht ein besonderes Bedürfnis nach ihrer Konservierung. Ähnlich wie es die eingangs zitierte Gewährsperson in kleinem Rahmen macht, so werden im DMW dialektale Ausdrücke dokumentiert. Bereits im Rahmen der Erhebungen zeigt sich dabei, dass die Gewährspersonen häufig dialektale Formen erinnern, die sie nicht mehr alltäglich gebrauchen. Das Interesse des Projekts ist jedoch nicht in erster Linie ein rein konservatorisches, sondern die erhobenen Dialektdaten sollen außerdem zur sprachstrukturellen und -historischen Forschung genutzt werden. Durch den öffentlichen Zugang über das Karteninterface bedient der DMW unterschiedliche Interessen: So können die linguistischen Expertinnen und Experten bestimmte Phänomene analysieren (gegenwärtige Formen, Wandel- und Umbauprozesse), aber alle Interessierten können hören und sehen, wie in einem Ort oder einer Region gesprochen wurde und wird. Damit wird der DMW zu einem Ort der Erinnerung an die Dialekte, die im Erhebungsgebiet gesprochen werden.

Literatur

Bubenhofer, Noah (2020): Visuelle Linguistik. Zur Genese, Funktion und Kategorisierung von Diagrammen in der Sprachwissenschaft. Berlin, Boston, MA.

Carstensen, Kai-Uwe (im Erscheinen): Generating preview word maps in the DMW project. In: Palliwoda, Nicole (Hrsg.), Data processing and visualization in variational linguistics/dialectology. Working Papers in Corpus Linguistics and Digital Technologies: Analyses and Methodology (7).

Carstensen, Kai-Uwe/Spiekermann, Helmut/Tophinke, Doris/Vogel, Petra M./Wich-Reif, Claudia (2020): Zur Methodik des Dialektatlas Mittleres Westdeutschland (DMW). In: Korrespondenzblatt des Vereins für Niederdeutsche Sprachforschung (127), S. 107–114.

Claßen, Ludger (2019): »Undazzollense uns woanners erss mal nammachen!« Erinnerungsort Ruhrdeutsch. In: Berger, Stefan/Borsdorf, Ulrich/Claßen, Ludger/Grütter, Heinrich Theodor/Nellen, Dieter (Hrsg.), Zeit-Räume-Ruhr. Erinnerungsorte des Ruhrgebiets. Essen, S. 633–647.

DMW = Spiekermann, Helmut H./Tophinke, Doris/Vogel, Petra M./Wich-Reif, Claudia (Hrsg.) (2016ff.): Dialektatlas Mittleres Westdeutschland (DMW). www.dmw-projekt.de. Siegen.

Ehlers, Klaas-Hinrich (2010): Der Wille zur Relevanz. Die Sprachforschung und ihre Förderung durch die DFG 1920–1970. Stuttgart.

Gehrke, Gero/Reinhardt, Katrin/Sauermilch, Stephanie/Wallmeier, Nadine (2020): Dialektatlas Mittleres Westdeutschland (DMW) – Methodik, Akquise, Exploration und Analyse. Niederdeutsches Wort (60), S. 7–34.

Gehrke, Gero/Reinhardt, Katrin/Sauermilch, Stephanie/Wallmeier, Nadine (im Erscheinen): Sprechertypen in der Forschung und in der Exploration für den Dialektatlas Mittleres Westdeutschland. Niederdeutsches Wort (61).

Geiß-Netthöfel, Karola (2019): Erinnerungslandschaft Ruhr. In: Berger, Stefan/Borsdorf, Ulrich/Claßen, Ludger/Grütter, Heinrich Theodor/Nellen, Dieter (Hrsg.), Zeit-Räume-Ruhr. Erinnerungsorte des Ruhrgebiets. Essen, S. 15–20.

Gewering, Christian (2018): Die westfälischen Mundarten. In: Krull, Lena (Hrsg.), Westfälische Erinnerungsorte. Beiträge zum kollektiven Gedächtnis einer Region. Paderborn, S. 359–372.

Kastl, Jörg Michael (2021): Sprache. In: Berek, Mathias/Chmelar, Kristina/Dimbath, Oliver/Haag, Hanna/Heinlein, Michael/Leonhard, Nina/Rauer, Valentin/Sebald, Gerd (Hrsg.), Handbuch Sozialwissenschaftliche Gedächtnisforschung. Wiesbaden, S. 1–17.

Lenz, Alexandra N./Stöckle, Philipp (Hrsg.) (2021): Germanistische Dialektlexikographie zu Beginn des 21. Jahrhunderts. Stuttgart.

Löffler, Heinrich (2003): Dialektologie. Eine Einführung. Tübingen.

Niebaum, Hermann/Macha, Jürgen (2014): Einführung in die Dialektologie des Deutschen. 3. Aufl. Berlin, Boston, MA.

REDE [= Schmidt, Jürgen Erich/Herrgen, Joachim/Kehrein, Roland/Lameli, Alfred/Fischer, Hanna (Hrsg.)] (2020 ff.): Regionalsprache.de (REDE). Forschungsplattform zu den modernen Regionalsprachen des Deutschen. Marburg.

Schmidt, Jürgen Erich/Dammel, Antje/Girnth, Heiko/Lenz, Alexandra N. (2019): Sprache und Raum im Deutschen: Aktuelle Entwicklungen und Forschungsdesiderate. In: Herrgen, Joachim/Schmidt, Jürgen Erich (Hrsg.), Sprache und Raum – ein Internationales Handbuch der Sprachvariation. Band 4: Deutsch. Berlin, Boston, MA, S. 28–60.

Schmidt, Jürgen Erich/Herrgen, Joachim (2011): Sprachdynamik. Eine Einführung in die moderne Regionalsprachenforschung. Berlin.

Stift, Ulf-Michael/Schmidt, Thomas (2014): Mündliche Korpora am IdS: Vom Deutschen Spracharchiv zur Datenbank für gesprochenes Deutsch. In: Steinle, Melanie/Berens, Franz-Josef (Hrsg.), Ansichten und Einsichten. 50 Jahre Institut für Deutsche Sprache. Mannheim, S. 360–375.

Tophinke, Doris/Wallmeier, Nadine/Merten, Marie-Luis (2021): Das paderbörnische Platt. Niederdeutsch im Gebiet der Kreise Paderborn und Höxter. Münster.

Vogel, Petra M. (2012): Sprachgeschichte. Heidelberg.

Wiesinger, Peter (1983): Die Einteilung der deutschen Dialekte. In: Besch, Werner/Knoop, Ulrich/Putschke, Wolfgang/Wiegand, Herbert Ernst (Hrsg.), Dialektologie. Ein Handbuch zur deutschen und allgemeinen Dialektforschung. Zweiter Halbband. Berlin, New York, S. 807–900.

Wirrer, Jan (2009): Sprachvergesser. Niederdeutsches Wort (49), S. 135–148.

Arnd Wiedemann / Yanik Bröhl*

Der Erfolgsbegriff im Wandel der Zeit

1. Einleitung

»Unkontrolliertes Wachstum hat die Menschheit in die Krise geführt. Sie steht an der Grenze ihrer irdischen Existenzmöglichkeiten. Es fehlt eine Welt-Konjunkturpolitik, die neue Gestaltungsmöglichkeiten im wirtschaftlichen, politischen und sozialen Bereich bietet.« (Meadows et al. 1972)

Diese Aussage klingt angesichts der Klimakrise aktueller denn je. Tatsächlich befindet sie sich aber auf dem Buchrücken des vor 50 Jahren veröffentlichten Berichts »Die Grenzen des Wachstums« vom Club of Rome. In Erinnerung ist insbesondere die Schlussfolgerung des Berichts geblieben:

»Wenn die gegenwärtige Zunahme der Weltbevölkerung, der Industrialisierung, der Umweltverschmutzung, der Nahrungsmittelproduktion und der Ausbeutung von natürlichen Rohstoffen unverändert anhält, werden die absoluten Wachstumsgrenzen auf der Erde im Laufe der nächsten hundert Jahre erreicht.« (Meadows et al. 1972, S. 17)

Zu diesem Ergebnis ist das Forscherteam mithilfe eines computerbasierten Weltmodells gelangt, in das die genannten fünf Treiber sowie ihre gegenseitigen Abhängigkeiten einflossen. Darüber hinaus wird in dem Bericht festgehalten, dass, wenn mit dem Erreichen der Wachstumsgrenzen die Umwelt irreparabel geschädigt ist oder die Rohstoffe nahezu aufgebracht sind, es zu einem ziemlich schnellen und unaufhaltsamen Rückgang der Bevölkerung sowie der Industriekapazität kommen wird. Das Wachstum sei daher so anzupassen, dass ein dauerhaftes ökologisches und ökonomisches Gleichgewicht erreicht wird. Je früher sich die Menschheit dieser Notwendigkeit bewusst wird und versucht ein solches Gleichgewicht zu erreichen, desto größer sind die Erfolgsaussichten (Meadows et al. 1972, S. 15–17). Nur dann bestehe »die Chance, durch ein auf die

* Univ.-Prof. Dr. Arnd Wiedemann, Universität Siegen, Fakultät III (Wirtschaftswissenschaften – Wirtschaftsinformatik – Wirtschaftsrecht), Lehrstuhl für Finanz- und Bankmanagement. Yanik Bröhl, M.Sc., Universität Siegen, Fakultät III (Wirtschaftswissenschaften – Wirtschaftsinformatik – Wirtschaftsrecht), Lehrstuhl für Finanz- und Bankmanagement.

Zukunft bezogenes gemeinsames Handeln aller Nationen die Lebensqualität zu erhalten und eine Gesellschaft im weltweiten Gleichgewicht zu schaffen, die Bestand für Generationen hat« (Meadows et al. 1972).

Dieser Bericht hat ein erstes weltweites Umweltbewusstsein geschaffen und kann als der Startpunkt für die wissenschaftliche Erforschung einer nachhaltigen Entwicklung bezeichnet werden. Dieser Beitrag will an die wesentlichen Meilensteine auf dem Weg zu einem nachhaltigen Unternehmenserfolgsbegriff erinnern und gleichzeitig einen Ausblick für die Zukunft einer ganzheitlichen und nachhaltigen Unternehmenssteuerung geben.

2. Die Etablierung der Nachhaltigkeit

Infolge der Tragweite der Aussagen des Berichts »Die Grenzen des Wachstums« wurde 1983 von den Vereinten Nationen die Weltkommission für Umwelt und Entwicklung (WCED) gegründet. Diese veröffentlichte 1987 den Bericht »Unsere gemeinsame Zukunft« (Brundtland-Bericht), indem erstmals ein Leitbild zur nachhaltigen Entwicklung entworfen wurde. Hiernach ist eine nachhaltige Entwicklung eine Entwicklung, »die den Bedürfnissen der heutigen Generation entspricht, ohne die Möglichkeiten künftiger Generationen zu gefährden, ihre eigenen Bedürfnisse zu befriedigen und ihren Lebensstil zu wählen« (Hauff 1987, S. 46).

Der Bericht war Anstoß für die Konferenz der Vereinten Nationen über Umwelt und Entwicklung 1992 in Rio de Janeiro (Rio-Konferenz). Durch die Konferenz ist die nachhaltige Entwicklung als internationales Leitbild anerkannt worden. Hierzu wurden in der »Rio-Deklaration« 27 Grundsätze für eine nachhaltige Entwicklung festgehalten. Darüber hinaus ist das Aktionsprogramm »Agenda 21« ins Leben gerufen worden, welches eine Verknüpfung von ökonomischen, ökologischen und sozialen Aspekten herstellte. Zudem wurden Konventionen zum Klimaschutz, zur Biodiversität, zum Waldschutz und zur Bekämpfung der Wüstenbildung verabschiedet. Die Rio-Konferenz wurde schon 1992 als der Beginn eines Umdenkungsprozesses gesehen, der eine Selbstverpflichtung der Welt zur nachhaltigen Entwicklung fordert. Diese Verpflichtung sollte sich fortan jede Person immer wieder in Erinnerung rufen (Simonis 1992, S. 2).

In Deutschland wurde im Zuge der Rio-Konferenz die Enquete-Kommission »Schutz des Menschen und der Welt – Ziele und Rahmenbedingungen einer nachhaltigen zukunftsverträglichen Entwicklung« eingerichtet. Diese stellt in ihrem Abschlussbericht fest:

»*Aufgrund der komplexen Zusammenhänge zwischen den drei Dimensionen bzw. Sichtweisen von Ökologie, Ökonomie und Sozialem müssen sie integrativ behandelt werden. Dabei geht es nicht um die Zusammenführung dreier nebeneinander stehender Säulen, sondern um die Entwicklung einer dreidimensionalen Perspektive aus der Erfahrungswirklichkeit.*« (Deutscher Bundestag 1998, S. 18)

Hieraus leitet sich das Drei-Säulen-Modell ab, in dem Ökonomie, Ökologie und Soziales die drei Säulen der nachhaltigen Entwicklung bilden.

Für die aktuelle nachhaltige Entwicklung wurde 2015 die »Agenda 2030« von den Vereinten Nationen beschlossen. In dieser Agenda sind 17 Ziele mit 169 Unterzielen für eine nachhaltige Entwicklung (die Sustainable Development Goals – SDGs) bis zum Jahre 2030 enthalten. Die SDGs nehmen konkret Bezug zu den einzelnen Dimensionen des Drei-Säulen-Modells und gehen auch auf Querverbindungen zwischen den einzelnen Säulen ein. Für die Säule der Ökonomie lauten die Ziele, der Menschheit ein von Wohlstand geprägtes und erfülltes Leben zu ermöglichen sowie einen Einklang des wirtschaftlichen, sozialen und technischen Fortschritts mit der Umwelt zu erreichen. Zu den ökologischen Zielen zählen der Schutz des Planeten durch nachhaltigen Konsum, Produkte und Bewirtschaftungen sowie Maßnahmen gegen den Klimawandel, um die Bedürfnisse der gesamten Menschheit sowie zukünftiger Generationen zu befriedigen. Hinsichtlich der sozialen Dimension wird angestrebt, Armut und Hunger in jeglicher Art zu beenden. Zudem sollen alle Menschen die Gelegenheit haben, ihr Potenzial in Würde und Gleichheit sowie in einer intakten Umwelt auszuschöpfen. Darüber hinaus sind in den SDGs mit Frieden und Partnerschaft zwei weitere Ziele enthalten, die eine wichtige Grundlage für die nachhaltige Entwicklung darstellen (Vereinte Nationen 2015, S. 1–2).

Als Gegenstück zum Drei-Säulen-Modell auf gesamtwirtschaftlicher/staatlicher Ebene entwickelte sich der Triple-Bottom-Line-Ansatz für die unternehmerische Nachhaltigkeit. Dieser wurde insbesondere von John Elkington geprägt. Dabei wird die »Bottom-Line« des ökonomischen Erfolgs um die ökologische und soziale Dimension erweitert. Durch den Triple-Bottom-Line-Ansatz sollen Unternehmen ihre Strategie nicht nur auf das finanzielle Ergebnis ausrichten, sondern alle drei Dimensionen gleichgewichtet adressieren (Elkington 1997). Hinsichtlich der Ökonomie gilt es, den ökonomischen Erfolg des Unternehmens durch Gewinnorientierung, Erhöhung des Unternehmenswerts, verbesserte Rentabilität und kostenoptimierte Produktion sicherzustellen. Ökologisch ist ein Unternehmen erfolgreich, wenn es die Umwelt möglichst wenig belastet, das heißt negative Umweltauswirkungen von Standorten, Produktionsprozessen, Produkten und Dienstleistungen kontinuierlich reduziert sowie mit geeigneten Investitionen und Innovationen Beiträge zum Schutz der Umwelt leistet. Der soziale Erfolg eines Unternehmens drückt sich darin aus, in welchem

Ausmaß die gesellschaftlichen, kulturellen und individuellen sozialen Anforderungen erfüllt werden (Schaltegger et al. 2007, S. 15–16).

Für ein Unternehmen bedeutet die Etablierung des Triple-Bottom-Line-Ansatzes die Abkehr von rein ökonomischen Zielen. Eine rein ökonomische Sichtweise liegt insbesondere der Shareholder-Theorie zugrunde, die von Martin Friedman entwickelt wurde. Diese besagt, dass die Unternehmensstrategie einzig auf das finanzielle Ergebnis für die Eigentümer (Aktionäre) auszurichten ist (Friedman 1970). Hiervon grenzt sich das »Stakeholder-Konzept« ab, welches 1984 durch Edward Freeman veröffentlicht wurde (Abb. 1). Unter dem Begriff »Stakeholder« werden alle Gruppen und Einzelpersonen verstanden, die entweder einen Einfluss auf die Erreichung der Unternehmensziele haben oder von diesen betroffen sind. Das Zusammenfassen von Einzelpersonen zu Stakeholdergruppen stellt ein vereinfachtes Vorgehen dar. Sofern sich die Personen in den einzelnen Gruppen von ihren Interessen wesentlich unterscheiden, kann sich auch eine Aufspaltung in weitere Unterkategorien anbieten. Beispielsweise haben nicht alle Beschäftigten die gleichen Bedürfnisse oder Eigenschaften. Entscheidend ist, dass ein Unternehmen versteht, welche Interessen seine Stakeholder verfolgen, welche Prioritäten sie setzen und welche Ressourcen sie haben, um das Unternehmen zu unterstützen oder ihm zu schaden (Freeman 2010, S. 26).

Im Ursprungskonzept von Freeman wurde die unterschiedlichen Stakeholdergruppen in derselben Größe und Distanz zum Unternehmen dargestellt, womit die Gleichrangigkeit sämtlicher Stakeholder hinsichtlich ihres Interessenanspruchs zum Ausdruck gebracht werden sollte. Damit wird das Unternehmen im Stakeholder-Konzept als organisatorische Einheit betrachtet, welches den diversen Stakeholdern ihre individuelle Zielerreichung ermöglicht (Donaldson/Preston 1995, S. 68–70).

Eine Weiterentwicklung des Stakeholder-Konzepts hebt die Gleichbehandlung aller Stakeholder auf. Demnach müssen Unternehmen besonders die Interessen der Kundschaft, der Lieferanten, der Kapitalgeber, der Kommunen und Gemeinden sowie der Beschäftigten berücksichtigen. Diese stellen die primären Stakeholder dar, weil sie wesentlich und unmittelbar zum Unternehmenserfolg beitragen. Zusätzlich sind von einem Unternehmen aber auch die sekundären Stakeholder zu beachten, welche indirekt über die primären Stakeholder Einfluss auf das Unternehmen nehmen können. Hierzu zählen Aktivisten, Politik/Regierung, Konkurrenten, Medien, Umweltschützer, Unternehmenskritiker und spezielle Interessengruppen (Freeman et al. 2007, S. 50–51).

In der Verbindung der Stakeholderinteressen mit dem Triple-Bottom-Line-Ansatz als Managementkonzept hat sich als Handlungsleitlinie für Unternehmen die Corporate Social Responsibility (CSR) etabliert. Für die CSR gibt es eine Vielzahl unterschiedlicher Definitionen. Die meisten Definitionen beschreiben die CSR als ein Konzept, bei dem Unternehmen die Interessen ihrer Stakeholder

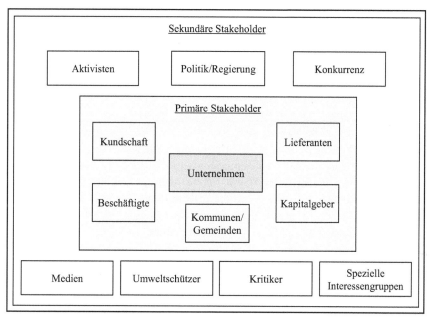

Abb. 1: Stakeholder-Konzept

hinsichtlich ökonomischer, ökologischer und sozialer Kriterien bei ihren Ge-schäftsaktivitäten miteinbeziehen. Erhebt ein Unternehmen darüber hinaus für sich den Anspruch, sich nachhaltig zu entwickeln, beschränkt sich die Verant-wortung nicht nur auf seine jetzigen Stakeholder, sondern gilt auch für zu-künftige Generationen (Bassen et al. 2005, S. 232–235; Schneider 2015, S. 21–28).

Die Europäische Kommission hat im »Grünbuch Europäische Rahmenbe-dingungen für die soziale Verantwortung der Unternehmen« von 2001 den Be-griff der CSR aufgegriffen und diese definiert als ein »Konzept, das den Unter-nehmen als Grundlage dient, auf freiwilliger Basis soziale Belange und Um-weltbelange in ihre Unternehmenstätigkeit und in die Wechselbeziehungen mit den Stakeholdern zu integrieren.« Hiermit wird explizit der Einfluss der Stake-holder auf das Handeln eines Unternehmens und die Notwendigkeit zum Aus-druck gebracht, die soziale und ökologische Verantwortung eines Unternehmens in dessen Strategie und Aktivitäten zu berücksichtigen. Abbilden und messen lässt sich die Zielerreichung in den drei Dimensionen mit dem Triple-Bottom-Line-Ansatz. Ein Hauptaspekt der CSR im Jahre 2001 war die Freiwilligkeit: Unternehmen sollten für sich ohne Zwang erkennen, dass mit der CSR direkte und indirekte Wettbewerbsvorteile generiert werden können. Zu den direkten Wettbewerbsvorteilen gehören unter anderem ein besseres Arbeitsumfeld, eine gesteigerte Motivation und Produktivität der Beschäftigten und eine effizientere Nutzung der natürlichen Ressourcen. Indirekt führt die Anwendung der CSR zu einem wachsenden Interesse der Kundschaft und Investoren, wodurch sich bessere Marktchancen ergeben. Allerdings ist der Europäischen Kommission auch bewusst, dass das Gegenteil eintreten kann, indem die Offenlegung von CSR-Informationen Auslöser für Kritik seitens der Stakeholder sein kann, infolge derer das Image des Unternehmens negativ beeinflusst wird (Europäische Kommission 2001, S. 5–8). Eine CSR-Berichterstattung kann daher sowohl positiv wie auch negativ auf ein Unternehmen ausstrahlen.

Die Weltwirtschaftskrise ab 2007 und ihre sozialen Folgen sowie ein damit verbundener Vertrauensverlust in Unternehmen führten zu einem Anstieg des Interesses der Öffentlichkeit an den gesamtwirtschaftlichen Auswirkungen der Aktivitäten von Unternehmen. Damit rückte auch das Leitbild einer CSR noch stärker in den Fokus. Auch die Europäische Kommission änderte im Rahmen der »EU-Strategie (2011–14) für die soziale Verantwortung der Unternehmen (CSR)« ihre Definition von CSR und spricht seitdem in kürzerer Form von CSR als »die Verantwortung von Unternehmen für ihre Auswirkungen auf die Gesellschaft.«

Hiermit wurde zum einen das Verständnis an internationale Rahmenwerke angepasst. Zum anderen wurde das Merkmal der Freiwilligkeit gestrichen, da die Anwendung der CSR in der EU in den Folgejahren gesetzlich geregelt werden sollte. Zentral ist und bleibt die Stakeholderorientierung. Mit einer Kombination aus freiwilligen Maßnahmen und zwingenden Vorschriften sollen den Unternehmen Anreize gesetzt werden, flexibel und individuell einen passenden Ansatz für sich zu entwickeln (Europäische Kommission 2011, S. 5–14). Ausgelöst durch die Weltwirtschaftskrise wurde mit der EU-Strategie 2011–14 auch die Erweiterung des Verständnisses von Unternehmenserfolg im Sinne des Triple-Bottom-Line-Ansatzes in der breiten Öffentlichkeit präsent.

Die geforderte Verantwortung eines Unternehmens für die Gesellschaft und deren Umsetzung kann konkret mithilfe der SDGs zum Ausdruck gebracht werden (Abb. 2). Auch die unterschiedlichen Stakeholderinteressen spiegeln sich in den SDGs wider. Indem Unternehmen die SDGs in ihrer Strategie aufgreifen und in ihr Geschäftsmodell implementieren, können sie auch ihren Beitrag zur gesamtwirtschaftlichen nachhaltigen Entwicklung dokumentieren, denn letztendlich sind es die Unternehmen, die durch ihren Beitrag die Erreichung der Ziele auf gesamtwirtschaftlicher Ebene erst möglich machen (GRI et al. 2016, S. 6–9).

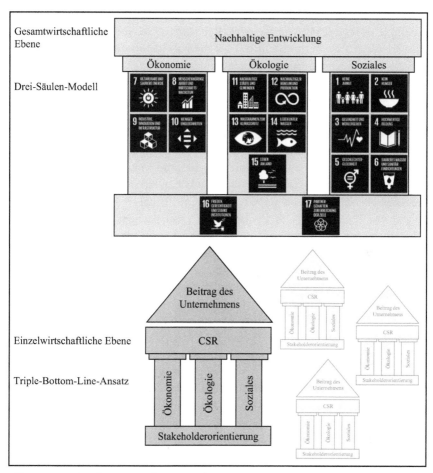

Abb. 2: Integration der SDGs in die Unternehmensstrategie

3. Von der Nachhaltigkeitsberichterstattung zur ganzheitlichen Unternehmenssteuerung

Der Bedeutung jedes Unternehmens für eine nachhaltige Entwicklung der Gesellschaft soll sich auch in einer entsprechenden CSR-Berichterstattung widerspiegeln. Die EU-Strategie 2011–14 brachte der CSR-Berichterstattung zwar mehr Aufmerksamkeit, insbesondere in Bezug auf den Informationsbedarf der Stakeholder, der über die finanzielle Berichterstattung hinaus geht (Stawinoga/ Velte 2015, S. 36), aber sie wurde infolge der fehlenden Regulierung auch häufig in Bezug auf eine Informationsüberflutung oder ein »Greenwashing« kritisiert

(Velte 2017, S. 112). Wie in der EU-CSR-Strategie angestrebt, erfolgte mit der Richtlinie 2014/95/EU (Non-financial Reporting Directive – NFRD) im Jahre 2014 ein erster Regulierungsschritt. Dies kann als historisches Ereignis auf dem Weg zu einer nachhaltigen Berichterstattung von Unternehmen in der EU angesehen werden (Howitt 2014), denn damit wurden auch die drei Dimensionen des Erfolgsbegriffs gesetzlich festgeschrieben.

Durch die NFRD erfolgte eine Erweiterung der Berichterstattung – entweder um eine in den Lagebericht integrierte nichtfinanzielle Erklärung oder um einen separaten Nachhaltigkeitsbericht (CSR-Bericht). Die Richtlinie adressiert in einem ersten Schritt nur große Unternehmen, die von öffentlichem Interesse sind. Sie ist zum Geschäftsjahr 2017 in den EU-Ländern wirksam geworden. Mit der Erweiterung der Berichterstattung um nichtfinanzielle Angaben soll ein Beitrag zur Bewältigung des Übergangs zu einer nachhaltigen Weltwirtschaft geleistet werden, indem zum Ausdruck gebracht wird, wie der langfristige ökonomische Erfolg mit sozialen und ökologischen Faktoren verbunden ist. Die CSR-Berichterstattung soll das Messen, Überwachen und Steuern der Geschäftsergebnisse von Unternehmen im Hinblick auf deren Beitrag für die Gesellschaft möglich machen. Aufgrund der Unterschiede zwischen den Unternehmen und um auch Branchenspezifika erfassen zu können, gestattet die NFRD unternehmensindividuelle CSR-Konzepte (EU 2014). Für die Stakeholder wiederum bedeutet dies, dass der unternehmerische Erfolg im Sinne des Triple-Bottom-Line-Ansatzes über die Berichterstattung kommuniziert wird.

In Deutschland wurde die NFRD mit einer angestrebten »1:1-Umsetzung« ab 2017 durch das »Gesetz zur Stärkung der nichtfinanziellen Berichterstattung der Unternehmen in ihren Lage- und Konzernlageberichten (CSR-Richtlinie-Umsetzungsgesetz)« im Deutschen Bundestag beschlossen (Deutscher Bundestag 2017, S. 43). Der Bundesrat stimmte dem Gesetzesentwurf zu, wodurch das Gesetz für Geschäftsjahre ab dem 01.01.2017 in Kraft trat (Bundesrat 2017). Hiernach sind große Kapitalgesellschaften und haftungsbeschränkte Personengesellschaften sowie große Kreditinstitute und Versicherungsunternehmen mit mehr als 500 Beschäftigten zu einer CSR-Berichterstattung verpflichtet (§ 289b HGB). In dieser ist auch das Geschäftsmodell kurz zu beschreiben. Darüber hinaus ist mindestens auf Umweltbelange, Beschäftigtenbelange, Sozialbelange, die Achtung von Menschenrechten sowie die Bekämpfung von Korruption und Bestechung einzugehen (§ 289c HGB).

Bei der Erstellung ihres CSR-Berichts können Unternehmen auf internationale, europäische oder nationale Rahmenwerke zurückgreifen. Sofern ein Rahmenwerk angewendet wird, muss dieses angegeben werden. Sofern kein Rahmenwerk genutzt wird, sind die Gründe hierfür zu erläutern (§ 289d HGB). Das international etablierteste Rahmenwerk sind die Standards der Global Reporting Initiative (GRI). Mittelständische Unternehmen nutzen häufiger den Deutschen

Nachhaltigkeitskodex (DNK), welcher einen geringeren Umfang als die GRI-Standards aufweist (CSR in Deutschland o. J.). Das Sustainability Accounting Standards Board (SASB) bietet branchenspezifische Rechnungslegungsstandards für finanzielle Nachhaltigkeitsinformationen. Für eine spezifische Klimaberichterstattung wurden die Empfehlungen der Task Force on Climate-Related Financial Disclosures (TCFD) veröffentlicht. Während die GRI-Standards und der DNK eine an alle Stakeholder adressierte Nachhaltigkeitsberichterstattung anstreben, sind bei den SASB-Standards und den TCFD-Empfehlungen die Kapitalgeber die Hauptzielgruppe der Informationen. Allerdings erschwert die Vielzahl von Rahmenwerken mit ihren unterschiedlichen Themen und Zielgruppen auch die Vergleichbarkeit der berichteten Nachhaltigkeitsinformationen. Dies wiederum erschwert die Bewertung des Unternehmenserfolgs unter Nachhaltigkeitsaspekten.

Neben dem Begriff »CSR« hat sich im wissenschaftlichen und öffentlichen Diskurs über Nachhaltigkeit auch die Abkürzung »ESG« etabliert. Diese steht für die Dimensionen Environment (Umwelt), Social (Sozial) und Governance. Im Unterschied zur CSR fehlt die Ökonomie-Dimension und stattdessen erfolgt mit der Governance-Dimension eine Erweiterung um eine nachhaltige Unternehmensführung. Die ESG-Kriterien stellen die Basis für Nachhaltigkeitsratings von Unternehmen dar und ergänzen damit die bereits bestehenden und auf die Ökonomie-Dimension abzielenden finanziellen Ratings. In den letzten Jahren hat die Bedeutung von ESG-Informationen für die mittel- und langfristigen Prognosen des Unternehmenserfolgs stetig zugenommen. Hieraus resultiert ein verstärktes Interesse an ESG-Informationen gerade im Bereich des Kapitalmarkts und der Finanzanlagen (Deutsche Börse 2017).

CSR und ESG entwickelten sich aus unterschiedlichen Richtungen, dürfen aber nicht separiert oder gar isoliert voneinander gesehen werden. Während durch die ESG-Kriterien ergänzend eine Bewertungsgrundlage für die Initiativen und Maßnahmen eines Unternehmens hinsichtlich der ökologischen, sozialen und Governance-Aspekte geschaffen werden soll, zielt die CSR auf die Triple-Bottom-Line und damit auf den Erfolg von Nachhaltigkeitsinitiativen und -maßnahmen in den drei Dimensionen Ökonomie, Ökologie und Soziales ab (Diebecker et al. 2021, S. 13). Abb. 3 zeigt die Symbiose von CSR und ESG (Bouten/Wiedemann 2021, S. 254).

Die wachsende Bedeutung von Nachhaltigkeit und einer entsprechenden Berichterstattung führt auch zu einem gesteigerten Bewusstsein für damit verbundene Risiken. Um im Rahmen der Berichterstattung auf Nachhaltigkeitsrisiken einzugehen, ist eine vollständige Identifikation und Bewertung aller Unternehmensrisiken notwendig (Baumüller/Gleißner 2020, S. 142).

Unter Nachhaltigkeitsrisiken werden Ereignisse oder Bedingungen aus den Dimensionen Ökologie, Soziales und Governance verstanden, die sich tatsächlich

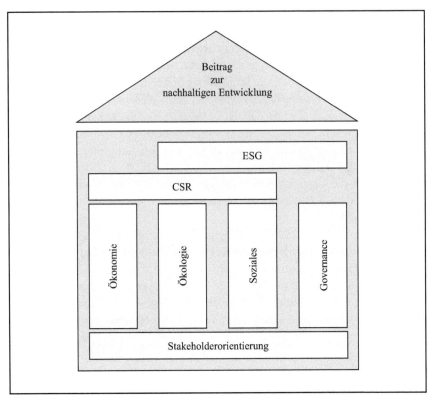

Abb. 3: Ganzheitliche Unternehmensausrichtung für eine nachhaltige Entwicklung

oder potenziell negativ auf den Unternehmenserfolg auswirken. Durch ihre Orientierung an den ESG-Kriterien werden sie auch als ESG-Risiken bezeichnet. Konkrete Beispiele für Nachhaltigkeitsrisiken in den verschiedenen ESG-Dimensionen zeigt Abb. 4 (BaFin 2020, S. 13). Eintretende Nachhaltigkeitsrisiken wirken sich auch im finanziellen Erfolg eines Unternehmens aus, sodass mit ihnen immer auch eine Verstärkung der Erfolgsrisiken verbunden ist. Dies macht eine höhere Kapitalausstattung notwendig, welche als Risikodeckungskapital vorgehalten werden muss. Steigende Risiken führen auch zu steigenden Kapitalkosten (Gleißner 2019, S. 1243). Dementsprechend ist der Einfluss der Nachhaltigkeitsrisiken auf den Umsatz, die Kosten oder den Jahresüberschuss zu analysieren. Hierbei ist nicht nur die Ausstrahlung der Risiken auf das Unternehmen zu berücksichtigen (Outside-in-Perspektive), sondern auch die Auswirkungen, die vom Unternehmen auf die Stakeholder ausgehen (Inside-out-Perspektive). Zwischen beiden Risikoperspektiven bestehen langfristige Zusammenhänge und Wechselwirkungen (COSO/WBCSD 2018, S. 53).

Nachhaltigkeitsrisiken		
Ökonomie	Soziales	Governance
• Klimaschutz • Klimawandel • biologische Vielfalt • Kreislaufwirtschaft, Abfallvermeidung und Recycling • Umweltverschmutzung • gesunde Ökosysteme • nachhaltige Landnutzung	• arbeitsrechtliche Standards • Arbeitssicherheit und Gesundheitsschutz • faire Vergütung • Arbeitsbedingungen • Diversität • Aus- und Weiterbildung • Gewerkschafts- und Versammlungsfreiheit	• Steuerehrlichkeit • Verhinderung von Korruption • Vorstandsvergütung in Abhängigkeit von Nachhaltigkeit • Beschäftigtenrechte • Datenschutz • Offenlegung von Informationen

Abb. 4: Beispiele für Nachhaltigkeitsrisiken

Aufgrund ihres tendenziell längerfristigen Horizonts ist eine direkte Verortung der Nachhaltigkeitsrisiken im operativen Risikomanagement wenig sinnvoll. Stattdessen sollten sie im Rahmen des Geschäftsmodells respektive der Geschäftsstrategie Berücksichtigung finden. Hierbei gilt es auch, passende Governancestrukturen aufzubauen. Aktuell findet eine systematische Erfassung und Abbildung in der Unternehmenssteuerung noch nicht statt. Dies zu ändern, liegt in der Verantwortung der Unternehmensleitung, die die notwendigen Prozesse hinsichtlich der Identifizierung, Steuerung und Überwachung von Nachhaltigkeitsrisiken etablieren muss. Insbesondere sind Prozesse zur Früherkennung zu etablieren. Die Prozesse sind auch regelmäßig zu überprüfen. Die eingesetzten Methoden müssen mit der Unternehmens- und Risikostrategie in Einklang stehen und eine angemessene Steuerung der Nachhaltigkeitsrisiken ermöglichen (BaFin 2020, S. 18–27). Hierfür eignet sich in besonderem Maße das Konzept der Risk Governance (Wiedemann et al. 2022). Die Risk Governance sorgt für einen kontinuierlichen Abgleich der Geschäftstätigkeit mit dem aktuellen Risikoumfeld und sendet bei Bedarf Impulse für eine Änderung der bestehenden Strategie respektive eine strategische Neuausrichtung. Im Mittelpunkt der Risk Governance stehen ebenfalls die Stakeholderinteressen. Auf diese Weise kann ein Bezug zwischen den Stakeholderinteressen und den Nachhaltigkeitsrisiken hergestellt werden. Unter Umständen können es gerade die langfristig wirkenden Nachhaltigkeitsrisiken sein, die entscheidenden Einfluss auf den langfristigen Unternehmenserfolg haben (Stein/Wiedemann 2016; 2022).

Auch die NFRD sowie die verschiedenen Nachhaltigkeitsrahmenwerke wie die GRI-Standards oder der DNK verfolgen das Ziel, ein nachhaltiges Denken und Handeln in der internen (Risiko-)Steuerung zu verankern. Durch die Risk Governance fließen die Nachhaltigkeitsaspekte über die Stakeholderorientierung

in die Unternehmenssteuerung ein, wodurch ein nachhaltiger Unternehmenserfolg generiert und über die externe Berichterstattung an die Stakeholder
kommuniziert werden kann. Die Verzahnung zwischen der internen Steuerung
und externen Berichterstattung gelingt, wenn die intern verwendeten und extern
berichteten Kennzahlen eng miteinander verbunden sind (Leonhardt/Wiede-
mann 2014, S. 30).

4.   Die zukünftige Nachhaltigkeitsberichterstattung innerhalb der EU

In der EU wurde 2018 vom Europäischen Parlament festgestellt, dass die
Nachhaltigkeitsberichterstattung durch die NFRD nicht einheitlich genug geregelt ist und eine Überarbeitung gefordert (EU 2018, S. 31). Dies führte zum
»Grünen Deal« (Europäische Kommission 2019, S. 21). Mit ihm strebt die EU an,
sich bis zum Jahre 2050 zu einer klimaneutralen Gesellschaft zu entwickeln. Im
April 2021 veröffentlichte die Europäische Kommission einen Vorschlag für die
zukünftige NFRD in Gestalt der Corporate Sustainability Reporting Directive
(CSRD). Die Europäische Kommission spricht in diesem Zusammenhang auch
nicht mehr von einer »Nichtfinanziellen Berichterstattung«, sondern nunmehr von einer »Nachhaltigkeitsberichterstattung« und bringt damit ein neues
Selbstverständnis zum Ausdruck. Gleichzeitig werden die Nachhaltigkeitsinformationen den Finanzangaben gleichgestellt (Europäische Kommission 2021,
S. 27).

Die CSRD soll sich nicht nur an die Kapitalgeber, sondern auch an alle anderen
Stakeholder richten. Zudem wurde der Kreis der berichtspflichtigen Unternehmen erheblich erweitert. Nach dem Vorschlag würden alle Unternehmen unabhängig davon, ob sie kapitalmarktorientiert sind oder nicht, berichtspflichtig,
wenn sie zwei der drei folgenden Kriterien erfüllen: mehr als 250 Beschäftigte,
eine Bilanzsumme von über 20 Millionen Euro oder ein Umsatz von über
40 Millionen Euro. Darüber hinaus sollen alle kapitalmarktorientierten kleinen
und mittleren Unternehmen (KMU) zu einer Nachhaltigkeitsberichterstattung
verpflichtet werden. Ausgenommen sind lediglich börsennotierte Kleinstunter-
nehmen. Durch die Erweiterung des Unternehmenskreises steigt die Anzahl der
zur Nachhaltigkeitsberichterstattung verpflichteten Unternehmen in der EU von
etwa 11.600 (bei der NFRD) auf 49.000 (Europäische Kommission 2021, S. 8–13).

Zum CSRD-Vorschlag haben der Rat der Europäischen Union und das Europäische Parlament bereits Stellung bezogen. Gegenwärtig befinden sich die
Europäische Kommission, der Rat der Europäischen Union sowie das Europäische Parlament in einem Trilog über die CSRD. Nach einer ersten Einigung ist

die CSRD-Berichterstattung ab 2025 für das Geschäftsjahr 2024 für die Unternehmen verpflichtend, welche bereits der NFRD unterliegen. Ein Jahr später ist sie auch von allen weiteren großen Unternehmen anzuwenden. Für börsennotierte KMU besteht die Möglichkeit, sich bis 2028 von den Anforderungen der CSRD zu befreien (Rat der EU 2022). Darüber hinaus wurde vom Europäischen Parlament eine grundsätzliche Berichtspflicht für KMU aus Hochrisikobranchen angeregt, denn die Geschäftstätigkeit von Unternehmen aus diesen Branchen wirkt sich unabhängig von der Größe erheblich auf die Erreichung der Nachhaltigkeitsziele der EU aus. Zu den Hochrisikobranchen zählen die Bekleidungs- und Schuhbranche, die Landwirtschaft, die mineralgewinnende Industrie sowie weitere Unternehmen aus dem Mineraliensektor (Europäisches Parlament 2022).

Ein wesentliches Fundament der CSRD ist das Prinzip der doppelten Wesentlichkeit. Demnach müssen Unternehmen die Auswirkungen ihrer Geschäftstätigkeit im Rahmen der Berichterstattung ganzheitlich beleuchten. In der Folge reicht es nicht aus, die Outside-in- und die Inside-out-Perspektive nur in der internen Steuerung zu berücksichtigen, sondern sie müssen zukünftig auch gleichermaßen Einzug in die externe Berichterstattung halten. Des Weiteren war bisher Voraussetzung für eine Berichtsnotwendigkeit die Wesentlichkeit sowohl in der Outside-in als auch der Inside-out-Perspektive. Zukünftig löst bereits eine Wesentlichkeit in einer Perspektive eine Berichtspflicht aus.

Ebenfalls festgeschrieben werden Qualitätskriterien wie Relevanz, Überprüfbarkeit und Vergleichbarkeit der Informationen. Zu veröffentlichen sind sowohl quantitative als auch qualitative Informationen. Dazu soll die Berichterstattung sowohl rückblickende als auch zukunftsgerichtete Informationen umfassen. Dabei sind die Nachhaltigkeitsinformationen in den Lagebericht zu integrieren. Hinzukommt die geplante obligatorische externe Prüfung der Nachhaltigkeitsangaben.

Die Inhalte der CSRD-Berichterstattung sollen durch eigene EU Sustainability Reporting Standards (ESRS) konkretisiert werden. Diese werden von der European Financial Reporting Advisory Group (EFRAG) in mehreren Schritten entwickelt. Neben den generellen Standards zur CSRD-Berichterstattung wird es sektorspezifische Standards und KMU-Standards geben. Die ESRS werden sich dabei an bestehenden Rahmenwerken wie den GRI-Standards, den SASB-Standards und den TCFD-Empfehlungen orientieren. Darüber hinaus ist geplant, die ESRS in gleicher Weise wie die finanziellen Rechnungslegungsstandards, beispielsweise das HGB oder die IFRS, in der Zukunft regelmäßig zu überarbeiten und bei Bedarf zu erweitern (Europäische Kommission 2021, S. 33–57).

Die aktuellen Entwürfe sehen zunächst allgemeine Angaben zur Nachhaltigkeitsstrategie eines Unternehmens vor. Hieran schließen sich Informationen zu Maßnahmen und zur Leistungsmessung für bestimmte Themen an. Bei den Nachhaltigkeitsinformationen folgen die Entwürfe den ESG-Dimensionen. Für

die Ökologie beziehen sich die Standards auf den Klimawandel, die Umweltverschmutzung, den Wasser- und Ressourcenverbrauch, die Kreislaufwirtschaft
sowie die biologische Vielfalt und die Ökosysteme. Die Standards für die soziale
Dimension sind sehr umfassend ausgerichtet und betrachten gesellschaftliche
Aspekte nicht nur im Hinblick auf die eigenen Beschäftigten, sondern auch im
Hinblick auf die Beschäftigten von Unternehmen in der Wertschöpfungskette
und der Kundschaft des Unternehmens sowie der Menschen in den Gemeinden,
in denen das Unternehmen tätig ist. Im Bereich der Governance beziehen sich die
Standards auf die Unternehmensführung (Corporate Governance), das Risiko-
management und das interne Kontrollsystem. Zudem fallen unter die Governance Informationen zu den Verhaltensgrundsätzen eines Unternehmens im
Sinne einer verantwortungsvollen Geschäftsführung (EFRAG 2022, S. 8–9).

Die CSRD bildet zusammen mit der EU-Taxonomie und der Sustainable Finance Disclosure Regulation (SFDR) die »Sustainable Finance«-Strategie der EU
(Abb. 5). Die EU-Taxonomie ist ein Klassifizierungssystem für den europäischen
Wirtschaftsraum, das festlegt, welche Aktivitäten als ökologisch-nachhaltig gelten. Auf dieser Basis können Kennzahlen wie Umsätze oder Investitionen in
ökologisch-nachhaltigen Aktivitäten erhoben und berichtet werden. Dadurch
soll dem Greenwashing entgegengewirkt werden. Unternehmen, die der CSRD
unterliegen, müssen bestimmte Kennzahlen auf der Grundlage der EU-Taxonomie in ihre Berichterstattung aufnehmen. Deshalb fließen die Taxonomie-
Kriterien in die ESRS mit ein. Die Informationen aus der CSRD werden an die
Finanzmarktteilnehmer und übrigen Stakeholder kommuniziert.

Finanzunternehmen ihrerseits werden durch die SFDR verpflichtet, Informationen über die Nachhaltigkeitsauswirkungen der von ihnen vertriebenen
Finanzprodukte offenzulegen. Dies können beispielsweise Angaben über die
Treibhausgasemissionen der in den Finanzprodukten enthaltenden Investments
sein. Um ihrer Offenlegungspflicht nachzukommen, benötigen die Anbieter
derartiger Produkte auch Informationen aus der CSRD-Berichterstattung der
Unternehmen, die in den Anlageprodukten enthalten sind. Daher ist die CSRD
eng mit der SFDR verbunden. Finanzprodukte, die teilweise oder vollständig
nachhaltige Anlageziele verfolgen, müssen den Anteil der Anlagen, der den
Taxonomie-Kriterien entspricht, über die SFDR offenlegen, um Investoren Orientierung bei ihren Anlageentscheidungen zu geben (Europäische Kommission
2021, S. 5–6).

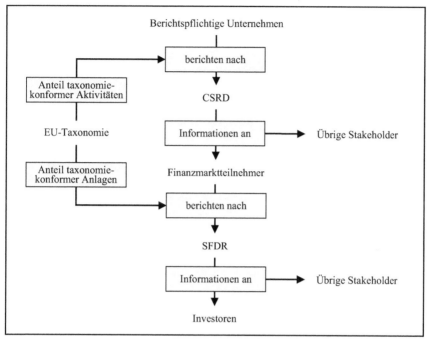

Abb. 5: »Sustainable Finance«-Strategie der EU

5. Fazit

Zur Erinnerung: Vor 50 Jahren fing es mit dem Bericht des Club of Rome an. Im Zeitverlauf zeigte sich, dass der Bericht »Grenzen des Wachstums« einen wesentlichen Impuls zur nachhaltigen Entwicklung geleistet hat. Über die Bedeutung von Nachhaltigkeit auf der gesamtwirtschaftlichen Ebene etablierten und verbesserten sich die Ansätze zu einer nachhaltigen Berichterstattung und Unternehmenssteuerung. Jetzt – 50 Jahre später – hat sich der früher eindimensionale und nur auf die ökonomische Leistung abstellende Erfolgsbegriff zu einem dreidimensionalen Erfolgsbegriff gewandelt, der zusätzlich auch den ökologischen und sozialen Erfolg abbildet (Triple-Bottom-Line). Wenn dieser dann nicht nur die jetzigen Stakeholder adressiert, sondern auch zukünftige Generationen beinhaltet, kann von einem nachhaltigen Unternehmenserfolg gesprochen werden.

Literatur

BaFin – Bundesanstalt für Finanzdienstleistungsaufsicht (2020): Merkblatt zum Umgang mit Nachhaltigkeitsrisiken. Bonn.

Bassen, Alexander/Jastram, Sarah/Meyer, Katrin (2005): Corporate Social Responsibility: Eine Begriffserläuterung. Zeitschrift für Wirtschafts- und Unternehmensethik 6 (2), S. 231–236.

Baumüller, Josef/Gleißner, Werner (2020): Quantifizierung von nichtfinanziellen Risiken im unternehmensweiten Risikomanagement. GRC aktuell 4, S. 139–147.

Bouten, Christiane/Wiedemann, Arnd (2021): Nachhaltigkeit im genossenschaftlichen Wertesystem. Zeitschrift für das gesamte Genossenschaftswesen 71 (4), S. 252–285.

Bundesrat (2017): Gesetzesbeschluss des Deutschen Bundestages: Gesetz zur Stärkung der nichtfinanziellen Berichterstattung der Unternehmen in ihren Lage- und Konzernlageberichten (CSR-Richtlinie-Umsetzungsgesetz). Berlin.

COSO – Committee of Sponsoring Organizations of the Treadway Commission/WBCSD – World Business Council of Sustainable Development (2018): Enterprise risk management: Applying enterprise risk management to environmental, social and governance-related risks. New York, NY, Genf.

CSR in Deutschland (o. J.): Standards. https://www.csr-in-deutschland.de/DE/CSR-Allge mein/CSR-in-der-Praxis/CSR-Berichterstattung/Standards/standards.html, zuletzt abgerufen am 22.06.2022.

Deutsche Börse (2017): Deutsche Börse startet Sustainable Finance-Initiative. https://deut sche-boerse.com/dbg-de/media/pressemitteilungen/Deutsche-B-rse-startet-Sustainabl e-Finance-Initiative-157090, zuletzt abgerufen am 22.06.2022.

Deutscher Bundestag (1998): Abschlußbericht der Enquete-Kommission »Schutz des Menschen und der Umwelt – Ziele und Rahmenbedingungen einer nachhaltig zukunftsverträglichen Entwicklung«: Konzept Nachhaltigkeit: Vom Leitbild zur Umsetzung. Bonn.

Deutscher Bundestag (2017): Beschlussempfehlung und Bericht des Ausschusses für Recht und Verbraucherschutz (6. Ausschuss). Berlin.

Diebecker, Jan/Rose, Christian/Sommer, Friedrich (2021): Bewertung unternehmerischer Nachhaltigkeitsleistung mittels Nachhaltigkeitsratings. Controlling 33 (6), S. 12–18.

Donaldson, Thomas/Preston, Lee E. (1995): The stakeholder theory of the corporation: Concepts, evidence, and implications. Academy of Management Review 20 (1), S. 65–91.

EFRAG – European Financial Reporting Advisory Group (2022): Cover note for public consultation: Draft European Sustainability Reporting Standards. April 2022. Brüssel.

Elkington, John (1997): Cannibals with forks: The triple bottom line of 21st Century Business. Oxford.

EU – Europäische Union (2014): Richtlinie 2014/95/EU des Europäischen Parlaments und des Rates vom 22. Oktober 2014 zur Änderung der Richtlinie 2013/34/EU im Hinblick auf die Angabe nichtfinanzieller und die Diversität betreffender Informationen durch bestimmte große Unternehmen und Gruppen. Straßburg.

EU – Europäische Union (2018): Nachhaltiges Finanzwesen: Entschließung des Europäischen Parlaments vom 29. Mai 2018 zu einem nachhaltigen Finanzwesen (2018/2007 (INI)). Straßburg.

Europäische Kommission (2001): Grünbuch: Europäische Rahmenbedingungen für die soziale Verantwortung der Unternehmen. Brüssel.

Europäische Kommission (2011): Mitteilung der Kommission an das Europäische Parlament, den Rat, den Europäischen Wirtschafts- und Sozialausschuss und den Ausschuss der Regionen: Eine neue EU-Strategie (2011–14) für die soziale Verantwortung der Unternehmen (CSR). Brüssel.

Europäische Kommission (2019): Mitteilung der Kommission an das Europäische Parlament, den Europäischen Rat, den Rat, den Europäischen Wirtschafts- und Sozialausschuss und den Ausschuss der Regionen: Der europäische Grüne Deal. Brüssel.

Europäische Kommission (2021): Vorschlag für eine Richtlinie des Europäischen Parlaments und des Rates zur Änderung der Richtlinie 2013/34/EU, 2004/109/EG und 2006/43/EG und der Verordnung (EU) Nr. 537/2014 hinsichtlich der Nachhaltigkeitsberichterstattung von Unternehmen. Brüssel.

Europäisches Parlament (2022): Plenarsitzungsdokument A9–0059/2022, 22.03.2022. Straßburg.

Freeman, R. Edward/Harrison, Jeffrey S./Wicks, Andrew C. (2007): Managing for stakeholders: Survival, reputation, and success. New Haven, CT/London.

Freeman, R. Edward (2010): Strategic management: A stakeholder approach. New York, NY.

Friedman, Milton (1970): Social responsibility of business is to increase its profit. The New York Times Magazine, 13.09.1970.

Gleißner, Werner (2019): Cost of capital and probability of default in value-based risk management. Management Research Review 42 (11), S. 1243–1258.

GRI – Global Reporting Initiative/UN Global Compact/WBCSD – World Business Council for Sustainable Development (2016): SDG Compass: Leitfaden für Unternehmensaktivitäten zu den SDGs.

Hauff, Volker (1987): Unsere gemeinsame Zukunft: Der Brundtland-Bericht der Weltkommission für Umwelt und Entwicklung. Greven.

Howitt, Richard (2014): The EU law on non-financial reporting – how we got there. https://www.theguardian.com/sustainable-business/eu-non-financial-reporting-how-richard-howitt, zuletzt abgerufen am 22.06.2022.

Leonhardt, Fabian/Wiedemann, Arnd (2014): Push und Pull der Nachhaltigkeit. Die Bank 12, S. 30–34.

Meadows, Dennis L./Meadows, Donella H./Zahn, Erich K. O./Milling, Peter (1972): Die Grenzen des Wachstums: Bericht des Club of Rome zur Lage der Menschheit. Stuttgart.

Rat der EU – Rat der Europäischen Kommission (2022): New rules on corporate sustainability reporting: provisional political agreement between the Council and the European Parliament, Pressemitteilung 592/22. Brüssel.

Schaltegger, Stefan/Herzig, Christian/Kleiber, Oliver/Klinke, Torsten/Müller, Jan (2007): Nachhaltigkeitsmanagement in Unternehmen: Von der Idee zur Praxis: Managementansätze zur Umsetzung von Corporate Social Responsibility und Corporate Sustainability. Lüneburg.

Simonis, Udo E. (1992): Rio-Konferenz – was war, was bleibt? Informationsdienst – IÖW/ VÖW 7 (3/4), S. 1–2.

Schneider, Andreas (2015): Reifegradmodell CSR – Eine Begriffsklärung und -abgrenzung, in: Schneider, Andreas/Schmidpeter, René (Hrsg.), Corporate Social Responsibility: Verantwortungsvolle Unternehmensführung in Theorie und Praxis. 2. Aufl. Berlin, Heidelberg, S. 21–42.

Stawinoga, Martin/Velte, Patrick (2015): CSR management and reporting between voluntary bonding and legal regulation. First empirical insights of the compliance to the German Sustainability Code. Problems and Perspectives in Management 12 (2), S. 36–50.

Stein, Volker/Wiedemann, Arnd (2016): Risk governance: Conceptualization, tasks, and research agenda. Journal of Business Economics 86 (8), S. 813–836.

Stein, Volker/Wiedemann, Arnd (2022): Bilder der Risk Governance. In: Wiedemann, Arnd/Stein, Volker/Fonseca, Mark (Hrsg.), Risk governance in organizations: Future perspectives. Siegen, S. 15–23.

Velte, Patrick (2017): Die nichtfinanzielle Erklärung nach dem CSR-Richtlinie-Umsetzungsgesetz. Zeitschrift für das gesamte Genossenschaftswesen 67 (2), S. 112–119.

Vereinte Nationen (2015): Transformation unserer Welt: Die Agenda 2030 für nachhaltige Entwicklung.

Wiedemann, Arnd/Stein, Volker/Fonseca, Mark (Hrsg.) (2022): Risk governance in organizations: Future perspectives. Siegen.

Minou Seitz / Michael Schuhen*

Wenn sich Erinnern zum Standard und etwas Vergessen zur Ausnahme wird – Überlegungen zum Rechtsanspruch auf Vergessenwerden aus Verbrauchersicht

»*Wie wenig moralisch sähe die Welt ohne die Vergesslichkeit aus! Ein Dichter könnte sagen, dass Gott die Vergesslichkeit als Türhüterin an die Tempelschwelle der Menschenwürde hingelagert habe.*« (Nietzsche 1878)

Auf nationaler Gesetzgebungsebene sind die Menschenwürde und der Datenschutz eng miteinander verknüpft. In seinem für das Rechtsgebiet des Datenschutzes bahnbrechenden Volkszählungsurteil leitet das Bundesverfassungsgericht am 15. Dezember 1983 aus dem allgemeinen Persönlichkeitsrecht aus Artikel 2 Absatz 1 Grundgesetz in Verbindung mit der Menschenwürde aus Artikel 1 Absatz 1 Grundgesetz das Recht auf informationelle Selbstbestimmung ab (Papier 2012, 67). Als »Befugnis des Einzelnen, grundsätzlich selbst über die Preisgabe und Verwendung seiner persönlichen Daten zu bestimmen« (Bundesverfassungsgericht 1983, S. 1), schützt das Recht auf informationelle Selbstbestimmung »die selbstbestimmte Entwicklung und Entfaltung des Einzelnen, die nur in einer für ihn kontrollierbaren Selbstdarstellung und Rückspiegelung durch die Kommunikation mit anderen gelingen kann« (Roßnagel 2003, S. 693).

Der inzwischen geflügelte Ausdruck »Das Internet vergisst nie« suggeriert, dass sich hier ein Problem abzeichnet. Wenn nichts vergessen, ergo alles entweder in einem kollektiv digitalem Gedächtnis oder, noch spezifischer, im digitalen Gedächtnis einzelner Akteure gespeichert ist, wie sieht dann eine im Sinne des Rechts auf informationelle Selbstbestimmung »kontrollierbare Selbstdarstellung« in der digitalen Welt aus? Und wie kann eine »selbstbestimmte Entwicklung und Entfaltung des Einzelnen« gelingen, wenn sich die Entwicklung des Einzelnen stets an Vergangenem messen muss? Die stetige Digitalisierung des Konsumalltags zeigt, dass sich diese Fragestellungen auch aus Sicht der Ver-

---

* Minou Seitz, M.A., Universität Siegen, Fakultät III (Wirtschaftswissenschaften – Wirtschaftsinformatik – Wirtschaftsrecht), Lehrstuhl für Betriebswirtschaftslehre, insb. Marketing und Handel sowie Digitale Wirtschaftsbildung in Siegen (DiWiS).
PD Dr. Michael Schuhen, Universität Siegen, Fakultät III (Wirtschaftswissenschaften – Wirtschaftsinformatik – Wirtschaftsrecht), Digitale Wirtschaftsbildung in Siegen (DiWiS) sowie Zentrum für Verbraucherschutz und verletzliche Verbraucher.

braucherinnen und Verbraucher als relevant darstellen. Alltägliche Konsumhandlungen wie das Bestellen einer Mahlzeit oder das Vergleichen von Kauf-
optionen sind meist mit nur wenigen Klicks erledigt. Für Verbraucherinnen und
Verbraucher birgt dies Vorteile: Sie sparen Zeit und erhalten personalisierte
Konsumangebote, die ihnen den Kaufprozess erleichtern. In den Hintergrund
gerät dabei, dass all die Informationen, die auf Grundlage der Konsumhandlungen aufgezeichnet werden, nicht in Vergessenheit geraten. Vielmehr werden
sie im »digitalen Gedächtnis« der Anbieter gespeichert und in Gestalt aggre-
gierter Datenbestände zu personalisierten Konsumprofilen verdichtet und zur
Profitmaximierung weiterverwendet.

Aber was genau bedeutet es für Verbraucherinnen und Verbraucher, wenn
sich Anbieter an jedes noch so kleine Detail ihres Konsumverhaltens »erinnern«
können und nahezu nichts in Vergessenheit gerät? Dieser Fragestellung geht der
folgende Beitrag aus einer datenschutzzentrierten Perspektive nach. Anhand
eines Beispiels aus dem Verbraucheralltag (Smart-TV) wird gezeigt, dass die
nahezu lückenlose Aufzeichnung des Konsumverhaltens Aussagewerte über
Verbraucherinnen und Verbraucher generiert, die weit über konsumrelevante
Informationen hinausgehen und eine Quantifizierung der Persönlichkeit möglich machen, die den Menschen nicht mehr nur in seiner Rolle als Verbraucherin
und Verbraucher tangiert, sondern tiefgreifend in die Privatsphäre eingreift und
in der Konsequenz mit der informationellen Selbstbestimmung der von der
Datenverarbeitung Betroffenen konfligiert. Unter Berücksichtigung des in der
Datenschutzgrundverordnung (DSGVO) expressis verbis ausgewiesenen Rechts
auf Vergessenwerden wird geschlussfolgert, dass sich ein Rechtsanspruch auf
Vergessenwerden im digitalisierten Verbraucheralltag zwar ambivalent darstellt,
sein Leitgedanke aber durchaus einen Beitrag dazu leisten kann, das Recht auf
informationelle Selbstbestimmung in die digitale Welt zu überführen.

1. Das Internet vergisst nie! – Wandlung einer menschlichen Kulturtechnik

Etwas zu vergessen, scheint so menschlich wie das Atmen oder das Schlafen. Oft
beklagen wir unsere Vergesslichkeit sogar. In der Tat ist der Alltag geprägt von
Situationen, in denen uns auffällt, dass wir etwas vergessen haben oder uns
zumindest nicht mehr vollständig an etwas erinnern können. Das Internet und
dessen technologische Errungenschaften schaffen hier Abhilfe – nie waren Informationen leichter zugänglich und schneller abrufbar als heute. Sich zeit- und
ortsunabhängig informieren und jederzeit wieder auf diese Informationen zu-
greifen zu können, hat nicht nur zu einer omnipräsenten Verfügbarkeit von

Informationen geführt. Die Digitalisierung hat eine viel tiefgreifendere Veränderung angestoßen, die der Rechtswissenschaftler und Internetforscher Mayer-Schönberger als »the most fundamental change for humans since our humble beginnings« bezeichnet (2009, S. 196). In seinem Werk beschreibt er die Fähigkeit des Vergessens als Tugend und arbeitet die Umkehr des Verhältnisses von Erinnern und Vergessen im digitalen Zeitalter heraus:

> *For millennia, the relationship between remembering and forgetting remained clear. In the digital age […] that balance of remembering and forgetting has become inverted. Committing information to digital memory has become the default, and forgetting the exception.«* (Mayer-Schönberger 2009, S. 196)

Nach Koreng und Feldmann geht es Mayer-Schönberger bei der Fähigkeit des Vergessens um eine basale menschliche Kulturtechnik, um eine anthropologische Konstante, die »Abstraktion und Zukunftsorientierung überhaupt erst ermöglicht hat« (Koreng/Feldmann 2012, S. 311–312). Dies lässt sich mit der digital herbeigeführten quasi uneingeschränkt vorhandenen Fähigkeit des Erinnerns verknüpfen. Wenn nämlich das Erinnern der »Abstraktion und Zukunftsorientierung« im Weg steht, konfligiert dies unmittelbar mit einer freien Entwicklung des Individuums. Mit welchen Konsequenzen sich Verbraucherinnen und Verbraucher konfrontiert sehen, wenn die menschliche Kulturtechnik des Vergessens einer neuen digitalen Kulturtechnik des Erinnerns weicht, lässt sich exemplarisch nachvollziehen, wenn man den Blick auf einen ausgewählten Bereich des Verbraucheralltags wirft.

2.   Smart-TVs als stumme »Erinnerer« – ein Beispiel aus dem Verbraucheralltag

E-Commerce, m-Commerce, Smart Services – unter dem Schlagwort »Konsum 4.0« beschreibt das Umweltbundesamt (2018, S. 16) entlang der Customer Journey, dass die Digitalisierung inzwischen einen wesentlichen Einfluss auf den gesamten Konsumprozess hat, vom Zustandekommen der Kaufentscheidung bis zur Art und Weise, wie ein Konsumvorhaben umgesetzt wird. Im Bereich Smart Services stellt das Smart Home einen für Verbraucherinnen und Verbraucher relevanten Konsumbereich dar (Schuhen/Seitz/Kollmann 2021, S. 15). Mithilfe des Internets der Dinge lassen sich im Smart Home Gegenstände des alltäglichen Bedarfs wie Fernseher, Jalousien oder Lampen über das Internet miteinander vernetzen, sodass »bislang langweilige und unbeachtete Aspekte der Wohntechnik mittels smarter Geräte interessant [gemacht werden]« (Sprenger/Engemann 2015, S. 23). Hierzulande scheinen Verbraucherinnen und Verbraucher dabei besonders Smart-Home-Einzellösungen zu favorisieren. Der Bundesverband Digitale Wirtschaft etwa nimmt in einer Istzustand-Beschreibung vernetzter Strukturen im Alltag der Verbraucherinnen und Verbraucher Bezug auf Umfrageergebnisse von Deloitte, nach denen »für 2021 und 2022 hierzulande ein Zuwachs der Smart-Home-Gerätebasis gegenüber dem Vorjahr von jeweils 10 Prozent [erwartet wird]« (Bundesverband Digitale Wirtschaft 2021, S. 10).

Im Smart-Home-Kontext, spezifisch im Bereich der Smart-Home-Einzellösungen, gehören Smart-TVs »zu den am weitesten verbreiteten Geräten des Internets der Dinge, die von allen Bevölkerungs- und Altersgruppen genutzt werden« (Bundeskartellamt 2020, S. 16). Ausgestattet mit einer Anbindung ans Internet und der Fähigkeit, Informationen in Form von Daten zu speichern und zu verarbeiten, »erinnern« sich diese intelligenten Fernseher an Verbraucherhandlungen und -gewohnheiten, die im Zusammenhang mit ihrer Nutzung stehen. Welche Aussagewerte dabei über die Nutzerinnen und Nutzer generiert werden, vermag auf Verbraucherseite für Erstaunen sorgen. In seiner Sektoruntersuchung zu Smart-TVs identifiziert das Bundeskartellamt in Bezug auf den Aussagewert des TV-Nutzungsverhaltens, der aus der Interaktion mit Apps oder Programmen auf dem Smart-TV resultiert, diverse Informationsquellen. Zu diesen zählen die Aufrufzeiten und die Verweildauer der Nutzerinnen und Nutzer, die abgerufenen Inhalte, die Bewegung des Cursors sowie gegebenenfalls die Stimmdaten (Bundeskartellamt 2020, S. 36). Datenschutzrechtlich besonders brisant präsentiert sich die Feststellung, »dass manche Akteure über technische Möglichkeiten und Regelwerke verfügen, die es vorsehen, das gesamte TV-Nutzungsverhalten mit Bezug zum konkreten Nutzer verfolgen zu können« (Bundeskartellamt 2020, S. 36). Mit Blick auf potenziell generierte Aussagewerte wird in der Untersuchung zudem auf die Aussagekraft der Zusammenführung von gerätespezifischen Informationen und dem individuellen Nutzerverhalten verwiesen. Werden Merkmale, welche die eindeutige Identifizierung eines Smart-TVs ermöglichen (sogenannte Identifikatoren), mit dem Nutzverhalten abgeglichen, ergibt sich ein detailliertes Profil, bei dem »ein feinkörniges und intimes Bild der Aktivitäten, Interessen, Verhaltensweisen und Routinen der Nutzer gezeichnet werden [kann]« (Bundeskartellamt 2020, S. 34).

Die Ergebnisse der Sektoruntersuchung zeigen eindrucksvoll, dass sich die identifizierten Aussagewerte, die Smart-TVs über ihre Nutzerinnen und Nutzer generieren, auch jenseits von zielgerichteter Werbung (targeted advertising) vor dem Hintergrund informationeller Selbstbestimmung kritisch betrachten lassen. Die Nutzung eines Smart-TVs lässt sich dabei stellvertretend für eine grundsätzliche Akteursverschiebung im Internet der Dinge (Schuhen/Seitz/Kollmann 2021) verorten. Diese äußert sich dadurch, dass die Fähigkeit des Erinnerns nicht mehr nur Menschen vorbehalten ist, sondern alltäglichen Gegenstände wie Fernsehern zuteil wird. Was abseits der Verbraucherwahrnehmung an Daten produziert und verwertet wird, lässt fraglich erscheinen, inwiefern Verbraucherinnen und Verbraucher nach Inbetriebnahme eines Smart-TVs in der Lage sind, selbst über die Preisgabe und Verwendung ihrer persönlichen Daten zu bestimmen. Die Untersuchung des Bundeskartellamts zeichnet hier ein düsteres Bild: »Für die Verbraucher ist es [...] kaum möglich, eine Strategie zu verfolgen, bei der sie möglichst wenige oder nur weniger private personenbezogene Daten preisgeben oder zumindest deren Verbreitung oder Speicherdauer minimieren« (Bundeskartellamt 2020, S. 5). Lassen sich aus einem vermehrten Anschauen eines Filmgenres Rückschlüsse auf den Beziehungsstatus ziehen oder aus den Aufrufzeiten und der Verweildauer Rückschlüsse auf den Tagesablauf, stellt dies sowohl eine lohnende Ressource für das Ausspielen personalisierter Werbung dar als auch einen empfindlichen Eingriff in die Privatsphäre der Verbraucherinnen und Verbraucher, die jenseits vom Konsumkontext den Menschen in seiner Persönlichkeit gläsern werden lassen. Dies tangiert auch die im Rahmen der informationellen Selbstbestimmung geforderte »kontrollierbare Selbstdarstellung« sowie »selbstbestimmte Entwicklung und Entfaltung des Einzelnen« (Roßnagel 2003, S. 693). Werden Aussagewerte generiert, die abseits der Wahrnehmung und dem Wissen der Verbraucherinnen und Verbraucher gewonnen werden, konstituiert sich eine Darstellung ihrer Selbst, die sie nicht kontrollieren können. Sich selbstbestimmt entwickeln und entfalten zu können, schießt mit ein, das eigene Konsumverhalten eigenständig gestalten und verändern zu können. Auch dabei zeigen Smart-TVs Konfliktpotenzial auf, werden die gewonnenen Daten doch unter anderem dazu eingesetzt, Konsumwünsche zu stimulieren oder Verbraucherinnen und Verbraucher gar in ihrem Konsumverhalten zu manipulieren. Verbraucherperspektivisch rechtfertigt das »Erinnerungsvermögen« eines Smart-TVs vor diesem Hintergrund die Frage, ob Verbraucherinnen und Verbraucher nicht ein Recht darauf haben, dass bestimmte Informationen, wie etwa biometrische Daten wie die Stimme oder Cursorbewegungen, nicht erhoben werden, sondern in Vergessenheit geraten. Mit ihrem explizit ausformulierten Recht auf Vergessenwerden liefert die DSGVO Ansätze für eine Antwort auf diese Frage.

3.   Das Recht auf Vergessenwerden in Artikel 17 DSGVO

Artikel 17 DSGVO steht beispielhaft für die Feststellung, dass die Fragestellung, wie sich das Verhältnis von Erinnern und Vergessen im Internet gestalten lässt, auch den Gesetzgeber umtreibt. In der DSGVO schreibt dieser dem Vergessen mit Artikel 17 DSGVO, in dem ein Recht auf Vergessenwerden explizit ausgewiesen wird, einen hohen Stellenwert zu. Artikel 17 Absatz 1 DSGVO spricht dem von einer Datenverarbeitung Betroffenen das Recht zu, verlangen zu können, dass die die betreffende Person personenbezogenen Daten unverzüglich gelöscht werden, und verpflichtet darüber hinaus den für die Datenverarbeitung Verantwortlichen, die jeweiligen Daten unverzüglich zu löschen. Die Verpflichtung greift allerdings nur unter Vorbehalt, zum Beispiel, wenn »die personenbezogenen Daten für die Zwecke, für die sie erhoben oder auf sonstige Weise verarbeitet wurden, nicht mehr notwendig sind« (Artikel 17 Absatz 1 Buchstabe a DSGVO). Flankiert wird die Löschungspflicht durch Absatz 2 DSGVO. Gemäß Verordnung können Betroffene die Löschung personenbezogener Daten nicht nur beim Verantwortlichen selbst, sondern auch bei anderen Stellen, die in die Datenverarbeitung involviert sind, geltend machen. Als flankierende Informationspflicht (Martini/Weinzierl 2017, 1254) sieht Absatz 2 demnach vor, »dass der Verantwortliche auch in bestimmtem Umfang dafür Sorge zu tragen hat, dass Querverweise auf die und Kopien von den fraglichen Daten bei Dritten gelöscht werden« (Koreng/Feldmann 2012, S. 312).

Inhaltlich lässt sich das Recht auf Vergessenwerden unmittelbar an Mayer-Schönbergers skizzierte Internetforschungen rückkoppeln (Kamann/Braun 2018, S. 5). Die Idee hinter Artikel 17 DSGVO umschreiben Martini und Weinzierl wie folgt: »Einen Menschen an weit in die Vergangenheit zurückreichende Informationen festzuhalten – mögen sie auch der Wahrheit entsprechen –, kann seine Persönlichkeitsentwicklung beeinträchtigen« (2017, S. 1252). Dieser Leitgedanke findet sich in den Anwendungsfällen wieder, vor deren Hintergrund das Recht auf Vergessenwerden in erster Linie diskutiert wurde. Beispiele »handeln von Menschen, die auf Grund von digital dokumentierten Jugendsünden einen begehrten Job nicht erhalten haben oder die sonst sozialen oder rechtlichen Sanktionen ausgesetzt waren, weil das Netz ihre Vergangenheit nicht vergessen hat« (Koreng/Feldmann 2012, S. 312). Im Kontext smarter Produkte im Verbraucheralltag lässt sich dieses Festhalten an Vergangenem auch auf die unmittelbare Ebene der eigentlichen Datenerhebung transferieren. Die aufgezeichneten personenbezogenen Daten und die daraus abgeleiteten Informationen beeinflussen Verbraucherinnen und Verbraucher in ihrem Konsumverhalten, indem sie Konsumwünsche stimulieren und Kaufentscheidungen forcieren. Das digital dokumentierte Nutzerverhalten eines Smart-TVs (siehe Abschnitt 2) entfaltet demnach unmittelbare Auswirkungen auf Verbraucherinnen und Verbraucher in der Gegenwart und hindert sie daran, zu generalisieren und offen für alternative Konsumweisen zu sein, erschwert ihnen in Mayer-Schönbergers Worten »to generalize and abstract from individual experiences« (2009, S. 197).

4.   Brauchen wir ein Recht auf Vergessenwerden?

Die Ubiquität digitaler Endgeräte im Verbraucheralltag (zum Beispiel Smartphones im m-Commerce, Smart-TVs im vernetzten Zuhause) lassen ein Recht auf Vergessenwerden zunächst realitätsfern erscheinen. Wer die Potenziale der Digitalisierung als Verbraucherin und Verbraucher nutzen möchte, generiert personenbezogene Daten. Wünscht man keine »stummen Erinnerer« in seinem Umfeld, schränkt man die Funktionalität des jeweiligen Angebots meist so stark ein, dass der verbraucherdienliche Nutzen wie Zeitersparnis oder ein passgenaues Konsumerlebnis nicht mehr realisiert werden kann. Auf technisch-funktionaler Ebene zeichnet sich ein noch tiefergehendes Dilemma ab. Technologien wie die Blockchain-Technologie zeichnen sich gerade dadurch aus, dass sie »nicht vergessen können«: »Entfernt man einzelne Bestandteile aus der kontinuierlichen Verknüpfung der Datenblöcke, droht die Datenkette zu reißen« (Martini/Weinzierl 2017, S. 1251). Hinzu kommt, dass Verantwortlichkeiten im Hinblick auf die Datenverarbeitung in derartigen Strukturen häufig dezentraler Natur sind und sich daher nicht trennscharf nachvollziehen lassen (Martini/Weinzierl 2017, S. 1258). An wen Verbraucherinnen und Verbraucher ihr Löschungsbegehren richten sollen, gestaltet sich in solchen Fällen entsprechend schwierig. Aus dem »Dilemma zwischen funktional unmöglichem Vergessen-Können und einem datenschutzrechtlich geforderten Vergessen-Müssen« (Martini/Weinzierl 2017, S. 1251) lassen sich also Limitationen für ein praktikables Recht auf Vergessenwerden ableiten.

Dass sich die Beantwortung der Frage nach der Notwendigkeit eines Rechts auf Vergessenwerden durchaus ambivalent darstellt, spiegelt sich auch im rechtswissenschaftlichen Forschungsdiskurs wider. In diesem hat bereits die Bezeichnung »Recht auf Vergessenwerden« für kontroverse Diskussionen gesorgt (Kamann/Braun 2018, S. 5). Koreng und Feldmann weisen darauf hin, dass »Vergessen« kein Rechtsbegriff ist und Artikel 17 DSGVO nichts weiter als einen bloßen Löschungsanspruch darstellt (2012, S. 312). Im Rahmen der Herleitung des Rechts bemerken sie zudem kritisch, dass der bloße Umstand, dass Menschen eine Tendenz zum Vergessen aufweisen, noch lange keinen Rechtsanspruch auf ein Recht auf Vergessenwerden impliziert (Koreng/Feldmann 2012, S. 312). Vielmehr stellen sie das Defizitäre des Vergessens heraus und weisen daraufhin, dass Menschen mittels »Hilfsmittel[n]aller Art wie Archive, Bibliotheken und Datenbanken [...] bereits seit vielen Jahrhunderten [versuchen], dem Umstand ihrer Vergesslichkeit entgegenzuwirken« (Koreng/Feldmann 2012, S. 312).

Kritik am Recht auf Vergessenwerden besteht demnach sowohl auf konzeptioneller als auch auf Umsetzungsebene. Zumindest die dargestellten konzeptionellen Einwände klammern ein wesentliches Element digitaler Archivierung im Kontrast zu früheren Hilfsmitteln der Archivierung wie Bücher aus. Das »digitale Erinnerungsvermögen« überschreitet das Vermögen bis dato gängiger Informationsspeichermöglichkeiten bei Weitem. Die Erstellung detaillierter Personenprofile, die unter anderem aus der Erhebung konsumbezogener Daten generiert werden, stellt ein neues Anforderungskonstrukt an den Datenschutz und die Gesellschaft insgesamt dar. Plausibel scheint demnach, einen neuen oder zumindest erweiterten Rechtsanspruch auf ein Vergessenwerden, der die Implikationen dieses neuen digitalen Erinnerungsvermögens aus Sicht der Datensubjekte mitdenkt, grundsätzlich zu begrüßen. Insofern ist besonders Artikel 17 Absatz 2 DSGVO als verbraucherdienlich hervorzuheben, fungiert er doch in seiner Eigenschaft als Erweiterung des Löschanspruchs als Hilfestellung für Verbraucherinnen und Verbraucher, ihr Begehren auf Löschung auch bei Dritten durchzusetzen. Dass ein Recht auf Vergessenwerden die Funktionalität moderner Technologien vermeintlich nicht mitdenkt, vermag darüber hinaus nicht die grundsätzliche Sinnhaftigkeit des Leitgedankens von Artikel 17 DSGVO aufzuweichen. Menschen verändern sich. Werden sämtliche im Internet verfügbaren Informationen über eine Person systematisch zusammengetragen und wird diese Person auf Basis dieser Informationen beeinflusst, und dies passgenau und individualisiert, steht einer freien Entwicklung des Individuums ein stetiger Abgleich mit Vergangenem entgegen. Verbraucherinnen und Verbraucher können in diesem Szenario nicht frei und unvoreingenommen agieren und ihr Konsumverhalten aus sich heraus verändern. Sie werden beeinflusst und laufen zudem Gefahr, Informationen über sich preiszugeben, die sie in ihrer privaten Lebensführung gläsern werden lassen. Auch wenn sich ein Rechtsanspruch auf Vergessenwerden kontrovers diskutieren lässt, kann folglich festgestellt werden, dass ein Reflektieren über den datenschutzrechtlichen Umgang mit dem nahezu unbegrenzten digitalen Erinnerungsvermögen und den Möglichkeiten, die sich daraus ergeben, sinnvoll und notwendig ist, um das Recht auf informationelle Selbstbestimmung an die Herausforderungen der digitalen Welt anzupassen. Ein Recht auf Vergessenwerden kann dabei Eruierungsprozesse anstoßen und die Basis für einen datenschutzrechtlichen Umgang mit dem übergeordneten Thema »Erinnern und Vergessen im Internet« bilden.

5.   Fazit

Verbraucherinnen und Verbraucher kommen heutzutage kaum noch ohne das Generieren von personenbezogenen Daten aus. Dabei sehen sie sich mit einer digitalen Ausformung von Erinnerungsleistung konfrontiert, die nicht mehr viel mit dem menschlichen Erinnern gemein hat. Quasi unbegrenzte Speicherkapazitäten, eine Verlagerung des Sich-erinnern-Könnens auf eine gegenständliche

Ebene und die mit Blick auf die generierten Datenbestände vorhandenen Analysemöglichkeiten kennzeichnen ein neues Anforderungskonstrukt, mit dem der Datenschutz als Rechtsgebiet und Verbraucherinnen und Verbraucher als von Datenverarbeitungen Betroffene konfrontiert werden. Anhand des Beispiels eines Smart-TVs wurde gezeigt, dass Verbraucherinnen und Verbraucher in ihrer Rolle als Datensubjekte vor große Herausforderungen gestellt werden, wenn sie die Preisgabe und Verwendung der eigenen personenbezogenen Daten aus eigenem Vermögen heraus im Sinne ihres Rechts auf informationelle Selbstbestimmung kontrollieren möchten. Wenn alles, jeder Klick und jede Nutzungsdauer, registriert werden, kann dies sowohl weitrechende Folgen für die Privatsphäre haben als auch eigenständige und flexible Konsumhandlungen hemmen.

Hier lässt sich eine Brücke zu den eingangs zitierten Ausführungen Nitzsches schlagen, der die Vergesslichkeit mit der Menschenwürde und der Moral in Verbindung setzt. Das auf Anbieterseite stetige Erinnern an jedes noch so kleine Detail und ein daraus resultierender Eingriff in die private Lebensführung – man beachte, dass ein derartiges Szenario aus der alltäglichen Nutzung eines Fernsehgeräts erwächst – öffnet den häufig auf den »gläsernen Verbraucher« verschränkten Diskurs zu den Auswirkungen eines beinahe omnipräsent stattfindenden Tracking des Konsumverhaltens für eine umfassendere Betrachtungsweise, die Datensubjekte nicht nur in ihrer Rolle als Verbraucherinnen und Verbraucher, sondern gleichermaßen in ihrer Rolle als Bürgerinnen und Bürger begreift. Diese gedankliche Ausweitung ermöglicht, das im digitalisierten Verbraucheralltag allgegenwärtige digitale Erinnerungsvermögen der Anbieter auch vor dem Hintergrund datenethischer Fragestellungen zu betrachten. Ob ein Recht auf Vergessenwerden einen lohnenswerten Ansatz darstellt, um Verbraucherinnen und Verbraucher in der Ausübung ihres Rechts auf informationelle Selbstbestimmung zu unterstützen, kann an dieser Stelle nicht abschließend bewertet werden. Dass Artikel 17 DSGVO stellvertretend für ein datenschutzrechtliches Reflektieren des Gesetzgebers über das Verhältnis von Erinnern und Vergessen im Internet verortet werden kann, muss aus Verbrauchersicht aber in jedem Fall für Zustimmung sorgen.

Literatur

Bundeskartellamt (2020): Sektoruntersuchung Smart-TVs: Bericht. Bonn.

Bundesverband Digitale Wirtschaft (2021): Faktencheck Consumer IoT: Das Internet der Dinge im Alltag deutscher Konsumenten. 1. Aufl. Berlin.

Bundesverfassungsgericht (BVerfG), Urteil des Ersten Senats vom 15. Dezember 1983– 1 BvR 209/ 83, 1 BvR 484/83, 1 BvR 440/83, 1 BvR 420/83, 1 BvR 362/83, 1 BvR 269/83 –

Rn. (1–215). http://www.bverfg.de/e/ rs19831215_1bvr020983.htmlBundeskartellamt 2
020: 16, zuletzt abgerufen am 01.08.2022.

Kamann, Hans-Georg/Braun, Martin (2018): 2. Historischer Hintergrund – das Google
Spain und Google-Urteil des EuGH vom 13.5.2014. In: Ehmann, Eugen/Selmayr, Martin
(Hrsg.), DS-GVO Datenschutz-Grundverordnung: Kommentar, 2. Aufl. S. 4–7, [online]
https://beck-online.beck.de/Bcid/Y-400-W-EhmannSelmayrKoDSGVO-G-EWG_DSG
VO-A-17, zuletzt abgerufen am 01.08.2022.

Koreng, Ansgar/Feldmann, Thorsten (2012): Das »Recht auf Vergessen« Überlegungen
zum Konflikt zwischen Datenschutz und Meinungsfreiheit. Zeitschrift Datenschutz,
S. 311–315, [online] https://beck-online.beck.de/Bcid/Y-300-Z-ZD-B-2012-S-311-N-1,
zuletzt abgerufen am 01.08.2022.

Martini, Mario/Weinzierl, Quirin (2017): Die Blockchain-Technologie und das Recht auf
Vergessenwerden: Zum Dilemma zwischen Nicht-Vergessen-Können und Vergessen-
Müssen. Neue Zeitschrift für Verwaltungsrecht 36, S. 1251–1259.

Mayer-Schönberger, Viktor (2011): delete. The virtue of forgetting in the digital age. With a
new afterword by the author. Princeton, NJ, Oxford.

Nietzsche, Friedrich (1878) [1967]: Digital critical edition of the complete works and letters,
based on the critical text by G. Colli and M. Montinari, edited by Paolo D'Iorio. Berlin,
New York, NY. http://www.nietzschesource.org/#eKGWB/MA-I, zuletzt abgerufen am
01.08.2022.

Papier, Hans-Jürgen (2012): Verfassungsrechtliche Grundlegung des Datenschutzes. In:
Schmidt, Jan-Hinrik/Weichert, Thilo (Hrsg.), Datenschutz: Grundlagen, Entwicklungen
und Kontroversen. Bonn, S. 67–77.

Roßnagel, Alexander (2003): 20 Jahre Volkszählungsurteil. MultiMedia und Recht 11,
S. 693–694.

Schuhen, Michael/Seitz, Minou/Kollmann, Susanne (2021): Verbraucherinnen und Verbraucher im »Internet der Dinge«. Münster.

Sprenger, Florian/Engemann, Christoph (2015): Im Netz der Dinge: Zur Einleitung. In:
Sprenger, Florian/Engemann, Christoph (Hrsg.), Internet der Dinge: Über smarte Ob-
jekte, intelligente Umgebungen und die technische Durchdringung der Welt. Bielefeld,
S. 7–58.

Umweltbundesamt (Hrsg.) (2018): Die Zukunft im Blick: Konsum 4.0: Wie Digitalisierung
den Konsum verändert. Trendbericht zur Abschätzung der Umweltwirkungen. Autoren: Kahlenborn, Walter/Keppner, Benno/Uhle, Christian/Richter, Stephan/Jetzke, Tobias.
Dessau-Roßlau.

Tobias Jost[*]

Humboldts Idee der Universität – im internationalen Wettbewerb unvergessen?!

1.   Erinnerungen an Humboldts Idee der Universität

Wer erinnert sich noch an Wilhelm von Humboldt und seine Idee der Universität? An vielen deutschen Universitäten wird die Erinnerung daran hoch- und im universitären Leitbild festgehalten. Humboldts Idee prägte schließlich eineinhalb Jahrhunderte der deutschen Universitätsentwicklung (Oppermann 2005, S. 2) und verhalf deutschen Universitäten zu internationalem Renommee (Kühler 2006, S. 45–46; Hüther 2010, S. 53). Wer könnte das vergessen – gerade in Zeiten, in denen deutsche Universitäten kaum noch umhinkönnen, sich im zunehmenden internationalen Wettbewerb sichtbar zu positionieren (Lanzendorf/Pasternack 2009, S. 14)?

Humboldt, seinerzeit Sektionsdirektor für Kultus und Unterricht im preußischen Innenministerium (Kehm 2004, S. 6), trat dafür ein, »die Wissenschaft als etwas noch nicht ganz Gefundenes und nie ganz Aufzufindendes zu betrachten, und unablässig sie als solche zu suchen« (Humboldt 2002, S. 257). Preußische Universitäten forderte er dazu auf, nicht länger an vermeintlich feststehenden Erkenntnissen festzuhalten, sondern diese fortwährend in Frage zu stellen, neue Erkenntnisse zu gewinnen und dabei Bildung auf höchstem Niveau zu vermitteln. Durch forschendes Lehren und Lernen sollten Studierende, damals ausschließlich Männer, nicht nur für den Beruf qualifiziert, sondern in ihrer Persönlichkeitsentwicklung gefördert und zu Weltbürgern ausgebildet werden, die zu einem friedlichen und gerechten Miteinander in der Welt beitrugen (Pasternack/von Wissel 2010, S. 9–10).

»Denn nur die Wissenschaft, die aus dem Innern stammt und in's Innere gepflanzt werden kann, bildet auch den Charakter aus, und dem Staat ist es ebenso wenig als der

*   Dipl.-Ök. Tobias Jost, Doktorand, Universität Siegen, Fakultät III (Wirtschaftswissenschaften – Wirtschaftsinformatik – Wirtschaftsrecht), Lehrstuhl für Betriebswirtschaftslehre, insb. Personalmanagement und Organisation.

Menschheit um Wissen und Reden, sondern um Charakter und Handeln zu thun«
(Humboldt 2002, S. 258).

Eine unabdingbare Voraussetzung hierfür sah Humboldt in der Freiheit der
Wissenschaft – also in ihrer Unabhängigkeit von unmittelbaren politischen und
anderweitigen Verwertungsinteressen. Universitäten sollten zwar vom Staat getragen und beaufsichtigt, von staatlichen Forderungen und Regeln einengender
Art aber befreit und stattdessen mit dem Recht ausgestattet werden, ihre akademischen und inneren Angelegenheiten selbst zu regeln (Pasternack/von Wissel
2010, S. 9–10; Jost/Scherm 2011, S. 2).

Im 19. Jahrhundert sollte Humboldts Idee für die Entwicklung der preußischen, später der deutschen Universitäten prägend sein (Oppermann 2005, S. 2–
3). Diese wurden vom Staat mithilfe eines wirkungsvollen Verwaltungsapparates
beaufsichtigt, durften sich innerhalb des engeren wissenschaftlichen Bereichs
aber selbst verwalten. Zu letzterem gehörten neben den Fakultäten auch die in
ihnen versammelten Lehrstühle, deren Leitung jeweils einem Ordinarius übertragen wurde – einem ordentlichen Professor. Frauen blieb die Leitung eines
Lehrstuhls damals noch verwehrt. Über die Angelegenheiten ihrer Lehrstühle
entschieden Ordinarien jeweils autonom, über die Angelegenheiten ihrer Fakultäten indes gemeinsam. Die Universität wurde von einem Rektor repräsen-
tiert, der aus den Reihen der Ordinarien stammte und nur von diesen für eine
kurze Amtsdauer gewählt wurde. Fragen der universitären Selbstverwaltung
wurden in einem Senat erörtert, der sich ebenfalls nur aus Ordinarien zusam-
mensetzte. Diese repräsentierten demnach nicht nur allein die Wissenschaft,
»und zwar jeder für sich in dem nur von ihm vertretenen Fach« (Ellwein 1992,
S. 114), sie trafen auch alle Entscheidungen zu inneren Angelegenheiten der
Universität autonom (Pasternack/von Wissel 2010, S. 13; Jost/Scherm 2011, S. 2).
Nachdem der Staat in der ersten Hälfte des 19. Jahrhunderts oftmals noch in
universitäre Lehr- und Lerninhalte eingriffen hatte, wuchs die Wissenschaftsfreiheit in der zweiten Hälfte des 19. Jahrhunderts fortwährend »in verfas-
sungsrechtlicher Anerkennung« (Oppermann 2005, S. 3). Die Autonomie der
Professoren im engeren wissenschaftlichen Bereich weitete sich aus. Überdies
verhandelten Professoren jeweils allein mit den zuständigen Ministerien über
finanzielle Mittel für ihre Lehrstühle – unabhängig von der Fakultät und vom
Rektor (Kühler 2006, S. 56–58).

In der Folge bildeten sich an der so genannten Ordinarienuniversität weder
enge Beziehungen zwischen einzelnen Professoren noch starke Universitätsleitungen heraus. Diesen fehlte es einerseits an Befugnissen, steuernd auf Entscheidungen der Professoren einzuwirken. Andererseits war ein Verständnis von
Leitung vorherrschend, das Kollegialität und Egalität in den Vordergrund rückte
und gegen steuernde Eingriffe sprach. Verwaltungsbereiche wurden an den

Universitäten ohnehin nur eingerichtet, um die von Professoren getroffenen Entscheidungen umzusetzen (Kühler 2006, S. 56–58; Pasternack/von Wissel 2010, S. 13). Dieses neue, aus Humboldts Idee hervorgegangene Modell der Universitätssteuerung resultierte recht bald in bahnbrechenden neuen Erkenntnissen in fast allen wissenschaftlichen Disziplinen – vor allem aber in den Naturwissenschaften. Hier erbrachten deutsche Professoren international herausragende Leistungen, indem sie sich auf ihre Lehrstühle konzentrierten und ihren Forschungsinteressen nachgingen, gleichzeitig aber die Ausbildung des wissenschaftlichen Nachwuchses übernahmen, der ihnen bei ihrer Forschung assistierte (Jost/Scherm 2011, S. 2–3). Die jeweiligen Leistungen machten den Professor berühmt und verhalfen seiner Universität zu internationalem Renommee. Humboldts Idee der Universität schrieb sich in der Folge tief in das Selbstverständnis vieler Universitäten ein (Hüther 2010, S. 54) – das heißt in ihr Verständnis davon, was eine Universität zu sein und zu tun hätte; nachzulesen ist das noch heute im Leitbild vieler Universitäten.

Reformen der Ordinarienuniversität brachten in der zweiten Hälfte des 20. Jahrhunderts eine Weiterentwicklung des universitären Steuerungsmodells hervor: die so genannte Gruppenuniversität. In dieser waren Professoren – und inzwischen auch Professorinnen – nach wie vor durch weitgehende Autonomie gekennzeichnet, was Entscheidungen über Angelegenheiten ihrer Lehrstühle sowie gemeinsame Lehr- und Forschungsangelegenheiten innerhalb der Fakultät anbelangte. Für wesentliche Fragen der Selbstverwaltung wurden jedoch auf allen Universitätsebenen Gremien geschaffen (z. B. Senat, Fakultätsrat), in denen neben den Professorinnen und Professoren auch Vertreterinnen und Vertreter des akademischen Mittelbaus, des Verwaltungsbereichs und der Studierenden mitwirkten. Von einer Beteiligung dieser Gruppen an der universitären Entscheidungsfindung versprach man sich vor allem eine Demokratisierung der Universität (Hüther 2010, S. 64; Jost/Scherm 2011, S. 3).

Diese brachte eine Vervielfältigung von Entscheidern, Entscheidungsanlässen und Entscheidungsproblemen und daher oftmals auch Entscheidungsblockaden an den Universitäten mit sich. Letztere schienen kaum mehr dazu im Stande, ihre vielfältigen Probleme zu lösen (Pasternack 2008, S. 200; Meier 2009, S. 113). Bezweifelt wurde außerdem, dass Professorinnen und Professoren durch Gremienentscheidungen gebunden werden konnten – schließlich waren die Befugnisse der Gremien, steuernd auf Entscheidungen der Professorinnen und Professoren im engeren wissenschaftlichen Bereich einzuwirken, formal bereits durch die verfassungsrechtlich geschützte Freiheit von Lehre und Forschung begrenzt (Meier 2009, S. 113; Hüther 2010, S. 57).

Die weitgehende Autonomie im engeren wissenschaftlichen Bereich galt als Voraussetzung dafür, die hohe, von Eigeninteresse getragene (intrinsische) Motivation der Professorinnen und Professoren und damit höchstes Niveau in der Bildung zu sichern (Minssen/Wilkesmann 2003, S. 9–12). Professorinnen und Professoren konzentrierten sich in der Folge vor allem auf sich selbst, das heißt auf Angelegenheiten ihrer Lehrstühle und ihrer Fakultäten (Hüther 2010, S. 132), die indes nur lose aneinander gekoppelt waren (Weick 1976) – denn »those who handle the materials of microbiology and those who deal in medieval history do not need one another to get on with work, either in teaching or research or service« (Clark 1983, S. 14).

Fakultäten waren derweil nicht nur lose aneinander, sondern auch lose an die Universitätsleitung gekoppelt, der es einerseits an formalen Befugnissen fehlte, steuernd auf Entscheidungen der Professorinnen und Professoren im engeren wissenschaftlichen Bereich einzuwirken. Andererseits war an vielen Universitäten nach wie vor ein Leitungsverständnis vorherrschend, das Kollegialität und Egalität in den Vordergrund rückte (Huber 2006, S. 191; Meier 2009, S. 113). Die hierarchisch-managerielle Selbststeuerung der Universitäten durch deren Leitungen rückte in den Hintergrund. Der Wissenschaftsbereich blieb folglich auch in der Gruppenuniversität fest in der Hand der Professorinnen und Professoren, die über Lehr- und Forschungsangelegenheiten weitgehend autonom entschieden (Jost/Scherm 2011, S. 3) – mitunter eher eigensinnig als im Sinne der Universität (Ridder 2006).

Von autonomen Universitäten konnte indes keine Rede sein. Immerhin wurden diese durch den Staat nach wie vor stark reguliert. Zum einen waren Universitäten den allgemeinen Regeln für öffentliche Einrichtungen unterworfen, was Finanz-, Personal- und Organisationsangelegenheiten betraf. Zum anderen fand sich eine Vielzahl weiterer Regeln, die speziell auf Universitäten zugeschnitten waren und eine noch stärkere Regulierung nach sich zogen. Darüber hinaus behielten sich die – je nach Bundesland – zuständigen Ministerien in vielen Fragen fallbezogene Entscheidungsbefugnisse vor, so zum Beispiel bei der Berufung von Professorinnen und Professoren oder der Genehmigung von Studien- und Prüfungsordnungen. Die Befugnisse der universitären Gremien, über wesentliche Fragen der Universität zu entscheiden, waren entsprechend stark begrenzt (Meier 2009, S. 110–111; Jost/Scherm 2011, S. 4).

Nach außen fehlte den Universitäten demnach die Autonomie gegenüber dem Staat, nach in-nen mangelte es ihnen angesichts blockierter Gremien und schwacher Leitungen an Möglichkeiten, steuernd auf die Leistungserbringung der weitgehend autonomen Professorinnen und Professoren einzuwirken (Jost/Scherm 2011, S. 4). Dass diesem Steuerungsmodell vor einigen Jahren – vor allem seitens der deutschen Hochschulpolitik – die Eignung abgesprochen wurde, hing nicht zuletzt mit der Entwicklung eines internationalen Bildungsmarkts zusammen.

2.   Eine neue, unternehmerische Idee der Universität

Forciert wurde diese Entwicklung durch die Mitgliedsländer der World Trade Organization (WTO), die Bildungsdienstleistungen im Jahr 1994 in das General Agreement on Trade in Services (GATS) aufnahm. Bildungsanbieter aus den entsprechenden Ländern waren plötzlich Teil eines internationalen Bildungsmarkts (Brandenburg/Knothe 2008, S. 9).

Dieser ist seither nicht nur durch eine zunehmende Nachfrage nach Hochschulbildung, sondern auch durch Wettbewerb gekennzeichnet. Hochschulen aus aller Welt konkurrieren hier in zunehmendem Maße um talentierte Studierende, Lehrende und Forschende sowie um renommierte Kooperationspartner und großzügige Drittmittelgeber (Lanzendorf/Pasternack 2009, S. 14). Die Hochschulpolitik in Deutschland war daher bald darauf bedacht, die deutschen Hochschulen fit für den internationalen Wettbewerb zu machen, weshalb sie sowohl auf europäischer als auch auf nationaler Ebene Reformen zur Stärkung ihrer Wettbewerbsfähigkeit auf den Weg brachte (Hahn 2005, S. 29).

Auf europäischer Ebene sehen sich Hochschulen vor allem mit dem Bologna-Prozess konfrontiert. Dieser soll die politisch-rechtlichen sowie die strukturellen Rahmenbedingungen für einen verbesserten Austausch zwischen europäischen Hochschulen schaffen und so die internationale Wettbewerbsfähigkeit des europäischen Hochschulraums stärken (Hanft 2008, S. 3).

Im Vordergrund stand dabei zunächst die Mobilität von Studierenden und Lehrenden innerhalb Europas. Um diese zu fördern, galt es die sehr unterschiedlichen Studienstrukturen in Europa vergleichbarer und zudem gegenseitig anschlussfähig zu gestalten (Hanft 2008, S. 9; Stein 2009, S. 24–25). Entsprechendes fand seinen Niederschlag in der Deklaration von Bologna, die im Jahr 1999 von 29 europäischen Ländern unterzeichnet wurde. Diese vereinbarten darüber hinaus bindende Prozessschritte zur Umsetzung der Bologna-Deklaration, die zuvorderst auf den Aufbau einer zweistufigen Studienstruktur (Bachelor, Master), die europaweite Einführung des European Credit Transfer System (ECTS), die Verleihung und Anerkennung gemeinsamer Abschlüsse sowie den Aufbau nationaler Qualitätssicherungssysteme abstellten. Ferner wurde vereinbart, auf der Bachelorebene zunächst die für die Berufsqualifizierung erforderlichen (Methoden-)Kompetenzen, auf der Masterebene dann vor allem Forschungskompetenzen auszubilden (Hanft 2008, S. 11).

Obwohl man die weitere europäische Integration im Bildungssystem unterstützte, wurden die entsprechenden deutschen Reformumsetzungen von den Hochschulen in Deutschland vielfach kritisiert (Scholz/Stein 2009) – schließlich kamen sie als »hoheitlich verfügte Ordnungsmaßnahme« (Braun von Reinersdorff 2011, S. 7) mit zahllosen Auflagen für Lehre und Studium daher, die bewährten Lehrzielen, -inhalten und -methoden der Hochschulen entgegenstanden

(Stein 2009, S. 26–27; Scholz/Stein 2020). Der deutsche Weg der Umsetzung des Bologna-Prozesses wurde daher von vielen Hochschulen als Widerspruch zur Wissenschaftsfreiheit aufgefasst – und damit auch als Abkehr von Humboldts Idee der Universität (Stein 2009, S. 26).

Die deutsche Hochschulpolitik sah das ganz anders. Da die europäischen Auflagen in nationaler Hochschulgesetzgebung zu verankern waren, bot sich der Politik zudem die Gelegenheit, weitere Reformen auf nationaler Ebene auf den Weg zu bringen (Pasternack 2010, S. 40). Begründet wurden diese beispielsweise mit dem zunehmenden Finanzbedarf der deutschen Hochschulen vor allem in der Forschung (Zauner 2005, S. 189), ebenso mit der fortwährenden Knappheit öffentlicher Mittel zur Finanzierung der Hochschulen (Lange/Schimank 2007, S. 523). Erinnert sei außerdem an die Befürchtungen hierzulande, deutsche Hochschulen könnten im internationalen Wettbewerb hinter Hochschulen aus anderen Ländern – beispielsweise aus den USA – zurückfallen und ihrer Bedeutung für den Wissenschafts- und Wirtschaftsstandort Deutschland dann schon bald nicht mehr gerecht werden (Blossfeld et al. 2012). Hier galt es gegenzusteuern, wobei auch an die Probleme des damaligen Modells der Hochschulsteuerung erinnert sei. Problematisiert wurde die starke Regulierung der Hochschulen durch den Staat, ebenso wie deren schwache hierarchisch-managerielle Selbststeuerung (Meier 2009, S. 125). Gerade dem »vielstimmigen Chor der Hochschullehrer« (Enders 2008, S. 234) wollte man nicht mehr zutrauen, ihre Hochschulen sichtbar im internationalen Wettbewerb zu positionieren (Pasternack 2008, S. 199). Deutsche Hochschulen sollten daher entfesselt und zu diesem Zweck ein neues Steuerungsmodell für sie eingeführt werden (Bogumil/Heinze 2009, S. 7).

Im Rahmen des neuen Steuerungsmodells zog sich der Staat aus der Detailsteuerung der deutschen Hochschulen zurück und konzentrierte sich stattdessen darauf, vertragsförmige Zielvereinbarungen mit ihnen abzuschließen – das heißt gesellschaftlich erstrebenswerte Leistungsziele für einzelne Hochschulen zu formulieren und sich bei der Hochschulfinanzierung zumindest teilweise an ihren Leistungen zu orientieren (König 2009, S. 30–32). Über die Verwendung ihrer Finanzmittel können Hochschulen seither autonom entscheiden, wobei die entsprechenden Entscheidungen nicht mehr in den Gremien der Hochschulen (z. B. Senat), sondern von deren Leitungen zu treffen sind. Über finanzielle Angelegenheiten hinaus können Hochschulleitungen zum Teil auch über personelle und organisatorische Angelegenheiten ihrer Hochschulen entscheiden, müssen dafür aber gestiegene Rechenschaftspflichten erfüllen und dabei nicht zuletzt eine Leistungsevaluation ihrer Hochschulen zulassen (Lanzendorf/Pasternack 2009, S. 17–18).

Das neue Steuerungsmodell setzt folglich darauf, die hierarchisch-managerielle Selbststeuerung der Hochschulen zu stärken und deren Leitungen zu diesem Zweck mit nie dagewesenen Entscheidungsbefugnissen auszustatten. Diese sollen Hochschulleitungen nunmehr nutzen, um ihre Hochschulen jeweils – wie ein Unternehmen – zu steuern (Meier 2009; Münch 2009).

Vor allem sollen sie die Entwicklung ihrer Hochschule planen – also eine Strategie für diese formulieren und dabei einerseits darauf abstellen, das Profil der Hochschule zu schärfen. Es gilt, die Hochschule von anderen Hochschulen im In- und Ausland zu differenzieren – hinsichtlich ihres Leistungsangebots (horizontale Differenzierung), aber auch hinsichtich ihrer Leistungsstärke und ihres Renommees (vertikale Differenzierung). Gerade auf diese Weise kann es gelingen, die Hochschule sichtbar im internationalen Wettbewerb um talentierte Studierende, Lehrende und Forschende, renommierte Kooperationspartner und großzügige Drittmittelgeber zu positionieren (Hanft 2008, S. 141–142; Breitbach 2009, S. 348). Andererseits soll die Hochschule wirtschaftlicher werden – immerhin sind öffentliche Mittel zur Finanzierung der Hochschule nach wie vor knapp, während ihr Finanzbedarf ausgesprochen hoch ist. Die zur Verfügung stehenden Mittel sind daher am besten so in Lehre und Forschung zu investieren, dass finanzielle Gewinne erzielt und diese wiederum in Lehre und Forschung (re-)investiert werden können (Münch 2009, S. 12).

Gewinne lassen sich dabei gerade auf dem internationalen Bildungsmarkt erzielen. So sieht es jedenfalls die deutsche Hochschulpolitik (KMK 2013; DAAD 2019), die sich ein möglichst großes Stück vom »Kuchen der internationalen Hochschulbildung« (Hahn 2005, S. 15) abschneiden will. Zum einen geht es ihr dabei um Talente, die aus dem Ausland abgeworben und im Sinne eines *brain gain* für die deutsche Wissenschaft oder Wirtschaft gewonnen werden – schließlich sind Hochqualifizierte in Deutschland bereits heute knapp und in Zukunft aller Voraussicht nach noch knapper (Blossfeld et al. 2012, S. 17). Zum anderen geht es der Hochschulpolitik um finanzielle Gewinne der Hochschulen aus Drittmitteln ausländischer Geber oder aus Gebühren für Studiengänge, die im außereuropäischen Ausland angeboten werden – denn auch öffentliche Mittel zur Finanzierung der deutschen Hochschulen sind knapp, weshalb diese ihren zunehmenden Finanzbedarf zumindest teilweise selbst decken sollen (HRK 2008, S. 6; DAAD 2019, S. 5–6).

In Deutschland entwickelt sich im Zuge der Reformen demnach eine ganz neue, unternehmerische Idee davon, was eine Hochschule zu sein und zu tun hat (Würmseer 2010; Meier 2019).

Mit dem Selbstverständnis der Hochschulen hierzulande ist das allerdings nicht immer ohne weiteres vereinbar. Das gilt vor allem für Universitäten, die sich der Humboldt'schen Idee verschrieben haben. Diese wollen in aller Regel frei, das heißt unabhängig von unmittelbaren Verwertungsinteressen lehren und forschen. Lehre und Forschung sollen sich hier vielmehr an den Interessen der

Studierenden, Lehrenden und Forschenden orientieren – nicht am Gewinn (Pasternack/von Wissel 2010, S. 12).

3.   Zwei Ideen im internationalen Wettbewerb? Food for Thought

Universitätsleitungen können vor diesem Hintergrund nicht mehr umhin, eine übergeordnete Universitätsstrategie zu formulieren, die auf die Schärfung des Universitätsprofils abstellt und die Aktivitäten der Universitätsmitglieder dazu aufeinander abstimmt (Hanft 2008, S. 141–142; Breitbach 2009, S. 348).

Das gilt nicht zuletzt für Internationalisierungsaktivitäten *at home* und *abroad*, die zu Zeiten der Ordinarien- und Gruppenuniversität noch der Eigeninitiative einzelner Professorinnen und Professoren überlassen und oft nicht aufeinander abgestimmt waren (Webler 2007, S. 34). Genau hier ist nun die Initiative der Universitätsleitung gefordert. Es gilt, als Teil der übergeordneten Universitätsstrategie eine Internationalisierungsstrategie zu formulieren, die allen Universitätsmitgliedern, insbesondere aber den weitgehend autonomen Professorinnen und Professoren, im Rahmen der Internationalisierung eine gemeinsame Richtung weist (Schröder/Sehl 2011, S. 92–94) – hin zu einem Profil, mit dem sich die Universität von anderen in- und ausländischen Universitäten differenzieren und sichtbar im internationalen Wettbewerb positionieren kann (Ziegele/Rischke 2015, S. 7).

Uneins scheint man teils noch in der Frage zu sein, welcher Idee eine solche Internationalisierungsstrategie folgen solle. Dieser Eindruck entsteht jedenfalls bei einer Lektüre von Beiträgen in der Theorie. Um diesem auch in der Praxis nachzugehen, habe ich – im Rahmen meines Dissertationsprojekts – die Leitbilder von 38 staatlich getragenen deutschen Universitäten und ihre Zielvereinbarungen mit den jeweils für sie zuständigen Ministerien in den Blick genommen (Tab. 1).

Universität	Leitbild	Zielvereinbarung
Albert-Ludwigs-Universität Freiburg	·	
Bauhaus-Universität Weimar	·	·
Brandenburgische Technische Universität Cottbus-Senftenberg	·	·
Carl-von-Ossietzky Universität Oldenburg	·	·
Ernst-Moritz-Arndt-Universität Greifswald	·	·
FernUniversität in Hagen		·
Freie Universität Berlin	·	·
Georg-August-Universität Göttingen	·	·

(Fortsetzung)

Universität	Leitbild	Zielvereinbarung
Goethe-Universität Frankfurt am Main	•	•
Heinrich-Heine-Universität Düsseldorf	•	•
Humboldt-Universität zu Berlin	•	•
Julius-Maximilians-Universität Würzburg	•	•
Justus-Liebig-Universität Gießen	•	•
Leibniz Universität Hannover	•	•
Otto-Friedrich-Universität Bamberg	•	•
Philipps-Universität Marburg	•	•
Rheinische Friedrich-Wilhelms-Universität Bonn	•	•
Rheinisch-Westfälische Technische Hochschule Aachen		•
Ruhr-Universität Bochum	•	•
Technische Universität Darmstadt	•	•
Technische Universität Dresden	•	
Technische Universität Ilmenau	•	•
Universität Bielefeld	•	•
Universität Bremen	•	•
Universität des Saarlandes	•	•
Universität Duisburg-Essen	•	•
Universität Hamburg	•	•
Universität Kassel	•	•
Universität Koblenz-Landau		•
Universität Konstanz	•	
Universität Leipzig	•	
Universität Mannheim	•	
Universität Osnabrück		•
Universität Potsdam	•	
Universität Rostock	•	•
Universität Siegen	•	•
Universität zu Köln		•
Westfälische Wilhelms-Universität Münster	•	•

Tab. 1: Universitäten, Leitbilder, Zielvereinbarungen

Liest man die Leitbilder der Universitäten, scheint es, dass viele von ihnen nach wie vor an Humboldts Idee der Universität festhalten, während eine Lektüre ihrer Zielvereinbarungen mit den jeweils zuständigen Ministerien zeigt, dass die Hochschulpolitik hier vielfach ihrer Idee vom »Unternehmen Universität« (Münch 2009, S. 10) Aus- und Nachdruck verleiht. So ist in manchem Leitbild von der »Verpflichtung« zu lesen, die Wissenschaftsfreiheit zu »verteidigen« (Georg-August-Universität Göttingen 2006), in mancher Zielvereinbarung die Rede davon, dass Gewinnziele verfolgt und Aktivitäten der Universitätsmitglieder mithilfe unternehmerischer Steuerungsinstrumente an diesen Zielen ausgerichtet werden sollen – etwa mithilfe von »Prämien« (z. B. MKW NRW 2015, S. 13), die Professorinnen und Professoren (extrinsisch) zu entsprechenden Aktivitäten motivieren sollen.

Um sich einer Antwort auf die Frage zu nähern, weshalb Universitäten und Politik hier teils noch uneins zu sein scheinen, gilt es, die Implikationen der Ideen (1) für eine Universität und (2) für ihren Internationalisierungsstrategieansatz besser zu verstehen. Was hieße es, im Rahmen der Internationalisierung (-sstrategie) der einen oder der anderen Idee zu folgen?

Im Rahmen dieses Beitrags wird es dabei nicht um reale Implikationen gehen, da diese sehr komplex und deshalb nicht ohne weiteres zu verstehen sind. Sie sollen daher in ihrer Komplexität *a priori* vereinfacht werden, so zu einem besseren Vorverständnis beitragen, Universitäten und Politik gemeinsame »Redeinstrumente« (Scherer/Beyer 1998, S. 334) an die Hand geben und *food for thought* bieten.

Wie in den Sozialwissenschaften üblich, wird dazu im Rahmen einer analytischen Konstruktion ein Gedankenbild je Idee gewonnen werden, das ausgewählte Elemente der Idee und deren mögliche Implikationen für die Universität zu einem »in sich widerspruchslosen Kosmos gedachter Zusammenhänge« (Weber 1992, S. 234) zusammenführt. Die Elemente werden dabei idealisiert, das heißt gedanklich überhöht werden, sodass ein Gedankenbild mit dem »Charakter einer ›Utopie‹« (Scherer/Beyer 1998, S. 338) entsteht. Ein solches vereinfacht die komplexe Realität, die demnach zwar nicht abgebildet, mithilfe des Idealtyps aber besser verstanden werden kann (Scherer/Beyer 1998, S. 338). In diesem Sinne sollen im Folgenden (1) zwei Idealtypen analytisch konstruiert werden: die *Humboldt'sche Universität* als Idealtyp auf der einen, die *unternehmerische Universität* als Idealtyp auf der anderen Seite. Je Idealtyp werden dann (2) Überlegungen zu einem entsprechenden, idealtypischen Internationalisierungsstrategieansatz angestellt werden.

3.1 Idealtypische Universitäten

Der erste, analytisch konstruierte Idealtyp ist die *Humboldt'sche Universität*. Sie folgt der Idee Humboldts ohne Wenn und Aber – versteht sich also als Universität, die unabhängig von unmittelbaren Verwertungsinteressen zu lehren und zu forschen hat und sich stattdessen an den Interessen der Studierenden, Lehrenden und Forschenden orientiert (Pasternack/von Wissel 2010, S. 12). Schließlich gilt dies der Humboldt'schen Idee zufolge als Voraussetzung dafür, Bildung auf höchstem Niveau zu vermitteln – das heißt nicht zuletzt zur Persönlichkeitsentwicklung der Studierenden beizutragen und diese zu Weltbürgern auszubilden (Blossfeld et al. 2012, S. 26).

> *»Die Zocker in (...) London und Frankfurt, oftmals Topabsolventen der Top-Business-Schools, waren alle bestens international trainiert und doch ohne jeden moralischen Kompass, kurz: Sie waren qualifiziert, aber nicht gebildet.«* (Bode 2012, S. 16–17)

Der *Humboldt'schen Universität* geht es dabei nicht zuletzt um Bildungsgerechtigkeit, das heißt um freien Zugang zu Bildung – für Studierende aus aller Welt, unabhängig von ethnischer oder sozialer Herkunft, religiöser oder politischer Überzeugung. Studierende, die aus dem Ausland an die Universität kommen, werden später im Sinne einer *brain circulation* bei der Rückkehr in ihre Heimatländer unterstützt. So trägt die *Humboldt'sche Universität* zur Völkerverständigung und zur Bekämpfung von Bildungsarmut in Schwellen- und Entwicklungsländern bei. Auch in der Forschung ist ihrem (Selbst-)Verständnis nach nur dann höchstes Niveau zu erreichen, wenn sie sich an den Interessen ihrer Forschenden orientiert – immerhin sind diese gerade dann intrinsisch motiviert. Eine Orientierung an finanziellen Gewinnen lehnt die *Humboldt'sche Universität* demnach ab. Ihr geht es lediglich darum, eine auskömmliche Finanzierung zu sichern. Forschenden werden folglich weitgehende Freiheitsgrade gewährt. Auf diese Weise will die *Humboldt'sche Universität* ihrer Bedeutung für ein friedliches und gerechtes Miteinander in der Welt gerecht werden.

Der zweite, in Anlehnung an Clark (1998) analytisch konstruierte Idealtyp ist die *unternehmerische Universität*. Sie folgt der unternehmerischen Idee des neuen Steuerungsmodells ohne Wenn und Aber – versteht sich demnach als Universität, die sich in Lehre und Forschung am Bildungsmarkt zu orientieren hat, um ihre finanziellen Gewinne aus Drittmitteln, aber auch aus Gebühren (z. B. Studiengebühren) zu erhöhen. Diese sind dann wiederum so in Lehre und Forschung zu investieren, dass auf dem Bildungsmarkt nachgefragte Lehr- und Forschungsleistungen in Spitzenqualität angeboten und weitere Gewinne erzielt werden können. Gerade so lässt sich vor dem Hintergrund des zunehmenden Finanzbedarfs in Lehre und Forschung die Nachfrage der Wirtschaft nach Hochqualifizierten und wirtschaftlich verwertbaren Innovationen befriedigen. Die Orientierung der Lehrenden und Forschenden am Markt und Gewinn wird mit unternehmerischen Steuerungsinstrumenten durchgesetzt, wobei zuvorderst an eine leistungsorientierte Verteilung universitärer Mittel zu denken ist – das heißt an die extrinsische Motivation von Lehrenden und Forschenden (Jaeger 2009). Um sich einen Vorteil im Wettbewerb auf dem Bildungsmarkt zu verschaffen, stellt die *unternehmerische Universität* zudem darauf ab, die leistungsstärksten Forschenden an sich zu binden. Ausländische Forschende sollen dazu nicht nur an-, sondern auch abgeworben und im Sinne eines *brain gain* für die Universität selbst oder die deutsche Wirtschaft gewonnen werden. So will die *unternehmerische Universität* ihrer Bedeutung für den Wissenschafts- und Wirtschaftsstandort Deutschland gerecht werden.

Dass derart unterschiedliche Idealtypen (Tab. 2) unterschiedliche Internationalisierungsstrategieansätze verfolgen könnten, liegt auf der Hand.

	Humboldt'sche Universität	Unternehmerische Universität
Orientierung	– Orientierung an den Interessen von Studierenden, Lehrenden und Forschenden	– Orientierung an der Nachfrage auf dem Bildungsmarkt nach Lehr- und Forschungsleistungen und an entsprechenden Gewinnen
Bildung	– Ausbildung zu unabhängigen Persönlichkeiten und Weltbürgern – Freier Zugang zu Bildung – auch für Menschen aus anderen Ländern, die später bei der Rückkehr in ihre Heimatländer unterstützt werden (*brain circulation*)	– Qualifizierung für den Beruf – Abwerbung leistungsstarker Studierender, Lehrender und Forschender – für die Universität selbst oder die deutsche Wirtschaft (*brain gain*)
Finanzierung	– Sicherung einer auskömmlichen Finanzierung	– Erhöhung finanzieller Gewinne (z. B. aus Drittmitteln, Studiengebühren)
Steuerung	– Weitgehende Freiheitsgrade für Lehrende und Forschende (intrinsische Motivation)	– Durchsetzung der Orientierung am Markt und Gewinn mit unternehmerischen Steuerungsinstrumenten (z. B. leistungsorientierte Mittelverteilung an Fakultäten, Prämien für Forschende (extrinsische Motivation))
Gesellschaftliche Bedeutung	– Beitrag zu einem friedlichen und gerechten Miteinander in der Welt	– Beitrag zu einem starken Wissenschafts- und Wirtschaftsstandort Deutschland

Tab. 2: Idealtypische Universitäten

Die im Folgenden angestellten Überlegungen sollen zeigen, worin sich die entsprechenden, idealtypischen Strategieansätze unterscheiden könnten. Diese werden sowohl die Theorie zum internationalisierungsstrategischen Kalkül (Kutschker/Schmid 2011) als auch die strategische Praxis deutscher Universitäten aufgreifen. In Vorbereitung auf diesen Beitrag wurden dazu die Internationalisierungsstrategien der oben erwähnten deutschen Universitäten in den Blick genommen.

3.2   Idealtypische Internationalisierungsstrategieansätze

So könnte sich die *Humboldt'sche Universität* bei der Festlegung internationaler Themenschwerpunkte an den Interessen orientieren, die an der Universität vorherrschen. Angeworben würden dann Studierende, Lehrende und Forschende aus Ländern mit Bezug zu diesen Themen, wobei die Universität Stipendien für Studierende aus ärmeren Ländern ausloben und ihnen auf diese Weise Zugang zu universitärer Bildung ermöglichen könnte. Später würde die Universität sie bei der Rückkehr in ihre Heimatländer unterstützen, um so nicht zuletzt zur Bekämpfung von Bildungsarmut beizutragen. Gleiches gälte für Lehrende und Forschende, die aus dem Ausland an die Universität kämen (*brain circulation*).

Außerhalb Deutschlands ginge es der *Humboldt'schen Universität* um Aktivitäten in Ländern mit Bezug zu ihren Themenschwerpunkten. Die Wahl fiele auf Zielländer, an denen auf Seiten der Studierenden, Lehrenden und Forschenden Interesse bestünde – gegebenenfalls also auf ganz unterschiedliche Länder in ganz unterschiedlichen Regionen der Welt.

Für den Eintritt in diese kämen zuvorderst Kooperationsformen in Frage. Ausgewählt würden Partnerhochschulen vor Ort, die ähnliche Lehr- oder Forschungsinteressen verfolgten und hinsichtlich gemeinsamer Studiengänge oder Forschungsvorhaben interessante Kooperationspartner darstellten – beispielsweise im Hinblick auf ihr Know-how, ihr Personal oder auf anderweitige komplementäre Ressourcen (z. B. Labore). Fände sich vor Ort kein interessanter Partner, könnte dort auch eine Hochschulneugründung in Frage kommen, die von der *Humboldt'schen Universität* unterstützt würde (*foreign-backed university*) – etwa, indem sie der neugegründeten Hochschule Know-how für die Entwicklung der Lehrinhalte und Personal für die Lehre zur Verfügung stellte (Hahn 2005, S. 17–18; DAAD 2019, S. 5–9).

Bei all ihren Kooperationsaktivitäten wäre die *Humboldt'sche Universität* darauf bedacht, mit ihren Partnern vor Ort jeweils gemeinsame Praktiken in Lehre oder Forschung zu entwickeln und so den gemeinsamen Interessen Rechnung zu tragen. Das entspräche auch der polyzentrischen Orientierung (Perlmutter 1969) der *Humboldt'schen Universität* – immerhin spräche diese dafür, im Rahmen der Kooperationsaktivitäten jeweils auch die kulturellen Unterschiede zwischen Heimat- und Zielland zu berücksichtigen und Praktiken entsprechend anzupassen.

Es käme demnach zu einer Differenzierung der Kooperationsaktivitäten nach Zielländern, die mit einem hohen Ressourcenbedarf einherginge. Die *Humboldt'sche Universität* würde sich daher nur sukzessive an neue Länder und Partner herantasten und dem Niveau ihrer Kooperationen Vorrang vor deren Anzahl einräumen – Qualität vor Quantität. Solange sie die Chance sähe, mit einem interessanten Partner zu kooperieren, wäre für sie von Nachrang, ob sie in das entsprechende Land als *first mover* oder *follower* (Kutschker/Schmid 2011, S. 986–989) einträte.

Die *Humboldt'sche Universität* könnte sich demnach auch im Rahmen ihrer Internationalisierung(-sstrategie) ohne Wenn und Aber an den Interessen ihrer Studierenden, Lehrenden und Forschenden sowie an den Interessen ihrer Partner orientieren. Hierin sähe sie schließlich die Voraussetzung dafür, gemeinsam mit ihren Partnern höchstes Niveau in Lehre oder Forschung zu erreichen und dafür im In- und Ausland finanzielle Mittel einzuwerben, die eine auskömmliche Finanzierung der gemeinsamen Aktivitäten auf ebendiesem Niveau sicherten.

In ihrer übergeordneten Internationalisierungsstrategie würde die *Humboldt'sche Universität* daher lediglich übergeordnete konzeptionelle Leitplanken sehen, vor deren Hintergrund die Fakultäten jeweils konkrete, ihren Lehr- und Forschungsinteressen entsprechende Internationalisierungskonzepte entwickeln könnten. Fakultäten würden folglich weitgehende Freiheitgrade gewährt – auch, um die intrinsische Motivation der in ihnen versammelten Lehrenden und Forschenden zu fördern.

Und die *unternehmerische Universität*?

Sie könnte sich bei der Festlegung ihrer internationalen Themenschwerpunkte an der Nachfrage auf dem internationalen Bildungsmarkt orientieren – also an stark nachgefragten Lehr- und Forschungsleistungen sowie an Möglichkeiten, Gewinne mit diesen zu erzielen. Zu denken wäre hier etwa an Förderschwerpunkte und entsprechende Programme internationaler Fördereinrichtungen (z. B. European Research Council). Angeworben würden ausländische Lehrende und Forschende, die sich durch Stärken in den nachgefragten Leistungen auszeichneten. Für die leistungsstärksten unter ihnen könnte die *unternehmerische Universität* zum Beispiel Förderpreise ausloben oder die Berufungsangebote anderer Hochschulen überbieten. So ließen sich die Lehrenden und Forschenden gegebenenfalls nicht nur kurzfristig an-, sondern auch langfristig abwerben. Leistungsstarke Studierende aus dem Ausland erhielten Stipendien für ihr Studium in Deutschland und würden nach ihrem Abschluss für die deutsche Wissenschaft oder Wirtschaft abgeworben (*brain gain*).

Außerhalb Deutschlands würde die *unternehmerische Universität* zuvorderst in Ländern aktiv, in denen sie mit ihren Lehr- oder Forschungsleistungen Gewinne erzielen könnte. Einerseits richtete sich ihr Blick dabei auf Länder, in denen die entsprechenden Leistungen stark nachgefragt und entsprechend stark mit Drittmitteln gefördert würden – insbesondere aber auf Länder, in denen sich die *unternehmerische Universität* im Vorteil gegenüber ihren Wettbewerbern sähe (z. B. hinsichtlich ihres Leistungsangebots, ihrer Leistungsstärke oder ihres Renommees). Andererseits richtete sich der Blick auf außereuropäische Länder, in denen die Nachfrage nach den Studiengängen der *unternehmerischen Universität* stark und die Bereitschaft hoch wäre, Gebühren für diese zu zahlen.

Für den Eintritt in die entsprechenden Länder kämen in erster Linie Kooperationsformen in Frage. Ausgewählt würden Partnerhochschulen oder nicht-hochschulische Kooperationspartner (z. B. Unternehmen) vor Ort, die über komplementäre Ressourcen verfügten – vor allem Ressourcen, die der *unternehmerischen Universität* zur Erbringung stark nachgefragter Lehr- und Forschungsleistungen fehlten. Zu denken wäre etwa an Plätze in stark nachgefragten Studiengängen, an stark nachgefragtes Forschungs-Know-how und -personal oder an Labore, deren Finanzbedarf die *unternehmerische Universität* nicht allein decken könnte.

Bei all ihren Kooperationsaktivitäten ginge es der Universität darum, ihre (am Markt) bewährten Praktiken in Lehre und Forschung um- und dazu bei den Kooperationspartnern durchzusetzen – vor allem, um entsprechende Standards hoch- und an diesen auch über unterschiedliche Länder(-märkte) und Kooperationen hinweg festhalten zu können. Das entspräche auch der ethnozentrischen Orientierung (Perlmutter 1969) der *unternehmerischen Universität,* die für ein Festhalten an bewährten Praktiken und gegen deren Anpassung (z. B. an kulturelle Unterschiede) spräche.

Die *unternehmerische Universität* würde folglich auf eine Standardisierung ihrer Kooperationsaktivitäten abstellen und zu diesem Zweck zuvorderst Zielländer und Kooperationen auswählen, in denen sie ohne (große) Anpassung aktiv werden könnte; bei einer Standardisierung ihrer Aktivitäten über Zielländer und Kooperationen hinweg ließe sich schließlich auch ihr Ressourcenbedarf gering halten. Der Eintritt in die entsprechenden Ländermärkte würde möglichst simultan erfolgen, um so nicht nur die Risiken des Markteintritts diversifizieren, sondern auch *first mover*-Vorteile nutzen zu können – beispielsweise, indem die *unternehmerische Universität* als erste vor Ort sichtbar würde, sich dort als erste mit der Wissenschaft, Wirtschaft oder Politik vernetzte und so Markteintrittsbarrieren für *follower* errichtete. Ländermärkte, in denen sich keine Gewinne erzielen ließen, könnte die Universität rasch wieder aufgeben. Entsprechende Fehlinvestitionen hätte sie von vornherein eingeplant.

Hinsichtlich des Angebots von Lehrleistungen auf dem internationalen Bildungsmarkt käme für die *unternehmerische Universität* auch ein selbstständiger Markteintritt in Frage – beispielsweise in Form von *branch campuses* im außereuropäischen Ausland, auf denen sie ihre Studiengänge allein anbieten und Gebühren für diese erheben könnte. Da der Ressourcenbedarf für *branch campuses* ausgesprochen hoch wäre, könnte ein selbstständiger Markteintritt (zunächst) auch in Form eines Fernstudienangebots erfolgen, das durch Marketingaktivitäten im Zielland gestützt würde. Zwar wäre auch bei einem solchen Angebot von Studiengängen über das Internet der Ressourcenbedarf nicht zu unterschätzen; so hoch wie für einen *branch campus* wäre er aber nicht.

Die *unternehmerische Universität* könnte sich im Rahmen ihrer Internationalisierung(-sstrategie) also ohne Wenn und Aber am Markt und Gewinn orientieren. Hierin sähe sie immerhin die Voraussetzung dafür, Lehr- und Forschungsleistungen mit der im Markt nachgefragten Spitzenqualität zu erbringen, Gewinne aus Drittmitteln und Gebühren (z.B. für im Ausland angebotene Studiengänge) zu erzielen und diese wiederum so in Lehre und Forschung zu investieren, dass sich die entsprechenden Leistungen auch zukünftig in der nachgefragten Spitzenqualität anbieten ließen.

Aus ihrer übergeordneten Internationalisierungsstrategie würde die *unternehmerische Universität* daher konkrete Ziele zu den (Markt-)Leistungen einzelner Fakultäten ableiten, diese in Zielvereinbarungen mit den Fakultäten festschreiben und die Verteilung universitärer Mittel dann von der Zielerreichung abhängig machen. Fakultäten, die nichts von ihren Mitteln einbüßen wollten, müssten die mit ihnen vereinbarten Ziele (im Markt) dann verfolgen. Außerdem würden Prämien für Lehrende und Forschende ausgelobt, um diese extrinsisch zur Verfolgung der entsprechenden Ziele zu motivieren.

Humboldt'sche versus *unternehmerische Universität?* Diese Idealtypen und ihre idealtypischen Internationalisierungsstrategieansätze (Tab. 3) stellen Extreme dar, die Universitäten und Politik Referenzpunkte für ihre eigenen Positionierungsüberlegungen bieten können. In der Realität werden sich Universitäten auf dem Kontinuum zwischen diesen Extremen verorten – ihrer spezifischen Situation entsprechend, an der dann auch die Internationalisierungsstrategie einer Universität ansetzen sollte (Scherer/Beyer 1998).

	Humboldt'sche Universität	Unternehmerische Universität
Internationale Themen-schwerpunkte	– Festlegung internationaler Themenschwerpunkte, die sich an den Interessen von Studierenden, Lehrenden und Forschenden orientieren	– Festlegung internationaler Themenschwerpunkte, die sich an der Nachfrage nach Lehr- und Forschungsleistungen auf dem Markt orientieren
Internationale Mobilität	– Anwerbung von Studierenden, Lehrenden und Forschenden aus Ländern mit Bezug zu internationalen Themenschwerpunkten – Stipendien für Studierende und Förderpreise für Lehrende und Forschende aus ärmeren Ländern – Unterstützung bei der Rückkehr in die Heimatländer (*brain circulation*)	– Anwerbung von Lehrenden und Forschenden mit Stärken in nachgefragten Lehr- und Forschungsleistungen – Förderpreise und Berufungsangebote für die leistungsstärksten Lehrenden und Forschenden, Stipendien für die leistungsstärksten Studierenden – Abwerbung für die deutsche Wissenschaft und Wirtschaft (*brain gain*)

Auswahl von Zielländern	– Auswahl von Zielländern
	  – mit Bezug zu internationalen Themenschwerpunkten
	  – mit entsprechendem Interesse seitens der Studierenden, Lehrenden und Forschenden
	– Auswahl von ganz unterschiedlichen Zielländern aus ganz unterschiedlichen Regionen der Welt
		– Auswahl von Zielländern
		  – mit starker Nachfrage nach Lehr- und Forschungsleistungen der Universität
		  – mit starken Fördermöglichkeiten
		  – mit hoher Bereitschaft, Gebühren für Studiengänge der Universität zu zahlen
		  – mit Vorteilen der Universität gegenüber Wettbewerbern vor Ort
		– Auswahl von vergleichbaren Zielländern einer Region – ohne (große) Anpassungsbedarfe für die Universität

Eintritt in Zielländer	– Kooperationen mit Partnern
	  – mit ähnlichen Interessen
	  – mit komplementären Ressourcen, die sich entlang gemeinsamer Interessen kombinieren lassen
	– *foreign-backed universities*
		– Kooperationen mit Partnern
		  – mit Stärken und Renommee
		  – mit komplementären Ressourcen, die der Universität zur Erbringung nachgefragter Lehr- oder Forschungsleistungen fehlen
		– *branch campuses*

(Fortsetzung)

	Humboldt'sche Universität	Unternehmerische Universität
Ausrichtung internationaler Aktivitäten	– Differenzierung internationaler Aktivitäten nach Zielländern – Sukzessives Herantasten an neue Zielländer und Partner – Polyzentrische Orientierung – Entwicklung gemeinsamer Praktiken mit Partnern	– Standardisierung internationaler Aktivitäten – Simultanes Engagement in neuen Zielländern mit neuen Partnern – Ethnozentrische Orientierung – Durchsetzung (am Markt) bewährter Praktiken bei Partnern
Steuerung internationaler Aktivitäten	– Internationalisierungsstrategie als konzeptionelle Leitplanken – Weitgehende Freiheitsgrade der Fakultäten zur Ableitung konkreter Internationalisierungskonzepte – Förderung der intrinsischen Motivation von Lehrenden und Forschenden	– Internationalisierungsstrategie als übergeordnetes Steuerungsinstrument – Hoher Grad der Steuerung über Zielvereinbarungen mit Fakultäten zu ihren Marktleistungen und leistungsorientierter Mittelverteilung – Prämien für Lehrende und Forschende zur extrinsischen Motivation

Tab. 3: Idealtypische Internationalisierungsstrategieansätze

4.   Die Zukunft der Humboldt'schen Idee? Nicht vergessen, sondern weiterentwickeln...

Es gibt demnach nicht den einen Internationalisierungsstrategieansatz, der zu allen Universitäten gleichermaßen passt (Schröder/Sehl 2011). Diese sollten jeweils eine situationsspezifische Strategie entwickeln und ihre Situation dazu aus zwei Perspektiven in den Blick nehmen – aus einer *inside-out-* und einer *outside-in*-Perspektive (Swoboda/Schramm-Klein/Halaszovich 2022, S. 17).

Aus der *inside-out*-Perspektive gilt es die spezifischen internen Bedingungen der Situation zu betrachten. Dazu zählen nicht nur Stärken und Schwächen, die sich unter anderem aus dem Leistungsangebot, der Leistungsstärke und dem Renommee der Universität ergeben, sondern auch deren Selbstverständnis. Dieses hat großen Einfluss auf die spezifische Situation einer Universität – schließlich bietet es Antworten auf die Frage, was die Universität dem gemeinsamen Verständnis ihrer Mitglieder nach zu sein und zu tun hat, was sie dabei von anderen Universitäten unterscheidet und auch in Zukunft unterscheiden soll (Rometsch 2008, S. 215–216). In diesem Sinne bildet es eine gemeinsame »Sinnklammer« (Schumacher 2003, S. 52), die gerade die – nur lose aneinander gekoppelten – Bereiche einer Universität zusammenhält (Schumacher 2003, S. 51), die Interpretationsmuster der Universitätsmitglieder und so auch deren Entscheidungsverhalten beeinflusst (Rometsch 2008, S. 222–224) – ein Umstand, der im Rahmen der Strategieentwicklung Berücksichtigung finden sollte. Besteht kein interner *Fit* zwischen der Internationalisierungsstrategie und dem spezifischen Selbstverständnis der Universität, richten deren Mitglieder ihr Entscheidungsverhalten oftmals nicht an der Strategie aus, sondern halten – eigen*sinnig* – an ihrem bisherigen Entscheidungsverhalten fest (Schumacher 2003, S. 53–54).

Aus der *outside-in*-Perspektive sind die spezifischen externen Bedingungen der Situation in den Blick zu nehmen. Dabei geht es nicht allein um Chancen und Risiken, die sich zum Beispiel aus den Bedingungen am Standort der Universität, der Nachfrage nach ihren Leistungen oder dem Wettbewerb ergeben – jeweils im In- und Ausland. Auch die Erwartungen externer Stakeholder sind in den Blick zu nehmen. Diese haben großen Einfluss auf die spezifische Situation einer Universität, da diese von der finanziellen oder anderweitigen Unterstützung ihrer externen Stakeholder abhängig ist – zuvorderst von der Unterstützung des für sie zuständigen Ministeriums, das die rechtlichen Rahmenbedingungen für die Universität setzt und diese mit öffentlichen Mitteln finanziert. Der Universität wird deshalb eine »externe Verwundbarkeit« (Hanft 2008, S. 68) attestiert – noch ein Umstand, der im Rahmen der Strategieentwicklung Berücksichtigung finden sollte. Besteht kein externer *Fit* zwischen der Internationalisierungsstrategie und den spezifischen Erwartungen des für sie zuständigen Ministeriums, verliert die Universität unter Umständen dessen Unterstützung (Hanft 2008, S. 68).

Die Internationalisierungsstrategie einer Universität sollte die sepzifischen internen und externen Bedingungen ihrer Situation so aufeinander abstimmen, dass ein interner und externer *Fit* entstehen; ansonsten verspricht die Strategie kaum Erfolg (Scherer/Beyer 1998, S. 343). Gefragt ist demnach eine Strategie, die nicht zuletzt das Selbstverständnis der Universität und die Erwartungen des für sie zuständigen Ministeriums aufeinander abstimmt.

Die Entwicklung einer solchen Strategie wäre allerdings gerade dann kein Leichtes, wenn sich Universität und Ministerium jeweils unterschiedlichen Ideen der Universität verschrieben hätten – also unterschiedlichen Ideen davon, was eine Universität in Zeiten des internationalen Bildungsmarkts, des internationalen Wettbewerbs und des neuen deutschen Steuerungsmodells zu sein und zu tun hätte. Je größer die Unterschiede zwischen den Ideen, desto schwerer die Hypothek für die Entwicklung einer Internationalisierungsstrategie, die auf die spezifische Situation der Universität abgestimmt ist und internationalen Erfolg verspricht. Universität und Ministerium tun folglich gut daran, eine gemeinsame Idee der Universität und ihrer Internationalisierung zu entwickeln und dabei von den Extremen abzurücken. Jedenfalls sollte nicht vergessen werden, weshalb diese – für sich genommen – jeweils kaum zum Erfolg führen dürften.

Humboldts Idee der Universität ohne Wenn und Aber zu folgen, hieße schließlich, zu vergessen, weshalb Reformen des aus dieser Idee hervorgegangenen Steuerungsmodells erforderlich waren. Starke staatliche Regulierung (Meier 2009), blockierte Gremien und schwache Leitungen (Schimank 2001), mitunter eigensinnige Professorinnen und Professoren (Ridder 2006) – wer würde entsprechend gefesselten deutschen Universitäten heute noch zutrauen, sich sichtbar im internationalen Wettbewerb zu positionieren und hier erfolgreich um Studierende, Lehrende und Forschende, Kooperationen und Drittmittel zu konkurrieren?

Der unternehmerischen Idee der Universität ohne Wenn und Aber zu folgen, hieße dagegen, zu vergessen, dass Universitäten keine Unternehmen sind – und sich in der Erbringung ihrer Leistungen deshalb auch nicht wie ein Unternehmen steuern lassen (Bogumil/Grohs 2009). Das gilt vor allem für die Leistungserbringung in den weitgehend autonomen Fakultäten. Wer würde angesichts der bisherigen Erfolge deutscher Universitäten und des bisherigen Bildungsniveaus in Deutschland daran zweifeln, dass die Autonomie der Fakultäten Voraussetzung für wissenschaftliche Leistungen auf ebendiesem Niveau ist (Meier/Schimank 2009), ebenso wie für die intrinsische Motivation der Professorinnen und Professoren (Minssen/Wilkesmann 2003, S. 9–12), ohne die sich höchstes wissenschaftliches Niveau in Zukunft kaum erreichen ließe?

Wohin es führen könnte, Universitäten unternehmerisch zu (über-)steuern und wissenschaftliche Leistungen unmittelbar dem »Diktat ökonomischer Verwertung« (Pongratz 2000, S. 122) zu unterwerfen, zeigt ein Blick auf internationale Wettbewerber – zuvorderst der Blick auf die australischen Hochschulen. Diese sind inzwischen zur Hälfte durch Studiengebühren finanziert und daher dazu gezwungen, zahlungsbereite Studierende aus dem Ausland für ihre in Australien angebotenen Studiengänge anzuwerben, diese aber auch in Ländern mit starker Nachfrage und hoher Zahlungsbereitschaft unter den Studierenden sowie günstigen Kostenbedingungen (z. B. beim Lehrpersonal) anzubieten (DAAD 2019, S. 4). Gerade so können die australischen Hochschulen die zur Deckung ihres Finanzbedarfs erforderlichen Gewinne erzielen und ihr finanzielles Überleben sichern – »an extremely Darwinian approach« (Scholz/Stein 2014, S. 20), der große Risiken für das Niveau der Hochschulen birgt. Da diese zur Sicherung ihres finanziellen Überlebens wie Unternehmen gesteuert werden, fehlt es den Fakultäten und ihren Professorinnen und Professoren an Autonomie. Lehre und Forschung orientieren sich hier demnach vielmehr am Markt und finanziellen Gewinn als an den Interessen der Professoren. Das »vernichtet die intrinsische Motivation der Professoren« (Scholz/Stein 2014, S. 57) und führt dazu, dass die Qualität in Lehre und Forschung »erodiert« (Scholz/Stein 2014, S. 57). Australien wird daher ein Modell der Massenhochschulen attestiert, das Absolventinnen und Absolventen von zweifelhafter Qualität hervorbringt. Langfristig birgt das große Risiken –

> »(…) denn wer will auf längere Sicht in einem Land studieren (und dafür auch noch sehr viel Geld bezahlen), in dem die Qualität nicht mehr gegeben ist?« (Scholz/Stein 2014, S. 57)

Deutsche Universitäten und die jeweils für sie zuständigen Ministerien sollten daher Ideen entwickeln, wie es gelingen könnte, die Internationalisierung der jeweiligen Universität erfolgreich voranzutreiben und dazu das bisherige Modell der Universitätssteuerung »weiterzuentwickeln, ohne vollständig Abschied von den Traditionen zu nehmen« (Scholz/Stein 2014, S. 58). Vielmehr gilt es sich daran zu erinnern, dass viele Elemente des traditionellen Modells Voraussetzung für die Entwicklung leistungsstarker Universitäten in Deutschland waren und auch heute noch als Voraussetzung dafür gelten, wissenschaftliche Leistungen auf höchstem Niveau zu erbringen. Es kommt daher nicht von ungefähr, dass viele Universitäten in Deutschland daran festhalten wollen und manch internationale Wettbewerber Elemente des deutschen Modells in die Steuerung ihrer Universitäten übernehmen (Scholz/Stein 2014, S. 58).

Literatur

Blossfeld, Hans-Peter/Bos, Wilfried/Daniel, Hans-Dieter/Hannover, Bettina/Lenzen, Dieter/Prenzel, Manfred/Roßbach, Hans-Günther/Tippelt, Rudolf/Wößmann, Ludger (2012): Internationalisierung der Hochschulen. Eine institutionelle Gesamtstrategie. Münster.

Bode, Christian (2012): Internationalisierung – Status quo und Perspektiven. In: Borgwardt, Angela (Hrsg.), Internationalisierung der Hochschulen. Strategien und Perspektiven. Berlin, S. 7–18.

Bogumil, Jörg/Grohs, Stephan (2009): Von Äpfeln, Birnen und Neuer Steuerung. Gemeinsamkeiten und Unterschiede von Reformprojekten in Hochschulen und Kommunalverwaltungen. In: Bogumil, Jörg/ Heinze, Rolf G. (Hrsg.), Neue Steuerung von Hochschulen. Eine Zwischenbilanz. Berlin, S. 139–150.

Bogumil, Jörg/Heinze, Rolf G. (2009): Einleitung. In: Bogumil, Jörg/Heinze, Rolf G. (Hrsg.), Neue Steuerung von Hochschulen. Eine Zwischenbilanz. Berlin, S. 7–12.

Brandenburg, Uwe/Knothe, Sabine (2008): Institutionalisierung von Internationalisierungsstrategien an deutschen Hochschulen. Arbeitspapier Nr. 116 des CHE, Centrum für Hochschulentwicklung. Gütersloh.

Braun von Reinersdorff, Andrea (2011): Change-Management an Hochschulen. Die neue Hochschule 52 (1), S. 6–15.

Breitbach, Michael (2009): Partizipation in Hochschulen. Eine neue Herausforderung der jüngeren Hochschulreform. Forschung und Lehre 16 (5), S. 348–351.

Clark, Burton (1983): The higher education system. Academic organization in cross-national perspective. Berkeley, CA.

Clark, Burton (1998): Creating entrepreneurial universities: Organizational pathways of transformation. Issues in higher education. Oxford.

DAAD – Deutscher Akademischer Austauschdienst (2019): Transnationale Bildung in Deutschland. Positionspapier des DAAD. Bonn.

Ellwein, Thomas (1992): Die deutsche Universität vom Mittelalter bis zur Gegenwart. Frankfurt am Main.

Enders, Jürgen (2008): Hochschulreform als Organisationsreform. In: Kehm, Barbara M. (Hrsg.), Hochschule im Wandel. Die Universität als Forschungsgegenstand. Frankfurt am Main, S. 231–241.

Georg-August-Universität Göttingen (2006): Leitbild für die Georg-August-Universität Göttingen. https://www.uni-goettingen.de/de/43883.html, zuletzt abgerufen am 01.08.2022.

Hahn, Karola (2005): Hochschulen auf dem internationalen Bildungsmarkt und die Positionierung Deutschlands. In: Hahn, Karola/Lanzendorf, Ute (Hrsg.), Wegweiser Globalisierung – Hochschulsektoren in Bewegung. Länderanalysen aus vier Kontinenten zu Marktchancen für deutsche Studienangebote. Kassel, S. 13–34.

Hahn, Karola/Lanzendorf, Ute (2005): Einführung. In: Hahn, Karola/Lanzendorf, Ute (Hrsg.), Wegweiser Globalisierung – Hochschulsektoren in Bewegung. Länderanalysen aus vier Kontinenten zu Marktchancen für deutsche Studienangebote. Kassel, S. 7–12.

Hanft, Anke (2008): Bildungs- und Wissenschaftsmanagement. München.

HRK – Hochschulrektorenkonferenz (2008): Internationale Strategie der Hochschulrektorenkonferenz – Grundlagen und Leitlinien. Entschließung der 4. Mitgliederversammlung am 18.11.2008. Berlin.

Huber, Peter M. (2006): Das Hochschulwesen zwischen föderalem Kartell und internationalem Wettbewerb. Wissenschaftsrecht 39 (3), S. 196–212.

Humboldt, Wilhelm von (2002): Über die innere und äußere Organisation der höheren wissenschaftlichen Anstalten zu Berlin. In: Flitner, Andreas/Giel, Klaus (Hrsg.), Wilhelm von Humboldt. Werke in fünf Bänden. Bd. 4: Schriften zur Politik und zum Bildungswesen. Darmstadt, S. 255–266.

Hüther, Otto (2010): Von der Kollegialität zur Hierarchie? Eine Analyse des New Managerialism in den Landeshochschulgesetzen. Wiesbaden.

Jaeger, Michael (2009): Steuerung durch Anreizsysteme an Hochschulen. Wie wirken formelgebundene Mittelverteilung und Zielvereinbarungen? In: Bogumil, Jörg/Heinze, Rolf G. (Hrsg.), Neue Steuerung von Hochschulen. Eine Zwischenbilanz. Berlin 2009, S. 45–65.

Jost, Tobias/Scherm, Ewald (2011): Bologna-Prozess und neues Steuerungsmodell – auf Konfrontationskurs mit universitären Identitäten. Diskussionsbeitrag Nr. 474 des Fachbereichs Wirtschaftswissenschaft der FernUniversität in Hagen. Hagen.

Kehm, Barbara M. (2004): Hochschulen in Deutschland. Entwicklung. Probleme und Perspektiven. Aus Politik und Zeitgeschichte B25, S. 6–17.

KMK – Kultusministerkonferenz (2013): Strategie der Wissenschaftsminister/innen von Bund und Ländern für die Internationalisierung der Hochschulen in Deutschland. Beschluss der Gemeinsamen Wissenschaftskonferenz vom 12.04.2013.

König, Karsten (2009): Hierarchie und Kooperation. Die zwei Seelen einer Zielvereinbarung zwischen Staat und Hochschule. In: Bogumil, Jörg/Heinze, Rolf G. (Hrsg.), Neue Steuerung von Hochschulen. Eine Zwischenbilanz. Berlin, S. 29–44.

Kühler, Larissa (2006): Hochschulreform in Deutschland nach amerikanischem Vorbild. Chancen, Möglichkeiten und Grenzen. Saarbrücken.

Kutschker, Michael/Schmid, Stefan (2011): Internationales Management. München.

Lange, Stefan/Schimank, Uwe (2007): Zwischen Konvergenz und Pfadabhängigkeit: New Public Management in den Hochschulsystemen fünf ausgewählter OECD-Länder. In: Holzinger, Katharina/Joergens, Helge/Knill, Christoph (Hrsg.), Transfer, Diffusion und Konvergenz von Politiken. Sonderheft der Politischen Vierteljahresschrift. Wiesbaden, S. 522–548.

Lanzendorf, Ute/Pasternack, Peer (2009): Hochschulpolitik im Ländervergleich. In: Bogumil, Jörg/Heinze, Rolf G. (Hrsg.), Neue Steuerung von Hochschulen. Eine Zwischenbilanz. Berlin, S. 13–28.

Meier, Frank (2009): Die Universität als Akteur. Zum institutionellen Wandel der Hochschulorganisation. Wiesbaden.

Meier, Frank/Schimank, Uwe (2009): Matthäus schlägt Humboldt? New Public Management und die Einheit von Forschung und Lehre. Beiträge zur Hochschulforschung 31 (1), S. 42–61.

Meier, Frank (2019): Trends der Hochschulentwicklung. Der Weg zur wettbewerblichen Organisation. In: Fähnrich, Birte/Metag, Julia/Post, Senja/Schäfer, Mike S. (Hrsg.), Forschungsfeld Hochschulkommunikation. Wiesbaden, S. 25–38.

Meier, Frank/Schimank, Uwe (2009): Matthäus schlägt Humboldt? New Public Management und die Einheit von Forschung und Lehre. Beiträge zur Hochschulforschung 31 (1), S. 42–61.

Minssen, Heiner/Wilkesmann, Uwe (2003): Lassen Hochschulen sich steuern? Soziale Welt 54 (2), S. 123–144.

MKW NRW– Ministerium für Innovation, Wissenschaft und Forschung des Landes Nordrhein-Westfalen (2015): Hochschulvertrag zwischen der Ruhr-Universität Bochum und dem Ministerium für Innovation, Wissenschaft und Forschung des Landes Nordrhein-Westfalen. https://www.mkw.nrw/sites/default/files/documents/2018-10/h v_2015-2016_-_vereinbarung_ruhruni_bochum.pdf, 30.09.2015, zuletzt abgerufen am 01.08.2022.

Münch, Richard (2009): Unternehmen Universität. Aus Politik und Zeitgeschichte 45, S. 10–16.

Oppermann, Thomas (2005): Ordinarienuniversität – Gruppenuniversität – Räteuniversität: Wege und Irrwege. In: Heß, Jürgen/Leuze, Dieter (Hrsg.), Die janusköpfige Rechtsnatur der Universität – ein deutscher Irrweg? Symposium für den Kanzler a. D. der Eberhard Karls Universität Tübingen, Prof. Dr. Dr. h. c. Georg Sandberger nach 24 Jahren Universitätskanzlerschaft. Wissenschaftsrecht Beiheft 15/2005, S. 1–18.

Pasternack, Peer (2008): Teilweise neblig, überwiegend bewölkt: Ein Wetterbericht zur deutschen Hochschulsteuerung. In: Kehm, Barbara M. (Hrsg.), Hochschule im Wandel. Die Universität als Forschungsgegenstand. Frankfurt am Main, S. 195–206.

Pasternack, Peer (2010): »Bologna« in Deutschland. Eine erklärungsorientierte Rekonstruktion. Das Hochschulwesen 58 (2), S. 39–44.

Pasternack, Peer/von Wissel, Carsten (2010): Programmatische Konzepte der Hochschulentwicklung in Deutschland seit 1945. Arbeitspapier Nr. 204 der Hans-Böckler-Stiftung. Düsseldorf.

Perlmutter, Howard V. (1969): The tortuous evolution of the multinational corporation. Columbia Journal of World Business 4 (1), S. 9–18.

Pongratz, Ludwig A. (2000): Ökonomisierung der Bildung. Eine Packungsbeilage zu Risiken und Nebenwirkungen. In: Funk, Rainer/Johach, Helmut/Meyer, Gerd (Hrsg.), Erich Fromm heute. Zur Aktualität seines Denkens. München, S. 121–137.

Ridder, Hans-Gerd (2006): Universitäten zwischen Eigensinn und strategischer Orientierung. In: Welte, Heike/Auer, Manfred/Meister-Scheytt, Claudia (Hrsg.), Management von Universitäten. Zwischen Tradition und (Post-)Moderne. München, Mering, S. 101–113.

Rometsch, Markus (2008): Organisations- und Netzwerkidentität. Systemische Perspektiven. Wiesbaden.

Scherer, Andreas G./Beyer, Rainer (1998): Der Konfigurationsansatz im strategischen Management – Rekonstruktion und Kritik. Die Betriebswirtschaft 58 (3), S. 332–347.

Schimank, Uwe (2001): Festgefahrene Gemischtwarenläden – Die deutschen Hochschulen als erfolgreich scheiternde Organisationen. In: Stölting, Erhard/Schimank, Uwe (Hrsg.), Die Krise der Universität. Leviathan Sonderheft 20, S. 223–242.

Scholz, Christian/Stein, Volker (2014): KORFU – Universitätssteuerung international: Der Blick hinter die Kulissen. KORFU-Arbeitspapier Nr. 14. Siegen, Saarbrücken.

Scholz, Christian/Stein, Volker (2020): Die Bologna-Krake. Unangenehme Wahrheiten zum Zustand unserer Universitäten. Augsburg, München.

Scholz, Christian/Stein, Volker (Hrsg.) (2009): Bologna-Schwarzbuch. Mit einem Geleitwort von Univ.-Prof. Dr. Bernhard Kempen, Präsident des Deutschen Hochschulverbandes. Bonn.

Schröder, Thomas/Sehl, Ilka (2011): Herausforderung Internationalisierung. In: Leszczensky, Michael/Barthelmes, Tanja (Hrsg.), Herausforderung Internationalisierung. Die Hochschulen auf dem Weg zum Europäischen Hochschulraum. Stand und Perspektiven. Hannover, S. 89–104.

Schumacher, Thomas (2003): Identität oder strategischer Wandel? Eine systemische Perspektive auf organisationale Veränderungen. Heidelberg.

Stein, Volker (2009): »Wie motivier' ich meinen Bachelor?« In: Liesner, Andrea/Lohmann, Ingrid (Hrsg.), Bachelor bolognese. Erfahrungen mit der neuen Studienstruktur. Opladen, S. 23–33.

Swoboda, Bernhard/Schramm-Klein, Hanna/Halaszovich, Tilo (2022): Internationales Marketing. Going und Being International. München.

Weber, Max (1992): Die »Objektivität« sozialwissenschaftlicher Erkenntnis. In: Winckelmann, Johannes (Hrsg.), Soziologie. Universalgeschichtliche Analysen. Politik. Stuttgart, S. 186–262.

Webler, Wolff-Dietrich (2007): Internationalisierung an Hochschulen. Internationalisierung, Vielfalt und Inklusion in Hochschulen 1 (2), S. 34–42.

Weick, Karl E. (1976): Educational organizations as loosely coupled systems. Administrative Science Quaterly 21 (1), S. 1–19.

Würmseer, Grit (2010): Auf dem Weg zu neuen Hochschultypen. Eine organisationssoziologische Analyse vor dem Hintergrund hochschulpolitischer Reformen. Wiesbaden.

Zauner, Alfred (2005): Spannungsreiche Bewegungen. Gedanken zur Universität als Non-profit-Organisation. In: Welte, Heike/Auer, Manfred/Meister-Scheytt, Claudia (Hrsg.), Management von Universitäten. Zwischen Tradition und (Post-)Moderne. München, Mering, S. 187–198.

Ziegele, Frank/Rischke, Melanie (2015): Profil durch Internationalisierung – sind englischsprachige Zielsetzungen genug? Die neue Hochschule 2015 (1), S. 4–7.